무용동작학습의 이론과 실제

백정희

〈학력 및 경력〉
서울예술고등학교 무용과 졸
한양대학교 무용과 학사
대만국립사범대학대학원 석사
한국체육대학원 박사
현재: 한양대학교 예체능대학 생활무용예술학과 교수
한국무용과학회장
경기도예술진흥위원회 위원
한국무용연구회 부이사장

〈수상〉
한국무용과학회 학술연구상 수상
제30회 서울무용제 우수상 수상
제19회 무용예술상(포스트상) 수상 외

〈주요 논문〉
맥락간섭이 한국무용기본동작학습에 미치는 영향
움직임 학습 연구 동향에 대한 고찰
Mental practice와 무용수행과의 관계 고찰
직업무용수의 경력에 따른 탈진에 관한 연구 등

무용동작학습의 이론과 실제

백정희 지음

초판 1쇄 인쇄 2012년 2월 10일 | **초판 1쇄 발행** 2012년 2월 15일
발행인 임덕호 | **발행처** 한양대학교 출판부
주소 133-791 서울 성동구 왕십리로 222
전화 02)2220-1432~4 | **팩스** 02)2220-1435
홈페이지 www.press.hanyang.ac.kr | **전자우편** presshy@hanyang.ac.kr
출판등록 제4-7호(1972년 2월 29일) | **인쇄처** 미르P&P

ISBN 978-89-7218-408-9 93680

무용동작학습의 이론과 실제

백정희

한양대학교출판부

어느덧 무용을 가르치는 일로 수십 년이 흘렀다. 예술로서의 무용은 잘 숙련된 몸으로 작가의 특별한 세상을 관객이 느끼게 해 주는 것이다. 때로는 감동으로 때로는 신비함으로 관객과 함께 공감할 수 있는 세상을 보여준다. 무용은 분명히 예술이다. 지극히 상상적이며 철학적이다. 그러나 무용을 가르치고 그것을 배운다는 관점에서 볼 때 교육학적인 면을 비켜 갈 수는 없다. 어떻게 가르쳐야 할까? 사람이 성장과 성숙으로 얻은 일상적인 동작들이 어떻게 아름다운 무용동작들로 만들어져서 사람들을 감동하게 하는 것일까? 어떻게 하면 숙련된 동작으로 작가의 생각이나 이야기들을 감동으로 전할 수 있게 되는 것일까? 그렇게 되기 위하여 무엇을 얼마만큼 어떻게 가르치고 배워야하는 것일까? 우리는 무용동작을 배우고 가르친다. 이를 학습이라고 함은 분명히 참이며 학습은 보다 나은 학습 효과를 추구하게 된다.

세상에 살아서 움직이는 모든 것들 중에서 특히 사람의 삶은 학습의 연속이다. 지혜를 학습하기도 하고 행동이나 기술을 배우기도 한다. 이 중에서 사람의 움직임은 각 개인의 유전자적 특징과 주변의 환경 등에 의해 성장과정 중에 자동 습득하게 된다. 이러한 자연적인 움직임의 습득 이외의 움직임 즉, 어떠한 움직임의 목적을 위하여 습득하는 모든 움직임이 동작학습이다. 춤을 추는 다리와 몸짓은 물론 피아노 건반을 두드리는 피아니스트, 스키어, 레슬러, 골퍼 등 그들은 모두 어떤 특정한 목적을 위하여 움직임을 수행한다. 움직임의 목적 달성을 효과적으로 이루기 위하여 피아노를 배우고 스키를 가르치고 춤을 배운다.

학습은 어떤 목적을 위해 학습자들에게 정해진 학습과정을 통과하게 하는 것이라고 말할 수 있다. 이러한 학습과정을 통과한 학습자들의 학습효과를 검증해서 그 과정의 우세함이 증명되면 우리는 그 학습과정을 교육과정에 도입하게 된다. 학습효과의 검증은 학습목적과 밀접하다. 움직임을 가르치기 위해 동작을 분석하고 관찰하고 학습자의 선천적인 기능을 탐색하는 모든 동작학습의 과정은 크게 다르지 않다. 무용동작학습에서 학습의 효과를 검증할 수 있는 평가 방법이 수행의 결과보다는 수행과정에 더 많이 작용한다는 것이 무용동작학습 연구의 걸림돌이었다.

이 저서는 무용을 학습하는 학습자들에게 무용동작학습의 기본 원리를 알 수 있도록 하였다. 또한 무용지도자들에게는 지금까지 동작학습의 연구가 어떻게 진행 되어져왔는가를 알게 하며 앞으로 진일보된 학습 진행 방향을 제시하고 있다. 이 책은 제1부 무용동작학습의 기초, 제2부 무용동작학습의 이론, 제3부 무용동작학습의 실제로 구성되어 있다. 많은 부분이 운동학습의 이론을 기본으로 하고 있다. 이는 이제까지 움직임의 연구가 주로 체육학 분야에서 이루어져 왔음을 인정하는 것이다. 그러나 앞에서도 언급하였던 것과 같이 무용동작학습은 그 움직임의 목적이 스포츠 종목에서 나타나는 것과는 많은 부분이 상이하여 구분되어야 한다. 이것이 오랫동안 무용동작학습을 강의하면서, 그리고 현장에서 무용을 수행하면서 얻은 필자의 결론이다.

대만 사범대학의 簡曜輝교수 지도로 수학한 이래 20여년만의 첫 저서인 것이 부끄럽지만 지금이라도 무용을 가르치고, 연구하려는 후학들에게 작은 지침이 되었으면 하는 바람으로 용기를 내어보았다. 부족하고 미흡한 많은 부분들은 기회가 되는대로 보충하려는 의지도 함께 실어 출간을 결심한다.

2012년 초월 12일

일산 守愚齋에서 저자 백정희

제1부

무용동작학습의 기초

제 1 장 동작학습의 개념

사진 _ 최시내

제1장
동작학습의 개념

학습목표

— 동작학습은 무엇인가? 운동학습과 동작학습의 차이는 무엇인가? 운동과 학습, 운동학습의 개념을 이해한다.

— 동작학습은 어떤 동작의 기능을 배우는 것이다. 동작을 배우고 학습하는 과정은 어떻게 구성되어지며 어떻게 나타나는 것일까? '학습이 되었다' '학습이 일어났다'는 현상을 어떻게 알 수 있는가?

— 무용동작학습을 연구하기 위해서는 운동학습(스포츠, 또는 움직임학습)의 기본적 개념의 이해가 필요하다.

— 동작학습에서 사용하는 기본적 용어를 이해한다.

1. 들어가며

우리가 일상생활에서 볼 수 있는 상당히 많은 것이 움직임이다. 나뭇잎이 바람에 흔들리는 것, 빗방울이 떨어져 튀는 것, 나비의 날개짓, 그리고 우리가 춤을 추기 위해 공중으로 점프를 하거나 '아라베스크' 같은 정적인 자세로 균형 잡는 것 같은 동작이 모두 '움직임'이다.

우리 주변의 이러한 '움직임' 중에서 인간의 움직임을 '동작'이라고 하고, 이 동작 중에서 목적이 있는 동작을 '동작기술(movement skill)'이라고 한다. 단순히 피아노 건반을 두드리는 경우는 동작이지만, 어떤 감정을 표현하기 위한 피아노 연주는 동작기술이 되며, 어디론가 이동하기 위한 자동차 운전 방법이나 항공기 조종술, 환자의 생명을 살리기 위한 외과의사의 절개 및 봉합기술 등은 일정한 목적이 있는 동작기술이며, 이는 학습을 통해 성취될 수 있다.

그렇다면 인간은 이러한 동작을 어떻게 수행할 수 있었을까? 인간의 움직임 학습에 대한 연구 역사는 상당히 길다. 이러한 역사는 무용의 동작학습에도 영향을 미쳐왔다. 사실 무용의 동작은 인간의 감정을 몸으로 표현해야 하기 때문에 상당히 섬세하고, 또, 고난이도의 기술을 필요로 하는 경우가 많다.

이러한 무용 동작을 우리가 학습하는 과정에 대한 연구는 체육의 스포츠 기술(sports skill)을 습득하는 과정과 유사하다. 그러나 여기에 차이점이 있다. 체육의 스포츠 기술은 능력, 속도, 거리 등의 우열을 가리는데 목적이 있지만, 무용의 동작기술은 인간 정서 및 감정의 예술적 표현에 목적이 있다. 또한, 체육의 스포츠 기술은 그 수행 후에 나타나는 결과의 향상을 강조하지만, 무용의 동작기술은 수행과정의 변화를 강조하는 점 등이 차이점에 해당한다.

본 장에서는 체육의 운동기술이나 무용의 동작기술에 필요한 공통적인 움직임 학습 이론에 대해서 다룬다. 이 움직임 학습을 운동학습(motor learning)이라 칭하며, 이 중 운동(motor)의 의미는 체육의 스포츠 기술(sports skill)과 무용의 동작기술(movement skill) 모두를 통칭한다.

2. 동작학습의 본질적 개념

동작학습은 교사들에 의해서 인간의 본능적 행동을 통제하고 발전시켜서 어떤 목적에 맞는 동작으로 구성해가는 과정으로 설명할 수 있다. 이때 학습과정에 여러 가지 방법이 사용되어지는데 학습에 영향을 주는 요인들은 매우 광대하다.

학습에 사용되는 언어, 동작과제의 실질적 수행상황(동작의 종류, 또는 스포츠 종목 등), 학습자와 교수자의 태도, 신념, 목표, 성격 그리고 개인의 인식 등은 동작학습에 영향을 준다.

동작과제를 학습할 때 모두가 동일한 방법으로 동일한 과정을 거쳐야 하는 것은 아니다. 동작학습은 특성적으로 개인의 과거 경험과 성숙 정도 그리고 여러 가지 요인들에 의해 영향을 받는데 이때 학습 환경이 중요한 역할을 하게 된다.

개인이 가지고 있는 유전 인자들은 개인의 본능으로 작용되어 잠재능력을 결정하는 주된 역할을 하게 된다. 학습의 양은 학습 환경에 의한 개인의 경험이 유전에 의한 잠재능력에 어떻게 작용하는가에 따라 나타나게 된다.

Drowazky(1975)에 의하면 학습은 경험이나 어떤 형식의 연습결과로 행동에 비교적 영구적인 변화를 가져오는 것이라고 정의하고 있다.

어떤 경험이나 연습에 의한 행동의 변화라는 것은 적응의 결과라고 할 수 있다. 동작학습은 신체의 움직임 학습인데 이는 주로 근육의 반응을 사용하는 것이며 학습은 일반적으로 몸 전체의 움직임이나 부분움직임의 변화로 나타난다. 동작학습의 연구는 이와 같은 신체움직임에 관한 학습을 연구하는 것인데 스포츠 종목의 운동기술동작과 산업현장에서 사용되는 작업기술동작이 동작학습연구의 동작과제로 많이 사용되고 있다. 하지만 동작기술이 어떤 스포츠 종목의 동작기술이나 작업동작기술과 같은 특수한 기술만으로 한정되는 것은 아니다.

그러나 동작기술은 특별한 형태의 기술을 포함하고 있다. 앞에서도 이야기한 바와 같이 모든 동작이 어떤 목적을 갖고 수행한다면 그것은 동작기술이

되는 것이다. 말을 하는데 빨리 해야 하는 목적이 있다면 말을 빨리하는 기술이 필요할 것이다. 이와 같이 목적성 동작을 동작기술로 하여 동작기술학습을 연구하는데는 보다 특징적인 동작과제가 유익할 것이다. 동작기술학습을 연구하는 과정은 문제를 제시하고 그 문제를 풀어 나가는 일반적인 연구과정과 다르지 않다.

지금까지의 설명으로 동작학습은 어떤 목적성 동작을 숙련되게 수행할 수 있게 하는 것이라 할 수 있겠다. 경험을 통해 어떤 행위를 목적에 맞게 지속적으로 그리고 점진적으로 수정하는 것이 동작학습의 과정이 될 것이다. 다시 말하면 같은 자극과 상황의 반복을 통해 점진적 변화나 경향적 행위를 표현해 내는 것을 학습과정이라 말할 수 있겠다. 그렇다면 동작학습을 연구하는 학자들은 동작학습의 정의를 어떻게 정리하고 있는지 알아볼 필요가 있다.

정인석(1983)은 학습의 의의는 경험을 통해 어떠한 학습행위의 목표를 달성함으로써 후속학습에 도움을 주는데 있다고 말하고 있다. Drowatzky(1975)는 동작기능학습은 동작활동과 환경의 변화에 대응하여 나타나는 동작반응을 학습하는 것이라고 설명한다.

Schmidt와 D. Lee(2005)는 동작기능학습의 정의를 네 가지로 정의하였다.

첫째, 동작기능학습은 어떤 동작을 숙련되게 행동할 수 있는 능력을 키우는 과정이다. 다시 말하면 사람들은 어떠한 동작과제를 연습하여서 숙련된 동작활동과 동작반응을 할 수 있게 되는데 학습은 이러한 숙련과정에 관한 인식과 이해에서 비롯된다.

둘째, 동작기능학습은 동작과제를 직접 수행하는 행동적 경험이나 어떤 방법에 의한 동작의 연습에 의해 나타난다.

셋째, 동작기능학습은 행동에 있어서 내적인 변화를 가져오는 것이다. 연습에 의한 동작기능의 이러한 내적 변화가 학습의 결과인데 이는 직접적으로 관찰되어지지 않는다. 그렇기 때문에 운동 학습과정은 관찰 가능한 행동상의 변화를 근거로 해서 추론해야 한다.

넷째, 학습은 숙련된 행동을 할 수 있는 능력이 비교적 영속적 변화를 일으키는 것으로 볼 수 있다. 기분이나 동기 등 내적인 상태에 의해 쉽게 뒤바뀔 수 있는 행동상의 변화는 학습에 의한 것으로 보지 않는다.

운동학습은 운동 능력이 비교적 영속적인 변화를 가져오게 하는 경험이나 연습과 관련된 일련의 과정인 것이다(Schmidt & D. Lee, 2005). 결론적으로 동작기능학습은 개인의 수행 향상을 목적으로 하는 수행능력 증가를 위한 일련의 과정이다.

우리가 동작을 학습하거나 지도하는 과정에서 나타나는 의문이 '학습에 의한 변화가 어떠한 것인가?' 하는 것이다. '학습은 언제 일어나며, 학습에 의한 변화는 무엇인가? 그리고 어떻게 학습을 인지할 수 있을까?'이다.

이 장에서는 여러 정보들을 종합하여 위와 같은 의문에 다가가 보려 할 것이다. 아직도 많은 의문들이 학습에 관한 연구 결과를 주목하고 있다. 이 책은 학습의 평가가 더 효과적이고 정확한 행동의 변화를 평가해 낼 수 있도록 교사들(지도자들)에게 도움을 줄 수 있게 될 것이다. 이러한 정보들은 교사들의 학습현장을 좀 더 효과적으로 구성하고 지도의 구체적 도구를 조직하는데 유익한 도움을 줄 수 있을 것이다.

(1) 무용동작학습은 연속적인 하나의 과정이다.

동작학습에 있어서 과정은 동작과제를 수행하는데 나타나는 결과나 상태에 어떤 변화를 가져오게 하는 연속성 있는 하나의 사건이다.

예를 들면 우리가 책을 읽을 때 글자를 보는 것은 시각적 수행이고 이러한 시각적 정보를 의미체로 변환할 수 있는 과정을 필요로 한다. 다시 말하면 '사랑한다'라는 글자를 읽을 때 사용되는 것은 시각이 되고 그 의미를 인지해야하는 변환 과정이 있다는 것이다. 이러한 시각적 정보를 변환하는 과정이 없다면 글을 읽었다는 의미는 모호해진다.

동작학습에서는 개인의 기억에 있는 어떤 동작을 찾아내는 과정에 초점을 둔다. 예를 들어 지도자가 제시하는 어떤 동작과제를 수행하기 위하여 학습자들은 자신의 신체부위 어느 곳을 움직이고 어떻게 사용해야 하는가를 생각해 내야 한다. 이때 학습자가 이미 동작에 관한 실행의 경험이 있었다면 그 동작

수행은 프로그램화되어 이미 학습자의 기억 속에 남겨져있게 되어서 학습자는 자신의 기억 속에서 그 동작을 수행했던 프로그램을 찾아내는 것이다. 동작학습은 바로 이러한 과정에 중점을 둔다. 만약에 생리학 분야에서라면 동작수행시 나타나는 생리적 현상에 중점을 두게 될 것이다.

무용동작학습 과정은 연습을 통해 과제 수행에 필요한 신체 부위를 찾아서 구성하는 등의 연속 과정이 변화되어 동작의 수행능력을 향상시키는 하나의 과정인 것이다.

(2) 무용동작학습은 동작기능의 수행능력을 습득하는 것이다.

무용동작의 학습과정은 학습자가 어떤 목표된 동작기술을 수행하기 위한 것으로 이는 학습을 진행하여 그 결과로 동작기술의 수행능력을 이끌어내는 것이다.

동작기술의 수행능력이란 어떤 특정된 상황에서 기술을 능숙하게 수행할 수 있는 능력을 말하며 동작학습은 이러한 수행능력을 향상시키는 것이다. 다시 말하면 다리를 들어 올리거나 높은 점프를 하는 동작들을 어떤 특정 상황, 즉 공연상황 등에서 능숙하게 수행해내는 능력을 향상시키는 일인 것이다.

동작기능의 수행능력을 향상시키는 것이 Morgan, King(1971) 등이 주장한 '행동상의 변화'를 말하는 것은 아니다. 이들은 학습을 '행동상의 변화'로 정의하지 않았다. 단순한 '행동상의 변화'가 수행능력이 되는 것은 아니라는 말이다.

동작의 수행능력 향상을 위해서 학습자들의 학습 목표는 수행능력의 향상을 위한 근력의 증가나 수행을 향상시킬 수 있는 내적인 능력, 즉 지구력, 신체 각 부위의 조절 능력, 협응능력 등의 양을 증가시키는 것이다.

동작기술을 잘 수행할 수 있는 능력을 극대화하기 위하여 향상되어야 할 내적능력은 무엇일까? 연구자들은 수행능력에 영향을 미치는 내적능력이 되는 것이 무엇인지 찾아야할 것이다.

동작수행능력의 향상을 위해서 내적인 능력이 증가되어야 한다는 가설은 동작학습을 실험하는 연구자들이 학습의 요인을 제시하기 위한 것이다.

연구자들은 동작기술을 수행하는 행동에 영향을 주는 요인들의 통제로 수행에 부적 영향을 주는지 혹은 정적인 영향을 주는지 이해하려 한다. 다시 말하면 학습의 결과로 나타나는 동작수행능력에 영향을 주는 요인들의 정적영향과 부적영향을 이해하려 한다.

학습자에게 주어지는 여러 가지 변화된 연습 형태는 다양한 상황에서 동작기술을 수행할 수 있는 능력을 증대시킬 수 있다. 그러나 동작기술을 수행하는 능력이 앞에서 정의된 학습과 크게 관계없는 경우가 있다. 학습과 상관없이 수행능력이 향상되는 경우는 성숙과 성장에 의한 수행능력의 증가를 예로 들어 볼 수 있다. 일반적으로 어린아이들은 성장하면서 동작을 수행하는 능력이 향상되는 것을 볼 수 있는데 이는 우리가 연구하고자 하는 학습의 결과는 아니라는 것이다.

등척성, 또는 등장성 훈련 등과 같은 단순훈련으로 나타나는 근력과 유연성의 변화는 역도나 체조에서 사용가능한 것으로 어떤 동작과제를 수행하는데 도움을 줄 수 있다.

무용동작학습에서는 연습이나 경험에 의한 동작의 수행능력이 변화되는 것을 동작학습으로 정의하며 연습과 경험에 의한 수행능력의 변화가 아닌 것은 동작학습으로 보지 않는다.

우리가 공부할 과제는 동작을 수행하는 능력이 연습과 경험을 통하여 얻어진 수행의 능력변화에 관련된 것이며 이는 선천적으로 개인이 가지고 있는 동작의 수행능력과는 다르다. 선천적 동작수행능력은 유전적으로 개인이 갖고 있는 신체적, 생리적 우세함, 또는 열악함을 말한다. 이러한 선천적인 동작수행능력은 학습의 결과는 아닌 것이다.

(3) 무용동작학습은 직접 관찰할 수 없다.

동작학습이 어떤 동작을 수행하는 능력을 변화, 또는 향상시키는 과정이라고 한다면 이것을 직접 관찰할 수 없다는 것은 분명하다. 수행능력의 변화가 일어나는 과정은 신체의 각각의 부위가 조화롭게 이루어지는 방식이 변화되거나 근육을 사용하여 신체를 조절하는 양상을 변화시키는 중추신경계통의 복잡한 현상이다.

이와 같은 중추신경계통의 변화들을 직접 관찰할 수 있는 것은 실질적으로 불가능하다. 다만 동작을 수행하는 행동의 변화로 학습을 추론해야 한다. 동작학습의 이와 같은 특징들이 연구에 어려움으로 나타나기도 한다. 그러므로 동작학습의 실험은 행동의 변화를 관찰하여 그것이 동작수행에 영향을 미치는 내적인 어느 요인과 상관되며 요인의 어떠한 변화에 기인하는지 찾아낼 수 있도록 설계되어야 하는 것이다.

(4) 무용동작학습은 비교적 영속적인 것이다.

동작학습의 또 다른 특성은 학습이 비교적으로 영속적으로 진행된다는 것이다. 다르게 말하면 동작학습은 그 끝이 없다는 것이다.

어떤 동작과제는 학습과정에서 연습이 이루어지고 단지 몇 시간 만에 간단히 익힐 수 있기도 하다. 그리고 그렇게 익힌 동작기술을 잊지 않고 계속해서 수행할 수 있는 경우가 있다.

동작수행능력의 변화에서 보다 분명한 것은 학습자가 느끼는 동작과제의 수행상태인데 학습자는 연습이 진행될수록 주어진 동작과제의 실제수행이 연습 이전과는 다르다는 것을 느끼게 된다.

학습은 비교적 영속적으로 학습자를 변화시키는 효과를 가지고 있다. 동작기술은 그 기술을 익히는데 필요한 최소한의 시간이 있다. 그러나 동작기술을 수행할 수 있는 능력을 습득한 후에도 학습자의 수행능력은 연습으로 인하여 계속 발전된다는 것이다. 예를 들어보자. 우리가 무용동작 중에서 공중돌기를 과제로 하여 학습한다면 초보학습자일 경우 한 시간이면 수행은 가능해진다. 그러나 그 공중돌기동작은 직업무용수들도 연습하고 있다. 공중돌기동작은 연습에 의한 수행능력의 증가가 영속적으로 나타난다.

무용동작기능학습에서 학습이 영속적으로 이루어진다는 특징은 중요하다.

학습자들이 동작기능을 수행할 때 그 수행에 작용하는 요인이 있다. 이러한 요인이 수행의 변인으로 작용되는데 일시적으로 나타나는 변인에 의해 수행이 향상되어 나타날 수도 저하되어 나타날 수도 있다. 무용동작기능학습에서는 일시적으로 나타나는 수행변인에 의한 수행의 변화는 학습으로 인정하지 않는다.

예를 들어 보자. 우리가 무용동작의 과제를 수행할 때 평소보다 기분이 좋고 연습하는 일이 즐겁다. 그리고 이 동작은 자신에게 잘 어울리고 누구보다 잘해낼 수 있다는 마음이 생긴다. 이러한 상황에서 동작수행이 매우 향상되어 나타나는 경우가 있다. 그러나 반대로 평소보다 힘들고 지루하고 동작과제는 자신에게 너무 어울리지 않는 것으로 생각이 들면 실시되는 동작수행은 수행자의 실제 능력보다 나쁘게 나타날 수가 있다. 이러한 경우 일시적으로 나타나는 효과는 그 요인이 사라지면 나타났던 행동상의 변화도 사라지게 된다.

이처럼 영구적이지 않은 행동상의 변화는 동작학습에 의한 것으로 보지 않는다. 그렇다면 어느 정도가 비교적으로 영속적인가? 이것은 막연한 기간이고, 학습을 연구하는 학자들도 거의 해결하지 못하고 있다. 그러나 이러한 수행에 나타나는 일시적인 효과에 관해 설명하는 이유는 학습이 어느 정도 지속적인 효과를 가져야 한다는 것을 말하고 있는 것이다.

이상으로 살펴본 동작학습의 본질적 특성은 네 가지로 설명된다.

첫째, 무용동작학습은 연속적인 하나의 과정이다.

둘째, 무용동작학습은 동작기능의 수행능력을 습득하는 것이다.

셋째, 무용동작학습은 직접 관찰할 수 없다.

넷째, 무용동작학습은 비교적 영속적인 것이다. 이러한 네 가지 동작학습의 특성은 앞으로 이 책에서 다루어지는 여러 가지 이론과 실험연구 등에 적용되어진다. 그러므로 무용동작학습의 네 가지 특성은 동작학습연구에서 우선적으로 인지되어야할 것이다.

3. 동작학습 용어와 기본개념

모든 학문은 용어에 대한 고유의 약속이 있다. 약속된 용어를 바탕으로 연구 과정이나 결과에 대한 토론과 논의가 이루어지기 때문에 우리는 반드시 용어와 용어의 주요 개념에 대해 먼저 알고 있어야 한다.

동작기술학습에 효과적인 방법이 있을까? 학습에 영향을 미치는 요인은 무엇일까? 습득된 동작기술의 효과적인 활용과 학습과정은 어떤 관계가 있을까? 이러한 의문에 관하여 무용동작학습 연구는 여러 형태의 실험관찰을 통한 결과로 추론을 제시한다.

무용동작학습을 이해하고 효과적인 학습방법을 적용할 수 있는 것이 우리가 무용동작학습을 공부하는 목적이 되는 것이다. 이러한 과정에서 학자들이 사용하는 용어의 개념적 이해는 우선되어야 할 과제다.

동작학습 연구에서 나타나는 용어는 연구 과정 중 연구자의 필요에 의해 생성되어진 것으로 그 종류나 범위가 정해져 있는 것은 아니다. 그러므로 이후에도 어느 연구에 또 다른 용어가 새롭게 사용되어 나타날 수도 있다.

그러나 이 책을 보다 용이하게 공부할 수 있도록 (1) 개념적인 용어, (2) 학습의 측정에 관련하여 과제 수행 관찰에 사용되는 용어 (3) 연습에 관련되어 사용되는 용어, (4) 학습과 수행의 측정 관련 용어 등으로 나누어 설명하고자 한다.

(1) 개념적 용어

1) 학습과 수행

동작기능은 어떤 동작을 수행함으로 나타나게 된다. 이때 동작이 수행되어지는 과정을 관찰하여 수행의 변화와 학습의 결과를 예측할 수 있는 이론을 정립하게 된다. 동작학습(motor learning)은 어떤 동작에 관한 학습자의 수행(performance) 변화를 예측하고 그 예측을 실행하는 것이다.

동작기능 학습은 관찰로 그 학습의 정도가 나타나는 것은 아니다. 최근 암묵적 학습과 명시적 학습에 관한 학습효과를 연구하는 연구자들 사이에서 특정한 학습의 과정이 없는 암묵적 학습 효과를 주장하고 있으나 이는 여전히 보편적이지 못한 이론이다. 암묵적 학습과 명시적 학습에 관한 설명은 후에 보강되어질 것이다. 지금 우리가 기억해야 할 것은 학습의 개념이 수행의 목표를 완성하는 일련의 과정인 것으로 단번에 이루어지는 것이 아니라는 것이다.

그러므로 학습은 학습자의 동작 수행에 어떤 변화를 이끌어 내기 위하여 교사가 계획하고 실시하는 과정을 구성하는 것이며 그 과정은 수행의 경험과 연습이다.

다시 말해서 수행의 경험과 연습은 학습과정의 구조가 된다. 교사들은 학습과정을 설계하게 되는데 이러한 경우 동작학습을 지도하는 교사들이 기억해야 할 것이 있다. 그것은 학습과 수행 사이에는 경우에 따라서 학습의 결과에 영향을 미치는 요인들이 있다는 것이다.

어떤 특정동작 기능의 수행능력을 향상시키는 구조적 과정이 학습이다. 이 말은 동작수행으로 그 동작의 학습 정도를 측정할 수 있다는 것이다. 어떠한 경우에서든 동작수행은 평가되어진다. 이때 평가자는 지도자이거나 동료, 관객 그리고 자신이 될 수도 있다. 동작의 수행능력이 학습의 정도라는 것과 수행의 측정에 관한 실제적인 논의를 해보자. 우리는 함께 연습하는 어느 동료 무용수의 동작수행능력이 매우 우수하다는 것을 알고 있다. 그런데 한 번의 수행이 어떠한 이유에서 매우 낮은 평가로 나타났다. 이때 그 무용수의 무용 동작학습은 잘 이루어지지 않는 것이 된다. 또는 이 경우와 반대의 경우도 있을 수 있다. 이러한 경우 수행의 결과를 학습의 정도로 하기에는 뭔가 타당하지 않다는 의심이 나타난다.

대표적 사례를 살펴보자. 부모들은 자신의 자녀들에게 과다한 기대를 갖고 있는 경우가 많다. 자녀들이 갖고 있는 실질적 동작기술수행보다 월등한 결과가 나타나서 무용수로서의 성취를 바란다. 그러나 부모들의 이 같은 기대와는 다르게 그들의 자녀는 종종 실질적 능력에 미치지 못하는 수행을 한다.

정서적 불안정이나, 압박감 등의 신체내적인 작용으로 인하여 동작수행이

위축되어 실시될 수 있는 것이다. 비슷한 예는 성인의 경우에서도 나타난다. 연습실에서 훌륭하게 완성시켰던 동작을 실제공연 상황에서는 형편없는 수행으로 망쳐버리는 경우가 있다.

무용수가 공연에서 자신의 수행능력을 그대로 평가 받기란 쉽지 않다. 그러므로 관객이 무용수의 수행능력을 평가하기도 쉽지 않은 것이다. 이는 실전에서의 수행능력이 수행자가 평소에 가지고 있는 수행능력과 다르게 나타날 수 있기 때문이다.

수행자가 갖고 있는 수행능력이 실제상황에서 다르게 나타나는 것은 학습의 정도와 수행의 질 사이의 불일치로 볼 수 있는데 수행 순간에 나타나는 다른 여러 가지 원인이 있을 수 있다. 수행 순간의 심리적 상태나 생리적 상태가 수행에 영향을 미치기 때문이다.

이러한 현상은 수행 장소에 따라서 나타나기도 한다. 수행자가 수행을 실시하는데 작용되는 것이 수행능력 이외에 수행 순간의 심리적, 생리적 상태와 수행 장소 등에 영향을 받는다는 것은 어느 한 학습자의 학습정도, 즉 수행능력을 평가할 때 현재의 수행 수준이 연습으로 인하여 나타나는 것인가를 판단하는데 주의가 필요한 원인이 된다.

수행이 잘 이루어진 것과 학습이 잘 이루어진 것을 동일하게 볼 수 없는 이유가 된다.

2) 학습의 전이

학습에 의한 동작수행의 변화는 어떤 과제를 연습하여 나타난 그 과제수행능력의 이득(또는 손실)이라고 할 수 있다. 이러한 과제수행능력은 개인의 행동에 변화를 주게 되며 이러한 변화는 개인행동에 습관화되어 나타나게 된다.

그러므로 학습은 앞에서 언급한 것과 같이 어떤 과제를 연습한 결과로 나타난 변화가 한 과제를 수행하는 행동에 습관적으로 나타나는 습관의 이득으로 정의되는 것이 바람직한 일이다.

따라서 이러한 습관의 이득은 그 과제를 수행하는 능력에서 나타나는 이득이나 손실로 측정되어진다. 한 과제를 연습하여 얻어낸 행동의 습관적 이득(또는 손실)이 또 다른 과제를 수행하는 능력에 반영되어질 수 있다면 한 과제의 연습 이득(또는 손실)이 다른 과제의 연습 이득으로 또는 습관의 이득으로 이어질 수 있을 것이다.

학습에 의한 행동의 변화는 동작기술을 학습하는데 보이지 않는 요소로 작용한다. 성장기 이후에 시작하는 동작학습은 동작과제가 전혀 새롭거나 학습자가 알지 못하는 새로운 기능만을 학습하는 것은 아니다.

학습자가 이미 알고 있고 수행하고 있던 동작들을 '새로운' 동작유형으로 다시 조합하여 목적을 달성할 수 있는 동작수행으로 구성되는 것이다. 예를 들어 무용동작과제의 '돌기' 동작을 보자. 우리는 성장 과정 중에 이미 도는 동작을 수행한 경험이 있다. 우리가 무용동작의 '돌기' 과제를 학습하기 위해서는 이미 알고 있는 '돌기' 동작에 발끝을 사용한다든지 또는 다리 한 쪽을 들어 올리며 돈다든지 하는 새로운 유형을 삽입하는 것이다.

따라서 성인에게 있어서 동작학습이란 개인이 알고 있는 이전의 기능들을 새로운 상황으로 구성하여 익숙하게 습관화시키는 일이라고 할 수 있다.

이러한 구 기술들의 새로운 조합에서 그 기술의 수행능력이 나타나는 것을 학습의 전이(transfer of learning)라고 할 수 있겠다.

전이에 관해서는 이 책의 제7장 학습의 전이에서 상세하게 다루도록 하겠으나 여기에서 학습의 전이에 관한 개념이 한 과제에 대한 학습의 결과가 또 다른 동작의 학습으로 이어져서 이득이나 손실의 결과를 가져올 때 학습의 전이가 발생했다고 함을 인지해야 한다.

3) 피드백

피드백(feedback)은 동작기술 학습에 가장 기초가 되는 용어로 우리가 제일 먼저 이해해야 한다. 피드백은 학습자가 동작과제를 배우기 위하여 주어진 동작을 실행하는 과정에서 나타나는 첫 번째 학습 과정이라고 할 수 있다. 이 피드백은 Adams가 제시한 학습이론인 폐환이론에서 가장 중심이 되는 이론이다. 학습자는 동작에 관한 수행 정보를 받고(input) 그 정보에 의해 어떻게 실행해야 할지 인체 감각계에서 정리를 하고 동작을 실행(output)하게 된다. 이때 학습자가 실행한 동작이 성공적이었는가 아닌가를 판단하여 그 결과(KR)가 동작과제의 수행정보에 다시 제공(feedback)되어져서 먼저 이루어진 수행을 수정하게 한다는 이론이다. 이 이론의 정보수입(input)에서 피드백(feedback)으로 이어지는 과정이 순환되어지는 고리와 같은 형상을 갖고 있다고 하여 폐환이론(closed-loop theory)으로 명명하였다. 이것이 Adams의 폐환이론의 중심 이론이다.

동작을 연습할 때 학습자는 동작에 관련된 여러 가지 정보를 받게 되는데 이러한 정보 중에는 수행과 관련된 정보와 그렇지 않은 정보가 있을 것이다. 또한 과제에 관한 정보가 주어지게 되는데 이러한 정보는 과제 실시 전과 실시 후로 구분되어질 수 있다. 수행 전의 정보는 지도자가 학습자에게 주는 수행에 관한 언어적 정보이거나 수행을 위한 시작 신호 등의 정보이며, 수행 후 학습자에게 지도자가 제공하는 정보는 학습자의 수행 결과에 관한 지식(KR)으로 이것은 피드백(feedback)되어 학습자의 다음 동작수행을 위한 수행 오차를 수정하는 역할을 하게 된다.

학습자에게 주어지는 피드백을 위한 정보가 꼭 지도자 등의 외부로부터 오는 것만은 아니다. 학습자 스스로 동작의 오차를 인식하고 수정이 가능한 경우가 있다. 학습자 스스로 인식하여 오차를 수정하는 경우 이를 내재적(intrinsic) 피드백이라 하고 지도자 등 외부로부터 제공 되어지는 경우 외재적(extrinsic)피드백이라고 한다. 실제 동작과제의 학습 상황에서 제공되는 외재적 피드백 정보는 두 가지 형식으로 나눌 수 있다. 학습자의 수행결과를 수행지식에 관한 정보로 제공하는 것과 학습자의 수행결과를 제공하는 것이다.

결과의 지식(knowledge of result)은 수행자가 동작을 실행한 후 또는 실행 과정 중에 나타나는 동작수행과 수행목표와의 오차에 관한 지식을 말한다.

학습은 오차의 수정이 거듭되면서 나타나는 것으로 정확한 오차의 크기와 범위를 인식할 수 있는 것이 관건이라고 하겠다.

4) 결과의 지식

동작학습에서 학습자가 실시한 수행을 수정하여 오차를 줄일 수 있게 하는 것이 피드백의 역할이다. 이 같은 피드백을 보강적 피드백이라고 한다. 보강적 피드백을 위해 무엇보다 중요한 것이 결과의 지식(KR)이다.

결과의 지식이란 학습자가 실행한 동작과제의 수행 결과를 얼마만큼 인지하는가이다.

쉽게 말하자면 학습자의 수행이 맞게 이루어졌는지, 틀렸다면 어디가 어떻게 왜 잘못되었는가를 알아낼 수 있는 지식이다.

학습자의 동작수행 결과는 언어로 나타낼 수 있으며 목적성 동작인 경우 -예를 들어 공을 과녁에 맞추어야 하는 동작과제인 경우- 수행한 동작의 결과가 최종 피드백이 될 수 있다.

즉 목적성 동작과제일 경우(위의 예일 경우) 과녁에서 얼마나 이탈하였는가를 언어로 전달하여 학습자의 다음 수행에 도움을 줄 수 있게 된다. 학습자는 결과의 지식을 동작 수행정보에 적용하여 수행의 오차를 수정하는 것이다.

결과의 지식을 학습자에게 전달하는 방법은 특별할 수도 있고, 또는 아주 일상적일 수 있다.

결과의 지식을 전달할 때 '아주 좋다'와 같은 보상적 언어를 사용하기도 하는데 무용동작과제와 같은 수행과정을 목표로 하는 동작일 경우 주로 많이 사용한다.

목적성 동작과제는 앞에서도 예를 든 것과 같이 동작 수행에 어떤 목적이 있는 것, 즉 농구의 슛 동작은 볼을 바구니에 넣기 위한 것으로 동작 완료 후에 그 결과를 알 수 있게 된다. 그러나 무용동작의 경우 동작수행목적은 동작을 수행하는 과정의 아름다움이나 표현을 위한 동작이다. 물론 동작 수행 이후 결과를 알 수 있는 동작과제가 없는 것은 아니나 대부분의 무용동작과제는 동작수행의 과정이 중요하다. 이동하면서 도는 발레의 삐루엣 동작을 실행할 때 무용동작학습에서 학습 요점은 돌기 과정에서의 몸의 형태와 지정된 어느 위치까지 정확하게 이동하였는가이다. 그러나 스포츠 종목 동작학습에서

〈그림 1-1〉 결과의 지식이 나타나는 위치

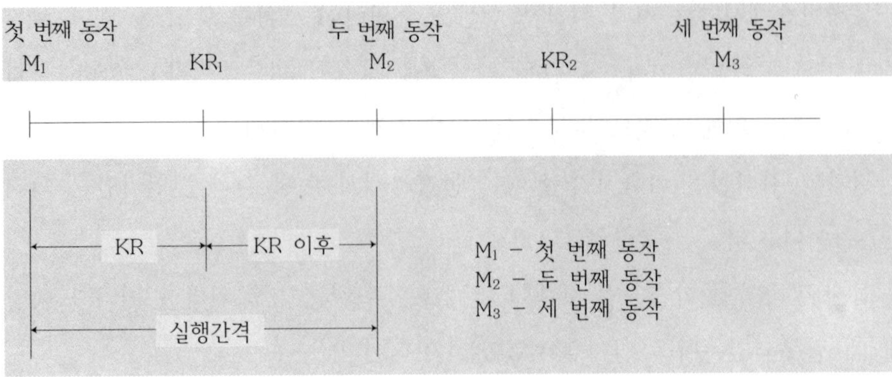

의 결과의 지식(KR)은 지정된 위치에 도달하였는가가 된다.

결과의 지식에 관한 실제 사용이 혼돈되어 나타나는 경우가 있는데 그것은 결과의 지식과 피드백의 개념적 사용의 혼돈에서 오는 경우가 대부분이다. 결과의 지식은 동작 수행의 목적적인 측면에서 동작수행 완료 후에 나타나는 결과이며 동작을 수행하는 과정상의 오차 여부에 관한 피드백은 아니라는 점을 주목해야 할 필요가 있다.

일반적으로 스포츠 종목의 동작에서는 이러한 구분이 비교적 용이하다.

예를 들어 농구 슛을 하기 위한 동작에서는 동작 수행의 목적과 이를 생성하는 동작과정은 분류되어진다.

즉, 동작수행에서 수행과정상의 완성도와 동작 수행 후의 결과는 두 가지로 나타날 수 있다는 것이다. 이러한 경우 피드백은 수행과정 중의 오차와 수행결과에서 나타나는 오차 등 두 가지가 나타난다. 그러나 이들 두 피드백의 양상은 종종 구별하기 힘들다.

예를 들어 무용동작과 같이 동작의 수행목적이 동작수행과정인 경우 결과의 지식은 피드백을 보충하는 보강적 피드백으로 수행과정의 정보를 만들어 제공하기도 한다. 동작학습과정의 일부에서는 결과의 지식을 동작수행의 목적달성에 미치는 수행과정을 보강할 수 있도록 내부정보를 보충하는 것으로 사용하기도 한다. 그러나 이와 같은 것은 사실상 결과의 지식(KR)의 정확한 개념은 아니다.

경우에 따라서 피드백 정보나 피드백의 강화에 결과의 지식이 사용되어지는 것으로 하기도 한다. 결과의 지식의 정확한 개념과 그 사용에 관한 일관성 결여가 있음에도 일반적인 경향은 결과의 지식에 의한 피드백의 개념으로 사용되고 있으며, 특히 무용동작과제 수행에 있어서 결과의 지식은 동작 수행 후의 결과보다는 수행과정 중에 나타나는 수행상의 오차를 인지하는 것으로 사용되고 있다.

5) 인지

인지는 감각기관의 자극으로 얻어지는 결론이며 감각은 간단한 경험에 의해 얻어지는 것으로 그 감각 주체에 관한 인식, 즉 앎이다.

감각이란 보고, 듣고, 아프고, 냄새 맡고, 만져서 느껴지는 것이며 이로 인하여 따듯하고, 춥고, 부드럽고, 좋고, 싫은 느낌을 갖게 되는 것들이다.

감각중추의 정보는 어떤 수용체의 자극으로 일어난 것을 지칭하는데 인지는 감각기관에 의해 나타나는 수용체의 경험에 따른 개별적인 인식(앎)이라고 할 수 있다. 예를 들어보자. 숲속의 고목나무 부근에 버섯이 산재해 있다. 개인의 수용체인 눈으로 보기에 그것은 식물이다. 그러나 버섯에 관한 경험(어떠한 형식으로 든 개인이 경험한 버섯에 관한 인식)이 있는 사람과 그 경험의 종류에 따라서 버섯을 인지하는 것이 다르게 나타날 수 있다.

다시 말하면, 이것은 몇몇 감각과 그들 간의 이해의 종합인데 이것 역시 지난 경험을 토대로 한다. 다시 버섯의 예로 돌아가 보자. 버섯에서 나는 향기가 송이향이라는 것을 알게 하는 감각기관은 냄새를 맡는 코가 되며 눈으로 본 버섯의 모양과 코로 맡은 송이의 향을 종합하여 그것이 송이 버섯이라는 사실을 알게 된다. 그러나 같은 버섯을 보고 같은 송이향을 맡았어도 이에 관한 경험이 없는 사람은 그것이 송이 버섯임을 인지하지 못한다.

즉 인지(perception)란 감각의 의미이며 알고 있는 것에서 오는 습관이거나 물건과 사건에 대한 경험에서 오는 상태이다.

인지는 복합적인 특성을 갖는다. 이는 개인이 어떤 자극이나 사실에 대해 경험으로 갖게 되는 복합적 개념이다.

동작학습에서 인지의 특성은 인지에 의해 동작을 수행하게 된다는 것이다. 다시 앞에서 들었던 버섯의 예를 보자. 숲에 산재해 있는 식물이 송이 버섯이라는 것을 인지한 사람은 그것에 달려가거나, 혹은 그것을 채취하려는 행동을 할 것이다. 또 다른 예를 들어 보자. 어떤 파티장에서 춤곡이 나왔는데 그 곡이 왈츠라는 것을 알고 그 춤을 경험한 사람은 왈츠를 출 것이다. 그러나 왈츠를 경험하지 못했거나 그 곡을 모르는 사람들은 왈츠가 아닌 다른 춤을 추거나 춤을 추지 못할 것이다.

Hebb(1949)는 인지의 단순함이나 복잡함은 개인의 학습의 결과로 나타난다고 했다. 개인의 경험과 학습이 진전되면서 수용체가 받아들이는 감각의 결과는 점점 더 많은 연합을 형성하여 서로 관련된 새로운 인식을 만들어 내거나 행동의 양상으로 나타나게 된다. 이러한 과정을 통하여 개인의 인식에 특징이 형성되어지고 그것은 같은 자극에서도 그 자극의 주체를 인지하는 개인적 주체성을 형성하게 된다. 이렇게 형성된 인식의 주체성은 두 가지 특성을 갖는다.

첫째, 개인의 감각기관이 감지하는 인식이 개인의 경험과 학습의 결과로 인해 어떤 특정한 영역과 같아지거나 일반적이지 않음을 인지하게 될 때 개인의 인지능력은 주체의 인지에 독자성을 갖는다.

둘째, 자극의 주체가 다른 물체와 유사성이 있거나 어떤 행동으로 쉽게 대체될 수 있다고 감지되었을 경우 개인의 인지는 일반적이지 않은 독자적인 주체성을 갖게 된다. 이러한 일반적인 자극 주체에 관한 개인의 인지가 각자의 경험이나 학습의 결과로 나타나는 독자성은 동일한 자극에 의한 개인 행동의 원인이 된다.

Hebb(1949)는 자극의 주체에 관한 개인의 인지는 동일한 자극에 대처하는 독자적인 동작수행에 나타나는 문제의 시작 단계일 뿐이며 이는 인식의 준비 과정이고 일반적으로 자극에 반응해야 하는 선택적 반응에 대한 기준으로 작용되어진다고 설명한다. 개인의 경험은 그것이 순간적이든 오랜 기간 동안의 경험이었든 모두가 개인에게 자극 주체의 정보를 제공한다.

또한 환경은 확실하고 정확한 인지와 관계되어 개인적 조절과 자극 주체에 대한 동작의 반응에 우세하게 작용되는 것으로 행동에 필요한 요인이 된다.

결론적으로 인지는 경험과 학습에 대한 개인의 신념, 주체에 대한 기대와 개인의 자세, 선택 성향 그리고 행동의 가설을 포함하는 통합적 개념이라 할 수 있겠다.

Bruner(1951)는 마지막 단계인 통합적인 인식이 세 단계의 작용 구조를 갖는다고 주장했다.

첫 번째 단계에서 인지는 예상이나 가설로 시작된다. 즉 우리는 항상 보는 것, 듣는 것, 또는 감지되어지는 사건이나 자극의 주체에 대한 반응의 어떤 크기를 준비하게 된다. 둘째 단계에서는 환경으로부터 얻은 주체에 관한 자극의 정보로 Input을 작용시키게 되며, 마지막 세 번째 단계에서는 첫 번째 단계의 가설에 첨가된 자극의 정보와 관련하여 자극의 주체를 점검하는 확인 단계로 이 구조가 이루어진다.

이러한 인식의 과정은 동작 수행에 작용되는 것으로 개인의 판별력과 그 판별력에 관한 일관성을 적용하게 되는 일반화로 동작학습과정에 매우 중요하게 작용되어진다.

판별력은 자극 주체(사물, 또는 환경)나 자극종목간의 판별을 통해 동작 반응이 진행되어지며, 일반화는 개인의 동작이 자극에 반응하는 경향에 관련되는데 그것은 이전의 경험과 학습에 의한 것으로 유사한 주체에 대한 유사한 반응으로 일반화되어진다.

어떠한 수용체로부터 자극을 판별하여 일반화된 동작반응으로 이어지는 과정을 성공적으로 이루기 위해서는 판별이 일반화되는 과정을 구별하여 조절하거나 이미 학습된 자극 주체에 관한 인식을 새로운 양상으로 변환하여 이루어 낼 수 있다.

자극 인식의 판별과 일반화는 개인의 동작반응에 적용되어지는데 이는 또 다른 유사자극에 대한 판별력을 익혀야 하며 다양한 상태에서 유사 자극에 대한 대처 능력을 배워야 할 것이다.

6) 개방수행과 폐쇄수행

동작을 수행하는 기능은 근육의 움직임과 신호에 관계되는 자극에 대한 인지가 학습되어짐으로 이루어진다. 다시 말하면 근육과 신체의 어느 부분을 움직여서 어떤 형태의 동작을 수행해야 하는가를 결정하며 동작을 수행하기 위해서는 자극(또는 신호)이 필요한데 동작학습은 이러한 신호를 인지함으로 이루어진다는 것이다. 무용동작 수행의 신호(cue)는 음악이다.

연습실에서는 지도자의 언어적 신호가 있을 수 있겠으나 본질적으로 무용동작 수행의 실행 신호는 음악이다. 어떤 음악이 어떤 동작을 필요로 하는가는 절대적으로 음악의 인지에서부터라고 말할 수 있겠다.

무용동작기능의 수행과 수행 신호, 즉 음악은 기능상 서로 보완적이며 안정적이다. 그러나 스포츠 종목의 대부분의 동작 수행과 신호(자극)는 상황에서 상황으로 전개되는 폭넓은 변경이 가능하다.

Knapp(1967)과 Holding(1965)은 동작을 기능에 따라 폐쇄기술(closed skills)과 개방기술(opened skills)로 구분하여 크게 동작지향기술과 지각적 정보에 의한 기능으로 분류하였다. 이는 동작 수행에 작용하는 자극에 관한 정보를 인지하는 수행자의 환경적 상황이 어떠한 상태인가에 따라 분류된다. 이러한 동작기능의 분류는 동작기술을 지도해야 하는 지도자들에게 도움을 준다.

외부적 환경에 따라 동작 기능의 수행에 비교적 영향을 많이 받는 동작기능을 개방기술(opened skills)이라 하고 반대로 외적 환경에 동작기능의 수행이 비교적 영향을 덜 받는 동작기술을 폐쇄기술(closed skills)이라 한다.

폐쇄기술은 대부분의 무용동작이 대표적인 예로 가능하며, 골프 퍼팅기능, 역도, 다이빙 등이 예가 될 수 있다. 이러한 동작기술은 동작을 수행할 때 수행자는 환경적 요인에 비교적 영향을 받지 않으며 수행자 자신의 능력을 최대한 발휘해야 하는 동작기술이다.

개방기술은 스포츠 종목의 운동경기 동작기술이 대부분인데 이러한 동작기술은 수행자가 갖고 있는 동작기술의 수행은 환경적 변화에 따라서 수행자의 정보 인식과 판별력에 의해 동작기술이 지속적으로 수정되어 수행되어진다.

폐쇄와 개방기술의 동작수행에 따른 기술의 분류는 학습과정의 전략적 진행과 발전에 도움을 줄 수 있다.

개방기술이 환경의 자극(신호)에 관련된 수행자의 인지능력과 그 자극(신호) 주체의 변화가 동작기술 수행에 강하게 작용되는 반면 폐쇄기술은 환경의 변화를 통제하는 수행자의 능력이 필요하며 움직임의 지속성과 섬세함, 정확성 등이 동작기술 수행에 강조되어 작용한다.

그러나 모든 동작기술을 수행하는 실제상황에 완전하게 닫힌 기술이나 완전히 열린 기술은 없다. 동작기술을 지도하는 지도자가 할 수 있는 최상의 자세는 학습해야 할 동작기술의 수행초기 단계에서는 폐쇄기술과 개방기술을 구분하지 않고 동작구성의 두 가지 조건 모두를 지도하는 것이다.

그 다음 단계에서 환경의 변화에 대처하는 방법과 환경을 통제하는 방법 등 동작기술 수행의 실제에 맞는 연습법을 적용해야 할 것이다.

이와 같은 접근법을 따르자면 무용지도자는 동작수행의 정확성과 음악과의 조화 그리고 지속성 유지를 강조하고 농구 코치는 수행자의 적절한 반응으로 어떻게 환경의 변화(상대팀 수행자)에 대응하는가를 강조하게 된다.

동작기술의 수행은 기술의 형태에 관계없이 개방형이거나 폐쇄형기술 모두가 수행은 정보에 따른 동작수행기능이다.

폐쇄기술의 경우 정보는 동작과제에 관한 감각정보와 수행자 자신에게 있는 고유의 자기자극 감응을 수용하여 기술이 일어난다.

반면에 개방기술은 동작과제의 감각정보와 수행자의 자기자극 감응에 시각 등 환경적 변화로부터 나타나는 외부의 진행에 반응하여 기술의 수행이 일어난다.

결론적으로 폐쇄동작과 개방동작을 간략하여 설명하자면 동작환경이 변하지 않고, 수행자가 그의 움직임이 환경상황에 따라 변화할 것이라는 두려움 없이 미리 잘 계획한대로 수행이 가능한 동작과제를 폐쇄동작이라고 하며, 반면에 환경이 지속적으로 변화하는 상황에서 환경의 변화에 따라 수행이 수정되어야 하는 동작과제를 개방동작이라고 한다.

개방동작에서 각 개인의 주요 문제는 상황에 맞는 동작반응을 산출하는 것이다.

동작의 폐쇄 수행에 대표가 되는 무용 동작은 상황에 따른 동작기술의 수행이 거의 없는 상태이나 공연 시 발생할 수 있는 예외적 상황은 여전히 남아있다.

이제까지의 논의로 우리는 무용동작이 전형적인 폐쇄동작기술임을 알았다.

동작기술의 분류로 알 수 있는 동작기술에 관한 수행상의 특성은 무용동작 학습 연구에서 우선 인지해야 할 부분이다.

(2) 과제의 수행 관찰시 사용되는 용어

1) 반응의 양(Amount of Response)

무용동작학습에 있어서 학습의 진보 정도는 동작과제를 수행할 때 수행에 사용되어지는 인체에 반응의 양이 감소되어지는 것으로 판단할 수 있다.

설명하자면 어떤 수행 상황에서 초기 동작수행은 외부로부터의 영향으로든, 또는 내적인 심리 영향으로든 움직임에 비경제적 반응이 동작 수행의 목적과 관계없이 나타난다는 것인데 이러한 비경제적 반응은 학습자가 동작기술을 익혀가는 단계에서 점점 더 적합하고 능률적으로 이루어지게 된다.

그러므로 동작수행의 개선은 불필요한 동작들을 배제함으로 얻어지게 되는 것이다. 숙련된 동작수행은 목적된 동작을 수행하기 위한 최소의 신체반응을 사용하는 것이며 학습은 반응의 양이 적어지는 현상을 수반함으로서 이루어진다고 할 수 있다.

특히 무용동작학습은 신체반응의 양과 반응부분에 따라 동작의 완성도를 결정하게 되는데 예를 들어, 도는 동작을 수행할 때 불필요한 신체 부위의 반응은 반응의 양을 크게 하는데 그것이 돌기동작 자체를 방해하지 않을지라도 무용동작 평가에서는 그 결과를 동작 수행의 성공으로 볼 수 없다는 것이다.

실제 예를 보자. 무용동작의 돌기동작을 수행할 때 어깨가 올라간다든가 무릎의 위치나, 발의 위치가 불필요하게 반응하여 반응의 양이 커졌다. 그러나 이러한 상황에서도 돌기동작의 수행은 가능하지만 숙련된 무용동작의 돌기수행은 돌기에 필요한 가장 최소한의 신체반응이어야만 한다는 것이다.

반응의 양은 직접적 동작 수행에 관계없는 움직임이 제거되어질 때 그 크기가 감소되어지며 수행에 소요되는 시간이 길어질 때 반응의 양이 증가되어지는데 이러한 과정을 통하여 동작 수행이 개진되어 진다.

무용동작수행에서는 한국무용의 느린 장단의 춤이나 발레의 아다지오의 수행이 고난이도로 인정된다. 이러한 이유는 무용의 느린 동작 수행에서 불필요한 신체 부분의 반응이 많아질 수 있기 때문이다. 이 같은 현상은 특히 초보 수행자의 경우에 빈번하게 나타날 수 있다.

반응의 양으로 학습의 결과를 결정할 때 지도자가 신중하게 고려해야 할 점은 반응의 양이 변화된 원인이 학습의 결과인지 동기나 그 이외의 환경적 요인인지 그 요인을 찾아내는 것이다.

반응의 양은 앞에서 언급되어진 것과 같이 무용동작수행의 신호(cue)가 되는 음악이 요인으로 작용될 수 있으며 수행 상황이 되는 외적인 환경이나 수행 동기와 같은 내적 요인이 원인이 될 수 있기 때문이다.

2) 반응시간과 동작시간

수행자가 동작을 일으키는 여러 상황들은 동작반응의 지시 자극이 제시될 때, 대부분 가능한 빠르게 움직이려는 목표를 갖고 있다.

그러한 상황에서는 동작 반응의 중요한 구성요소로서 반응시간(RT)과 동작시간(MT)이 있다. 이 두 가지 요소를 생성하는데 소요되는 시간의 크기는 근본적으로 독립된 것이기 때문에 가급적 신호에 빠르게 반응하려 하거나 빨리 움직이는데 의식적인 주의를 기울임으로써 반응시간에 영향을 미치는 일이 가능하다.

이 두 가지 각기 다른 반응 전략은 '감각 태세(sensory set)' 또는 '운동 태세(motor set)'라고 한다. 동작실행은 수용체로부터 받은 자극(신호, cue)에 대한 인체의 반응인데 수행자는 받아들인 자극을 인지하고 판별하여 반응을 결정하는 과정이 필요하게 된다. 반응시간(RT)은 수용체로부터 자극을 인지하는 시간이며 동작시간(MT)은 그 자극에 관한 판별로 동작이 실행되어지는 시간을 말한다.

자동차 운전을 예로 들어 보자. 운전 중 도로상에 갑자기 나타난 장애물이 있다고 가정했을 때 장애물에 놀란 반응으로 가속페달에서 발을 떼고 브레이크를 밟을 때까지 걸리는 총시간이 반응 전체 시간이다.

이때의 반응 전체시간은 장애물을 수용체가 받아들인(눈으로 보았든가, 소리로 들었든가) 때부터 가속페달에서 발을 떼기 시작한 때까지가 반응시간이 되고 가속페달에서 발을 떼서 브레이크에 발이 닿는 시간이 동작 시간이다.

이 두 가지 시간이 모두 반응전체시간이 되는 것이다. 아래 그림 1-2를 참고하여 운전 중 나타났던 장애물에 반응한 동작에 관한 동작시간과 반응시간을 적용해 보자.

그림 앞에 나타난 자극은 실질적으로 장애물이 나타난 시간이다. 사람의 수용체가 받는 자극은 실제로 장애물이 나타난 시간과 차이가 있다. 그림 가

〈그림 1-2〉 반응시간 측정의 시간적 관계(김기웅, 1995)

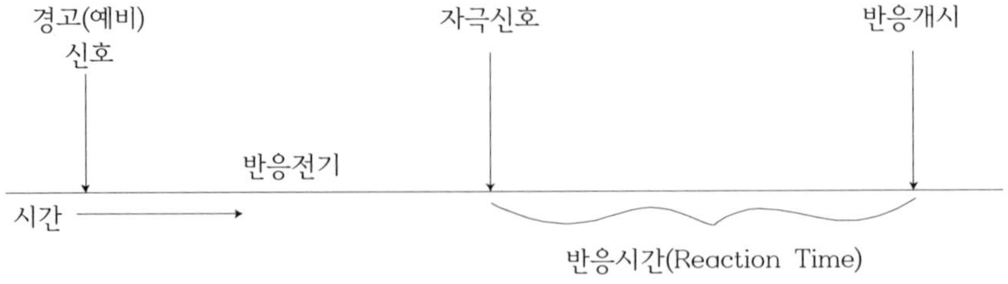

운데 자극신호는 사람의 수용체가 장애물을 인지한 시간이다. 자극신호로부터 반응개시까지의 시간이 반응시간이 된다. 실질적 동작실행은 반응개시에 나타나는 동작 시간이 되는 것이다.

반응시간과 동작시간의 중요성은 개방동작기술을 사용하는 스포츠 종목 경기에서는 매우 중요하다. 동작기술의 수행이 주변 환경 요인에 따라 변화되고 수정되어지기 때문이다. 그러나 폐쇄동작기술을 사용하는 종목의 운동이나 무용동작수행에서는 그다지 중요하지 않다. 폐쇄동작기술의 수행에서 갑자기 나타나는 환경의 변화나 수행의 장애물은 특별한 상황(무용의 경우 공연 사고)이 아니라면 없기 때문이다.

경쟁상태의 스포츠 구기 종목에서 상대선수들의 신호에 대한 반응시간과 선택적 기술실행의 신속한 대응은 운동종목의 기능학습 현장에 매우 중요한 연구과제이다.

3) 반응의 잠복(Latency of Response)

동작학습에서 반응의 잠복 기간은 자극 제시로부터 동작시작 시간 사이의 기간을 말한다. 그림 1-2에서 나타난 반응시간이다.

반응의 잠복(latency of response)을 보통 반응시간으로 한다. 반응시간은 기능의 복잡성, 동작 기능의 구성형태와 사용되어진 자극(input)의 형태 등에 영향을 받고 있는 것으로 관찰 되어져 왔다.

반응시간이 동작학습과 수행에 중요한 지표가 되는 것은 사실이나 무용동작학습에서는 그것만으로 학습의 유리함을 증명하는 데는 적당하지 않다. 반응의 잠복은 동작반응 시간과 함께 주로 스포츠 종목의 경기에서 그 중요성이 강조되고 있다. 동작의 수행이 음악과 함께 이루어지는 무용동작 수행에서 반응의 잠복을 조절할 수 있는 능력은 무용동작수행에 절대적인 것이다. 실제로 우리는 무용동작을 실행할 때 실행 전 반응의 잠복을 자기감각기관으로 조절하지 않는다면 첫 시작동작의 수행을 완수하기가 어렵다는 것을 경험한 경우가 있을 것이다. 즉 동작반응시간(MT) 이전의 반응의 잠복이 필요하다는 것이다. 이 잠복의 시간을 학습으로 조절 가능하다면 이는 무용동작학습에 유리함을 제공할 수 있을 것이다. 그러나 스포츠 종목의 운동과제 수행에서의 반응의 잠복은 동작실행을 위한 자극으로부터 동작이 시작되는 기간을 말하는 것으로 무용동작수행에서 말하는 동작 수행 전 반응의 잠복과는 거리가 있다.

무용동작은 폐쇄동작기술로 수행특성은 동작을 얼마나 지속적으로 연습상황과 동일하게 수행할 수 있느냐 하는 것이다. 환경과 상대 수행자의 변화에 따라 동작수행의 반응 잠복기간과 반응시간이 변할 수는 없다. 무용동작수행은 시간의 절대성이 요구되어지기 때문이다.

(3) 연습 관련 용어

1) 학습곡선

동작을 학습하기 위해서 혹은 새로운 동작기술을 습득할 때 우리는 어떠한 방식으로든 연습과정을 필요로 한다. 연습 과정 없이 동작기술을 습득한다는 것은 거의 불가능하다.

무용동작기술은 개인이 성숙과정에서 이미 경험되어있는 여러 가지 구습관 중에서 동작수행의 목적에 맞는 신체 각 부위의 적절한 협응상태라고 설명할 수 있다. 이미 경험으로 익숙한 동작기능의 간략한 조합은 한 두 번의 실행에도 동작과제를 수행할 수 있을 것이다. 이러한 사실에서 우리는 어떤 새로운 무용동작을 습득하는 과정이 단계적으로 이루어진다는 것을 알 수 있다.

무용동작이 습득되어지는 습득과정을 관찰하고 결과를 측정하여 동작학습의 과정을 살피는 일은 지도자들이 학습의 변화를 알아보기 위함이다. 학습자들이 연습진행 동안에 나타나는 수행의 변화를 그래프형태로 만들어 놓게 되면 학습자 개인의 학습변화를 쉽게 알아 볼 수 있다.

학습이 진행되는 과정을 관찰하여 나타낸 그래프의 곡선을 학습곡선 또는 수행곡선이라 한다.

〈그림 1-3〉 학습곡선의 형태(Crossman(1959) Whitley(1970) Singer(1965) and Oxendine(1965)

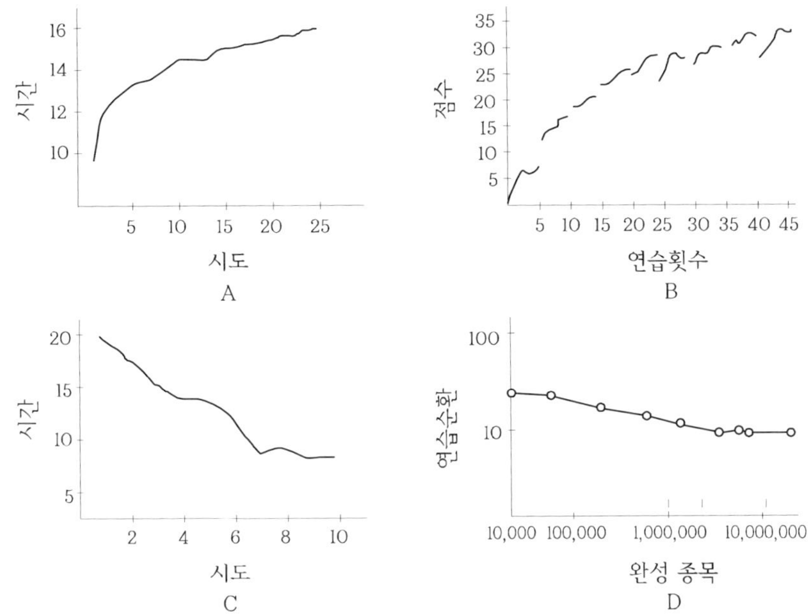

이 곡선에서 가로좌표는 동작과제 연습을 실시한 시도 횟수나 연습 실시 기간을 나타내며 세로좌표는 동작과제를 시도하여 실패한 횟수나 수행시간, 동작과제 수행의 성공률 등 이와 유사한 기록으로 표시된다.

학습곡선은 동작학습이 진행되며 나타나는 수행변화로서 점차 동작시행이 거듭되면서 수행의 성공요인에 개선이 나타나며 동작수행목적의 결과에 가까울수록 곡선은 완만해진다. 동작과제의 종류에 따라 차이는 있으나 곡선의 상태를 보면 동작과제의 복잡성을 파악할 수 있다.

그림 1-3은 수행곡선의 예이다. 동작과제를 수행하는 능력이 개인의 동작학습능력이다. 학습능력은 곧 수행능력이 되는 것이다. 그러나 수행과 학습은 분명한 차이가 있다. 수행은 개인이 수행하는 환경이나 내적, 외적 상황에 의해 간섭을 받을 수 있으므로 수행의 결과가 개인의 학습된 학습능력이라고 볼 수 없다는 것은 이미 본 저서 동작학습의 본질에서 논의 되어졌다. 개인의 동작수행을 관찰한 결과라고 해서 수행곡선이라 하기도 한다. 학습자 개인이

동작과제를 연습하면서 과제를 실시하는 과정을 도표화한 것, 다시 말하면 학습자의 수행을 도표화한 것이 학습곡선으로 사용되는 것이다. 수행곡선이 학습곡선이 된다.

그림에 나타난 4개의 수행 곡선을 살펴보자.

A와 B의 곡선은 동작수행을 평가한 값을 표시한 것으로 여기에서 나타난 것은 과제 학습의 폭이 비교적 확실하게 증가하고 있다.

곡선 A는 규칙적으로 구분하여 연습을 실행하여 얻어진 자료로 구성된 것이다. 과제를 실시한 횟수가 많아지면 수행점수가 증가한다. 실시횟수 5번 이내의 점수는 급격하게 상승되고 실시 5회 이상부터는 증가가 비교적 완만하게 나타나고 있다. 곡선 B는 어느 기간을 단위로 하여 한 기간의 연습이거나 한 판의 연습으로 얻어진 자료로 나타난 곡선이다. 한 판(bout)은 시도 사이에 작은 휴식시간을 갖는 연습구성이며 연습기간이 더 많은 경우에는 각 판이나 작은 판의 운영사이에 많은 휴식을 갖기도 한다.

C와 D 곡선은 연습이 동작과제 수행에 어떤 요인이 감소하거나 수행의 실수를 나타낸 것으로 보여 진다. 수행의 증진은 과제실시 횟수에 따른 수행실패가 줄어들거나 과제를 수행하는데 소요되는 시간이 감소함으로 수행이 증진됨을 나타낸다. 곡선 C는 수행의 증진을 짧은 시간을 요구하여 얻은 자료이며, 곡선 D는 수년간 계획된 자료로부터 얻은 곡선이다.

학습곡선은 그룹간 수행을 비교하는 것으로 사용되기도 한다. 개인적 학습과정을 평가하는 경우에 일반적 수행곡선을 기본으로 비교 평가하기도 한다. 개인적 곡선은 보통 일정한 곡선이 형성되지 않거나 불규칙한 변화를 보이는 경우가 있다. 우리는 무용동작과제를 연습할 때 매 연습에서 수행이 증진될 것을 기대한다. 그러나 동작과제에 따라서 또는 개인의 운동능력에 따라서 곡선은 일정하지 않을 수 있다. 수행곡선이 반가속성을 보여주는 경우가 있는데 그것은 과제를 시행하는 횟수와 수행 증가정도가 점진적인 증진이 아닐 경우에 나타난다.

즉 동작과제실시의 5회째 수행수준이 10회째 실행에서 증가되어 나타나는 경우이다. 이러한 경우 대부분 증가폭은 크게 나타난다. 이러한 곡선은 주로 인지적 운동기술에 자주 나타나는 수행 곡선이다. 무용동작과제의 경우 동작이 여러 가지로 연결되어서 그 순서 등을 인지해야하는 경우 나타난다. 동작기술이 하나의 기능으로 이루어진 경우에는 과제 시도의 진행에 따라 수행이 점점 증진되고 있는 특징을 보여준다(긍정적 가속성).

학습곡선에 다른 결과를 제시한 이론이 있는데 Bryan과 Harter(1897)가 관찰해낸 학습 진행의 일시적 정지 상태와 학습고원(plateau)이 그것이다. 학습자들은 동작과제를 연습하는 동안 실시횟수와 비례하여 수행이 증진할 것이라고 기대한다. 일반적인 동작연습은 연습한 횟수만큼 수행이 증가되어 나타난다. 그러나 연습이 진행되어도 수행수준이 정지되어 나타나는 경우가 있다. 정지되어 나타난 수행수준이 곡선상 거의 고원을 이루는 경우가 있다. 이 후 학습곡선은 정상적으로 학습의 향상을 나타낸다. 학습곡선에서 나타나는 학습고원 현상을 Bryan과 Harter(1897)는 학습의 강화 단계라고 주장한다.

학습고원은 일반적이지는 않으나 흔하게 나타나는 학습 곡선의 특징이라고 하였다. 학습고원을 진보의 특징으로 보기보다는 오히려 불규칙한(erratic) 학습의 변화로 보는 경우가 있는데 이는 복잡한 기술에 대한 측정의 부적합에 의해서 나타날 수 있다고 보고 있으며 실제로 이러한 경우가 적지 않다. 학습고원은 따로 수행의 고원에서 논의하기로 한다.

학습곡선에 대한 해석적 어려움이 있다. 곡선의 형태가 학습자 개인의 다양한 단계적 학습을 보여주기는 어렵다. 곡선은 개인적인 돌발적 분발이나 어떤 긍정적인 학습의 가속성이나 부적 가속성을 반영한다고 할 수 없다. 무용동작기능은 신체 여러 부분의 조절과 신체 각 부위의 조화로운 협응으로 구성되어진다. 동작기술 수행능력은 어느 한 가지 환경적 상황에서 측정된 것으로 동작수행학습에 관한 완전한 측정이 될 수 없다.

학습곡선의 적용에 관한 문제는 또 있다. 대부분 변화가 높게 나타나는 수행이나 빈번한 반전의 영향으로 일어나는 불규칙학습(erratic) 본질을 학습곡선의 일반화되어진 가속성 상황이나 반가속성 상황으로 수용하기는 어려운 일이다. 수행곡선의 역할은 수행의 변화에 사용되어 학습결과를 예측하는 과정에 있다. 그러나 해석의 어려움은 여전히 남아있다.

학습곡선에 관련된 몇 가지 문제 중 우선적으로 고려해야 할 부분이 평가의 문제이다. 어떤 동작과제를 수행하기 위해 측정해야 할 요인이 무엇인지 그 요인이 주어진 동작과제를 수행하는데 얼마만큼 유익하게 작용하는지 검증되어야 할 것이다. 무용동작수행의 평가문제는 이 책의 무용동작학습의 실제에서 다시 다루기로 한다.

2) 수행의 고원

수행의 고원은 동작기술학습에서 나타나는 상황으로 연습 동안에 꾸준하게 상승하던 수행이 어느 순간 멈춰지는 현상을 말한다. 앞에서 설명한 학습곡선이론에 연장되는 개념이다. 연습에 의한 수행효과의 상승이 계속되는 연습에도 상승이 멈춰진 상태로 얼마간 지속되어 곡선이 고원을 이루게 되어 명명된 개념이다. 수행의 상승이 멈춰진 상황에서 그 다음 연습이 더 진행되면 수행은 다시 향상하기 시작한다. 학습의 고원 현상은 동작기술학습 과정의 정상적인 단계로서 고원 현상이 존재한다는 개념은 19세기 말엽부터 논의 되었다.

무용동작기능을 학습한 경험이 있는 우리는 무용동작을 연습하는 과정에서 지속적으로 연습이 진행되고 있는데도 동작수행이 나아지지 않는 경험을 종종했을 것이다. 여기에서 나타나는 의문은 학습의 고원 현상이 정상인가, 아니면 연습방법이나 다른 어떤 요인이 작용하여 나타나는 특수한 경우인가 하는 것이다.

Keller(1958)는 고원 현상은 학습 과정에 나타나는 일반적인 성질이 아니라 단지 수행상의 문제라고 했다. 동작기술이 학습되는 것이 수행에 즉시 나타나지 않을 수 있다. 이러한 경우 수행상에는 학습된 것이 나타나지 않지만 잠재적으로 학습되고 있다고 보는 것이다.

고원 현상은 연습 과정 중에 발생할 수 있다. 이때에도 학습은 여전히 진행되고 있다. 고원현상은 수행곡선에서 나타나는 수행상의 정체일 뿐으로 학습은 지속되고 있다는 것은 여러 실험에서 사실로 나타났다. 우리는 무용동작학습의 현장에서 이 같은 고원현상과 고원 현상 이후에 나타나는 수행의 상승도 함께 경험하였을 것이다.

3) 모형화(Modeling)

학습자에게 새로운 동작을 가르치기 위해서는 주어진 동작과제의 수행요인이나 사용되는 신체부위 등 그 동작에 관한 정보를 제공해야 할 때 지도자는 동작을 보여주어서 그 동작을 인식하도록 해야 할 것이다. 동작을 인식한 학습자는 그 동작을 수행하기 위해 사용해야 하는 신체 부위와 에너지 사용방법을 지도자로부터 얻게 된다. 학습자에게 동작과제를 제공하거나 수행정보를 설명할 때 지도자는 언어적 정보와 함께 시범을 보이거나 동영상을 사용한 시각적 정보를 함께 제공하게 된다.

학습자에게 시범이나 영상으로 제공되는 동작이 '모형화(modeling)'이다.

모형화는 동작기술을 수행하는 방법을 교육하는 일반화된 방법이기는 하지만 무용동작학습에서 동작수행은 수행의 결과로 나타나는 것이 아닌 수행과정이 목적이 되므로 동작기술의 수행을 습득하는 과정에서 지도자의 예술적 표현능력까지 모방하게 되는 경우가 발생한다. 무용동작학습은 정해진 동작의 정확한 수행과 수행 중에 표현되는 개인의 예술성을 중요시한다. 모형화가 동작기능학습에 피할 수 없는 방법인가를 고려해야하는 이유는 개인의 독창적인 표현력 증가를 위한 것이다.

무용동작수행이 비교적 자유로운 숙련무용수들은 자신만의 동작수행 기법들을 가지고 있다. 훌륭한 무용수는 더 자유롭게 점프하며 더 여유 있게 동작을 구사한다. 동작과제를 인지하는 학습초기단계에서 사용되는 모형화가 무용수들의 창의적 동작수행을 방해할 수 있다는 의견은 어느 정도 긍정적 지지를 받을 수 있다. 초기단계에서 모형화 학습이 학습자의 창의력에 방해가 되는지에 관한 연구가 필요하다.

4) 학습 단계(The Stages of Learning)

무용동작을 학습하기 위해서 학습자에게 필요한 것은 연습이다. 한 두 번의 연습시행으로 간단하게 학습되는 동작이 있다. 그러나 대부분의 무용동작은 오랜 연습기간을 필요로 한다. 무용동작기능을 습득하기 위해 필요한 연습기간은 개인의 유전적인 운동능력과 동작의 난이도 등이 요인으로 작용되어질 수 있다. 연습기간에 실시되는 학습과정을 살펴보면 동작의 수행이 숙련될 때까지 거치는 어떤 단계가 있다. 이것이 학습의 단계이다.

Fitts와 Posner(1967)에 의해 학습의 단계를 구상하는 방식이 제안되었다. 동작학습이 어떤 단계를 이루어가는 것은 분명하지만 수행이 완성되는 과정에 확실한 경계가 있는 것은 아니다. 그러나 연습이 진행되면서 개인의 수행 수준은 구분 가능한 점진적인 변화를 나타낸다. 연구에 의하면 학습자는 동작기술을 연습함에 따라서 상대적으로 구분되는 단계나 국면을 거쳐 간다고 한다. 동작기술을 습득하는 개인은 초기단계의 어떤 과정을 거치게 되고 그 과정을 거치면서 학습된 수행은 또 다른 새로운 국면을 맞아서 좀 더 향상된 기술을 구사하게 된다.

Bryan과 Harter(1897)는 동작기술이 습득되는 과정을 연구한 초기 연구자들이다. 이후 Snoddy(1926)는 학습과정이 두 단계로 이루어진다고 제시한다.

Snoddy의 연구는 피험자에게 거울을 사용하여 손의 움직임을 배우도록 하였다. Snoddy는 이 실험에서 제시된 동작과제를 수행하기 위해 피험자는 신경근육을 사용할 수 있는 방법에 적응되는 단계가 필요하다고 하였다. 방법에 적응되고 나면 동작의 효율적 사용을 위한 숙련의 단계를 거치고 익숙한 손놀림이 이루어진다는 것이다. 동작을 수행할 수 있는 방법의 습득이 한 단계이고, 이 후 숙련단계에서 동작기술이 수행되어진다는 것이다.

Adams(1971)와 Gentile(1972)이 제시한 두 단계학습법은 Snoddy의 연구를 보충하거나 동작과제를 좀 더 현실화시켜 제시한 것이다.

동작기술학습의 학습단계에 관한 보편적인 이론을 세운 연구자들이 있는데 Fitts(1964; Fitts & Posner, 1967), 그리고 Anderson(1982, 1995) 등이다. 이들은 학습

단계를 인지단계, 연관단계, 그리고 자동화단계로 구분하여 비교적 구체적으로 논의 하였다. Fitts와 Posner의 세 단계 학습은 가장 보편화되어 있는 학습과정으로 알려져 있다(백정희, 1996).

5) '집중'연습과 '분산'연습

동작기능을 학습하기 위한 실질적인 방법은 연습이다. 동작기능의 수행을 변화 시키는 가장 대표적 변인이 연습이라고 할 때 연습의 방법은 학습의 성공 여부를 좌우하기도 한다. 동작기술학습에 관한 연구의 필요성과 목적은 효율적인 동작수행인 것인데 효율적 동작 수행은 연습을 통해 수행을 변화시키는 일이다. 이것이 연습방법에 관한 여러 가지 관찰과 실험이 동작기능학습의 핵심적 논제가 되는 이유이다. 동작기술의 유형과 연습방법에 관한 연구는 동작기술학습의 핵심이다. 어떠한 방법이 연습효과를 극대화할 수 있을 것인가를 규명하는 것이다. 연습시간의 분배효과에 대한 연구는 분산연습과 집중연습이라는 연습의 방법적 형태를 제시했다. 이는 연습을 시간적으로 분산하여 실행하는 것이 학습에 유익할 것인가 또는 집중하여 실행하는 것이 유리할 것인가를 규명하는 것이다. 즉, 동작과제를 연습하는 시간의 양을 분배하는 문제이다. 집중적으로 오랜 시간 연습함이 유익한가 분산하여 자주 연습하는 것이 효과적인가 하는 것이다.

'집중연습(massed practice)'과 '분산연습(distributed practice)'은 용어 자체에 관한 정확한 적용 문제가 나타나고 있는데 이 용어들이 상대적 방법으로 사용된다는 것에는 일반적으로 그 인식을 같이한다.

집중연습은 분산법에 비하여 연습일 수가 더 적은 연습으로 보다 많거나 긴 연습시간을 요구하는 연습법이다. 반면에, 분산법은 같은 양의 연습시간을 보다 많은 기간 또는 연습일수로 분산시켜서 실시하는 방법이다.

집중연습과 분산연습의 용어에 관한 내용을 김기웅 등의 번역서 '운동학습'에 서술된 Richard A. Magil의 주장에서 살펴보자. Richard A. Magil에 의하면 집중연습은 '시행간의 휴식량이 매우 짧거나 전혀 없어서 연습이 비교적 지속적인 연습'이며 분산연습은 '시행 사이의 휴식량이 비교적 큰 연습'으로 정의한다고 하였다.

그는 또한 이 용어의 정확한 의미는 집중과 분산연습이 응용되는 동작기술과 학습 상황을 관련지어 해석되어야 옳다고 하고 있다. 어떠한 연습시간을 적용할 것인가는 지도자의 판단으로 이루어지는 경우가 대부분이다. 그러나 일반적으로 학습자의 수행 수준이나 연령, 기능의 복잡성 등에 따라서 집중과 분산연습의 효과는 분명한 차이가 나타나고 있다.

6) 전습법과 분습법

무용동작을 가르칠 때 어떻게 연습시킬 것인가가 중요하다. 기술을 전체적으로 가르칠 것인가 부분 부분 나누어서 가르칠 것인가에 관한 것이 전습법과 분습법의 문제이다. 이것은 학습의 효율성과 관계된다. 동작을 전체적으로 연습시키는 것이 효율적인가 혹은 부분적으로 연습시키는 것이 더 효율적인가 하는 것이다. 무용동작학습의 전통적 연습방법은 무용과제상의 특징에 의해 다르게 전개되어져왔다. 한국무용의 경우 비교적 전습법을 사용하였으며 발레 등 외국무용의 경우는 분습법을 사용하여왔다. 지금까지 동작학습에서는 분습법과 전습법의 문제가 연구의 중심을 이루었다. James Naylor(1963) 등은 전습법과 분습법을 고려할 때 과제의 조직성(task organization)과 과제의 복잡성(task complexity)를 생각하면 공식화가 가능하다고 하였다. 동작과제 속에 복합적인 몇 가지 기능이 혼합되어진 동작기능이 있는가 하면 한 가지 기술로도 수행 가능한 동작과제가 있을 수 있다. 그리고 과제 중에는 수행시간이 비교적 긴 기능이 있고 짧은 기능도 있다.

이 같은 동작기술의 조직 구성이나 수행의 복합성을 고려하면 일반적인 규칙을 찾을 수 있다는 것이다. 무용동작학습에서 연습시간을 좀 더 효율적으로 사용하기 위해서 전습법과 분습법을 적용하는 문제는 동작과제가 그 복잡성과 조직성의 정도가 어떠한가를 살피는 일이 중요하다. 동작이 복잡하지만 조직이 많지 않다면 부분 연습이 유리할 것이다. 이러한 동작의 예는 발레동작에서 찾을 수 있는데 공중회전 동작은 수행하기에 비교적 복잡하다. 즉, 신체 여러 부분의 협응이 요구되는 동작이다. 그러나 동작은 하나로 형성된다. 몇 가지 복합적 동작이 이루어지지 않는다는 것이다. 이러한 동작은 부분연습이 효과적이라는 것이다. 반면, 복잡하지는 않지만 조직성이 많은 동작이라면 전습법이 유리하다. 예를 들면 한국무용 승무의 연풍대 동작은 수행이 발레의 공중 돌기 보다는 복잡한 신체 협응을 요구하지는 않지만 장삼을 던지고 거두고 쪼그려 앉았다가 다시 장삼을 던지는 비교적 조직이 많은 동작이다. 이러한 동작은 전습법이 유익하다는 것이다.

무용동작은 비교적 조직성이 높은 과제들이다. 부분 연습은 동작의 수정 등에 사용될 수 있지만 무용동작은 다른 운동동작에 비교하여서 조직성이 높다. 전습법이냐 분습법이냐는 학습을 이끄는 지도자의 교수법에서 매우 중요한 부분이다. 어떻게 과제를 세분하여 분습하는가 하는 문제가 제기되기도 한다. 점진적 분습법의 적용도 고려해야 할 것이다.

7) 심리적 연습(Mental Practice)

심리적 연습은 동작기술을 신체를 사용하지 않고 연습할 수 있다는 것을 전제로 하여 논의되는 동작과제 연습방법 중의 한 방법이다.

학습자가 동작과제를 연습할 때 무선(정해진 순서가 없는)으로든지 혹은 분산화된 순서로 실시하는 경우 피험자가 주어진 과제와 실행과정 등에 대해 어떻게 생각하는가에 따라 결과는 상당히 많은 영향을 받는다는 여러 실험연구 결과가 있다.

분산연습을 실시할 때 연습기간과 그 다음 연습기간 사이에 학습자가 연습해야 할 일련의 과제를 마음속으로 실행함으로 수행이 증진될 수 있다.

Gabriele, Hall & Lee(2005)는 심상연습을 신체 훈련과 함께 하였을 때 파지수행이 향상된다는 것을 실험 관찰로 증명하였다. 심상연습은 동작기능의 수행과정을 이미지로 머릿속에서 실시하는 것이다. 파지수행은 학습을 측정하는 방법의 일종으로 연습종료 후 일정기간의 휴식기간을 보낸 다음 수행을 측정하는 것이다. 신체연습에 심리적 연습의 일종인 심상연습이 학습에 효과를 준다는 것이다.

심리적 연습이 효과적이라는 실험 연구는 이미 보고된 예가 많다. 심리적 연습 방법에 관한 연구도 폭넓게 진행되고 있다.

심리적 연습 효과는 수행효과보다는 학습효과에서 입증되는데 일반적으로 어떤 기술을 정신적으로 연습하는 것은 동작과제수행에서 기술 전이에 효과가 있다. 전이효과는 학습을 측정하는 한 방법이다.

심리적 연습의 효과에 관한 연구자들의 견해는 이 연습에 또 하나의 능력 형태가 학습자에게 역할하고 있다는 것이다. 이는 학습자에게 동작과제 수행을 요구했을 때 학습자가 그 수행과정을 상상하는 능력이다. 이 능력은 사람마다 개인차에 의해 달라서 어떤 사람은 수행과정을 상상하는데 곤란을 느끼는가 하면 어떤 사람은 고도의 생생한 심상수행은 물론 심리적 제어를 상상하기도 한다.

심상능력과 심리적 연습효과와 관련하여 Craig Hall(1980, 1985)은 흥미로운 가설을 제안하였다. 그는 심리적 연습의 결과로 기대할 수 있는 성공을 예측하기 위해서는 심상 능력이 결정적인 변인이라고 주장하였다. 심상 능력이 높은 사람은 동작기술의 심리적 연습에서 효과를 얻을 수 있지만, 그 수준이 낮은 사람은 심리적 연습에서 그다지 큰 효과를 기대할 수 없다는 것이다. 심리적 연습이 동작기술학습에 효과적이라는 주장은 심리적 연습이 신체적 연습보다 더 유익하다는 것이 된다. 심상능력이 우수한 사람들에게서 이런 효과를 기대할 수 있다는 가설이 학습자에게 검증되어야 실제적 현장에서 실시가 가능해 진다. Hall, Pongrac & Buckolz(1985)은 이 가설을 검증하는 것에 문제를 제기했는데 동작기술 수행과 관련된 심상 능력의 검사에 타당성이 부족하다는 것이다. 이 문제를 극복하기 위하여 Hall과 Pongrac(1983)은 동작 심상 설문지(movement imagery questionnaire; MIQ)를 개발하기도 했다.

8) 오차와 학습

동작기능을 학습하는 과정은 수행의 오차를 줄여가는 과정으로 설명될 수 있다. 연습과정에 나타나는 오차는 당연한 것이라고 할 수 있다. 연습 동안에 경험하는 오차가 미치는 영향에 대해서 두 가지 견해가 있다.

하나는, 가급적 정확한 반응을 경험하도록 하기 위해서는 오차를 최소화시켜야 한다는 주장이다. 즉 한 번의 수행이 실시된다 하여도 그 수행을 정확한 것으로 실시하도록 지도해야 한다는 것이다. 무용동작 연습장에서 간혹 나타나는 지도자의 보조 수행이 그것이다. 무용수의 정확한 팔의 위치를 지도자가 만들어 주는 예가 그렇다.

이와 다른 견해로는 연습중의 오차는 학습자에게 유익하며, 연습중의 오차 증가가 연습에서의 수행을 감소시킨다 할지라도 장기적으로 보면 파지와 전이 수행에 도움을 준다는 주장이다.

맥락간섭효과는 물론 Schmidt의 도식이론은 이 접근 방법에 해당 된다. 맥락간섭은 동작과제를 학습할 때 동작과제와 과제 사이에 발생되어 나타나는 수행의 방해인데 이것이 동작학습에는 효과로 나타난다는 개념이다. 도식이론은 동작학습의 학습과정을 설명하는 이론으로 오차수정으로 일어나는 학습에 상반되는 개념이다.

발견 학습이나 문제-해결 기법은 학습 초기의 오차 발생을 중요 부분으로 보는 견해로 좋은 교육 전략의 실례가 된다. 연습 중에 발생하는 오차에 관한 견해의 차이를 규명하려는 전형적인 실험의 접근법은 연습 동안에 서로 다른 오차의 양을 일으킨 연습법을 비교하는 것이다. 동작기술의 연습 동안에 나타나는 오차의 영향에 대한 의문을 규명하기 위해서는 많은 연구들이 필요하다.

이 문제에 대한 연구는 동작기술학습이론은 물론 교육 전략에 중요한 방향을 제공하기 때문에 이를 이해하려는 더 많은 노력이 요구된다. 분명한 것은 연습은 오차를 제거하기 위한 것이다. 연습 중의 오차발생은 불가피한 것이며 초기학습단계에서는 당연한 것이다. 오차의 발생과 오차제거 등에 관한 연구는 무용동작학습에 필요한 과제이다.

(4) 학습과 수행의 측정 관련 용어

1) 파지검사(Rentention Test)

파지검사는 학습자의 동작과제수행이 학습으로 인하여 발생한 것인가를 평가하는 방법 중 하나이다. 파지검사를 통해 지도자는 학습자들의 동작과제 수행이 일시적인 요인에 의한 것이 아니라 학습에 의한 것임을 확인할 수 있다.

파지검사를 실시하는 통상적인 방법은 학습자들의 동작과제의 수행을 측정하는 것인데 이때 동작과제를 연습하는 과정에서 연습기간 완료 직후 동작과제의 수행을 측정한다. 이 측정값은 학습자의 수행점수가 된다. 연습기간 완료 후의 측정이 끝난 후 일정기간의 휴식을 거치고 나서 그 동작과제 수행을 실시하여 측정한다. 이때 나타난 학습자의 수행점수를 동작과제에 대한 학습자의 과제수행 능력으로 평가한다. 학습이 일어났음을 결정하게 된다.

무용동작기능학습은 동작과제를 연습함으로 발생하며 학습은 학습자의 과제수행을 측정하여 추론함으로 가능하다. 동작을 수행하는 과정에서 수행에 영향을 미치는 요인은 환경적인 외적 요인과 심리적인 내적 요인이 작용되고 있어서 수행 자체만으로는 학습의 정도를 결정하기에는 문제가 있다. 그러므로 학습자가 수행한 동작과제가 학습자에게 학습된 수행능력으로 작용하는가를 판단하기 위해 연구자들은 파지검사를 통해 판단하고 있다.

동작과제를 연습한 학습자에게 동작과제를 수행하는 능력이 어느 정도 학습되어졌는가를 결정하는 일은 실제로 측정의 문제이다. 학습자의 동작과제 수행에서 학습이 발생하였는가를 판단하기 위해서는 객관적 근거를 바탕으로 해서 추론 하는 것이 옳다. 파지 검사를 통해서 학습의 성취 유무를 결정하는 것은 학습자에게 일어난 학습의 효과를 보다 객관적으로 평가해야 하는 입장에서는 매우 실용적인 유익한 수단이다. 무용동작학습 실험에서는 학습효과를 입증하기 위하여 파지검사를 주로 사용한다.

파지검사는 연습기간이 끝난 후 얼마간 동작과제에 관한 어떠한 지시나 과제 정보를 학습자에게 제공하지 않는다. 이 기간을 연구자들은 무연습 기간으로 표기한다. 무연습 기간 만료일에 연구자는 학습자에게 과제에 관한 어떠한 정보도 제공하지 않은 상태에서 과제를 수행하도록 한다. 이때의 무연습 기간은 임의적이다. 그러나 대부분 무용동작 기능학습 연구에서는 일주일의 간격을 둔다.

백정희(1987)는 한국무용동작학습의 심리적 학습효과를 관찰하는 실험에서 마지막 연습 후 일주일의 무연습 기간 후에 파지검사를 실시했다. 이 실험의 결과는 신체연습집단이 정신연습집단보다 학습효과가 우세한 것으로 나타났다. 동작기능의 파지능력은 학습되어진 동작기능을 얼마동안 유지할 수 있는가를 말하는 것이다.

학습된 동작기능의 수행능력을 오랫동안 지속하여 수행할 수 있는 능력이 필요한 이유는 반복연습의 기간을 새로운 기능을 습득하는데 사용할 수 있다는 유리함에 있다. 파지검사는 학습된 기능이 연습 없이 얼마나 지속될 수 있는가를 예측하는데 도움을 줄 수 있다. 무용동작기능을 수행하는 실제현장, 즉 공연상황에서 필요한 동작기술은 매우 다양하여 신체가 기억할 수 있는 동작기능이 많을수록 유리하다고 할 수 있다. 이것은 한 동작기능을 습득하는 시간의 중요성만큼이나 이미 습득된 동작을 오래도록 기억할 수 있는 능력이 필요한 이유가 된다. 학습된 동작 기능이 얼마나 빨리 잊혀지는지, 이전에 학습되어진 기능을 다시 수행해야하는 경우 이때 필요한 시간과 실시 양을 찾아내는 연구가 무용동작학습에 필요한 또 다른 측정 방법을 제시하고 있다.

이 같은 연구는 기억능력이나 인식에 관계되는 많은 실험 연구에서 자주 언급되는 소재이며 일반적 학습연구에서도 여러 가지 방법으로 실험되고 있다. Drowatzky(1975)는 파지능력을 측정하는 가장 특수한 개념을 절약으로 보고 있다.

파지능력은 습득된 과제수행 능력이 다른 동작과제를 습득하는 과정에서 전이된 형태로 나타나는 기능수행의 전이 원리가 적용된다. 본 저서 제7장 학습의 전이에서 자세하게 설명되어질 것이다. 파지능력이 중요한 이유는 습득된 동작과제의 수행능력이 학습자의 수행능력으로 남아서 습득되어진 과제를 수행하는 것은 물론 다른 과제수행에 도움을 줄 수 있는 능력으로 나타나기 때문이다. 이것이 학습의 전이인데 학습된 과제수행 능력이 전이되어 나타나는 경우 학습의 절약이 이루어질 수 있는 것이다. 수행하는 기능의 전이원칙이 적용되면 두 번째 학습을 위해 필요로 하는 시간과 기능의 실시 중에 사용되는 힘의 사용 등이 절약으로 나타난다는 개념이다.

무용동작기능을 학습하는 목적은 무용동작의 자유로운 수행을 위해서 가능한 많은 무용동작 기능을 소유하는 것이다. 학습된 동작기능의 수행능력을 가능한 오래 갖고 있을 수 있는 학습법이 있다면 우리는 그 방법을 채택하여 학습의 장에 사용할 것이다. 무용동작 기능 학습의 목적은 습득한 기능을 오래 동안 보유할 수 있는 것 이외에 기능수행과정에서 에너지사용의 경제성, 즉 적은 힘을 소모하기 위한 것이다.

에너지의 경제성원리는 무용수가 오랜시간 무용을 할 수 있는 능력에 연관되어진다. 이러한 동작학습의 목적성 논리로 볼 때 동작기능의 더 많은 보유력과 학습과정에 필요한 시간의 단축 그리고 에너지사용의 극소화는 무용동작학습 연구의 중요한 과제가 된다. 학습자가 습득한 동작기술을 어떻게 하면 망각하지 않고 오래 기억되게 할 수 있을까?

습득된 수행능력을 보유할 수 있는 능력을 극대화하기 위해서 많은 연구자들의 연구가 진행되고 있다. 여기에서는 파지검사가 학습과정에서 학습자에게 어느 정도의 학습이 일어났는가를 평가하는 방법이라는 개념적 이해가 우선이다.

2) 전이검사(Transfer Test)

동작기능이 학습과정을 통해 학습자에게 이루어진 학습의 크기를 측정하기 위한 방법으로 파지검사가 있고 또 다른 방법이 있는데 그것이 전이검사이다. 전이검사는 연습실에서 학습된 무용동작기능이 연습장이 아닌 새로운 상황, 즉 공연상황 등에서 어떻게 수행되는가를 측정하는 것이다.

이 책에서 여러 번 언급되는 설명이지만 무용동작을 학습하는 목적이 연습장에서의 수행능력을 위한 것은 아니다. 이러한 관점에서 전이검사를 생각하면 조금 더 용이할 것이다. 학습자의 동작수행능력이 학습을 통하여 이루어졌는가를 관찰하여 추론하게 되는 동작학습능력은 학습자의 수행능력이다. 학습자의 동작과제에 대한 수행이 연습장에서나 공연상황에서나 동일한 수준을 나타내고 있다면 그것은 학습자가 그 동작과제를 습득한 것으로 평가해도 좋다는 개념이다. 연습과정을 통해 동작기능이 잘 학습되어졌다면 학습자는 상황의 변화에도 잘 적응하여 기술을 구사할 것이라는 가설을 세운다.

전이검사는 학습과제로 제시된 동작기술을 다양한 검사 조건하에 수행하도록 하는 실험설계가 매우 중요하다. 동작기능의 전이검사는 개방기술 종목의 동작과제일 때 비교적 낮게 나타난다. 연습수행과 실제상황에서의 수행의 차이가 큰 것이 보통이다. 개방기술에 관한 개념적 설명과 종목의 예는 이 책 앞부분에서 설명하였다. 참고하면 도움이 될 것이다. 개방기술 종목의 동작과제의 수행은 환경적 영향을 비교적 많이 받는다.

무용동작기능은 폐쇄기술 종목이지만 연습실과 공연 상황에서의 수행은 심리적 긴장 등의 원인과 메이크업, 드레스업 등이 수행 변인으로 작용되어 수행의 차이가 나타날 수 있다. 전이검사를 실시하는 이유는 동작기능 학습목표를 학습자의 동작 수행능력에 두며 동작수행능력은 연습 상황과 실제상황에서 환경적 변화에 어떻게 적응하는가에 있다고 보는 것이다.

어떠한 연습 방법이나 혹은 어떤 수행 변인이 동작과제학습에 미치는 학습효과를 연구하는 실험은 한 개인이 새로운 환경에서 얼마나 그 기술을 성공적으로 수행할 수 있는가를 관찰함으로써 이루어진다.

그러나 실제적으로 전이검사의 실험적 실시에는 몇 가지 문제점이 나타난다. 실험실에서의 실제 같은 상황과 실질적인 실제는 심리적 측면에서 완연하게 다르기 때문이다. 이와 같은 이유에서 학습효과를 규명하는 실험관찰 연구에서는 전이검사보다는 파지검사를 실시하여 학습결과를 제시하고 있다.

3) 속도

동작과제가 연습을 실시한 결과로 학습되었는가를 알아보기 위해서 지도자는 학습자의 수행을 관찰한다. 일반적으로 스포츠 종목의 동작과제들은 동작 실시 후의 결과로 평가한다. 그러나 무용동작과제는 실시결과로 평점 할 수 있는 동작과제는 거의 없다. 무용동작과제를 평가하는 방법과 평가척도 구성, 평가원 문제 등은 이 책의 무용동작학습의 측정에서 자세히 설명될 것이다. 무용동작과제는 수행과정을 관찰하여 평가하는 경우가 대부분이다. 또한 평가의 신뢰성 문제로 평가자는 보통 3인 이상이 한다. 동작과제의 수행을 평가할 때 평점 기준이 미약하거나 명확하게 구분되지 않을 경우 동작실행 속도를 사용하는 경우가 있다.

학습자의 수행변화를 평가할 때 동작실행에 사용되는 시간이나 과제를 얼마나 오래 실행할 수 있는가를 산정하는 것이다. 무용동작기능 수행능력 평가는 얼마나 지속하는가로 할 수 있다. 예를 들어 발레동작 중 횟데를 학습했다면 1회 실시에서 얼마나 수행 가능한가를 보면 된다. 직업무용수들은 보통 10회 이상의 횟데의 연속 실시가 가능하다. 무용동작기술의 수행평가에 속도를 요인으로 하는 경우에는 정해진 절대적 시간(음악)에 주어진 동작과제를 완수할 수 있는가를 측정하는 것이 보통이다.

4) 실패(Error)

무용동작학습은 수행의 실패를 줄여 나가는 과정이다. 연구자들은 실시 횟수와 수행의 성공적 실행을 관찰하여 학습의 진전을 평가하기도 한다. 동작과제에 관한 실패의 종류와 실시횟수에 따른 실패 횟수 그리고 실패의 지점 등을 연구한다. 학습자의 수행 실수는 연습의 증가로 감소되어지고 수행의 실수는 수행의 속도 변경에 의해 영향을 받는다. 수행 속도는 동작과제의 수행 변인 중 하나가 된다. 무용동작 수행에 실패의 요인을 찾아서 그 요인을 제거하는 것이 학습의 효과를 극대화하는 방법이 된다.

과제의 수행실패를 관찰하는 또 다른 이유는 여러 가지 요인을 임의로 제공하여 각각의 시도에서 나타나는 수행의 실패 요인을 분석하는 일이다. 학습자의 수행에서 나타나는 실패는 개인의 동작수행의 기본적 특질에 관한 정보를 제공하며 학습은 측정에서 나타난 실패의 요인(속도, 호흡 등)을 분석하여 진행한다.

5) 회상(Reminiscence)

우리가 무용동작을 연습하는 현장에서 간혹 경험하는 일이 있다. 어떤 동작과제를 계속 연습하고 있는데도 그 수행에 변화가 나타나지 않는 경우이다. 이러한 경우 지도자와 학습자들은 매우 난처할 수 있게 되는데 경험이 많은 지도자는 수행의 변화에 개의치 않고 계획된 연습을 진행한다. 어느 정도의 기간이 지나고 나서 학습자는 자신도 의식하지 못한 사이에 수행에 변화가 나타났으며 심지어 수행이 많이 향상되어 있음을 발견하게 된다. 회상은 학습된 동작이 연습기간 이후 평가시기까지 어느 정도의 휴식기간이 주어진 후 연습시보다 수행능력이 증가되는 것을 말한다. 일반적인 동작수행능력은 수행곡선을 형성하는데 회상은 수행곡선의 변칙적 현상으로 나타난다.

Abbey(1962)는 회상현상은 동작의 기능수준이 향상되면 그 정도가 적어진다고 주장했다. 회상현상은 모든 동작과제의 학습에 나타나는 것은 아니다. 회상현상의 원인에 관한 연구가 몇몇 연구자들에 의해 실시되었으나 그 결과는 미미하다. 과제 연습 과정에서 수행의 심리적, 환경적 요인이 작용되었을 가능성과 피로에 의한 수행능력의 저하도 가능하다. 학습된 기능의 형태가 동기나 환경적 요인에 의해 잠복되어서 수행능력을 저하시키고 있다가 그 요인이 제거되면서 수행능력이 나타나게 된 것으로 추정할 수 있다.

무용동작을 과제로 회상현상을 연구한 결과는 거의 없으나 무용동작학습 경험을 갖고 있는 사람들은 이러한 회상의 상황을 이해하기가 어렵지 않을 것이다.

6) 시도(Trials)

무용동작을 실시하는 경우 '동작을 한번 한다'라는 의미로 '과제의 1회 시도'를 사용한다. 시도는 연습과정에 어떤 요인을 제거하거나 첨가하는 경우에 사용되는데 '몇 회 시도 후에 피드백을 제공한다'라든가 '몇 번째 시도부터 음악을 제공한다' 등으로 사용되어진다.

학습방법이나 피드백 제공방법 제공시기 등에 관한 연구에서 많이 사용한다. 수행능력을 평가하는 경우에 동작과제를 어떤 방법으로 몇 회 시도 후 측정한 수행점수로 한다.

이때 측정 결과는 개인별 동작의 종목에 따라 달라질 수 있으며 다양한 수행요인의 효과나 시도 횟수에 따른 수행의 변화를 비교할 수 있다. 동작과제의 시도횟수에 따른 동작 수행능력을 측정하는 방법이 있다. Vincent(1968)는 동작을 완전하게 실행하는데 요구되는 시간의 양으로 동작과제를 구성하는 방법을 연구하였다. 이 연구에서 Vincent는 유사한 인지적 구성의 두 가지 동작기술은 전이를 통해 동작수행을 개선할 수 있다는 결론을 얻어냈다. Vincent의 이 관찰 연구는 시도횟수에 따른 수행능력 평가로 진행되었다.

무용동작과제는 복잡한 신체의 협응을 요구하는 기술이다. 또한 단일동작의 연속적 수행이 아닌 복합동작의 연속적 수행이다. 몇 차례 시도로 과제 수행이 가능하게 되었는가 함이 중요한 실험이 될 수도 있다.

4. 나가면서

우리는 '무용을 배운다' '무용을 가르친다'라는 말을 한다. '배운다'와 '가르친다'의 개념이 학습이다. 무용을 가르치거나 배우는 일은 모두 연습을 통해 이루어진다는 것은 설명이 필요 없는 사실이다. 무용동작의 학습과정은 연습인 것이다. 연습을 통해 학습이 이루어진 것을 어떻게 알 수 있을까? 무용동작기능을 학습한다는 것은 존재하지 않았던 어떤 새로운 행동을 배우는 것이 아니다. 이미 우리가 성장 과정 중에 습득되어진 일반적인 동작들이 동작의 수행목적을 갖고 실행한다. 무용동작은 수행의 목적이 표현적이거나 아름다움의 추구이다. 목적을 위해 동작은 수행되어진다. 무용동작을 학습하는 목적의 또 다른 관점은 무용동작을 잘하는 것이다. 무용을 잘하기 위해서 학습자는 무엇을 배워야할까? 지도자는 무엇을 어떻게 가르쳐야 할까?

무용을 잘 할 수 있도록 하는 요인이 무용동작 수행의 평가요인이 될 것이다. 습득한 동작 기능을 오래도록 보유할 수 있는 학습법은 없을까? 수도 없이 반복하는 연습 형태는 학습에 효과적인 것일까? 오래도록 무용을 해도 지치지 않을 수는 없을까? 습득한 동작을 오래도록 기억하게 하는 연습법을 찾아내는 실험 관찰이나 오래 무용을 해도 지치지 않는 훈련법을 찾아내는 연구가 필요할 것이다.

무용이 창조적인 예술활동인 것은 분명한데 우리가 무용을 학습하기 위해서 이루어지는 모델링은 동작수행과정에서 비슷한 유형의 무용동작을 실행하게 되어서 지도자를 꼭 닮은 무용수행자들을 생산하는 것을 어떻게 볼 것인가? 지금까지 동작학습이란 무엇이며, 학습이 일어나는 것을 어떻게 알 수 있는지, 학습을 위한 연습의 형태와 학습에 관여하는 요인들에 대한 개념이 설명되었다.

✻ 생각해 볼 문제

무용학습의 장에서 우리가 경험할 수 있는 문제들을 토론해보자

- 모형화로 인한 닮은 꼴 춤을 추는 문하생들을 어떻게 생각하는가?
- 학습의 고원을 경험한 적이 있는가?
- 피드백과 결과지식을 토론해보자.
- 무용동작의 학습형태를 논의해 보자.
- 동작학습에 관련된 논문이나 서적들에 나타나는 전문적인 용어를 해석해보자.

제2장 무용동작학습의 역사

사진_최시내

제2장

무용동작학습의 역사

학습목표

- 무용동작학습의 과학적 접근의 시작을 알아보자.
- 무용의 예술성과 동작학습의 과학적 접근의 관계를 이해하도록 한다.
- 무용동작학습에 관한 연구과제는 무엇이며 이러한 연구의 필요성을 인지한다.
- 무용동작학습의 연구는 현재 어느 정도로 진행되고 있으며, 앞으로의 연구과제는 어떻게 진행되어질 것인가를 생각해 본다.

1. 들어가며

무용은 예술의 영역이다. 무용에 관한 학습은 도제식 방법으로 전수되어 이어져 왔다. 한국의 경우 무용이 학교의 교과과정으로 들어온 것은 체육교과 내의 한 분야로서였다.

한국에서 무용의 예술적 가치와 무용 관련 인재들이 필요함을 인정하게 되어 대학에 무용과가 개설되었다. 무용에 관한 본격적인 학습이 자리 잡은 것은 이때부터라고 보는데 이를 무용 공교육의 시조라 할 수 있겠다.

한국의 대학에 무용과가 설립되어진 시기가 일제 강점기 후반의 시기라고 볼 때 한국무용교육의 역사는 결코 짧다고 할 수 없다.

이 시기 한국에서의 무용교육은 장소만 학교로 옮겨진 것으로 그 내용은 교습소 스승의 모델링을 답습하는 형태를 벗어나지 못하고 있었다.

이러한 형태의 동작 교육은 앞 장에서 언급했던 것으로 모델링이 학습 과제의 목표가 되는 학습형태이다.

즉, 시범자와 가장 근접하게 수행할 수 있는 학습자에게 가장 높은 성취평가가 내려지는 것이다.

무용예술은 개인의 동작구성 능력과 동작수행의 독창성과 창의성에 중점을 두고 있다. 이러한 의미로 볼 때 모델링에 의한 답습식 학습법은 학습목표와 관련된 평가의 문제와 학습자의 창의력 배양 등 학습자의 학습 성과 면에서 그다지 좋은 학습법으로 보이지는 않는다.

무용동작학습은 목적성이 있는 동작을 학습과제로 한다.

무용예술은 무용수들의 동작의 수행으로 이루어진다. 무용수행의 결과가 무용공연의 성공 여부를 결정하는 중요한 요인이 되며 좋은 무용수행은 동작의 학습이 우선된다.

무용동작의 수행은 신체 각 부위의 적절하고 조화로운 상호 협응작용으로 이루어진다. 근력이나, 신체 유연성, 선택적 근육 사용, 대근육사용과 소근육 사용 등에 의해 목적하는 동작 수행을 이루어내는 것이다.

선택된 동작과제를 성공적으로 수행하기 위한 방법은 있는 것일까?

무용동작의 성공적 수행은 무용공연의 성공을 말하는 것일까?

무용동작학습에서 학습해야 하는 과제들은 어떠한 것을 말하며 학습에서 어떻게 통제되는가?

무용동작학습에서 모델링을 사용하는 학습법이 오래된 도제식 답습법이라면 다른 학습법이 있는 것일까? 어떠한 학습법이 학습효과가 높을까?

운동과제와 무용동작은 그 동작을 수행하는데 어떤 목적이 있다. 예를 들어 배구의 토스 동작은 공격수가 강한 공격을 하도록 공을 적당한 위치에 적당한 높이로 올려주는 일일 것이며 무용동작에서 어떤 돌기동작은 그 동작에 목적이 있을 것이다. 이 같은 동작이 과제로 선정되어진 경우 과제의 학습이나 수행을 평가하는 것은 동작과제의 학습 결과를 알아보기 위한 것이다. 이때 평가 척도를 단순한 수행 결과에 두는 것이 보통인데 이 평가 방법이 그 동작의 실질적인 목적을 완수하는 것에 얼마나 도움을 줄 수 있을까?

무용동작 수행의 학습방법과 그 이론의 실질적 적용은 가능할 것인가?

무용동작학습에서 연구결과로 얻어진 효율적인 학습 방법의 적용은 어떻게 이루어지고 있을까?

연구결과로 얻어진 학습효과가 실제 무용동작학습 현장에서 동일하게 적용되어지는 것일까? 그렇게 되기 위해 연구자들에게 필요한 원칙은 없는 것일까?

무용학습에서는 동작학습이 어떠한 형태로 자리하고 있는 것일까?

동작학습이 과학적인 연구방법을 적용하기 시작한 것은 언제부터 일까?

한국에서 무용동작학습의 과학적 접근과 그 연구는 어디까지 이루어지고 있으며, 미래의 무용동작학습은 어떻게 예측해 볼 수 있을까?

무용동작학습에 접근하면서 나타나는 의문은 매우 다양하다. 이러한 모든 의문은 이 책을 다 공부하고 나면 대부분은 해결될 것이나 그렇지 못한 부분도 있을 것이다. 그것은 독자 여러분들의 몫이다. 더 연구하고 관찰하여 발전된 무용동작학습의 새로운 학설이 나타나길 기대한다.

본 장에서는 무용동작학습의 역사적 배경과 무용동작학습의 연구경향과 최근 동향을 살펴보기로 한다.

2. 동작학습의 역사적 배경

무용동작기술 학습과 운동기술 학습과의 관령성은 이 책의 1장에서 이미 언급된 바 있다. 동작기술학습의 과학적 접근이 어떻게 시작되었는지 그 근원을 알아보는 것은 현재 무용동작학습에 운동학습을 접목하고 있는 우리에게는 의미 있는 일이다.

무용동작학습이나 운동학습의 연구는 연습의 효과 등에 관심을 둔 실험적 결과가 주류를 이루어 왔다. 연구의 역사적 관점에 그다지 관심을 두지 않았다(Schmidt, 1975).

동작기술의 학습과 수행에 관련하여 이 분야는 심리학과 매우 깊은 관련성을 갖고 있다. 우리가 무용동작을 수행할 때 심리적 상태에 따라서 동작수행의 결과가 다르게 나타날 수 있다는 것을 감안할 때 동작기술수행을 위한 학습은 심리학과 관련성이 있다. 그러므로 동작기술 발전이 심리학적 영역과 많은 부분 일치한다는 것은 그리 놀라운 일이 아니다(Irion. 1966).

동작기술에 대한 최초의 연구는 심리학 분야의 발전 초기 때 동작을 수행할 때 주의나 생각을 바꾸는 전신술과 비슷한 수행들에 대한 연구(Bryan & Harter, 1899)를 바탕으로 시작되었다.

이때 심리학은 인간의 행동을 이해하는 것에 대하여 초기의 철학적이고 내성적인 접근으로부터 더 구조적이고 과학적인 접근을 향하여 변화되고 있었다.

이와 같은 과도기를 격기 전, 약 1900년경에는 주로 '정신'으로 접근된 운동 반응에 초점을 맞추어 연구되었다.

따라서 Bryan & Harter의 초기 연구와 Woodworth(1899)의 철저한 분석에서 동작기술을 수행하는데 사용되는 요인에 대한 몇 가지 질문에 대한 답을 구하기 위한 최초의 구조적인 시도가 이루어지기 시작했다.

동작기술에 대한 이와 같은 초기 연구가 있고 난 후 30년간 동작기술에 대한 연구는 이렇다 할 발전을 보이지 못했다.

그러나 몇 가지 예외가 있었는데 그것은 손으로 쓰는 것의 숙련도에 관한 연구, 연습과 연습 사이의 휴식의 양에 따른 연습기간의 구성에 대한 연구, 동작기술을 좀 더 효율적으로 배우기 위해 기술의 구성 요소들을 구분해내는 연구, 그리고 동작기술을 유지하는 연구 등이 나타난 것이다.

동작기술에 대한 여러 가지 연구가 있었지만 연구의 양은 적고 기술을 이해하는 수준이나 동작기능 학습은 형편없다는 표현이 과하지 않을 정도였다.

심지어 이 분야는 동작기술에 관한 학습으로 교수법을 개선하는 중요한 목적이 있었으나 동작기술 학습의 현장에 있는 교사들에 의해 실행된 연구는 거의 없었다.

1930년대 동작기술 수행과 학습에 대한 다양한 초기 이론들의 발전과 관심이 급속하게 증가하였다. 다시 말하면 관심분야가 많아졌다는 것이다.

연구자들은 한사람의 관점으로부터 기술수행의 효율적 방법을 연구하기 시작했다.

연구자들의 관점은 불꽃 발사기를 옮기는 것이라든지 석탄을 캐는 것 등에 대한 가장 효율적인 방법을 모색하는 것이었다. 이것이 이른바 시간과 움직임의 분석이다.

운동수행을 연구하는 연구자들은 동작기술에 대한 연구에 과학적 수단을 적용하기 시작했으며 이 분야의 주목할 만한 초기 연구자들은 McCloy와 Espen-schade였는데, McCloy는 운동능력의 구성요소들에 대해 연구했으며 Espen-schade는 어린이의 동작기술, 성숙, 운동발달에 대한 연구를 했다.

인간의 운동행동과 스포츠행동에 대한 연구는 19세기 후반의 실험심리학 연구와 행동주의 연구에서 기원을 찾아볼 수 있다(김선진, 2007).

Wunt는 반응 시간을 사용하여 감각과 지각, 주의, 심상 과정의 처리 속도를 측정하였으며, 이는 스포츠 심리학의 선구적 역할을 하였다.

1967년 Neisser에 의해 정보처리이론(Neisser, 1967)이 나타나고 정보처리 모형을 기본으로 자극과 반응 간에 존재하는 동작의 생성과 조절과정을 설명하기 위한 연구가 진행되어졌다.

Henry(1961)의 기억체계에 관한 실험연구를 바탕으로 정보처리 체계를 정립하려는 연구들이 나타나는데 피드백 기능이 강조되는 Adams(1971)의 폐쇄회로 체계의 동작 기능 학습과 Schmidt(1975)의 도식이론 체계의 동작기능 학습들이 그것이다.

동작기능 학습에 관한 결과의 지식(knowledge of result)에 관한 연구들이 동작 과제 제시 방법과 제시 시기에 따른 결과를 증명하기 시작했다.

한국의 경우, 움직임 학습 이론이 1980년대 초 도입되면서 양적 및 질적 연구가 급격한 성장을 이루었으나 통합적인 연구나 실제 현장 적용 사례가 어려운 것으로 파악되고 있다(김선진, 2007).

무용에 적용된 연구로는 조숙성(1986)이 무용의 회전동작에 KR의 제시 시기와 빈도를 연구한 석사 학위 논문이 있다.

그 외에 백정희(1987)의 무용동작학습의 심리적 학습효과를 다룬 논문이 있었으며, 장지현(1996)의 모델링의 무용동작학습효과를 검증한 논문과 이계영(1999), 정윤경(2000), 김선희(2001), 박경은(2003), 박현정(2004) 등의 논문이 무용동작학습의 효과를 연습 방법과 KR의 제시 시기와 제시 방법 등을 도입하여 입증을 시도하였다.

3. 동작수행 연구의 출현

인류가 동작 수행에 과학적인 연구의 필요성을 느끼게 된 것은 동작수행의 효율적인 성과가 필요한 이유에 의해서였다.

1940년대는 운동 행동 연구가 급속 성장을 이루었다.

이 급성장에 대한 여러 가지 원인 중에서 가장 중요한 원인이 세계 2차 대전이었다.

세계 제2차 대전은 사격법, 차체제어법 등에 대한 수행의 문제들을 연구하던 사람들에게 간접적 연구 바탕을 제공했다.

군은 운동기술에 관심 있는 수많은 심리학자들을 고용하게 되었고 이 심리학자들은 다양한 동작기술 실험실을 운영했다. 주로 미국의 국방부가 이 실험실을 지원했다(Schmidt, 1975)

한국에서는 86아시안 게임과 88올림픽을 계기로 개최된 국제학술대회를 전환점으로 국제적인 교류가 활발하게 진행 되었다(김기웅, 전상돈, 1993).

1989년 한국스포츠심리학회의 창립과 함께 광의의 스포츠심리학 연구 분야의 분과 분야로써 운동학습과 제어 연구가 활발하게 진행되었다(김선진, 2007).

한국에서 무용학 분야에서의 동작학습에 관한 연구와 실제적 응용은 스포츠분야에 비교하여 미진한 상태이며 몇몇 대학에서 학위 논문으로 나오고 있으나 학술지 등의 연구 활동은 부진한 상황이다.

무용동작학습의 원류가 되는 동작학습에 관한 운동기술 연구가 급속도로 성장한 것에 대한 또 다른 이유는 Hull의 주목할 만한 새로운 이론인 몇 가지 학습이론들에서 발견된다.

1940년 말기와 1950년대 초, 많은 실험 심리학자들은 Hull의 이론으로부터 몇 가지 예측들을 검증하기에 바빴다.

동작학습의 기초가 되어 현재까지 발전되어온 많은 자료들이 Hull의 이론으로부터 검증하여 증명하는 방식으로 산출되어졌다.

Hull의 이론만이 운동학습 이론이 아니었는데도 여러 계층의 운동심리학자들은 운동수행에 대한 그의 예측을 검증하였다.

연구자들은 동작수행에 관련되어 피로가 변인이 된다는 것을 인정했고 Hull의 이론은 피로와 관련된 수행결과에 관한 것이었다. 이 같은 이유로 Hull의 이론은 주목을 받게 되었다(Schmidt, 1975).

Hull의 이론은 여러 연구자들의 검증과 반박 연구로 결국 운동학습에 부적합한 설명이었음이 판명되었다. Hull의 이론으로 심리학자들에 의해 제공 되어진 자료는 오늘날까지 존재한다. Hull의 이론을 연구한 결론은 우리에게 연습

기간이 반드시 구조화되어야 한다는 방법적 논리에 많은 교훈을 주고 있다.

4. 개인에 맞는 움직임 기술 연구 상황

동작기술수행에 관한 연구에 원인으로 작용한 것은 공학 분야의 기술 강조 추세가 증가된 것이었다.

인간 공학, 산업 공학, 공학 심리학 등의 새로운 분야가 번창하기 시작했는데 그 이유는 사람들이 수행해야하는 일들이 많은 체계를 이루고 있고 그 체계속의 과제들이 근로자들이 수행하기에 너무 어렵기 때문이었다.

비행제어의 '감각', 비행기 조정석 계기판의 디자인, 일관된 작업의 과제들의 방법과 구성 등이 연구의 주된 과제가 되었다.

이 같은 연구들은 각 근로자들에게 일을 더 효율적으로 편안한 상태에서 수행하도록 만들려는 목적을 갖고 있었다.

동작수행과 관련된 동작기능의 발전 역시 이러한 맥락에서 온 것이다 (Schmidt, 1975).

5. 체육교과의 동작기술 연구 상황

체육교사들은 운동현장에서 동작기술과 동작학습에 대한 더 좋은 이해가 교실 상황에 적용되어져야 한다고 느꼈다.

체육 분야의 동작기술 연구의 아버지라고 불리는 Franklin Henry of Berkeley는 실험 과제를 강조하는 방법에 대해 보편화를 실현하고 측정을 더 정확하게 만들었으며, 통계적 분석을 현대화시켰다.

1940년 중기 그는 최초 집필들에서 실험 심리학에 관한 동작기술보다는 학습에 다소 더 잘 적용될 수 있는 많은 동작기술들을 연구했다.

계속되어진 동작기술수행에 관한 많은 연구는 신체를 전체적으로 사용하여 수행하는 동작과제들을 강조했으며 교실상황의 구조와 개인차, 개인의 동작수행능력 등과 관련된 질문들을 규명하려 하였다.

결과적으로 오늘날 동작기술의 수행은 체육 분야에서 매우 중요한 부분이 되었으며, '운동학습'과정은 대부분의 체육 교육 과정에 보편화되었다고 강조할 수 있게 되었다.

6. 동작기술의 발전 상황

우리는 동작기술에 관한 지식의 근원이 다양한 분야와 학문에서 기원되었다는 사실을 더 명확히 할 필요가 있을 것이다.

또한 이미 알려진 것에 대한 극히 일부만이 체육에 기원되었다는 것에 대해서도 더 명확하게 밝혀 둘 필요가 있을 것이다.

사람들이 동작기술을 연구하게 되었던 원인은 이미 우리가 이 책에서 언급했던 것과 같이 다양하다. 이러한 경향은 오늘날까지 계속 되어졌다.

생물체의 움직임에 관하여 메뚜기를 연구했던 Wilson(1961)과 원숭이 척추 움직임을 연구했던 Taub & Berman(1968)은 인간이 아닌 다른 생물체에 관심을 두었던 학자들이었다.

연구의 원인이 다양하다는 것에 입증을 더할 수 있는 것이 오늘날 새로운 신흥분야인 여가활동으로 여가활동에 필요한 오락의 특성을 이해하는데 필요한 움직임 연구이다(Ellis, 1972).

또한 재활 분야에 관한 관심이 급증했는데, 이 분야는 상해나 질병을 입은 후에 걷기와 다른 동작의 활동이 회복에 기여하는 것에 관여한다.

우리가 알고 있는 체육 지도자들을 위해서 제안된 정보는 운동 연구자들에 의해 형성된 것으로 단지 동작기술 학습에 관해 알려진 일부분이다.

체육 교육자들은 연구자들의 연구가 동물 실험이나 실험 심리학에서 연구된 결과라는 이유로 교육 상황에서 직접 적용할 수 없다는 생각으로 연구결과의 현장 적용을 간과하는 경향이 있었다.

인간의 움직임을 더 잘 이해하기 위해서는 다양한 원인들로부터 모든 동작기술 연구의 특성을 검토해야 한다.

그렇게 함으로써 기술과 학습에 관한 기초적인 특성적 결과를 도출할 수 있게 될 것이다.

동작기술이나 인간의 움직임에 관한 연구와 체육 현장, 또는 움직임을 토대로 이루어지는 여러 형태의 현장에서의 적용문제는 더 발전된 이해를 토대로 더 쉽게 이루어질 수 있을 것이다.

7. 움직임 학습 연구의 최근 동향

움직임 학습 및 제어 분야의 이해를 위해 움직임 학습 개념을 살펴보자면, 움직임 학습이란 운동능력이 비교적 영속적인 변화를 가져오는 경험이나 연습과 관련된 일련의 과정이라 할 수 있다.

Schmidt(2000)는 정보처리 관점에서 운동과제를 수행하는 데 필요한 개인의 능력을 결정하는 내적 과정 변화라 정의하였으며, Newell(1991)은 생태학적 관점에서 연습이나 경험을 통해 지각-운동 활동 영역 내에서 과제와 환경적 요구에 일치하도록 지각과 동작간의 협응을 향상시키는 과정이라 정의한다.

김선진(2007)은 위의 다양한 관점의 운동학습에 대한 정의와 일반적인 특성을 고려해 운동학습을 개인적 특성을 바탕으로 연습이나 경험을 통해 과제와 환경적 변화에 부합하는 가장 효율적인 협응 동작을 형성시켜 나가는 과정이라 정의하고 있다.

움직임 학습 연구에서 과제와 수행에 관한 많은 연구들이 진행되고 있는데, 연습조건과 피드백에 의한 학습에 효과를 검증하는 연구를 살펴볼 수 있다 (Chivia-cowsky & Wulf, 2002; Lai & Shea 1999; Park, Shea & Wright, 2000; Park, Wilde & Shea, 2004).

또한, 정보처리적 관점에 입각한 움직임 기술 학습과 기억의 관계를 살펴본 연구들도 주를 이루고 있다(김기웅, 이효경, 1999b, Schmidt, 1991 b).

최근 인간 움직임 동작 생성의 과정에 대한 보다 근본적인 연구도 활발히 진행 중인데, 특히 지각 과정을 밝히려는 연구를 살펴볼 수 있다.

특히, 신체감각, 시각, 청각 등의 지각-탐색 과정을 중심으로 한 연구(Servos, 2000; 김선진, 이승민, 박승하, 2005; 김선진, 한동욱, 박승하, 김용호, 2003)가 그 주를 이룬다.

최근 국내외 움직임 학습 분야는 물리학, 신경생리학, 로봇 공학, 운동역학, 인지심리학, 교육학 등과 같은 여러 학문 분야와의 통섭 안에서 연구가 이루어지고 있다.

움직임 행동의 생성 및 변화에 관한 다양한 연구 결과는 학교 교육 현장뿐만 아니라 재활 치료 현장, 나아가 로봇 연구와 애니메이션 연구와 같은 가상 움직임 연구에도 활용되고 있다.

국내의 경우, 움직임 학습 이론이 1980년대 초 도입되면서 양적 및 질적 연구가 급격한 성장을 이루었으나 통합적인 연구나 실제 현장 적용 사례가 어려운 것으로 파악되고 있다(김선진, 2007).

8. 정신연습의 연구

동작기능학습의 연구 역사를 살펴보면 1931년 이후로 정신활동이 미치는 동작기능학습에 대한 효과나 영향에 대한 많은 연구가 나타난다(Wichman, Lizotte, 1983).

연구자들은 적당한 정신연습 방법으로 동작기능학습의 효과를 증진시키는데 있어서 어떠한 동작과제들이 어떠한 상황에서 실질적 영향이 있는가 하는 것을 집중적으로 관찰하였다.

실험설계와 동작기능항목 등 서로 다른 많은 요인이 학습효과에 미치는 영향 문제에 있어서는 앞으로 많은 연구가 있어야 할 것이다.

동작기능학습에 있어 정신학습의 효과는 신체연습의 효과와 서로 비교함으로써 충분한 관찰이 가능하다.

정신연습이 동작기능학습에 미치는 영향에 관한 연구보고는 Oxendine(1969), Stebbin(1968), Yamamoto와 Inomate(1982), Wichman과 Lizotte(1983), Twining(1949), Phipps와 Morehouse(1969), Clark(1960), Mackay(1981) 등이 계통적인 결과연구를 만들어 냄으로써 정신연습이 효과가 있음을 찾아냈다.

Ware와 Hesse(1982), Corbin(1967) 등은 정신연습이 효과가 없음을 주장했다.

이와 같이 서로 상반된 견해가 등장하는 이유는 정신연습의 학습효과가 운동항목이나 학습자의 능력수준, 그리고 정신연습의 방법의 차이로 인하여 나타난 현상이라 생각한다.

Shepard(1978), 簡曜輝(1980), Mackay(1981), Start와 Richardson(1964) 등은 정신연습의 실행방법을 강조함에 있어 단지 입으로 보고서를 작성하는 방법은 현저한 효과가 나타나지 않는다고 강조하고 있고,

Start와 Richardson(1964), Anshel과 Singer(1980) 등은 意像연습방법을 이용한 연구보고에서 생동적인 意像을 동작기능의 정신연습방법으로 삼았을 때 학습효과가 있었음을 발견했다.

Clark(1960)의 연구보고에서 정신연습집단의 실험대상자가 스스로 내성(introspection)한 후 학습동작기능항목을 이해하고 시각적 기능을 이용하며, 지도자의 성공적 운동시범과 지각기능을 이용하여 동작기능을 소개했을 때 대단한 효과가 있었음을 지적했다.

9. 움직임 학습의 최근 연구 주제

무용동작학습에 관심있는 독자들은 현재 움직임에 관련된 연구가 어떻게 진행되고 있는가가 중요한 관심사일 것이다. 이제 움직임 학습의 최근 연구 주제를 살펴보자.

첫째, 움직임 수행력 향상을 위한 연구들을 살펴볼 수 있는데, 수행력 향상을 위한 지도 방법에 대한 연구로 보강피드백 분야의 연구가 활발히 진행되고 있다.

둘째, 수행력 향상을 위한 연구로 움직임 형태의 협응 즉, 관절이나 근육의 신체 요소들의 연결을 통해 수행하고자 하는 동작의 목적에 따라 형성되는 신체와 사지의 상대적 움직임 분석 연구 분야를 살펴볼 수 있다.

셋째, 움직임 속도와 정확성 분석 분야에 관한 연구로 특히, 숙련자와 초보자의 움직임 차이 규명을 통해서 움직임 학습 프로그램 개발에 기여를 하고 있다.

넷째, 인지 과정에 대한 정보처리와 움직임 수행 연구 분야가 최근 활발히 연구되고 있는데, 인지 심리학적 접근을 통한 뇌 기전 연구 등을 통해 보다 심도 깊은 움직임 학습 연구를 꾀하고 있다.

다섯째, 움직임 기술을 생성하기 위한 학습자의 내적 다이나믹스를 최소화할 수 있는 조건을 형성하도록 연습 방법을 조직하는 움직임 연습 조건에 관한 연구를 살펴볼 수 있는데, 과거의 수행 또는 학습 경험이 새로운 움직임 기술 수행과 학습에 얼마나 영향을 미치는지에 대해 관심을 두고 움직임 기술의 파지와 전이 분야에 관한 연구 등을 실례로 들어볼 수 있다.

인간 움직임의 원인이 되는 다양한 정보를 지각하는 원리와 과정을 밝히기 위한 시지각과 움직임 수행에 관한 연구를 살펴볼 수 있다.

구체적으로 연구 내용을 살펴보면, 움직임 지도와 보강피드백에 관한 연구가 활발히 진행되고 있는데, 움직임 학습에 있어서 과제에 관한 인지를 높이기 위한 지도자의 피드백 제공방법, 숙련자와 초보자간의 피드백 수용에 관한 차이들이 연구되어지고 있다.

특히, 최근의 동작학습 연구는 결과지식 제공에 관한 연구가 활발히 진행되고 있다.

다음으로 움직임 협응에 관한 연구 분야를 살펴볼 수 있다.

움직임 협응에 관한 연구는 협응구조의 변화와 안정성에 관한 연구가 주를 이루는데, 특히, 다이나믹스 관점에서 운동 협응을 이해한 연구가 주를 이룬다.

움직임 속도와 정확성 분석 분야에서의 연구는 움직임 결과를 측정하는 반응시간의 정보 처리 능력에 관한 연구가 주를 이루고 있다.

즉, 과제의 숙련성을 인지 능력과 연계시켜 그 관계를 관찰한 연구가 활발히 진행되고 있다.

움직임 기술을 생성하기 위한 움직임 연습 조건에 관한 연구는 학습자의 특성과 발달, 인지적 능력, 성별의 차이를 고려한 연구들이 진행되고 있는데, 연습 방법과 연습 계획에 대한 연구를 살펴볼 수 있다.

움직임 정확성에 관한 연구는 타이밍을 결정하는 신체의 적합한 움직임과 예측을 측정하는 움직임 수행의 타이밍에 관한 연구가 주를 이루고 있다.

10. 움직임 학습의 최근 연구 방법

무용동작학습에 관련된 움직임학습의 최근 연구 주제에 이어 우리가 살펴보아야 할 것이 최근의 움직임 학습관련 연구 방법이다. 최근 움직임 학습 연구는 종전 양적 데이터에 의존한 실험 연구 방법에서 확대되어 어느 한쪽에 치우진 편향된 연구 방법이 적용되기보다 다양한 연구 대상과 주제에 따라서 현장연구, 내러티브 분석 연구, 질적 관찰 연구 등 다양한 연구 방법론이 활

〈표-1〉 움직임 학습연구에 사용된 실험장비

실험도구	분류 내용
반응시간 측정	41 (18.4)
수평운동측정기	24 (10.8)
동작분석기	21 (9.4)
회전판 추적기 + 조준판	14 (6.3)
직선 움직임 장치	10 (4.5)
EMG 측정기	10 (4.5)
EEG 및 ERP 측정기	8 (3.6)
안구운동 측정기	7 (3.1)
지면 반력기	7 (3.1)
설문지 + 실험도구	12 (5.4)
기타	69 (30.9)
전 체	223 (100.0)

용된 연구가 진행되고 있다.

구체적인 연구 방법을 살펴보면 현장 실험 논문이 가장 많이 진행되었으며, 문헌 연구를 바탕으로 한 질적 연구가 그 다음으로 활발히 진행되었다.

또한, 설문지를 통한 조사 연구가 그 뒤를 따르고 있다. 최근 연구 방법에 있어 눈에 띄는 변화는 양적 연구와 질적 연구의 혼합 연구가 진행되고 있다는 점이다.

전체 연구 비율로 보면 1.2%에 불과하기는 하나 통합적 방법을 통한 연구 방법이라는 점에서 그 의의를 찾아볼 수 있다.

〈표-1〉에서 제시한 것과 같이 연구 도구에 대해 고찰해 보면, 가장 널리 사용된 도구는 동작의 준비와 개시에 소요되는 시간, 즉, 움직임 수행의 결과에 대한 시간과 속도를 측정하는 반응시간을 측정한 연구가 41편(18.4%)으로 가장 활발히 진행되었다.

상지의 제어력 측정을 위한 수평운동측정기를 이용한 연구 24편(10.8%)이 진행되었다.

또한, 동작 분석기를 이용한 연구를 볼 수 있는데, 동작 분석기를 이용하여 신체가 동작을 수행하는 동안 발생되는 다양한 신체 부분의 위치, 속도, 가속도 나아가 관절의 각도, 각도의 변화, 저크값 등의 변화를 알아보는 연구를 21편(9.4%) 살펴볼 수 있다.

지각 동작 시스템을 기반으로 한 지각 움직임 학습 연구에서는 눈-손 협응 능력 측정을 통한 연구를 가장 많이 살펴볼 수 있는데, 측정을 위한 도구로 회전판 추적기(photoelectric rotary pursuits) 및 조준판 사용 연구 14편(6.3%)을 살펴볼 수 있으며, 팔 위치 움직임을 측정하기 위한 직선 움직임 장치를 사용한 연구 10편(4.5%)이 진행되었다.

최근에는 두뇌와 신경 발달과 움직임 수행에 관한 연구도 살펴볼 수 있는데, 대뇌 및 뇌기전의 작용과 운동수행과의 관계를 규명하기 위한 뇌활동을 측정하는 EEG(electroe ncephalogram)와 ERP(event related brain potential)를 이용한 연구 8편(3.6%)을 살펴볼 수 있다.

근육에서 발생하는 힘의 양, 근육의 수축 크기와 시간, 근육 피로 상태, 움직임 수행 시 근육의 동원 순서 및 타이밍, 근육의 힘의 크기에 따른 효과와 협응력을 알아볼 수 있는 EMG(eletromiography)를 활용한 연구 10편(4.5%)들도 찾아볼 수 있다.

또한, 움직임 수행자가 어떠한 시각 정보에 주의를 기울이고 있는지 분석하기 위한 안구운동 측정기, 신체에 작용하는 내, 외전 힘에 대한 분석을 위한 지면 반력기(force plateform)를 이용한 연구 7편(3.1%)도 살펴볼 수 있다.

11. 나가면서

무용동작기술학습의 발단이 되고 있는 동작기술 학습의 발단이 스포츠분야가 아니라는 것은 그리 놀랄만한 일은 아니다.

동작학습은 사람의 행동이 필요한 모든 곳에서 그 숙련을 위한 과정인 것이다.

무용은 동작을 만들어 내는 아름다운 예술로 각광을 받고 있다.

무용학습은 단지 동작의 숙련으로 이루어지는 것이 아닌 동작의 숙련 후에 시작되어지는 일련의 복합적 표현 동작이다.

많은 움직임 관련 분야에서 스포츠 연구학자들의 왕성한 활동에 비해 무용동작학습 연구의 미진함은 여러 가지 원인이 있을 것이다.

앞으로 동작학습은 움직임 학습으로 발전 가능성이 매우 높은 것도 사실이다.

애니메이션, 로봇, 3D영상물은 동작기술의 실현에 따라 그 표현의 폭이 결정되어질 것이다.

* 생각해 볼 문제

1. 무용동작학습에서 동작학습을 위한 동작 분석은 어느 정도 이루어지고 있는가?
2. 무용동작학습을 위한 효율적 방법이 연구되어지고 있는가?
3. 무용동작학습의 효율적 향상을 위해 무엇이 연구되어져야 할까?
4. 무용동작학습연구에서 그 과제 선정이나 참여자 선정의 문제를 토론해보자.
5. 무용동작수행 변인과 운동수행의 변인에 관해 이야기해 보자.

제2부

무용동작학습의 이론

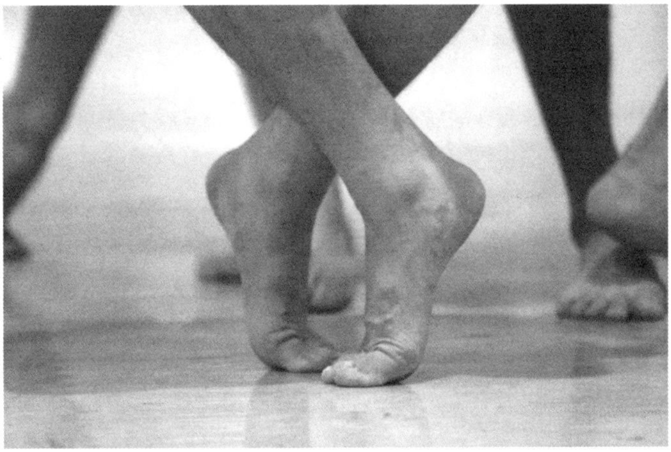

제3장 무용동작학습의 작용

사진 _ 최시내

제3장

무용동작학습의 작용

학습목표

— 동작이 학습자에게 수행되어 나타나는 상태가 학습되기 이전의 것과 학습된 이후의 차이가 학습의 결과라고 한다면 그것을 어떻게 추론할 것인가를 공부한다.

— 동작학습은 개인에게 어떻게 일어나며 그것을 어떻게 알 수 있는지 공부한다.

— 동작학습에는 어떤 과정이 있을까? 동작학습과정에 관련된 여러 학설을 공부한다.

— 사람에게 나타나는 동작들은 특정한 학습을 통하지 않고 성장에 의해 수행가 능하다. 선천적 동작수행능력은 무용동작기능학습에 어떻게 작용하는지 공부한다.

1. 들어가며

우리는 앞에서 무용동작학습을 공부하기 위한 간단한 개념적인 용어와 동작학습을 연구하게 된 배경과 간략한 역사적 사실을 알아보았다. 이제부터 무용동작학습에 관한 실제적인 이론을 공부할 것인데 무용동작학습에서 가장 우선 이해해야 할 문제가 학습이다. 학습은 사람에게 어떻게 작용되는가의 의문점이 실제로 동작학습에서의 주된 질문이기 때문에 간단하게 설명하기는 다소 어려운 점이 있다

학습이 사람에게 어떻게 작용되는가? 이 질문은 다소 복잡하고 다양한 관점에서 접근될 수 있다. 우선 학습의 결과를 말할 때 사람이 동작과제를 배운 후에 얼마나 다르게 수행하는가를 말할 수 있을 것이다. 혹은 학습 후에 동일한 동작과제를 얼마나 오류를 줄여서 수행하는가를 말할 수도 있을 것이다. 그렇지만 대부분의 경우 그가 얼마나 어떻게 변화되었는지에 대한 많은 부분을 설명하지 않는 것이 보통이다. 이러한 경우 동작학습에서 조금 더 상세한 접근은 학습자가 과제를 배운 후에 동작을 구성하는 방식이 변화하였는지에 관여한다. 학습자가 동작과제를 배운 후 좀 더 효율적으로 수행하기 위해 자신의 몸과 환경으로부터 받은 정보를 사용하게 된다는 것을 다룬다.

동작학습은 반응이 선택되어짐으로 학습이 시작되고 동작은 통제되는 방식에 관련 된다. 좀 더 복잡하게 설명하자면, 중앙 신경계는 동작과제 수행에 어떤 기능을 하고 학습의 결과로 동작을 수행하는 기술이 어떻게 변화되느냐와 관련이 있는 것이다. 동작수행에 학습이 일어나는 과정을 시작부터 학습의 결과까지를 관찰하는 것이 되겠다.

동작수행은 사람이 인체를 사용하여 행동함으로 나타나는 것이어서 인체에 관한 신경학적, 생물학적인 기능이 작용되고 있는 것은 분명하다. 불행하게도, 신경학/생물학적인 기능과 동작학습에서 관찰 가능한 동작수행에 나타나는 행동 사이의 개념은 차이가 있다. 이러한 이유가 실제로 광범위한 동작학습 분야에서 신경학적인 설명을 제외하는 원인이 된다. 동작기술 학습의 이

해를 돕기 위해 기본적인 신경계와 구조적인 분석을 함께 다루게 될 것이다.

이 장에서는 동작을 학습하는 것이 개인의 행동 습관의 변화라고 하는 습관의 변화 유형과 그 개념을 설명한다.

2. 총체적 수행의 변화(Changes in Overall Performance)

개인이 어떤 동작과제를 학습했을 때 그 학습이 개인에게 나타날 수 있는 가장 확실한 변화는 과제 수행의 향상일 것이다.

동작과제 수행의 향상을 위하여 연습 과정에서는 수행 결과를 측정하여 평가한다. 수행을 향상시키는 과정을 학습의 과정으로 볼 수 있겠다.

학습자는 교사에 의해서 자신의 수행에 대한 정보를 결과의 지식(knowledge of results; KR) 형식으로 인지할 수 있다. 결과의 지식(KR)이란 동작과제수행에 대한 지식으로 동작이 잘 이루어졌는가에 관한 지식이다. 학습자는 자신이 수행한 결과를 직접 관찰하여 수행의 결과를 판단할 수 있다. 이러한 경우 학습자는 스스로 갖고 있는 동작과제의 수행지식으로 자신의 수행결과를 다음 동작과제 수행에 Feedback 할 수 있다. 이러한 과정으로 학습자는 과제로 주어진 동작기능에 대한 향상을 나타낼 수 있게 된다.

학습 과제에 대한 모든 부분을 설명하지는 않았지만 이것은 폐환이론의 기본이론이며 행동연구자들이 학습의 과정을 설명하는 정보체계의 가장 기본적인 부분이다. 학습자에게 이러한 변화가 일어나는 것은 매우 흥미롭고 중요한 문제이다. 그러나 때때로 어떤 상황들에서 학습자의 동작기능이 향상되지 않는 것이 관찰되는 경우가 있다. 이러한 경우 동작기능이 학습에 의해서도 향상되지 않는다. 학습에 의해서도 동작기능이 향상되지 않는 경우를 예를 들어보자.

학습자에게 주어진 동작이 간단한 소리의 신호로 빨리 앉는 동작을 과제로 실시하는 매우 단순한 반응시간 과제이거나 또는 아주 단순한 사지-속도(팔이나, 다리를 빨리 움직이는)를 수행하는 과제들은 단지 한 번이나 두 번의 시도 동안만 향상을 보이고 난 후 더 이상 수행의 속도가 줄어들지 않는 경우가 나타난다.

이와 같은 경우 우리는 학습에 의해서 동작 수행에 향상이 나타나지 않는 이유가 과제로 선택된 신호에 따른 앉기 동작이나, 단순한 사지-속도 동작이 학습할 기능적 요인이 없는 단순동작 기능이기 때문이라는 것을 쉽게 인지할 수 있다. 일반적으로, 동작학습은 그 과제가 더 복잡해짐에 따라 기술의 향상이 나타나는 기간은 조금 더 길어진다. 이 같은 현상은 연습으로 학습의 진전을 이끌어내는 일에 어떤 학습과정이 나타난다는 것이다.

결론적으로 천정 효과(더 이상 학습이 향상되지 않는)와 같이 수행을 측정하는 점수체계가 수행의 습관적인 힘에 대한 득점에 영향을 받지 않는 과제들은 연습에 따라 향상되는 결과를 보일 수 없다. 쉽게 말하면 동작과제가 학습으로 인하여 개인에게 습관화되는 과정이 학습인 것인데 동작과제가 어떤 습관의 형성이 필요하지 않는 단순 동작이거나 연습으로 향상될 수 없는 속도상의 과제들은 과제가 학습되어지는 과정을 관찰할 수가 없는 것이다.

(1) 수행의 한계(The Limits of Performance)

수행의 한계는 다음의 상황을 예로 들어 설명할 수 있다. '나는 자전거 타는 것을 배우는데 20분 걸렸다'라는 말을 생각해 보자. 이 말은 자전거를 타는 학습이 20분 후 종결되었고 따라서 이 시간 이후에는 수행의 향상이 더 이상 일어나지 않는다는 것을 의미하는 것으로 느껴진다. 그러나 사실상, 동작학습은 절대로 종결되지 않는다. 동작수행이 계속되어지는 한 동작수행능력은 계속하여 변화된다는 것이다. 동작학습이 종결되지 않는다는 것을 증명한 연구 결과 중 두 가지 사례만 예를 들어 보자.

Snoddy(1927)는 실험에서 거울로 손을 보며 손의 동작을 이미지화하여 손동작과제 수행을 실시했다. 그의 실험에서 피험자들은 100일의 연습 이후에도 동작수행 능력이 계속 향상되었다.

Crossman(1959)은 동작기능의 수행은 계속 향상된다는 것을 증명하기 위해서 공장의 근로자의 자료를 제시했는데 이들은 지그를 사용하여 시가를 만드는데 필요한 시간을 측정하였다. 그 결과 7년 동안 시가를 만드는 작업 시간은 계속하여 감소되었다.

동작수행의 향상이 첫 번째 학습이 이루어진 후에 나타나는 수행 향상의 증가폭이 크지 않을 수 있겠지만, 그 증가는 계속 나타나며 학습은 결코 종결되지 않는다(Schmidt, 1975).

우리가 무용동작학습의 현장에서 동일한 동작을 계속적으로 연습해야하는 이유가 될 수 있을 것이다. 무용동작 기능의 수행에서는 부수적 과제(secondary task)로 제시되는 동작기술수행 이외의 능력이 있다.

무용동작의 수행목적은 동작수행을 통하여 감동을 이끌거나 어떤 의미를 전달할 수 있는 표현에 있다. 무용동작을 수행할 때 감정의 표현에 필요한 표정 연기나 느낌을 전달할 수 있는 능력을 부수적 과제라고 할 수 있다. 이 같은 부수적 과제는 동작을 수행하면서 할 수 있는 동작기능 이외의 능력이다. 즉, 부수과제란 동작을 하면서 말을 한다거나 다른 생각을 하거나 하는 일이다.

무용동작수행에 있어서 부수적 과제 또는 두 번째 과제라고 부르는 동작기술수행 이외의 기능은 동작기능의 수행이 숙련 과정에 이르렀을 때 나타날 수 있는 과제로 인식되어졌다. 최근의 연구에서는 연습 방법의 다양한 적용으로 부수적 과제의 적용이 초기 학습에도 효과적인 향상이 나타나고 있다. 초기에 나타나는 동작기능학습과정 중에 과제수행 능력을 측정한 점수에서 불분명한 향상이 나타나는 것을 볼 수가 있다.

우리는 무용동작을 학습할 때 동작기능의 수행능력만을 요구하지 않는 것이 보통이다. 무용 학습은 동작수행에 수행자의 표정이나 느낌과 같은 동작외적인 과제를 함께 요구한다. 동작수행 시 수행자의 표현력이나 주의력 정도와 같은 동작기능 외적인 것이 측정되어진다면(동시에 부수적 과제 수행을 하는 기술), 학습자들은 동작과제를 수행하는데 요구되는 근수축 등 동작수행에 관한 노력의 정도에서 계속적으로 더 노력할 것이고 더 향상된 수행을 보일 것이다.

무용동작기능을 수행함에 있어서 수행의 완결은 없다. 그러므로 사실상 어떤 동작기능은 얼마만큼의 시도 후에 끝날 것이라고 할 수는 없다. 무용동작 수행에서 부수적 과제의 중요성을 설명할 수 있는 것이 곧 무용동작기능의 수행에 대한 평가가 수행 결과가 아닌 수행과정이라는 것이다. 무용 현장에서 무용동작과제 수행은 부수적 과제수행이 필수적이다. 실제로 모든 공연에서 부수적 과제인 감정의 표현이나 예술적 느낌을 수행하는 것이 무용평가에 매우 중요하게 작용한다.

(2) 습관과 동작 기능

동작기술학습에서 가장 기본적이면서도 흥미로운 가설은 인간이 행동하는 모든 동작의 학습은 매우 어린 나이(약 4세)에 이루어진다는 것이다. 인간의 행동이 되는 동작들은 이 어린 시기에 기본적 움직임의 기술을 습득하게 된다고 가정한다.

연구자들은 점프, 호핑, 스키핑, 발란스, 드로잉, 등과 같은 움직임을 기본적인 움직임의 기술로 본다. 연구자들은 여러 형태의 팔 움직임, 머리 움직임, 심지어 눈으로 할 수 있는 아주 작은 움직임 등과 같은 더 단편적인 움직임을 사람 행동의 기본 동작으로 보기도 한다.

연구자들이 말하는 기본 움직임 동작이 어느 것이든 이러한 기본적인 움직임이 아동기와 청년기 동안에 학습되어 좀 더 복잡한 움직임에 대한 '기초단위'를 형성한다는 것이다.

따라서 우리가 학습하려 하는 '새로운(new)' 움직임(목적이 있는 기술)은 새로운 것이 아니라 어떤 새로운 방식으로 '오래된(old)' 움직임을 재구성하는 것이라고 할 수 있다. 무용의 돌기동작을 학습하는 것은 우리가 이미 어려서 움직임으로 습득된 돌기동작을 기본으로 하여서 무용에서 목적하는 어떤 형태의 돌기동작으로 재구성되어진다는 것이다.

새로운 동작학습은 개인이 이미 알고 있는 기본적인 움직임을 어떤 동작의 수행목적에 적합하게 구성하여 훈련되는 것이라는 이 가설에 대한 유사한 주장이 많이 있음에도 불구하고 이를 지지하는 연구의 증거는 매우 적으며 이 개념이 실제로 옳은가를 결정하기는 매우 어렵다. 다시 돌기동작을 보자. 우리가 어려서 습득된 행동에서의 돌기동작에 사용되어진 근육과 무용의 돌기동작에서 사용하는 근육과는 다를 수 있다. 이러한 경우 기본의 돌기동작과 무용동작의 돌기동작이 형태만 변화된 같은 돌기동작이라고 할 수 있느냐하는 문제가 발생한다.

기본적인 움직임이 새로운 동작을 구성한다는 기본움직임의 개념은 움직임 교육에 있어서 중요하다. 구 움직임이 다시 새로운 움직임을 만든다는 가정은 초등학교 움직임교육의 교육과정을 뒷받침하는 근거가 된다.

이와 반대되는 관점에서 모든 목적성 동작은 새로운 근육을 사용함으로 하여 새로운 동작으로 학습된다고 보면 모든 동작학습은 나이가 많이 되어서도, 이른바 기본적인 움직임에 의존하지 않는 새로운 동작기능형태에 대한 학습이 가능하다고 볼 수 있겠다.

사람의 행동 습관과 동작기능에 관한 관계를 생각해 보자. 우리가 성장과정에서 습득한 동작이 무용동작이 목적하는 의미 있는 동작으로 형성되는 기본이 된다는 것이다. 사람의 습관적 동작이 무용동작을 학습함으로써 새롭게 동작기능으로 나타나는 것이다.

(3) 단계적 통제

동작학습의 작용에서 단계적 통제란 학습이 일어날 때 사람에게 발생하는 숙련 과정을 설명하는 이론이며 이는 동작학습이 이루어지는 운동체계가 단계적으로 구성되어진다는 개념을 근거로 한다.

동작의 구성은 전체적인 수행체계에 있어 신뢰를 주어야 하며, 특별한 기능을 수행하는 '낮은' 하부체계에 의한 통제를 가능하게 한다(Schmidt, 1975)는 것이 이 이론의 기본이다. 동작의 구성은 동작을 수행할 수 있도록 체계적으로 구성되어야 하며 동작을 수행하기 위해서는 인체의 각 부위들을 통제할 수 있어야한다.

Fitts(1964)가 제시한 동작학습의 이론은 인간이 동작을 수행하는 것은 어떤 운동에 반응을 만들어내는 동작의 모형을 찾아내고 이를 얼마만큼 잘 할 수 있는가에 따라 학습의 결과가 결정된다는 개념을 이용한다. 한국무용의 살풀이춤에서는 살풀이 수건의 사용이 중요하다. 살풀이춤을 잘 수행하기 위해서 살풀이 수건의 운동반응을 알아내야 한다. 살풀이 수건을 멀리 던지기 위해서 숙련된 무용수는 팔의 힘을 사용하지 않는다. 손목과 중지, 장지를 적절하게 사용하는데 이는 살풀이 수건의 운동 반응을 인지한 무용수일수록 잘 수행할 수 있다. 동작수행에 사용되는 인체의 각 부위들을 통제하고 동작수행체계를 실행하도록 하는 것을 집행부(the executive)라고 하는데 수행해야 하는 동작과제를 '조사(surveys)'하고 수행해 낼 수 있는 적절한 움직임을 선택하여, 그것을 실행할 수 있는 '사용법'을 만드는 것이다.

동작의 통제는 수행체(the effector)라는 체계에서 일어난다. 수행체는 하나의 동작프로그램을 보여 준다. 수행체는 움직임을 이끌어내는 근육의 반응에 대해 명령을 내린다고 설명할 수 있겠다. 앞에서 예로 들어 본 살풀이춤을 살펴보자. 수건을 무대 공간으로 던져 올리기 위해 어떻게 해야 하는가를 결정하고 동작을 결정하는 것은 집행부(the executive)의 일이다. 집행부의 결정에 의해서 수용체는 손목의 힘과 손가락을 통제하여 수건을 던져 올린다.

Schmidt은 컴퓨터를 예로 들어 인체의 수행체계를 좀 더 확실하게 설명하였다. 컴퓨터에서의 모든 실행은 프로그램에 의해 이루어진다. 컴퓨터 프로그램은 수행이 실행되도록 설계되며, 어떤 작업을 수행하도록 기계에 입력하여 프로그램을 작성한다. 프로그램이 작성되어 있다면 부적절할지라도 작성된 프로그램에 의해 실행이 통제된다. 프로그램의 실행이 끝난 후에 이 활동의 결과를 확인하고 실행에 문제가 있다면 프로그램은 수정되어지고 실행은 프로그램에 의해 다시 통제된다.

이때 실행 결과는 프로그램의 구성과 실행결과에 나타난 반응을 함께 비교하여 확인할 것이다. 만약에 실행 결과에 오류가 생겼다면 사람은 프로그램을 다시 작성하게 될 것이며, 결과에 오류가 없다면 그 프로그램은 계속 사용되어질 것이다.

수행체(the effector)의 작용 결과에 대해서 오류를 정정하도록 하는 정보를 피드백이라고 한다. 피드백(feedback)은 집행부에게 수정할 수 있는 정보를 제공하여 앞으로의 활동에 대한 근거가 되게 한다. 동작과제를 학습함에 따라 수행체(the effector)와 집행부(the executive)의 역할이 변화되어지는데 이를 관찰하여 Fitts는 몇 가지 특징을 찾아냈다.

Fitts에 의하면 학습자의 활동에 대한 동작의 운용 프로그램은 잘 발전되지 않으며, 집행부에서는 운동프로그램에 의존하는 정도가 크지 않다는 것이다. 반면에, 집행부는 단순한 움직임을 명령하고, 학습자가 그 명령을 이행하도록 하는데 그것이 할 수 있는 만큼 자주 각각의 활동에 대한 결과를 확인한다. 이러한 동작수행체계는 상대적으로 비효율적이며 초보자의 '부자연스러운' 수행이 특징적 반응으로 나타난다. 그러나 많은 연습을 갖고 난 후의 학습자는 동작실행을 앞에서 설명한 학습프로그램을 만들어서 사용한다. 그렇게 진행되면서 학습자의 움직임을 이끌어내는데 점차 더 많은 비중을 집행부에서 차지하게 된다.

따라서 집행부는 수행체에서 좀 더 통제하도록 한다.

수행체에서는 일련의 동작수행 활동들이 점점 더 길게 나타나게 된다.

점차적으로 집행부는 신체의 한 부분의 활동을 통제하는 각각의 활동 대신 동작수행에 관련되는 신체 각 부위의 일련의 활동들에 대한 결과를 확인하기 시작한다. 수행체에서 통제되는 크기가 조절되어 안정되어지면 동작수행은 자동적으로 수행되어지는 단계로 들어간다. 이때부터 집행부는 다른 과제가 수행될 수 있게 되는 것이다.

학습자가 동작학습의 자율 단계에서 수행하고 있을 때, 거의 모든 통제는 수행체에 있고, 집행부는 수행해야 할 동작과제로부터의 피드백에 덜 집중해도 된다(Schmidt, 1975). 다시 말하면 학습자의 동작 수행이 자연스럽게 이루어지는 단계에 들어가게 되면 학습자는 학습 초기 단계에 나타나던 동작의 모델을 관찰하여 자신의 동작수행 과정을 수정하는 등 신체의 근육 등의 조절에

신경을 쓰지 않게 되며 프로그램화된 동작수행 과정이 수행체의 활동으로 활발하게 작용한다는 것이다.

결론적으로 집행부는 초보학습단계에서 나타나는 수행의 결과에서 Feedback으로 이어지는 동작의 수정과정이 주로 일어난다면 학습의 단계가 점차 자동화단계로 진보되어짐에 따라 동작 수행은 수행체에서 통제되어 프로그램화된 반응을 나타낸다는 것이다. Pew(1966)는 초기 연습에서의 집행부는 동작을 수행하는 매 반응을 통제 한다고 주장한다. 매 순간의 동작 반응에 관한 Feedback이 이루어진다는 것이다.

동작을 수행하는 신체 각 부위의 반응으로부터 나타나는 '부자연스러운' 어설픈 수행이 되는 수행의 오류는 수행의 다음 동작반응이 나타나기 이전에 없어져야 하는데, 이것이 학습이 되는 과정인 것이다. 동작학습의 초기 단계에서 동작수행이 매끄럽지 못한 이유는 학습자가 동작을 수행하는 과정 중에 통제되지 못한 신체부위를 인식하게 됨으로 나타나는 것이다. 동작수행이 매끄럽게 진행되고 있다면 집행부의 활동이 필요 없게 된다.

동작수행 도중 오류에 관한 학습자의 인지상태가 없어지고 나면 실행기에서 동작수행에 작용하던 오류 제거 등의 통제작용은 효과기로 옮겨진다.

학습자가 동작을 수행하기 위하여 움직임의 유형을 변화시키도록 신체 각 부위를 통제하기 이전에 집행부는 더 긴 기간에 걸쳐 동작의 움직임을 이미지로 수행할 수 있다(Schmidt, 1975). 학습자는 실제로 동작을 수행하기 전에 집행부에서는 동작수행의 과정을 임의로 수행하여 가장 유용한 통제 부위 등을 조절할 수 있게 된다.

집행부의 작용은 동작기능의 학습에서 동작의 수정 과정이며 이 수정과정을 통하여 동작기능이 완성된다고 하겠다. 집행부의 작용과 수행체의 작용이 나타나는 순서는 어떠할까? 라는 문제가 나타난다. 집행부의 작용이 먼저 있고 그 이후에 수행체가 작용되는 것일까? 그렇지 않으면 한 동작과제 수행에 동시에 작용하는 것일까?

Fitts는 집행부와 수행체의 작용이 동작과제 학습에 실제로 구분되어 나타난다고 주장하지는 않는다.

다만, 동작학습의 상황을 유추하거나, 또는 학습의 모형을 만들어서 마치 실제로 그러한 구조가 있는 것처럼 수행할 것이라는 것이다. Fitts의 단계적 통제이론은 어떤 무용동작과제를 학습할 때 나타나는 동작기능의 인지와 수행, 그리고 결과에 관한 KR과 Feedback으로 진행되는 동작학습이론에 우선되는 개념으로 이해될 수 있겠다.

단계적 통제모형이론은 학습자가 동작기능을 얼마나 학습했는지 설명하지는 못하지만, 컴퓨터가 작동하는 것처럼 그것이 어떻게 우리에게 익숙한 다른 과정들과 유사한지를 보여줌으로써 그 과정에 대한 사고방식을 제공하는데 유용하다.

(4) 구성능력의 변화

능력의 변화는 학습을 증명할 수 있는 또 다른 방식이 될 수 있다. 학습이 학습자에게 어떠한 변화를 주었는가를 능력에 대한 개념을 이용하여 설명할 수 있겠다.

능력이란 주어진 어떤 일을 수행할 수 있는 정도를 가름해서 능력이 '있다, 없다'로 평가되어지는데 가설적인 개념을 사용한다. 어떤 과제의 수행능력은 연령에 따라서 또는 학습 경력에 따라서 그 능력의 평가가 다르게 나타난다. 능력은 수행자가 어떤 종류의 과제들을 수행하는 것으로부터 나타날 수 있는 일반적인 특성이라고 정의할 수 있겠다.

어떤 동작과제를 학습한 학습자가 과제들을 매우 잘 수행할 수 있다면 우리는 그 학습자가 반응하는데 좋은 능력을 가졌다고 말한다.

사람에게 있어서 능력은 태어날 때부터 나타나며 아동기에 걸쳐 다소 발전되어 지속적으로 개인에게 남아있게 된다. 동작학습에서의 능력(ability)은 어떤 동작기술을 수행할 때 나타나는 것으로 이와 유사한 의미로 사용되는 것으로 기술(skill)이 있는데 능력과 기술은 구분되어져야 한다.

학습자에게 주어진 과제를 수행하기 위해서 능력과 기술은 모두 유용하게 작용한다. 능력이 과제수행을 잘 이행하도록 하는 선천적인 힘이라고 한다면 기술은 오직 한 가지 과제에 대한 수행을 잘 이행할 수 있는 조작적인 것이라고 할 수 있다. 빠르게 달릴 수 있는 것은 능력에 속하고, 삐루엣을 지속적으로 할 수 있는 것은 기술에 속한다.

학습은 어떤 목표로 향하는 결과나 상태를 갖게 하거나 만드는 것이다. 동작학습에서 어떤 학습과제가 잘 학습되어졌다면 특정 상황에서도 능숙하게 수행할 수 있어야 한다. 동작기능의 학습은 어떠한 상황에서도 학습된 동작기능을 능숙하게 수행할 수 있는 능력을 향상시키는 것이다.

연구자들은 동작기능의 학습초기에는 학습자의 행동상에 동작수행의 효과적인 변화를 기대할 수 없다고 한다. 어떠한 상황에서도 동작을 능숙하게 수행하기 위해서 학습자들의 연습목표는 동작의 수행을 위한 근력과 유연성, 신체의 상호 조화를 위한 내적인 운동 에너지를 증가시키는 것이 선행되어야 할 것이다.

학습자가 동작기술을 구사할 수 있는 능력을 극대화하기 위하여 교사들은 능숙한 수행의 상태를 지속시킬 수 있게 하는 학습자의 내적인 능력을 증가시키는 과정의 본질을 이해해야 한다. 학습자의 수행지속을 위한 내적능력은 수행을 용이하게 이끌 수 있는 능력이다. 이러한 내적능력의 증가는 연구자들이 실험상황에서 학습을 설명하기 위해 제안한 가설적인 과정이다.

연구자들은 학습자의 동작수행에 영향을 주는 요인을 찾아내고 수행을 방해하는 요인을 통제할 수 있는 방법을 제시하고자 한다. 연구의 결과가 동작학습의 본질을 이해하는 기준이 되길 희망한다. 또한 어떤 학습의 통제 방법이나 학습 조건을 부호로서 나타낼 수 있기를 바란다.

학습자의 내적인 능력의 증가는 동작기술의 수행을 지속하게 한다는 결과적 이론과 내적인 능력을 증가시키는 요인을 찾아내는 실험연구 결과는 동작학습의 이론이 된다. 이러한 지식은 학습자에게 학습된 것이 무엇이냐는 물음에 해답을 제공해 준다.

동작기술을 수행할 때 나타나는 능력, 또는 학습자의 내적인 능력 그리고 빨리 달릴 수 있는 개인의 능력은 무엇일까? 여기에서 능력에 관한 이해가 필요하겠다. 능력은 기본 체력과 그 체력을 조작할 수 있는 조작능력으로 구분한다.

우리가 학습으로 얻을 수 있는 것이 후자의 조작능력이다. 기본 체력은 개인이 본래부터 갖고 있는 선천적 능력이라면 조작능력은 후천적 학습으로 성취될 수 있는 것으로 학습의 기본이 된다.

사람에게 있어서 연습으로 인한 수행의 변화는 익숙한 상황에서 수행할 수 있는 능력을 증대시킬 수 있다. 대부분 사람에게 일어나는 이러한 일반적인 수행의 변화는 여기에서 정의한 것처럼 학습과는 크게 관계가 없다.

우리는 성숙과 성장에 의해 어린 아이들이 나이가 들면 더 어린 아이보다 운동을 잘하게 되는 것을 안다. 동작기술 수행은 성장에 의해 수행기술이 향상된다고 알고 있다.

훈련으로 인한 근력과 지구력의 변화는 바벨을 들어 올리는 역도에서나 부드러움과 역동성을 나타내는 무용동작기능에서 이용되는 어떤 종류의 기술을 구사하는데 도움을 줄 수 있다.

성숙과 성장에 의한 수행력 향상, 그리고 선천적 능력에 의한 수행능력을 이해하면서 중요한 것은 무용동작기능학습을 공부하는 우리가 학습을 정의함에 있어서 연습이나 경험에 의한 능력상의 변화에 근거를 두지 않는 단순한 성장에 의한 향상은 포함시키지 않아야 한다는 것이다.

선천적인 능력에 의한 동작기술의 수행능력은 학습의 결과와는 무관한 것이다. 개인의 동작수행능력의 변화가 주로 경험을 통해 습득되어서 나타난 변화와 관련된 상황이 우리가 공부하여야 할 연구 과제가 되는 것이다. 능력과 연습 사이의 관계에 대한 가장 중요한 개념은 Fleishman(1965)의 주장을 살펴볼 필요가 있는데 그는 피험자에게 주어진 동작수행 과제를 통해 동작을 수행하는 운동능력과 동작인식능력을 알 수 있다고 믿었다. 예를 들어, 성공적으로 야구공을 치기 위해서는 앞으로 일어날 사건을 예측하는 능력(공이 어떻게 날아 올 것인가를 예측하는 능력)과, 환경의 변화에 빠르게 반응할 수 있는 능력(공이 날아 오는 것을 어떻게 쳐야 할 것인가)을 요구한다는 것이다.

Fleishman은 초기 연습에서 주어진 과제를 수행하는데 필요한 능력의 유형과 다음단계의 연습에서 필요한 능력의 유형은 다르다고 말했다. 다시 말해서, 능력의 유형은 연습이 계속됨에 따라 변화한다는 것이다.

즉 수행에서의 처음 몇 번의 연습시도는 주로 동작수행의 '인식적인' 능력에 의존하게 되는 것이며 반면에 수행에서 나중 연습은 '동작의 수행' 능력에 조금 더 의존하게 된다는 것이다(Schmidt, 1975).

학습에 필요한 학습자의 능력에 대한 또 다른 관점은 학습자가 동작과제를 연습함에 따라 능력이 변화되어지는가에 관한 것이다.

한 동작과제에 요구되는 능력과 능력에 따르는 상대적 중요성에 대해 알아내는 것은 어렵지 않다. 능력의 유형이 연습에 따라 변화되어진다는 것이 확실하다면, 우리는 연습이 지속될수록 과제수행에 필요한 능력의 정도는 초기 연습 때와 같지 않다는 것을 알 수 있다.

동작수행에 이용되는 신체 기관과 자극에 반응하는 신체 기관의 수행의 순서는 동일하지만 그것에 기초가 되는 능력의 구성은 다를 것이다. 그러므로 그 과제에 필요한 능력은 초기 연습과 나중 연습에 다르게 나타날 것이며 수행자의 능력에 따라 연습초기에서의 수행의 변화량과 연습 후기의 변화량이 다르게 나타날 것이다.

무용동작학습의 현장에서 초기학습 단계에서는 놀라운 변화 속도를 보이던 학습자가 학습 후기로 가면서 변화 속도가 줄어들거나 거의 나타나지 않는 경우가 많다. 초기연습 때의 동작수행능력과 학습의 수정기나 자동화단계에 이르면서 수행능력의 차이가 나타나는 원인은 동작수행에 필요한 능력이 학습의 전 과정에 걸쳐 동일하게 요구되어지는 것이 아니라는 것이다.

동작과제의 학습단계에 따라 수행에 필요한 능력은 변화한다는 이론에 관한 좀 더 적극적인 주장을 다음 실험연구에서 살펴보자.

Fleishman과 Rich(1963)는 피험자들에게 동작과제를 10번 시도하도록 하였다. 피험자들은 움직이는 목표물을 따라 한 점의 움직임을 통제하도록 하여 두 크랭크 핸들을 움직였다. 피험자들은 두 가지 추가적인 과제를 함께 수행했다. 이 중 하나는 근 운동감각이라 하여 손에 올라간 작은 무게를 판단하는 능력을 측정하는 것이다. 두 번째로 측정된 것은 공간에서 자기 위치를 정확하게 알아내는 능력을 검증하는 과제로 '종이-펜'으로 명명하였다. Fleishman과 Rich는 우선적으로 근 운동감각을 측정한 결과로 운동감각이 높거나 낮음에 따라 피험자를 구분했다. 근 운동감각 측정 결과는 그림 3-1의 윗부분에서 볼 수 있다.

첫 번째 시도에서 근 운동감각에 대한 피험자들의 측정 결과는 주 과제인 핸들조작 수행과 거의 같게 나타났다. 이는 무게를 판단하는 능력은 그 과제의 연습 초기에서는 그다지 중요하지 않음을 설명하고 있다. 그러나 나중 연습에서 나타난 수행 결과는 근 운동감각이 높은 피험자들이 낮은 피험자들의 수행 수준보다 우수하였다.

이 실험의 결과로 보면 무게 판단 능력에 연관된 능력은 나중 연습에서의 동작과제 수행에 중요하다는 것을 알 수 있다. 또한 공간 측정에 대한 분석이 비교되었는데, 높은 수준을 보인 피험자들은 공간 측정을 할 때 첫 번째 과제 시도에서 낮은 수준의 피험자들보다 조금 더 능숙하게 수행하였다. 그러나 이러한 수행의 차이는 나중 연습에서는 보여지지 않았다(그림 3-1). 이러한 자료는 초기 연습 때의 과제수행에 기초가 되는 능력이 나중 연습에서는 나타나지 않았음을 가리킨다. 반면에 그 과제수행에 필요한 능력의 유형이 연습이 진행됨에 따라 변화되었다는 개념을 뒷받침한다. 과제수행에 필요한 능력의 종류가 연습이 진행됨에 따라 다르게 요구되어진다는 것을 아는 것은 연습의 관점에서 보면 매우 중요하다.

우리가 무용동작학습의 현장에서 집단학습을 진행할 때 학습 초기 단계에서 처음에 나타나는 수행의 능력정도에 근거하여 연습시작 팀을 구성했다고 가정하자. 이러한 경우는 그 기간 이후에 요구되는 능력에 상관없이 초기 연습 때 나타난 능력만으로 수행이 평가되었을 가능성이 매우 높다.

어떤 동작과제의 첫 번째 시도에서 수행수준이 낮은 학습자는 연습 수준에

〈그림 3-1〉 근 운동감각과 공간 측정에 의해 분류된 피험자들에 대한 양손 협응과제에 대한 수행(Fleishman과 Rich(1963))

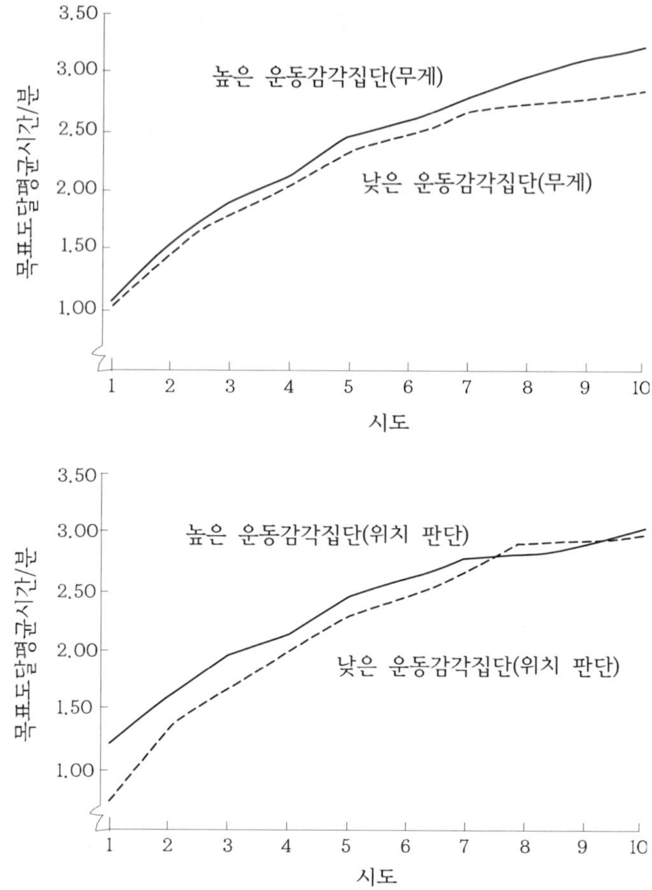

서 수행하는데 필요한 능력이 부족한 것이다. 그러나 이 학습자가 가지고 있는 능력 유형이 집중적인 연습 후에 요구되는 것이었다면 이 학습자는 최고의 수행자가 될 수 있다는 것을 생각해야 할 것이다. 동작과제는 학습자가 가지고 있는 능력의 유형에 따라 수행수준이 다르게 나타나기 때문이다.

연습단계에 따른 수행에 필요한 개인의 능력 유형이 다르다는 것은 교사들에게 필요한 중요한 이론이다. 교사들은 무용동작기능학습의 현장에서 종종 일어날 수 있는 집단 나누기가 초기 수행에 근거하여 학습수준을 선별하는 것은 학습의 비효과적인 결과를 초래하게 될 가능성이 많다는 것을 기억할 필요가 있다.

(5) 연습에 의한 자동화 증가

동작학습으로 인하여 사람에게 일어날 수 있는 현상으로 연습에 의한 동작수행의 자동화 증가를 생각할 수 있다.

동작수행의 자동화는 동작 수행기술에 대해 두 가지 의미를 갖는다.

하나는 동작수행이 숙련된 학습자는 초보 수행자보다 그의 동작수행과정에서 동작실행을 위한 집중의 강도가 적게 작용될 수 있다. 한국무용 살풀이춤에서 숙련된 학습자는 살풀이 수건을 공중에 던질 때 더 이상 손목과 손가락 사용에 집중하지 않는다는 것이다. 따라서 뛰어난 학습자는 다른 과제를 동시에 수행할 수 있거나 주 과제 실행 중에 다른 것에 집중하기가 더 자유롭다. 제2의 과제 또는 부수적 과제의 실행이 용이해진다. 무용동작 수행에서 이 같은 부수적 과제의 수행이 중요함은 앞 장의 '수행의 한계'에서 논의 되었다.

동작수행 과정에 집중하는 정도가 줄어들면 학습자는 과제 실행 중에 교사의 지적 사항이나 환경적 변화를 살펴보기가 가능해진다.

두 번째는 동작과제가 하나의 동작기능으로 형성되어진다. 예를 들어 발레의 삐루엣은 숙련자에게는 삐루엣으로 하나의 기능이 된다. 그러나 초보 학습자들에게는 발끝과 팔의 사용 방향과 무릎 등 신체 각 부위의 움직임을 통제해야 한다. 학습은 발레의 삐루엣이 삐루엣 동작으로 되어지는 것이다.

학습으로 동작수행과정을 집중하는 정도가 낮아져서 부수적과제를 수행할 수 있게 되는 것과 동작과제가 하나의 기전과 같은 한 동작기술로 된다는 것은 서로 연관되어지며 실제로 구분하여 증명하기에는 무리가 있다. 단지 앞에서 설명한 두 가지 상황으로 설명되어질 수 있다.

학습의 자동화 단계는 앞에서 제시된 개념들과 함께 연습을 계속함에 따라 동작수행시 나타나는 신체적 통제의 주체는 집행부(the executive)에서 수행체(the effector)로 이동된다는 Fitts의 개념과 연관된다.

(6) 주의력 요구(Attention Demand)

학습자에게 동작학습이 일어났음을 알 수 있는 또 다른 관점은 동작수행과정에 나타나는 주의력 요구의 정도이다. 학습자가 동작과제를 수행하는데 얼마나 많은 주의력이 필요한지 측정할 수 있는 보편적인 방법은 주 과제에 따른 부수적인 과제를 수행하도록 하는 것이다.

동작학습의 단계가 초기 단계이거나 중간 단계일 경우 수행자는 동작수행과정에 집중하여 그 정확성을 유지하게 되는데 자동화 단계에 이르게 되면 자연스럽게 본 동작을 수행할 수 있음은 물론 동작 외적인 과제 즉, 부수적 과제를 이행할 수 있게 된다. 무용수에게 무용동작 이외에 부수적 과제 수행의 중요성은 이 책에서 여러 차례 강조되어 논의 되어졌다. 오늘날 무용의 여러 장르에서 창작 작업이 많이 이루어지고 있는데 동작의 정확성이나 기술적인 훌륭함보다 무용동작과제의 부수과제라고 할 수 있는 표현이나 감성적 동작 수행이 더 각광을 받고 있음도 생각해 볼 문제이다.

일반 동작학습에서는 부수적인 과제를 사용함에 있어 동작과제를 수행하는 도중에 어떤 자극을 제시하여 그 자극을 인지하도록 하는 방법을 사용하고 있다.

이를 탐침기법(probe technique)이라고 한다. 탐침기법은 주 과제를 수행함에 있어서 그 것이 얼마나 자동화되어 있는가를 살필 수 있는 방법이다. 실험연구에 사용되는 이 방법에서 피험자는 주 과제수행에 사용되지 않은 다른 이차적 과제에 반응하는 것이다.

Ells(1969)는 실험에서 피험자가 신호 후 한 점을 목표물까지 가능한 빠르게 움직이도록 하는 실험을 하였다. Ells의 실험에서 단순한 부수과제는 연습이 계속되어짐에 따라 반응 시간이 감소했다. 이것은 주 과제의 동작수행과정이 더 자동화 되고 있으며 조사도구에 반응하는 피험자의 집중력 정도는 자유로워졌다고 볼 수 있다.

무용동작학습의 현장에서는 본 동작과제의 익숙함이 어느 정도인가를 살피기 위하여 사용할 수 있는 방법으로 동작 수행중의 무용수들에게 예술성

표현을 요구하는 언어적 지시를 사용하는데 이러한 방법은 우리가 이것이 탐침기법이라는 사실을 알지 못하는 상태에서 이미 오래전부터 계속되어온 방법이다.

탐침기법의 사용이 주의력 집중 훈련에 유용하다는 주장은 Salmoni(1973)의 실험 결과에서도 지지되어 진다. 그는 실험에서 피험자가 동작과제 수행에 주의력 집중을 측정하였는데 주의집중과 각성은 연습이 진행되면서 감소한다는 증거를 제시했다. 실험중 주의력 집중을 측정하기 위해 사용되어진 도구가 피험자의 각성 상태를 완화시켰다는 결론이다.

결과적으로 학습은 연습으로 인하여 학습자의 동작수행에 주의력 집중 정도를 줄여 주어 가볍게 동작을 수행할 수 있게 한다는 것이다. 숙련된 무용수들은 상대 무용수들의 변화를 잘 감지하며, 숙련된 운전수들은 노래를 부르거나 라디오를 들으며 운전을 한다.

3. 동작학습과 제어

동작학습에 관한 모든 이론은 그것이 어떠한 것이든 많은 실험을 종합한 결론으로 이루진 것이다. 이러한 이론들은 그것이 제시하는 조건이 구체적으로 검증되지 않았거나 검증과정에 있다 하여도 그 상황과 관련시켜 예측할 수 있는 기초가 되는 것 또한 사실이다. 동작학습 이론가들은 동작기술의 운동제어와 학습방법의 이해가 동작기술학습의 기초가 되는 중요한 지식이 된다고 주장한다(김기웅, 1995).

동작학습 연구에서 이론적 근거가 되는 것은 동작기술을 학습하는 두 가지 방법에 관련된 학습이론이다. Adams가 1971년에 제안한 폐환이론(closed-loop theory)과 Schmidt가 1975년에 제안한 도식이론(schema theory)이 그것이다.

이 두 이론은 동작기술의 학습법과 제어에 관한 지식체계를 세워놓고 있다. 무용동작학습을 연구하기 위해서 우리는 폐환이론(closed-loop theory)과 도식이론(schema theory)을 이해할 수 있어야 하겠다.

(1) Adams의 폐환이론

폐환이론(closed-loop theory)에서 사용되는 "폐환"이란 용어는 냉난방 장치의 온도 조절과 같은 이른바 자동제어 장치(servomechanism)를 설명하는 공학 용어에서 유래된 것으로 동작을 제어하는 정보의 사용과 관련된다.

Adams는 경험을 바탕으로 성립된 법칙을 사용하여 동작학습에 대한 폐환이론을 개발하였는데, 대부분이 느린동작으로 동작의 형성 과정이 직선형으로 이루어지는 움직임을 기초로 하였다.

Adams는 이러한 움직임에 적용되는 수행과 학습의 원리는 다른 종류의 움직임에도 적용된다고 믿었고, 위치와 움직임에서 성립된 법칙을 이용하여 이론에 확고한 기초를 만들었다. Adams의 폐환이론(closed-loop theory)에서 중요하게 생각하는 것이 KR과 피드백이다. 동작학습은 학습자가 동작과제를 수행한 결과를 정확히 인지하고 그 수행의 결과를 판단하여서 피드백하면 동작은 수정되어서 다시 실시됨으로 학습되어진다는 이론이다.

1) 피드백 강조

Adams는 동작수행 후 발생하는 피드백을 연습 중 학습되어진 수행 목표를 참조한 준거에 비교함으로써 모든 움직임이 만들어진다고 믿었으며, 이것을 지각의 흔적이라고 하였다. 사지의 공간적 위치를 정확하게 수행하는 동작과제를 예로 들어 보자. 학습자가 설정된 위치를 잡는 동작을 실시할 때, 공간에서 사지의 특정 위치를 나타내는 고유의 피드백이 생긴다. 사지 정치동작을 이용한 실험은 수행자가 실시한 첫 번째 시도에서 나타난 수행결과의 오차를 Feedback하여 두 번째 시도를 하게 되고 그러한 시도는 특정위치에 정확하게 수행하도록 유도하게 되는데 이러한 자극은 중앙 신경체제에 '흔적을 남기므로' 이를 지각의 흔적이라고 한다.

학습자는 동작을 반복해서 시행하고 동작수행 결과는 점점 더 목표에 가깝게 된다. 각각의 시행 시수는 각기 다른 흔적을 남기게 된다. 그래서 결국 흔적의 '집단'이 만들어진다.

결과 지식은 동작수행 목표에 대한 수행의 결과를 비교한 지식인데 이것으로 학습자는 자신의 수행 오차를 제거하게 된다. 정확한 결과의 지식은 단지 몇 번의 시행으로도 목표에 가까워질 수 있기 때문에 지도자는 학습자에게 매 시행 후 정확한 움직임을 나타내는 피드백을 제공한다. Adams는 비록 그의 저서에서는 이 용어를 사용하지 않았지만, 결과지식은 동작과제의 수행에 관한 '안내' 역할을 제공하는 것이다.

Adams에 의하면 학습자는 보상에 대한 수동적인 수혜자가 아니라, 배워야 할 과제에 관해 능동적으로 언어화에 참여하고 가설을 설정하는 참여자라고 했다. Adams의 주장에서 결과지식은 동작의 수행 문제를 풀기 위한 정보를 제공하는 기제로 작용된다. 동작과제의 시행 후, 결과지식은 다음 움직임이 목표 달성을 더 잘하게 하기 위한 정보를 제공하기 위해 학습자에게 주어지는 것이다. Adams는 어떻게 학습자가 오류-탐지능력을 개발하는지에 관해 설명하였다.

움직임이 끝난 후 학습자들은 수행에 관해 스스로 평가를 내리거나 교사에게 주관적인 보상을 보고함으로써 지각의 흔적에 의해 받은 피드백과 수행의 오류에 관한 차이를 비교할 수 있다고 주장한다.

Adams는 체계가 자신의 오류를 탐지하려는 능력을 지니기 위해서는 두 개의 기억 상태가 존재해야만 한다는 것을 제안했다. 하나는 행동을 생산하기 위한 것이고, 다른 하나는 결과를 평가하기 위한 것이다.

2) 제한과 반박에 대한 증거

좋은 이론이라는 것은 논리적으로 형성된 예측에 아무런 모순이 없어야 한다. 이러한 견지에서 볼 때 Adams의 이론에는 모순이 존재하는데, 이것이 바로 느린 움직임과 위치에 대한 주관적 보상에 관한 것이다.

Adams의 폐환이론의 중심이론은 동작과제의 수행 결과가 오차의 수정을 거쳐 Feedback되어 다시 수행되며, 이것이 지각의 흔적으로 신경세포에 저장된다는 것이다. 이 후의 수행은 그 흔적의 작용으로 학습되어진다는 것인데 이러한 Adams의 이론에 치명적으로 반박하는 증거 중의 하나가 수감신경을 차단한 동물과 인간에 관한 연구이다.

이 연구는 사지로부터 모든 감각적 피드백을 제거 당한 유기체가 기술적으로 반응할 수 있었고, 새로운 동작활동을 배울 수 있다는 결과를 보여주었다. 기술적인 행동을 조정하는 하나의 기제가 지각 흔적에 관여하는 피드백에 의한 것이라는 이론이 맞는다면 이 연구의 참여자들은 그들이 과제로 설정하였던 동작을 수행할 수 없었어야만 한다(Schmidt & Lee, 2005).

Adams의 폐환이론을 반박하는 두 번째 이론은 가변연습 실험에 의한 결과이다. 가변연습은 연습의 한 형태로 한 가지 동작과제를 여러 가지 방법으로 연습하는 것이다. 이러한 가변연습으로도 동작은 학습되어 나타난다. 지각 흔적은 동작수행을 정확하게 실행하기 위한 지난 수행에 대한 피드백의 표상이기 때문에, 수행 목표를 향해 수행을 학습하는 일은 지난 수행에서 남겨진 지각의 흔적이 강하게 만들어지면 수정에 방해가 된다. 그러므로 가변연습으로 준거 목표과제를 학습하는데 있어서 목표과제 자체를 연습하는 것에 비해 덜 효과적이어야 한다.

다시 설명하자면 Adams의 폐환이론(closed-loop theory)은 동작과제를 학습하는데 어떤 과제를 1차시기에 수행한 것이 기억의 흔적으로 남고 이것은 2차시기에 수행한 것에 의해 수정되어진다. 이렇게 반복되면서 동작과제가 학습되어진다. 이때 지각의 흔적은 주어진 과제가 수행 목표에 가깝도록 작용한다. 어떤 그림을 그릴 때 밑그림을 스케치한 다음 차츰 수정해나가는 것과 비교될 수 있다. 이러한 경우 동작과제 자체를 연습하는 것이 효과적이어야 옳다는 것이다. 그러나 가변연습으로 유사한 학습효과가 나타나는 것은 동작학습에 폐환이론에서 주장하는 결과의 지식이나 피드백 이외의 또 다른 요인이 작용되고 있다고 보는 것이다.

Adams의 폐환이론(closed-loop theory)이 제안되었을 때 그것은 그럴싸하고 연구자가 학습을 측정하여 평가할 수 있는 실험적인 경험을 바탕으로 한 이론으로써, 동작학습에 대한 훌륭한 시작이 되었다.

우리는 이러한 실험이 여기에서 요약된 몇몇의 제한점을 보이고 있으며 폐환이론은 동작학습에 있어 현재에 이용 가능한 증거를 더 이상 설명할 수 없다는 것을 인식할 수밖에 없다. 그러나 Adams의 폐환이론(closed-loop theory)은 목적한 바를 이루었고, 많은 연구와 생각을 이끌었으며 낡은 자료와 새로운 자료를 함께 설명할 수 있는 더 새로운 이론의 길을 열게 했다.

(2) Schmidt의 도식이론

도식이론은 Adams의 폐환이론(closed-loop theory)에서 나타나는 불합리한 부분을 보충하기 위해서 Schmidt이 제창한 동작학습 이론이다. Adams의 폐환이론은 폐쇄회로형 이론으로 이에 관해 가장 두드러지는 관심은 개방회로 제어과정에 대한 것이다. 도식이론은 개방회로를 바탕으로 한 이론이다. Adams의 폐환이론이 모든 동작학습을 설명하지는 못하지만 다양한 면에서 호소력이 있다. 동작수행을 주관하는 수행목표의 강화, 느린 움직임에 대한 관심, 동작수행의 생성과 평가를 담당하는 각 시수에서의 기억의 흔적에 대한 주장은 상당부분 설득력이 있으며 여러 연구자들의 실험 결과가 그 이론을 지지하는 것도 사실이다

도식이론은 Adams이론에서 많은 부분을 채택하였으며 가장 효과적인 부분은 지키려고 노력했고 부족한 점을 제거하거나 대체하였다. 도식이론의 주된 관점은 도식(schema)학습이다. 빠른 동작과제나 복잡한 구성의 동작일 경우 기억의 흔적을 사용한다거나 KR과 피드백의 적용은 느린동작과제나 단순동작과제의 적용보다 용이하지 못하다. 이러한 이유로 나타난 것이 도식이론이다.

1) 기억의 두 상태

도식이론에서는 움직임의 생성을 담당하는 회상기억과 움직임 평가를 관장하는 재인기억 등의 두 상태의 기억이 존재한다. 빠르고 신속한 움직임에서

회상기억은 가장 작은 말초 피드백의 참여로 동작을 실행하도록 구조화된 것으로, 동작의 운동프로그램과 매개변수를 포함한다. 재인기억은 움직임이 완성된 후 운동으로 나타난 피드백을 평가하는데 쓰이는 감각체계이다. 이 같은 감각체계는 피험자에게 오류의 방향과 오류정도에 관해 정보를 준다.

이러한 구조는 행동을 만들어 내는 동작수행자와 그것의 옳고 그름을 평가하는 지도자를 달리 하는 Adams이론의 핵심 생각을 그대로 따라 이루어진 것이다.

2) 도식학습

도식학습에서 주된 개념은 바로 도식(schema)이다. 도식의 개념은 Head에 의해 소개되었고 나중에 Bartlett에 의해 잘 알려지게 된 것으로 심리학에서는 이미 오래된 개념이다.

동작학습의 도식이론을 주장하는 연구자들에게 도식은 규칙이나 개념과 같은 일반적으로 생각되어지는 기술수행에 대한 추상적인 기억의 표상이다. Schmidt는 도식을 기본개념으로 사용하여 어떻게 기술이 학습되어지는가에 대한 이론을 설립하였다. Schmidt의 도식학습은 잘 변하지 않는 특징과 프로그램이 수행되는데 있어 특정한 방법을 구체화하기 위해 필요한 매개변수로 구성된 일반화된 동작을 구성하는 운동프로그램에 대한 생각이다.

도식(schema)은 어떤 행동의 틀인데 학습자는 고유의 동작행동에 대한 규칙적인 도식을 발달시키게 된다. 이러한 기본의 정보로부터 더 발전되고자 하는 힘이 동작수행을 더 효과적으로 수행시킬 수 있게 된다. 발레의 삐루엣 동작은 그 삐루엣 동작으로 하나의 도식이 형성되어 진다. 학습자는 삐루엣을 구성하는 발동작과 손, 시선, 몸통 등을 일일이 피드백을 통하여 학습하기 보다는 하나의 도식으로 형성한다는 것이다. 실제 무용학습 현장에서 우리는 삐루엣의 초기 학습단계에서는 느리게 단순동작화하여 학습함으로 삐루엣을 도식화하게 된다.

도식이론은 학습자들이 규칙적인 연습을 통해서 동작에 관한 규칙을 배우는 것을 목적으로 한다. 여기서 규칙이란 학습자들이 받은 동작체계와 실제로 실시된 동작체계 사이의 관계이다. 이 규칙은 기억 속에 저장되며 유사한 동작 계획을 포함하는 다음 차례의 동작수행 상황을 위한 매개변수의 새로운 구성을 만들어내기 위해 사용될 수 있다.

위에서 예로든 발레의 삐루엣 턴을 과제로 하여 학습되었다면 그 동작 수행 과정이 도식으로 기억에 저장되어 그 다음의 동작에 유용함을 준다는 이론이다.

이러한 도식을 잘 만들어 가기 위해서 필요한 것이 연습의 다양성이다.

도식에는 수행에 필요한 최초 조건에 관한 동작 지식, 동작을 수행하기 전에 사용하는 반응의 종류에 관한 지식, 감각의 상태, 외적-내적피드백 사용으로 나타나는 반응의 결과들이 저장되어진다.

✳ 생각해 볼 문제

- 동작을 배운다는 것은 무엇을 의미하는 것일까?
- 무용동작을 학습한다는 것은 이미 우리가 행하고 있던 돌기나 뛰기, 구르기 등과 어떻게 다른지 서로 이야기해 보자.
- 개인이 갖고 있는 능력과 무용동작기술의 수행능력에 관하여 이야기 해보자.
- 무용동작학습은 어떻게 나타나며 그것을 관찰할 수 있는 방법을 논의해 보자.
- 학습과정에서 동작의 수정은 어떻게 일어나는지 실제 상황을 토론해 보자.

제4장 무용동작의 학습단계

사진_최시내

제4장

무용동작의 학습단계

학습목표

— 학습은 동작과제의 수행에 나타나는 변화를 추론하여 입증된다. 학습자들의 수행 변화는 어떠한 과정을 거쳐 완성되는가?

— 무용동작학습이 거치는 과정은 어떠한지 알아본다.

— 동작학습의 각 단계에서 나타나는 특징을 알아본다.

— 단계별 학습법에 대해서 알아보고 그 적용 방법을 살펴본다.

— 학습과정을 연구하는 이론가들에 의해 확인된 학습 단계를 논의 한다.

1. 들어가며

무용동작을 가르치거나 배우는 것은 우리가 알지 못하는 새로운 언어를 배우거나 가르치는 것과는 다르다. 무용동작학습은 이미 우리가 알고 행하던 걷기나 돌기, 뛰기 등의 기본 동작을 수행목적에 맞게 움직임을 조화롭게 구성하는 것이다. 이는 이 책의 1, 2, 3장에서 논의된 것으로 알 수 있을 것이다.

무용동작과제는 수행의 목적이 일반적인 걷기와 달리기 등의 동작과는 다르게 구분 된다. 무용동작은 숙련된 동작으로 작가의 생각이나 어떤 의미를 전달하는데 동작에 리듬을 담는다. 이러한 동작을 수행하기 위해서는 특별한 기술을 필요로 한다.

예를 들어 발레동작의 그랑쥬떼 동작은 분명히 그 동작의 구성과 수행 모습에서 일반적이지 않은 특별한 기술을 필요로 한다. 그랑쥬떼는 공중으로 뛰어 오르는 동작의 변화라고 할 수 있다. 그러나 스포츠 종목의 높이뛰기 양상과는 수행목적부터 다르다는 것으로 설명할 수 있겠다.

이러한 동작을 학습하는데 어떠한 과정이 필요할까? 우리는 그랑쥬떼를 가르칠 때 어떻게 시작할까? 어떠한 과정을 거쳐서 그랑쥬떼를 완전하게 학습하게 되는 것일까? 연구자들은 동작학습에 어떤 단계가 있다고 하며 모든 동작학습은 그 단계를 거쳐 완성된다고 주장한다. Fitts가 주장하는 동작학습의 세 단계는 동작학습단계의 기본 모델로 거의 모든 동작학습에 적용되어졌다. 비록 최근의 연구는 이 같은 동작학습의 단계를 학습의 실제에 적용하는 일이 어느 면에서는 효과적이지 않다는 결과들을 제시하고 있지만 동작학습을 연구하는 연구자들에게 이 동작학습의 단계를 이해하는 일은 매우 중요한 일이다.

본 장에서는 Fitts의 동작학습의 세 단계를 중심으로 각 단계에서 나타나는 상황과 중요한 역할을 공부할 것이다.

2. 동작학습의 단계

Fitts는 그의 연구보고에서 "인류가 어떤 특수한 행동반응에 대하여 시간과 공간의 본질 위에 수입계(receptor), 수출계(effector), Feedback작용이 고도로 조직화되는 과정"이라고 동작기능을 정의하고 있다(Schmidt, 1999, 2005).

수입계(receptor)는 감각계통을 통하여 인체가 받아들이는 것을 말하며, 시각, 청각, 후각, 촉각 등이 포함된다. 이들 수입계로부터의 정보는 중추신경의 해석을 통과하면서 판별되고 결정되어 수출계(effector)로 보내진다(보통 근육, 골격계통을 말한다).

수입계통의 정보가 수출계를 통하여 움직임이 실행되는데 이때 Feedback작용이 나타나게 되는 것이다. Feedback작용은 동기와 정보의 오류를 지적하고 정보에 대한 적당한 수행을 증강시킨다.

그러므로 동작기능학습이 이루어지기 위해서는 동작기능의 순차적인 차등분석과 본 동작에 관한 시공간의 이해, 동작 상호관계, 동작의 순서분석 그리고 기대작용 등을 포괄하는 과정이 있어야 한다.

Adams와 Gentile은 동작학습의 단계를 두 단계로 구분하였다.

Adams(1971)는 학습의 첫 단계를 '언어-운동 단계(verbal-motor stage)'라 하고 두 번째 단계를 '운동 단계(motor stage)'로 하여 학습을 2단계 모형으로 제시하였다. Gentile(1972)은 동작학습의 첫 단계를 '동작에 관한 관념의 획득(getting the idea of the movement)', 두 번째 단계를 '고정화(fixation)와 다양화(diversification)'로 하였다.

Fitts는 동작학습과정을 3단계: 인지기, 고정기(수정기), 자동기로 나누었다.

동작기능학습 방식은 집행, 계획, 설계에서부터 선택성적인 자극에 대한 주의력과 환경에서 일어나는 암시적 분별능력 등이 포함되어 실시된다. 실행된 동작은 Feedback의 작용으로 끊임없이 수정되어 나타나게 된다.

동작의 학습이 일어나는 상황을 Fitts의 3단계 동작학습과정에 근거하여 알아보자.

(1) 인지기(Cognitive Phase)

인지기는 Fitts가 1965년 최초로 동작학습의 학습단계에 사용하였으며 현재 일반적으로 사용되고 있는 개념적 용어이다.

인지기는 동작기능학습의 제일 첫 단계이며 초보학습자가 우선적으로 이해해야 하는 동작기능이 갖는 수행에 관한 모든 요인을 인지하는 기간이다. 이 단계에서 학습자는 기능의 본질, 수행의 목표 그리고 수행과정 등을 학습하게 된다.

초보학습자는 이 단계에서 기능에 대한 상당한 이해가 있어야 하며 이를 위해서 완성된 집행계획(executive plan)이 설계되어야 한다.

다시 말하면 학습자는 이 단계에서 지도자의 구두지도나 시범 등을 통하여 기능에 관한 다양한 정보를 얻어야 한다.

학습자는 기능의 목표에 대한 보편적인 이해가 있어야 하며 순서에 따라 동작과정의 기능을 습득해야 하는데 이것이 이 단계에서 진행되어야 한다.

동작학습의 인지단계에서 가장 보편적인 교수방법은 동작의 시범이다. 학습해야 할 동작의 시범은 초보학습자가 기능의 목표와 동작의 수행 과정 등을 이해하도록 돕는다. VTR, 슬라이드, 해석도면 등의 사용은 학습자가 동작의 기능내용을 이해하도록 하는데 도움을 줄 수 있는 방법이 된다. 이 단계에서 지도자는 시청각의 방법을 가능한 많이 사용하여 학습자가 지도자의 "집행계획"의 완성을 이해하도록 도와야 한다.

동작학습에서의 첫 단계는 수입(input)과 수출(out-put)의 계통적 흐름이 충분히 효용되고 발휘되어야 한다. 인체가 수입계통으로 받은 정보를 동작수행으로 수출하는 것으로 설명되어진다. 지도자는 이러한 계통의 능력과 극한의 표현 능력을 충분히 이해시켜야 한다.

Rogers와 Skinner의 주장은 수입(input)의 효용능력이 모두 충분히 발휘되어야 수행이 가능하다는 것인데 이는 학습자의 이행계획을 설계하는데 도움을 줄 수 있다.

학습자가 동작을 보고 설명을 들어서 동작의 실제 진행을 느낄 수 있도록 해야 하는 것이다.

그렇다면 학습자의 수입계통(input, 감각수납계통)은 제1단계에서 몇 가지 종류나 참여하게 되는가? 초보학습단계에서 학습자에게 필요한 정보의 한계는 없는 것일까?

초보학습자의 수입계통의 활용은 감각기관의 효용능력과 한계에 의해 정해지게 된다. 동작기능 학습의 초보단계에서 효율적인 학습을 위해 지도자들이 인지해야 할 몇 가지 중요점을 알아보자.

1) Input의 능력과 그 한계

Input은 학습자에게 주어지는, 또는 학습자가 받아들이는 동작에 관한 정보나 동작실행 신호로 설명할 수 있겠다.

학습의 현장에서 나타나는 Input을 수용할 수 있는 개인적 능력은 학습의 결과로 나타나는데 이는 지도자의 능력에서도 차이가 나타날 수 있다.

학습자에게 얼마나 정확한 Input을 제공 하였는가의 문제인 것이다.

이때 나타나는 것이 동작수행에 관한 적절한 정보 제공 능력이다.

학습자에게 동작과제수행의 정보를 어떻게 제공해야하는가가 학습을 결정하는 요인이 된다.

최근의 연구에서 동작과제의 정보제공에 관한 문제가 학습의 결과에 영향을 줄 수 있을 것이라는 가설을 갖고 초보학습자에게 제공하는 모델링을 학습자의 수준과 비슷하게 할 것인가, 아니면 숙련된 모델링을 사용함이 유용할 것인가에 관한 다양한 결과가 나타나고 있다.

Input의 다른 용도는 동작의 수행을 알리는 신호와 같은 것으로 무용동작기능에서는 대부분 음악이나 음악적 박자로 대체되어진다. 무용동작기능은 환경적 변화가 없는 폐쇄성 동작으로 동일한 동작 수행에 다양한 Input은 고려할 사항은 아니다.

그러나 리듬에 관한 개별적인 능력이 무용동작 기능학습에 중요한 것은 음악의 Input에 반응하는 학습자의 능력으로 나타날 수 있기 때문인 것이다.

일반적 동작기능에 비하여 무용동작 기능은 대근육과 소근육의 많은 조화를 이루어 내야하는 섬세한 동작이다.

무용동작 기능학습에서 동작수행에 관한 정보 제공은 모델링이며 주로 지도자의 시범을 사용하는데 이때 정확한 동작 수행과 언어적 동작 설명은 매우 중요하다.

동작기능 학습에서 Input의 제공에 따른 영향을 실험한 몇몇 연구가 있는데 신호의 파악과 판별능력의 실험결과는 우리에게 Input의 판별 능력과 그 최대한계를 이해할 수 있게 한다(Schmidt, 1999, 2005).

이 실험은 광선의 자극광도와 배경에 관한 것으로 만약 배경이 분명하다면 자극은 비교적 쉽게 파악되어진다는 것이다.

다시 말하면 광선으로 제공되는 자극이 쉽게 파악되게 하려면 배경이 확실해야 된다는 것이다.

이와 유사한 이론을 테니스 학습으로 예를 들어보자면 초보학습자가 테니스를 하는데 백색 공을 사용한다면 지도자의 시범을 보든 자신이 연습을 하든지 간에 백색 공과 시멘트 바닥의 색은 매우 비슷하여 초보학습자의 색깔에 대한 자극은 분별이 분명하지 못한 곤란한 상태에 달하게 된다.

만약에 적색 공을 사용한다면 회색의 시멘트 바닥이 배경이 되어져서 공의 움직임이라는 자극은 정확하게 파악될 수 있을 것이다.

이 이론으로 무용동작 기능 학습의 초보학습단계에서 지도자가 보여주는 모델링이 어떻게 하면 분별이 정확한 동작으로 되어질 수 있을 것인가에 적용할 수 있을 것이다.

모델링이 학습자에게 제공하는 동작 수행정보의 정확한 전달은 초보학습자의 학습효과를 증대시킬 수 있을 것이다.

2) 감각예민도(Sensory Acuity)

학습자 각자에게 있는 감각기관의 활용 능력과 그 활용 능력의 최대 한계는 수입계통의 효용능력을 하락시키거나 증강시키기에 충분하다.

학습자의 지각심도(depth perception), 주변시각(peripheral vision), 시각예민도(visual acuity) 그리고 청각효용능력 등은 동작기능학습에 영향을 준다.

시범을 통해 동작수행의 정보를 받은 학습자들에게 그 동작의 수행이 과제로 주어졌을 때 학습자들의 수행반응은 각자 감각기관의 수용능력에 따라 나타난다.

하나의 무용동작이 이루어질 때 사용되는 신체 각 부위와 형태, 시간, 힘의 크기 정도는 연습에 의해서 이루어지며 동작의 수행은 초보 학습단계에서 시범과 언어적 정보로 전달 받게 된다.

학습자가 받아들이는 수행의 정보는 각자의 감각기관 능력에 의해 작용되어진다. 이때 논의되는 감각예민도는 감각기관의 다양한 생리적 효용능력을 가리킨다. 각 개인에게 있는 감각예민도는 연습에 의해 그 효용능력이 증강되지 않는다. 이것은 어떤 물체를 응시하는 연습을 계속해서 시각예민도를 바꿀 수 없는 것과 비교할 수 있다.

시각예민도는 안경과 같은 인공장치를 사용하여 시각과 망막에 광속반응을 바꾸고 이것으로 시력을 바로 잡는 것으로 증강시킬 수는 있겠다. 시각 능력을 연습으로 향상시킬 수 없다는 것은 쉽게 이해되는 사항이다. 그러나 동작기능학습에서 시각예민도를 대체할 수 있는 다른 감각을 사용하도록 할 수는 있다. 어떤 감각은 몇 가지 자극을 크게 하여 더 좋은 반응을 이끌어내도록 사용되기도 한다.

일상에서 최고 효능의 경보장치는 청각을 이용하지 시각을 이용하지 않는다.

이는 청각이 시각과 같이 직선방향의 전달이 아니기 때문으로 해석되어진다. 다각적 변화의 자극은 단조로운 무변화적 자극에 비해 훨씬 더 좋은 반응을 이끌어 낼 수 있다.

시각적 자극도 작은 변화로 그 효율을 높일 수 있다. 즉 기차방향등에 사용되는 불빛의 반짝이는 변화는 보통 불빛에 비해 주의력을 더 이끌어내며 소리의 고저, 대소의 변화도 쉽게 주의를 끌 수 있다.

3) 특수 자극의 통찰력(Specificity of Detection)

동작기능의 초기학습은 자극에 대한 통찰력으로 시작된다.

그렇다면 통찰력의 증가가 학습을 성공적으로 이끌 수 있다는 것인데 자극의 통찰력이 다른 유사자극의 통찰력에 동일하게 적용되지 못한다는 이론이 있다.

한 가지 예로 세계 2차 대전 중에 한 심리학자는 야구 심판의 통찰능력이 적기의 유형을 통찰하는 능력에 적용될 수 있을 것인가를 입증하기 위한 실험을 실시했는데, 이 실험의 가설은 성공적이지 못했다.

이 실험의 가설이 실패한 이유는 투구의 스트라이크와 볼을 가리는 능력은 심리학적으로 고속의 특수화 작업에 속했기 때문이고 이러한 특수 통찰능력은 유사할 것 같은 적기 유형 통찰능력에 전이되지 않았다는 것으로 설명되어졌다.

새로운 특수자극의 통찰학습은 자극과 그 배경간의 통찰이 필요하기 때문인 것으로 논의 되어졌다.

이 같은 이론은 무용동작기능의 학습 초기단계에서 기능을 관찰하는 통찰력이 모든 기능에 적용될 수는 없다는 것으로 귀결되어진다.

각각의 동작기능이 갖는 동작의 특수성에 따르는 또 다른 통찰력이 필요한 이유가 되는 것으로 설명되어져야 한다.

4) 여러 가지 자극에 대한 우선반응

인체가 동시에 한 가지 이상의 감각적 자극을 받았을 때 나타나는 동작 반응은 매우 선택적이다.

만약 한 가지 신호가 눈과 귀에 동시에 들어왔다면 두 가지 감각기관에 자극이 되는 것이지만 인체자극반응의 원리에 의하면 이 자극은 단일계통의 자극으로 처리된다는 것이다.

인체의 중추신경계통은 동시에 감지한 여러 가지 자극에 대해서 한 가지 자극에 대한 반응만을 일으킨다. 그러므로 동시에 받은 나머지 자극은 생략해

버리거나 차등으로 반응되어 처리된다. 이 같은 이론은 우리에게 중추신경은 동시에 일어나는 여러 종류의 자극에 의해 과로를 갖게 되는 효용능력이 있다는 사실을 알게 한다. 실질적인 예로 시끄러운 실내에서 나오는 음악을 듣는 경우나 처음 사용하는 보청기를 통한 청취는 모두 잡음으로 인한 어려움을 느낀다. 그러나 점차 필요치 않는 소리를 제외할 수 있게 되고 자신에게 필요한 중요한 소리에 반응을 일으킨다. 인체는 감각기관에 의한 자극에 모두 반응하지 않으며 인체가 필요한 자극에 반응하게 된다. 인체가 갖는 이러한 선택성 주의력(selective attention)은 동작기능학습에 매우 중요한 것이다.

초보 학습단계에서 학습자에게 제공되는 동작기능의 수행 정보는 우선적으로 이루어지는 선택적 반응을 잘 이용하는 것이 필요하다. 초보단계에서 한 번에 주어지는 많은 동작기능의 수행 자극은 결과적으로 학습자가 우선적으로 받아들이는 자극의 반응으로 국한된다는 것을 기억해야 할 것이다. 지도자는 학습자의 우선 반응 능력에 부합되는 시범과 설명을 잘 선택해야 할 것이다.

5) 신중한 통찰력

동작기능학습에서 학습자의 신중한 통찰력은 동작을 실행하기 이전에 반응의 크기를 어떻게 할 것인가를 결정하는 역할을 한다.

무용동작기능 학습자가 초기기능 수행과정에서 교사가 설명하고 시범한 동작을 반응하여 수행하는 것에 우선 적용되는 것이 학습자의 통찰력이다.

동작 시범자가 완전하고 정확한 신체 조화를 보여주고 설명하였다 하더라도 학습자는 자신의 통찰력에 의해서 반응을 결정하고 수행하게 되는 것이다. 다시 말하자면 초보학습자의 동작 수행은 시범자의 수행에 모두 반응하는 것이 아니라 자신이 통찰해낸 것으로 반응한다는 것이다.

인체는 이런 종류의 능력을 시행하는데 대뇌신경의 감별능력에 의존한다.

이 같은 통찰력은 무용동작학습에서 학습자 개인이 갖는 특수한 능력으로 인정되기도 한다. 무용동작학습에서 통찰력이 특별하게 중시되는 이유는 무용동작기능이 동작의 결과로 평가되어지는 것이 아니고 동작 수행과정자체에 있기 때문이다. 무용에 있어서 통찰력은 학습자에게서 뿐 아니라 무용수행평가에서 평가자의 능력으로도 나타난다.

무용을 평가하는 심사위원이 심사의 임무를 집행하는 것은 곧 이러한 신중한 통찰능력을 사용하는 것이다. 대부분의 무용평가는 동작수행과정에 나타나는 수행기술이나 예술성, 표현능력 등을 측정하게 되는데 무용동작은 그 흐름이 매우 빠르게 전개되는 것이 보통이어서 섬세하고 정확한 통찰력을 필요로 한다.

무용평가자는 시시각각 신체 각 부분이나 각종 동작에서 발생하는 여러 상태를 주의 있게 지켜봐야 하며, 즉각적으로 평가되어져야 한다. 아무리 잘 만들어진 평가 척도를 적용한다 할지라도 무용전문가가 아니면 무용을 평가할 수 없는 이유가 바로 이러한 무용동작수행의 특징 때문인 것이다.

개인의 통찰력은 Input의 다변적 영향을 받아들이는 것뿐 아니라 전달 속도의 비율에도 관계되어지며, Input의 공간적 영향도 받게 된다. 이러한 통찰력은 무용과 같은 닫힌 동작기술에서보다 구기경기와 같은 열린 동작기술에서 그 우수함이 나타나게 된다. 예를 들어 보자. 통찰력이 우수한 야구선수는 투수의 볼을 잘 선별하여 베팅할 수 있을 것이다. 이때 투수의 볼을 선별하는 관찰력은 투수가 구사하는 다변적인 구질의 상태를 알아내는 것과 그것에 대응하는 속도와 관계되어진다. 즉, 동작에 관한 빠른 판단과 동작의 수행속도가 개인의 관찰력에 관계된다.

효과적인 통찰은 Input의 상태에 따라 더 잘 관찰되어질 수 있기도 하다. 또한 대뇌의 기억력에 따라 통찰이 이루어지기도 한다. 즉, 통찰은 관찰로 끝나는 것이 아니고 그 관찰에 따른 대응 동작수행으로 이루어지는 것이다. 한 번 관찰 경험이 있는 경우 사람들은 그 Input을 쉽게 감지하고 인지해 낼 수 있게 된다.

인체는 통찰력에 유용한 Input을 요구하게 되고 경험된 Input은 기억으로 저장되어진다. 인체가 받은 Input은 통찰력으로 분별되어서 저장된 기억과 어떤 특정적 표준을 갖고 서로를 비교한다.

인체의 기억력은 단일 방향에서 5-10개의 자극을 알아낼 수 있다고 한다. Input된 동작이 어떠한 특징을 갖는가를 통찰하고 신중한 통찰능력으로 Input의 작용과 관계되는 것, 다시 말하면 대응 동작이나 행동을 찾는다.

무용동작학습에서 학습자는 시범자가 보여준 동작시범을 기억으로 저장하고 한 번 더 보여준 시범을 통해 동작의 연결성과 반응 작용을 통찰하여 대응하게 된다. 일정한 시간 안에 이루어져야 하는 Input에 관한 통찰은 감각기관의 전달능력에 따라 다르게 나타난다. 이는 Input의 속도가 관찰자의 통찰에 영향을 주며 통찰은 자극을 판단하는 관찰자의 감각기관의 능력, 즉 시·청각의 전달 능력에 따라 다르게 나타난다는 것이다. Input되는 동작이 비교적 완만하고 동작수행과정이 단순하다면 관찰자는 비교적 쉽게 통찰한다.

그러나 대부분 무용동작기능의 발생속도는 매우 빠르고 복잡하므로 시범설명 시 VTR, 영화, 슬라이드 등을 사용하여 속도를 조절하는 것으로 학습자의 통찰에 도움을 줄 수 있다. 이 같은 학습 방법으로 초보학습자가 동작수행과정을 감각기관에 전달하는 속도를 빠르게 하도록 도와줄 수 있을 것이다.

6) 인체의 인지능력과 그 한계

동작 기능을 습득해야 하는 학습자는 동작과제의 수행정보를 인지해야 하는데 그것은 시범자의 시각적, 청각적 감각정보로부터의 자극이다.

인체가 어떤 것을 인지(perception)하는 과정은 감각능력(sensory)에 의한 것으로 인지능력과 감각능력을 분별하여 말할 수는 없다. 사람의 감각능력이 곧 그 사람의 인지능력이 된다.

인체는 감각기관을 통하여 받아들여지는 모든 정보를 인지로 전환하는 시스템을 갖는다.

사람의 모든 동작수행은 주위환경의 자극을 반응하는 결과라고 할 수 있다. 무용동작을 학습하는 학습자는 자극에 반응해야 할 동작을 학습하고 정확한 판단과 반응을 위해 감각기관에 의한 인지를 활용하게 된다. 학습은 이러한 인지의 수정을 이루어내는 일이다.

감지기관(perceptual mechanism)의 자극 수용이 인지인 것인데 그렇다면 인지는 감지기관이 알아낸 자극으로 해석할 수 있다. 어떤 동작기능의 발생이 학습자의 감지기관을 통하여 받아들여지고 학습자의 인지가 그 동작이 된다고 할 수 있다. 다시 설명하자면 똑같은 동작을 몇 명의 학습자가 그들 각자의 감지기관을 통해서 인지하게 될 때 서로 다르게 인지될 수 있다는 것이다.

사람의 감지기관은 여러 경로를 통해 나타나는데 각 감각기관에서 전달되는 자극을 모두 인지할 수 있는 방법은 없다. 인체는 각종 자극 중에서 선택하여 반응하게 된다. 인체의 인지 과정은 일련의 선택과정을 포괄하게 된다. 우리가 어떤 물체를 본다고 가정하자. 이러한 경우 우리가 물체를 본다는 것은 물체에서 나온 빛을 보게 되는 것이며 빛은 눈의 망막에 화학변화를 일으키는 능력으로 들어오고, 이러한 화학변화는 신경원과 신경의 충동을 일으켜 대뇌에 전입시키게 되어 물체를 보는 것으로 나타난다.

신경과 대뇌 사이의 계속되는 전입이 일어나게 되는데 이런 종류의 충동은 뇌와 눈 사이 인지작용의 시작이 되는 것이다. 그러니까 눈으로 보여진 사물은 뇌의 판단에 의해 그 사물이 무엇인지 결정되어지는 것이 된다.

동작기능학습에서 시범자의 동작이 학습자에게 모두 감지되고 인지되는 것이 아니라 학습자의 감지작용에 의해 인지된 것만 감지되어진다는 것이다.

사람이 눈으로 본 동작을 뇌를 통하여 판단되는 것이 인지라고 할 수 있는데 이때 뇌의 판단은 과거의 학습과 연관되어진다.

여기서 강조하는 것은 학습자에게 있어서 인지작용은 보는 것에 의해 시작되는 것이어서 어떠한 동작이나 상황 등의 사건이 발생 자체가 그대로 인지되어질 수는 없으며 학습자에게 보여 지는 등의 감지되어진 것만 인지되어지며 이러한 감지와 인지작용은 지속되어져야 한다는 것이다.

사람에게 있는 여러 감지기관 중 어떤 감지기관에 의한 신경충동이 인체의 중추신경계통에 다다랐을 때 인지작용은 각 감지시스템의 분류활동으로 시작되어진다. 인체가 감지한 사실은 이는 이미 축적되어진 사실과 관련된 정보에 의해 이해되게 된다.

초보학습단계의 학습자가 무용동작기능 중 돌기동작을 학습할 때 학습자는 시범자의 돌기과제를 보고 그 동작과제를 감지하게 되는 것인데 이때 학습자는 이미 알고 있는 돌기동작을 기억하여 학습할 과제의 돌기동작과 비교하여 인지하게 되는 것이다.

다른 간단한 예를 들어 보자 우리가 어떤 짐승을 보고 이것이 중추신경계통의 충동에 전달되면, 그 물체에 관련된 지식을 이용한 번역과 해석을 거쳐 이미 알고 있는 동물과 비교되어진 후 우리는 그 짐승이 한 마리의 개라는 것을 알 수 있게 된다는 것이다.

Leibowitz(1965)는 사람의 인지능력은 각기 다르며 동일인이 동일한 물체를 간파하는 경우에도 여러 가지의 경우가 발생한다고 발표했다(Schmidt, 1999, 2005).

Leibowitz는 인체 동작기능학습의 극한을 이해해야 한다고 했는데, 학습자가 한 가지 연속동작의 모델을 보았다고 그 동작을 '안다' 또는 '이해 한다'고 단정할 수 없으며, 또 실제로 그들이 본 것이 교사가 그들에게 보여주고자 하는 동작과 일치되지 않을 수도 있다는 것이다.

우리는 실제로 여러 학습자들이 시범동작을 함께 보았으나 각기 서로 다른 인지결과를 가져올 수도 있다는 것을 경험할 수 있다. 시범자가 어떤 동작을 했을 때 학습자들이 바라본 것은 각기 다른 것으로 나타나는 경우가 있을 수 있다.

예를 들면 지도자가 연풍대를 도움닫기부터 시범동작을 하여 학생들로 하여금 어떻게 착지하는가를 인식시키려 한다. 즉 지도자는 무용동작의 연풍대 수행시 몸의 중심, 무릎과 몸의 위치, 팔의 힘 등을 인식시키려 하지만 학생들이 본 것은 교사가 높이 떠올랐는지 아닌지 하는 것일 수도 있다.

7) 주의력(Attention)

사람에게 있어서 주의력은 묘사적 관점으로부터 나온다. 사람은 주어진 어떤 상황에서 자신이 감지한 것에 관한 반응을 나타내게 되는 것인데 이때 학습자에게 주어진 전체 자극에 대한 선택적 반응의 주체가 되는 것이 주의력인 것이다.

사람은 감각 기관에 의해 감지한 자극을 자신의 기억 등에 의한 인지과정을 통해 그 자극을 판단하여 반응을 결정하게 된다는 것은 이미 앞에서 논의 되었다. 주의력은 사람의 선택적 감지에 관계되어서 학습에 중요한 역할을 한다.

주의력은 과거의 경험과 다른 사람의 지도(또는 명령)에 의하기도 하는데, 어떤 사건에 반응하는 동작실행은 학습의 결과로 나타난다.

학습자들은 무용실기 시간에 수행해야 할 여러 가지 동작에 관한 수행정보 등으로 많은 자극을 받게 되는데 학습자들은 선택적 반응을 하게 되며 많은 부분의 수행과정을 놓쳐버린다. 심지어 수행의 중요부분이나 실행과정 전부를 놓치는 경우가 있다. 이러한 일은 초보자일 때 더욱 그렇다.

이는 그들이 시범된 동작기능의 어느 부분을 인지해야 하는지, 또는 어떻게 반응해야 할지 알 수 없기 때문이기도 하다. 분명하게 동작기능의 수행방법을 보고 들었으나 그들은 아무 것도 인지하지 못하게 되는 경우가 생길 수도 있다. 이는 학습자가 감지한 자극이 많았기 때문이다.

왜냐하면 인체는 모든 자극에 다 반응을 일으킬 수 없기 때문이다.

이러한 경우 학습자들은 선택적(명령이나 지시에 따른)반응을 보여 줄 수 있다. 무용동작은 수행의 결과보다는 과정의 섬세함이나 아름다움을 이끌어 내는 기술이 필요한 기능이다. 초보학습자에게 주어진 과제가 지나치게 복잡할 경우 학습자는 선택적 인지작용에 어려움을 느낄 수 있다. 이때 지도자는 학습자의 주의력을 유도하여 선택적 인지작용을 도와주는 방법을 사용하기도 한다.

무용동작기능의 초보 학습단계에서의 주의력은 동작 수행에 매우 직접적인 영향을 주며 학습자의 주의력 향상은 학습 결과에 유용한 효과를 준다.

최근의 연구에서는 지나친 주의력으로 인한 학습자의 수행 방해를 지적하고 있다. 학습자의 주의력에 관한 논의는 이 책의 10장 주의력과 학습과정에서 자세하게 다루어질 것이다.

무용동작학습 시 학습자들은 동작기능 수행의 기타요인에 영향을 받고, 동작기술과 관계없는 것에 주의력을 일으켜 동작을 잘못 이해하기도 한다.

예를 들어보자. 지도자가 팔을 뻗을 때, 학습자들의 주의가 지도자 손목의 고급시계에 흡인될 수도 있어 동작수행요령에 부주의할 수도 있다는 것이다.

그러므로 주의해야 할 것은 학습자가 시범동작을 바라보고 있기는 하지만, 정신은 사방을 돌고 있다는 점이다. 초보학습자는 동작기능학습과정 중에 어떻게 주의력을 집중시켜야 할지 모를 때가 있다. 초기 무용동작학습 단계에서 학습해야 할 하나의 동작수행 모델을 어떻게 보고 인지해야하는지 모르는 학습자가 있을 수 있다. 이런 학습자들에게는 청각적 자극을 사용하거나 말로 설명하면 도움을 줄 수 있으며 실제로 동작체험을 하도록 하는 방법도 있다.

이러한 방법을 적용하는 경우에 염두에 두어야 할 점은 단시간 내에 너무 많은 자극을 주거나 너무 많은 종류의 방법을 가르치려는 것은 학습자에게 오히려 부담스러운 현상을 초래해서 학습이 거절당할 수도 있다는 것이다.

무용동작기능의 초기 학습 단계에서 학습자는 기능의 수행기술로 전달된 것에 관하여 수행에 중요한 작용을 하는 것과 그렇지 않은 것을 구별하기 어려운 상태임을 알아야 한다.

지도자가 동작기능의 수행에 관하여 한 번에 너무 많은 정보를 제공하면 학습자 중 소수는 받아들이기도 하지만 대부분은 필요 없는 걱정을 하게 된다.

학습자가 동작수행에 관한 중요한 정보를 필요 없는 걱정으로 받아들여지게 되면, 학습되어야 할 동작기능에 아무런 도움을 줄 수가 없으며, 지도자는 학습자를 추궁하게 되고 이것으로 학습자는 주의력을 잃어버리게 되는 경우가 발생될 수 있다.

초보학습자에게 동작수행에 관한 너무 많은 설명을 늘어놓게 되면 학습자는 부담을 일으키게 되어 학습주의력을 분산시켜버리는 결과를 초래한다.

지도자가 시범 때 설명이 너무 많으면 학습자들은 그 모두를 받아들이기가 어렵다. 반면에 지도자가 동작수행에 필요한 중심점을 선택해서 전한다면 학습자가 가장 중요한 부분을 선택해서 학습하는데 도움을 줄 수 있게 된다.

무용동작기능학습의 초기단계에서는 사진, 환등기 등을 사용해서 학습자가 수행해야 할 중점을 이해하도록 도움을 주기도 한다.

일반적으로 무용동작기능학습은 자주 시청각 기제를 사용하는데 이러한 시청각 기제의 사용은 초보 학습자의 선택적 주의력을 유도하는 것이 된다.

무용동작학습에 시각적 도움을 주기 위하여 사진을 사용하는 경우가 있는데 사진은 가장 적당한 시기에 맞추어 학습자가 동작을 이해하도록 사용해야 도움을 줄 수 있다.

무용동작학습의 단계에 따라서 화면이나 VTR 모두가 꼭 유익하지는 않다.

초보학습자에게 제공되는 정보 등의 자극이 학습자에게 커다란 부담을 주게 되기도 한다.

학습자의 학습 수준에 따라서 동작경험이 결여된 동작기능의 화면이나 아직 사용할 수 없는 동작기능을 보여주는 일은 학습자의 입장에서는 오락적 가치 외에 아무런 의의가 없게 될 수도 있다.

초보학습자에게 있어서 무용동작기능으로 제공되는 기능 수행 정보를 조절할 수 있다면 수입(input)정보의 속도비율을 조정하여 동일한 동작화면을 중복하여 사용할 수 있는 영상 기자재의 사용이 유익할 것이다.

8) 동기

무용동작기능학습의 초기단계에서 중요한 요인으로 작용되는 것이 동기이다. 동기는 가장 기본적인 형태로서 자신이 어떤 일을 시작해서 지속시켜 나갈 수 있는 능력의 근원이 되는 심리학적 기제이다.

동물을 대상으로 한 행동주의자들은 행동학습에서 학습자의 학습 동기를 보상이나 벌과 동등시 한다. 사회심리학자들은 사회적으로 연관되는 강화인자(reinforcer)의 입장에서 논하고, 교육심리학자들은 그것을 성취동기에 관련시킨다(김기웅 등, 1995). 동기는 욕구와 동의어로 취급되기도 하는데 더러는 각성(arousal)이나 활성화(activation)와 유사 개념으로 보기도 한다(김기웅 등, 1995).

무용동작기능학습의 초기단계에서 효과적인 학습을 위해서는 학습자가 무용동작과제를 배우려는 동기를 가지는 것이 매우 중요하다. 만약 학습자가 학습해야 할 무용동작과제가 의미가 없는 것으로 인식되어 올바르게 받아들여지지 않는다면 학습자에게 그 동작과제는 최소한의 학습만 일어날 것이다. 만일 학습자의 동기수준이 너무 낮아서 동작을 연습할 마음이 전혀 없다면 학습은 일어나지 않을 것이다. 어떠한 이유에서든 학습자가 주어진 과제를 수행할 마음이 없고 학습할 의사가 전혀 없다면 학습은 일어날 수 없을 것이라는 명백한 결론을 제쳐두고서라도, 무용동작학습에 접근할 때 학습을 결정하는 많은 요소들은 동기수준에 따라 다를 수 있다고 하는 학습과 동기의 원론적인 이론을 갖는 것이 옳다.

무용동작기능학습에서 동기는 행동의 시작과 지속, 그리고 동작기술 강화의 원인으로 정의될 수 있는데 행동의 욕구나, 행동 불안이 학습에 직접적인 영향을 주는 요인이 되며, 학습의 목표설정 또한 초보학습자의 학습 욕구에 매우 큰 수행 동기로 작용될 수 있는 것이다.

무용동작기능의 초보학습 단계에서는 학습을 시작하기 전에 학습자들이 과제를 배우려는 욕망을 갖도록 하는 것이 중요하다. 무용을 배우려는 동기를 갖도록 한다는 이런 종류의 동기는 무용수행 활동이 문화적으로 중요하다고 강조하기 때문에 이미 형성되어 있는 것처럼 보일 수도 있다. 그러나 무용동작기능을 학습하는 경우에 어떤 기술을 배우는 것이 어떻게 좋을 것이라는 이유를 직접적으로 알려주는 것이 중요하다.

무용학습의 현장에서 지도자는 통상적으로 이미 사용해 오는 일괄적인 연습 방법에 의한 시리즈 형태의 학습을 실시한다. 지금 학습할 이러한 동작은 무용의 어떠한 부분에 직접적으로 소용되는지 이런 동작의 습득은 무용의 어느 부분에 보다 효과적인 진전을 예측할 수 있는지에 관한 설명이 주어지지 않는 경우가 많다.

학습자가 무용동작학습에 적극적일 수 있는 동기유발법을 학습 초기단계에서 잘 이용하게 된다면 학습방식과 새로운 무용동작기술에 접근하는 방법을 변모시킬 수 있을 것이다. 그러나 불행하게도 무용동작기능학습에 효과적인 동기수준이나 효과적인 동기유발법에 관한 실험적인 증거는 현재로서는 거의 없다. 무용동작학습에서 뿐만 아니라 무용수행이나 무용전반에 걸쳐 동기의 중요성은 아무리 강조해도 과하지 않다는 표현이 어울린다.

(2) 고정기(Fixations Phase)

초보학습자의 동작기능의 수행수준은 동작과제의 개념적인지에 달려있다.

학습자는 주어진 무용동작기능을 이해하고 동작수행 실시계획 후 연습이 시작되면 인체대뇌에 그 동작의 수행순서가 조정되게 된다. 돌기동작을 위하여 오른발을 어떻게 해야 하는지 그리고 오른팔과 오른손은 어떻게 처리해야 하는가를 기억해야 한다.

사람은 태어나서 행동에 필요한 움직이는 모든 과정을 습득하며 성장한다.

걷고, 뛰고, 돌며 구르는 동작은 성장 과정에서 이미 모든 인체가 습득한 동작이며, 무용동작은 그러한 동작의 선택적 구성으로 보아야 할 것이다.

무용동작은 인체가 이미 알고 있는 이러한 움직임에 목적성(아름다움, 리듬의 조화, 감정적 표현 등)을 부여하여 동작을 기능화한 것이라고 할 수 있다.

동작학습 초보단계에서 동작수행의 기능적 인지가 이루어지고 나면 동작학습은 다음 단계를 이어가게 되는데 Fitts는 이 단계를 동작수행기술의 고정시기라 칭했다.

이 단계를 동작학습의 제2단계라고 하며 초보학습자는 의식 있는 연습에 참여하게 된다. 이때 학습 목표는 동작실행에 필요한 시간과 수행순서의 관념을 강조한다. 무용동작을 완성하기 위해서는 동작을 실행하는 순서와 실행시간이 관건이 된다고 보는 개념이다. 다시 말하면 과제로 주어진 동작기능을 순서에 맞게 어느 정도의 시간으로 수행할 수 있는가가 그 동작의 학습 상태로 결정될 수 있다는 것이다.

동작학습의 두 번째 단계는 실질적인 연습단계이다. 연습의 많고 적음은 기능의 복잡성에 따라 다르다. 이때 개인적 능력이 학습 요인으로 작용하게 되는데 동작에 관한 개인적 기억이나, 과거의 경험 또한 각기 일정하지 않다.

두 번째 단계에서 각자의 동작은 수정을 거듭하여 목적한 동작으로 고정시켜 나아간다. 제2단계를 수정기나 연관기라고 하기도 한다.

무용동작기술을 학습하는 제2단계가 기술 실행의 고정기인 것인데 고정기에서 동작기술을 실행할 수 있는 시간성은 그 동작이 숙련되어야 함을 의미한다. 연구자들은 어떤 동작기술의 학습정도를 평가하기 위하여 동작의 실행속도를 측정하기도 한다. 이때 실행 속도는 동작의 수행과정이 동작구성 순서에 맞게 이루어졌을 때의 시간이라야 할 것이다. 무용동작 수행에서 필요한 것이 동작수행에 나타나는 리듬감과 신체적 조화이다. 무용에서 무조건 빠르게 수행한 동작을 높게 평가하지는 않지만 빠르게 수행할 수 있는 학습자는 이미 그 동작과제의 구성순서와 수행과정을 습득하였다고 보는 것이다.

이 시기에는 동작의 조화가 어려울지라도 매 동작의 빠른 수행시간과 전후순서의 이해는 이후 동작의 조화에 도움을 줄 수 있게 된다.

학습자의 동작기술수행수준은 연습의 노력정도와 관계가 있다. 연령의 차이에 따라 학습자들은 동작기술을 습득하기 위해 서로 다른 방식을 사용하기도 한다. 아동들은 움직임에 적극적이며 도전적인 성향이 성인들보다 강하다. 이들은 별로 특정한 요구가 있는 동작이 아니라도 자신이 할 수 있나 없나를 알려하고 동작수행의 성공을 위해 열심히 해보려 한다.

아동은 움직임에 관한 호기심이 커서 쉽사리 그들을 연습에 끌어들일 수 있다. 반면에 성인의 상태는 상반되어 그들은 별로 큰 노력 없이 연습의 결과를 얻어내려고 하는 성향이 아동들에 비해 높다.

학습자 개인의 성향에 따라 혹은 학습 동기에 따라 차이는 있지만 긴 연습 후에야 그 연습효과가 나타나는 동작이나 성공기회가 적은 동작은 성인에 있어서 그것에 대한 흥미를 쉽게 잃게 되어 학습의 기회를 놓치게 되는 결과가 일어날 수도 있다.

1) 연습기간 중 감각기관의 임무

무용동작기능학습은 사람이 어떤 동작에 관한 지식을 인체의 감각기관을 통해 인지하는 것으로부터 나타나는 것인데 인체의 수입계통과 인지기능은 연습의 제2단계에서 새롭게 전환되며 인체의 이러한 기능은 제1단계에서와 같이 제2단계에서도 중요하다.

동작학습의 제1단계와 제2단계에서 실시하는 시범동작은 각기 그 목적과 임무가 서로 다르다. 제1단계의 시범동작은 초보학습자에게 전체동작을 수행하는 순서의 개념을 세우고 이해하는데 도움을 주는 것이고 제2단계에서의 시범동작은 학습자가 전체동작을 숙련하도록 수행에 필요한 적절한 시간과 신체 각 부분의 협조 방법 등을 알려주어 학습자가 더 완전한 동작수행을 이끌어 낼 수 있도록 세부수행상황을 보여준다.

우리가 '연습을 한다'라고 하는 것이 대부분 이 단계에서의 학습상황이다. 무용동작학습에서 학습에 효과적인 연습방법을 찾기 위하여 여러 가지 가능성을 실험하고 관찰하는 일이나 학습에 영향을 주는 요인을 찾아 분석하는 것은 바로 이 단계에서의 학습효율을 극대화하기 위한 것이다. 무용동작학습은 개인적인 특정 요인이 많은 작용을 한다. 이를 테면 이미 경험한 동작이 다양한 학습자가 그렇지 못한 학습자보다 동작기능의 인지작용이 용이하며 연령적으로도 동작수행 동기에서 차이가 난다. 학습자에게 제공하는 동작수행 정보가 어떻게 작용되는지 동작기능 학습의 제2단계가 효과적으로 이루어지기 위해서 우리는 무엇을 알아야 하는지 살펴봐야할 것이다.

① 청각의 작용 : 이는 초보학습자가 제1단계에서 동작의 구성 등 정확한 관념을 이해하도록 돕는 작용을 했다. 연습단계인 제2단계에서 학습자의 청각 작용은 자신의 동작 수행을 수정하는데 사용한다.

예를 들면, 북가락이 정확한 부위에 맞는 소리나, 야구에서 안타 시 공이 맞는 소리, 농구공이 튕겨져 나오는 소리, 무용동작 연습 시 장단에 맞는 적당한 추임새 등은 모두가 초보 학습자가 동작의 적절한 시간적 조절 문제를 인식하는데 도움을 준다. 무용동작기능은 동작수행 이후에 나타나는 결과로 평가되는 것이 아닌 동작 수행과정의 美적 평가이므로 연습에서 청각을 동작

수행 과정에 직접적으로 사용하기에는 문제가 있다. 그러나 학습자에게 자신이 수행한 동작의 결과를 수정하도록 도울 수 있는 수행결과를 지도자가 알려주거나 이끌어주는 형식으로의 사용은 가능하다.

② 시각의 작용 : 시각작용은 동작구성 과정을 인지하는 가장 기본적인 감각기관의 작용이다. 제1단계에서는 동작구성의 전후 순서를 인지한다. 무용동작기능에서는 신체의 형태나 공간적 구성에서 美적 신체 구성이 중요하기 때문에 이 시각적 작용은 학습자 개인의 관찰력에 따라서 학습의 중요 요인으로 나타난다.

무용동작학습의 제2단계에서는 시각의 작용을 이용하기 위하여 일반적으로 거울을 사용한 연습을 실시한다. 그러나 무용동작 연습에 시각의 작용을 이용하기에는 그 이용에 범위를 한정해야하는 문제가 나타나게 된다.

시각적 정보는 사람의 눈을 통한 정보인데 인체 구조상 두 눈은 가시 범위가 극히 한정적이다. 무용동작을 수행하는 과정 중에 시각적 정보를 사용하기 위해서 머리는 어떤 각도로 고정되어지게 된다. 신체의 어떤 부위 즉, 머리를 고정한 상태의 무용동작 기능은 매우 한정적이다. 이러한 시각적 작용을 사용함으로 야기되는 불편함은 무용동작학습이 계속 진행됨에 따라서 배제되어지게 된다. 학습자 스스로 자신의 수행 오차를 수정해 나가는 상황에서 시각적 작용을 이용해야 한다면 거울을 사용하는 방법을 지양하고 다른, 예를 들어 VTR사용 등을 고려해 봄이 옳을 것이다.

그러나 청각 작용의 이용은 학습자의 머리 위치를 그다지 요구하지 않는다.

왜냐하면 '듣기'의 동작은 어느 방향에서든 가능하기 때문이다. 동작 기능 학습에서 청각 기능의 사용은 시각 기능의 작용보다 유리하다.

예를 들면 한국무용의 연풍대 동작을 지도하는데 있어서 준비 자세에서부터 발 들기, 중심 돌리기, 뛰어 앉기, 돌며 일어서기 등등, 만약 학생이 교사의 시범에 따라서 실시하게 되면, 이때 청각작용을 이용하거나, 말로 가르치면 좋을 것이다. 그러나 무용동작기능학습에서 학습자 스스로 청각 작용을 이용하여 동작수행의 오차를 인지하고 수정하기는 많은 제약이 있다. 소도구를 사용하는 몇몇 무용동작 기능에서는 가능하겠으나 일반적인 무용동작은 동작수행과정 중에 만들어지는 소리는 없다. 오히려 무용동작은 필요 없는 소리를 제외해야 하는 경우가 많다.

무용동작학습 제2단계에서 실행되는 시범동작의 목적은 학습자의 동작수행의 오차를 수정하도록 하는데 있다. 동작기능학습은 학습자의 동작기능수행 오차를 줄여감으로 이루어지는 것이다. 연습과정에서 지도자는 시범을 할 때 정확한 동작과 잘못된 부분을 서로 비교해서 말한다.

초보학습자는 이 단계에서 정확한 동작을 잘 모르거나 자신의 과제 수행 결과를 잘 모르는 상태에서 중복적으로 실행할 수 있다. 이러한 경우 지도자가 학습자의 수행 결과를 알려주거나 잘못된 동작을 지적하는 일은 학습자의 동작수행 오차를 줄이는데 도움을 준다.

③ 감각의 작용 : 시각적 작용과 청각적 작용 이외에 무용동작기능을 연습할 때 학습자들은 감각 작용을 이용하여 동작수행의 오차를 인식하기도 한다. 어느 정도 숙련된 상태에서 학습자는 신체의 감각이나 느낌으로 동작수행 결과를 예측하는 경우가 있다.

무용동작수행에서 팔과 다리의 높낮이나 이동거리에 따르는 회전횟수 등을 결정하여 실행하는 경우와 수행자의 신체 각도나 위치를 감지해내는 것은 학습자들이 갖고 있는 감각의 작용에 의존한다.

이 같은 신체 움직임에 관한 정확한 감지는 거듭되는 반복연습으로 익힐 수 있으며, 대부분 학습자들은 교사의 수정지시 등에 의해 자신의 신체움직임에 따르는 변화를 감각으로 익혀간다.

2) 연습시간의 분배

동작학습의 초기단계는 동작기능을 정확하게 인지하는 과정이며 그 다음 단계에서는 첫 단계에서 인지한 동작을 실행하며 점차 그 수행오차를 줄여나가는 단계가 되겠다. 우리는 어떤 무용동작을 처음 실시할 때 그 동작의 구성 과정이나 구성 시간이 잘못되는 경우가 많다. 그러나 계속되는 연습은 동작수행의 오차를 감소시키게 되는데 이것이 학습의 결과인 것이다. 동작학습의 제2단계는 실질적인 연습 단계인데 연습을 구성하고 실시하는 지도자의 입장에서는 이 연습의 구성에 따라서 학습의 효과가 다르게 나타날 수 있다는 가정을 세울 수 있겠다. 연습의 구성에서 연습시간의 분배를 생각할 수 있는데 매 연습시간의 길이에 따라 집중연습법(massed practice)과 분산연습법(distributed practice)으로 나누고 있다.

동작기능학습을 연구하는 초기 심리학자들은 연구 과제로 대부분 숫자의 기억, 무의식의 음절, 불빛추적 또는 거울그림그리기 등의 방법을 사용하여 연습방법의 효과를 증명하려 하였다.

Ebbinghaus는 1880년에 의미 없는 음절의 기억을 연구하여 분산연습법이 집중(밀집)연습법보다 우수하다는 것을 발견했다. Wheeler와 Perkins(1932)의 연구 결과는 분산연습의 효과를 확정할 수 있는 것은 학습자의 연령과 성숙정도에 관련되며 동작기능과제를 학습하는데 필요한 연습시간의 길이 정도는 학습자의 학습동기와 욕구 등에 관계가 있다고 했다(Schmidt, 1999, 2005).

우리는 아동들의 놀이를 관찰해보면 아동들이 동기요인만 갖게 되면 비교적 긴 시간의 놀이를 유지할 수 있다는 것을 쉽게 발견할 수 있다. 그렇다면 집중연습과 분산연습의 효과는 학습자의 동기 수준에 따라서 결정될 수 있다고 할 수 있겠다.

Kientzle(1946)는 분산연습이 동작의 표현학습에는 효과가 있으나 동작의 기능학습에는 그다지 영향을 주지 않는다는 것을 발견했다(Schmidt, 1999, 2005). 집중법은 한 가지 동작기능을 계속해서 연습하는 방법인데 Kientzle는 밀집법(집중법)이 피로의 요인을 제거할 수 있다면 연습의 효과를 증가시킬 수 있다고 했다. 초보학습자는 무용을 시작하는 단계로서 무용동작기술을 수행할 수 있는 체력상의 상태를 갖추고 있지 못한 것이 보통이다. 그러므로 초보학습자가 특정무용동작을 계속하여 연습하는 것은 오히려 신체적 피로를 야기하기가 쉬워서 학습효과를 저하시키게 된다는 것이 일반적인 이론이다.

무용동작기능은 각 동작이 요구하는 신체의 근력과 유연성정도, 그리고 각 신체 기관과의 연합된 조화가 필수적인데 초보학습단계에서는 동작에 필요한 근력과 유연성 등이 형성되어있다고 볼 수 없다. 그렇다면 초보학습자는 분산연습을 채용하는 것이 더 효과적일 수 있다.

다시 말하면, 초보학습자는 동작기술을 수행할 수 있는 근력 등이 형성되기 이전의 상황에서 연습시간의 분배를 고려할 때 연습시간의 길이는 짧아야 하고, 연습시수는 많은 연습법이 비교적 효과가 있다는 말이다. 또한 초보학습자의 체력적인 상황을 고려해 보면 동작을 연결하는데 있어서 세부동작의 순서를 연결하는데 종종 부정확한 행동이 나타나게 되며 특정 부분의 반복연습이 불가피하게 되는데 이로 인하여 관련 근육군의 피로를 증가시키기도 한다. 피로상태는 학습의 효율을 감소시키는 요인으로 작용될 수 있으므로 가능하면 동작기능 학습에서 피해야 할 것이다.

그러므로 초보학습자의 연습시간은 잦은 휴식으로 조절해 주는 것이 매우 중요하다고 본다. 초보학습자의 연습시간 설계는 피로와 싫증현상이 쉽게 나타날 수 있음을 고려하여 연습기간을 잘게 나누어서 잦은 휴식기를 갖게 하는 것이 학습에 유익하다.

동작기능학습의 연습단계에서 학습에 영향을 주는 연습방법으로는 집중과 분산 연습 이외에도 많다. 여러 가지 연습방법에 영향을 미치는 요인들은 매우 다양하다. 각 동작기술에 따라서 다르게 나타날 수 있으며 학습자의 수준에 따라서도 다르게 나타날 수 있다. 그러므로 각종동작기능에 모두 적용되는 한 가지 종류의 표준 연습시간을 찾아낼 수는 없다.

지금까지 알려진 연습시간의 분배요령은 우선 각각의 동작기능을 잘게 나누고, 그 다음 세분된 동작을 분석하여 유사 유형으로 구분한 다음 동작의 특성에 따라 연습시간을 분배하는 것을 권한다. 동작기능의 특성상 피로를 야기할 수 있는 동작군은 분산법을 적용하고 비교적 기술적이지 않고 표현적인 동작군은 근피로가 덜하므로 집중법을 사용함이 효과적이다.

학습해야 할 동작기능 중에 학습의 전후 순서를 정한 다음 동작기능수행에 필요한 세부동작간의 시간성과 동작의 난이도 등을 고려하여 각각의 동작을 연습하는 과정에 휴식시기를 나누어 실시함이 유익하다.

지도자들이 동작기능 학습을 계획할 때 고려해야 할 것은 학습해야 할 동작기능의 종류에 따른 학습자의 개인적 능력과 수행한계 그리고 학습자들의 동기 수준과 예정된 연습 횟수이다. 높은 기교와 정확성이 필요한 동작은 분산 연습법이나 휴식회수가 많게 설계된 연습방법을 택하는 것이 편하다.

정확성이 필요한 기능은 양궁이나 사격을 들 수 있다. 기능 수행의 복잡성으로 보자면 무용수행이나 아이스 피겨스케이트 등이 예가 될 수 있다. 이들의 동작 수행은 수행과정 중에 동작의 정확성뿐 아니라 신체 각 부위의 조화로움과 음악과의 조화 그리고 예술성까지 포함해야 한다. 그리고 이들을 평가하는 무용경연의 평가자들이나 심판자들에게도 여러 차례의 휴식을 제공하는 것이 비교적 효과 있는 방법이 된다.

3) 전부 또는 부분학습

동작기능학습의 제2단계에서 연습시간의 분배가 학습을 결정하는 중요한 요인 중의 하나가 되는데 연습시간의 분배는 동작기능의 종류와 관계가 있다. 연습에 관계되는 또 다른 문제는 동작을 어떻게 연습해야 효과적인가 하는 것인데 여기에서 중요한 것이 동작을 전부 연습하느냐 부분적으로 하느냐의 문제이다. 이는 동작의 전부 또는 부분 학습의 특성을 이해하는 것으로 설명되어진다. 동작의 전부를 연습하는가 또는 부분을 연습하는가에 따라서 시간의 분배를 고려하는 것이 중요하다는 이론이다.

한 가지 동작기능을 잘게 나누고 난 후 이렇게 세분된 동작들을 분별하여 학습하는 것이 분단학습(분습)에 속한다.

이러한 분습은 전부학습(전습)에 비해 연습 시간단위가 짧은 것이 특징이 된다. 상대적으로 휴식시간은 비교적 많게 된다.

Naylor와 Briggs는 동작기능의 교수법 설계는 기능의 복잡성과 동작의 조화상태에 따라 정해져야 한다고 지적했다(Schmidt, 1999, 2005). 동작의 복잡성은 초보학습자에게 있어서는 동작의 난이도라고 할 수 있다. 동작의 구성 상태는 동작이 어떻게 형성되어있으며 어떻게 수행해야하는가를 알 수 있는 조직상황인 것인데 정해진 어떤 시간 안에 수행해야 하는 동작의 세부수행과정 난이도를 포함하는 개념이다. 무용동작 기능에서의 일정시간은 정해진 동작의 빠르기를 말하며, 리듬이나 음악과의 조화이다. 그러므로 동작기능의 복잡성을 결정하는 것은 동작을 구성하는 세부동작간의 관계에 따른다. 몇몇 세부동작의 순서연결은 기타 세부 동작과 분리되어 단독으로 존재할 수도 있으나 대부분의 무용동작들은 몇 개의 세부동작들이 서로 상관되어서 서로 연결해서 동작해야만 한다. 단독으로 존재하는 세부동작은 연습 시 전습법을 채용하는 것이 편리하다.

초보학습자가 동작을 학습할 때는 동작의 순서와 동작의 연결을 강조하여 연습하게 된다. 학습해야 할 동작이 복합적인 동작으로 세부 동작 간에 서로 관련이 있는 것은 분습법을 채용함이 좋다. 동작기능 중의 한 세부동작에 실수가 생기게 되면 전체동작의 학습에 방해가 된다.

만약 초보학습자가 전체동작의 성공에 중대한 관계가 있는 어떤 세부동작을 잘해내지 못할 때는 세부동작만을 분리하여 분습법을 채용함이 좋다. 세부동작을 따로 연습시키면 전체동작을 학습하는데 많은 도움이 된다.

지도자는 한 동작기능을 놓고 그 동작의 조직적 특성과 세부동작을 상세히 설명하여서 학습자가 그 전체동작을 이해할 수 있게 해야 한다.

무용에서 소품을 사용하는 동작은 기존의 동작에 소품을 다루는 기능이 새로운 세부동작으로 작용하는 경우가 많다. 한국무용의 검무를 예를 들어 보자. 검무는 칼을 돌리면서 동작을 하는 무용인데 연풍대를 하면서 칼을 돌려야하는 동작이라면 칼을 돌리는 동작이 하나, 주저앉으면서 돌아야하는 연풍대 동작이 하나 그리고 그 다음의 동작과의 연결까지 하나의 동작기능에 3단계의 세부동작이 포함되게 된다.

이 동작은 세부동작으로 나누어 설명할 수는 있으나 학습에서 나누어 학습하기 보다는 전습법이 편리하다는 것을 학습현장의 경험으로 알 수 있는데 이러한 동작은 동작이 연속적으로 이루어지기 때문이다. 이것은 동작기능에 나타나는 수행의 연속성이라 하는데, 이러한 경우 검무 동작에서 손, 발, 몸 전체 균형의 배합 동작이 연속적으로 일어나기 때문이며 전습법을 사용해야 비교적 쉽게 익힐 수 있다. 그러나 세부동작 중 어떤 종목 하나의 학습이 좋지 않다면 전체적 춤에 영향을 준다. 이때 세부동작은 단독으로 부분학습을 사용하면 된다. 전습법과 분습법의 적용은 동작수행에 나타나는 연속성의 특징을 고려하는 일이 매우 중요하다.

우리는 무용동작기능의 학습 현장에서 어떤 동작과제를 습득할 때 세분된 동작기능 하나를 실행할 경우에 수행 실패가 나타나던 동작이 연속적인 수행에서 성공할 수 있는 경우가 나타나기도 하며 이와 상반되는 경우가 나타나기도 한다. 지금까지의 이론은 연결성이 강조되는 동작은 전습법이 유용하고 동작의 기술성이 강조되는 동작기능은 분습법이 유리하다고 한다. 이와 같은 이론에 근거하여 무용동작기능을 장르별로 특정지어 설명하면 비교적 연결성이 강조되는 한국무용동작기능은 전습법이 유리하고 비교적 동작의 기술적 수행이 강조되는 발레는 분습법이 유리할 것이라는 설명이 가능하다.

4) 연습과정의 Feedback 문제

Feedback은 학습에 있어 매우 중요한 개념이다.

동작학습은 인체가 외부로부터 받아들이는 정보를 기본으로 나타나게 되는데 Feedback은 인체가 받은 정보를 처리하는데 학습으로 나타나는 대표적 기능이며 인체가 받는 Input과 그 Input로부터 반응하는 Output 시스템에서 발생하는 작용이다.

무용동작기능학습에서 Input은 학습자가 인지한 동작기능이며 인지한 동작을 학습자가 수행하는 것이 Output이다. 이때 학습자의 수행의 결과는 수정되어 Input으로 작용됨으로 학습이 일어나게 되는 것이다. 이러한 과정에서 수행의 결과가 다시 Input로 작용되는 것을 Feedback이라고 한다.

사람은 의식적 동작을 실행할 경우 Feedback은 항상 나타나게 된다. 새로운 기능을 학습할 때는 물론 숙련된 기능을 표현할 때에도 Feedback은 나타난다.

Feedback은 학습자가 실행한 동작수행의 결과가 다시 자극으로 되돌아오는 것인데 동작기능의 학습을 위해서 학습자는 동작을 수행한 결과에 대한 정보가 필요하다. 학습자가 감지한 동작과 자신이 수행한 동작이 일치하는지 어떠한지를 아는 것은 동작수행의 오차를 줄일 수 있는 중요한 작용이 된다.

결과의 지식(KR)이라고 하는 학습자 자신이 수행한 동작에 대한 정보는 동작의 수행 목표에 얼마나 도달하였는지를 인지하는 것이다.

정확한 KR(knowledge of result)은 학습과정에 매우 중요한 요인이 된다.

초보학습자는 대부분 KR의 정보를 지도자에게서 얻는 것이 보통이지만 학습이 계속되어 점차 숙련되어지면 학습자 스스로 감지해내기도 한다.

무용동작기능은 동작수행과정을 평가하고 수행 결과보다는 수행과정을 중시한다. 또한 동작이 신체 어느 부분만을 사용하는 경우는 거의 없으며 아주 작은 동작까지도 인체의 거의 모든 부분을 사용한다. 그러므로 초보학습자가 자신의 동작수행이 어떠한지를 정확하게 감지하기는 쉽지 않다. 그러나 인지 과정에서부터 학습자가 동작 수행의 KR을 알 수 있는 동작들이 있다.

밸런스가 필요한 여러 무용동작들은 수행과정에서 수행자가 동작의 성공이나 실패를 감지할 수 있다.

그러나 학습자의 수행동작에 관한 정확한 정보, 즉 왜 실패하였는지, 어떻게 수행하였는지를 아는 것은 쉽지 않으며, 학습자가 실시한 수행동작에 관한 지도자의 정확한 KR제공은 학습에 매우 중요하다.

동작기능 학습과정은 학습자가 먼저 동작의 실행계획이나 목표를 숙지하고 계속 연습을 하는 동안 수행의 오차를 줄여나가는 것인데 연습이 진행됨에 따라 학습자는 자신의 동작이 차츰 목표에 도달하고 있음을 알게 된다.

동작기능학습이 학습자의 수행오차를 줄여가는 과정이라는 것은 수차례 거듭 언급되었다. 오차를 줄여 더 표본수행에 가깝게 실행한다는 것은 학습자가 자신의 동작수행 결과를 정확하게 인지할 때 가능해 지는 것이다. 여기에서 중요한 문제는 학습자가 자신의 동작을 판단하여 결점들을 찾아내려는 노력에는 어려움이 있을 뿐 아니라 자주 부정확한 판단을 하는 경우가 많다는 것이다.

따라서 지도자는 적당한 시기에 적재적소에 맞게 학습자의 동작수행결과를 바르게 제공하여 학습자의 Feedback 작용에 도움을 주어야 한다. 이때 학습자의 동작수행 중에 나타나는 수행 오차와 바른 실행 요점을 제시하여 학습자가 바르게 교정할 수 있도록 하는 것이 중요하다.

동작기능학습의 제2단계 과정은 학습자의 동작수정단계라고 하는데 이 수정시기에 가장 중요한 것이 Feedback 작용이며 이 Feedback 작용은 적절한 시기와 적절한 KR제공에 의해서 이루어지게 된다.

적절한 Feedback 작용이 이루어지지 않고 반복적 연습에만 의존하는 것은 무용동작기능수행에 오차수정이 나타나는 것을 어렵게 한다.

쉽게 경험할 수 있는 글씨 쓰는 동작에서 예를 들어 보자. 우리는 거의 매일 글씨를 써야하는 기회가 있다. 이것은 글씨를 쓰는 일종의 동작기능이며 반복되는 수행이다. 그러나 글씨를 쓰는 동작시간이나 수행 결과로 나타나는 글씨의 모습에는 별다른 진전이 없다. 이것은 우리가 글씨를 쓸 때에 단지 중복적으로 글씨를 쓰는 과정일 뿐으로 결코 이 일에 Feedback 작용이 일어나지 않은 결과이다. 물론 글씨를 많이 쓴 사람에게서 나타나는 숙련된 기능이나 수행결과로 나타나는 글씨 모양에 어느 정도의 변화는 감지할 수 있다. 이러한 작용은 동작기능학습의 또 다른 특성으로 '동작학습은 끝이 없이 계속되어 나타난다.'는 개념에서 설명되어질 것이다.

지도자는 연습과정에서 학습자의 Feedback 작용을 위해 동작기능의 정보를 제공할 때 특별한 주의를 기울여야 한다.

무용동작기능을 학습하는 과정에서 수행에 오차가 발생하는 일은 학습과정에서 나타나는 당연한 현상이다. 학습자가 어떤 동작기능을 오차 없이 수행할 수 있다면 그 동작기능은 이미 학습되어진 것으로 학습과정에서 제외해야 할 것이다.

학습자가 동작을 수행한 결과로 나타난 수행 오차는 수행 목표와의 오차이며 이 오류 수행은 학습자의 KR로 학습자의 동작수행 인지와 관계하여 Feedback되어 작용한다. 이 같이 학습자의 수행오류는 다음 수행을 성공적으로 이끄는 중요한 요소가 될 수 있다.

학습자들이 유용한 Feedback을 실행할 수 있도록 지도자들은 정확한 KR과 오차수정 정보를 제공해야 하는데 이러한 경우 지도자들은 두 가지 능력을 구비해야 하는데 그 하나가 동작의 정확성 여부의 판단이고, 또 하나는 동작패턴에 대한 충분한 이해이다.

다시 말하면 지도자는 정확한 동작구성과 연결수행에 필요한 신체부위, 수행에 필요한 힘의 크기, 시간적인 적절함, 수행속도 그리고 동작패턴의 역학적 응용능력이 있어야 한다는 것이다.

이 같은 능력은 학습자들에게 유용한 Feedback의 정보를 제공할 수 있는 기본적인 것이다. 지도자가 반드시 동작과제가 되는 종목의 기능보유자 또는 무용수일 필요는 없다. 하지만 지도자는 이 종목의 동작패턴과 수행에 관련된 날카로운 판단능력을 지녀야 한다.

(3) 자동기(Automatic Phase)

동작기능학습이 제3단계에 들어왔을 때의 특징으로 학습자는 동작수행이 자신의 인지로 가능하게 된다. 또한 학습자는 동작수행 후 수행의 오류를 어느 정도 감지할 수 있게 되며 수행의 특징으로 비교적 침착하고 차분해지는 것을 볼 수 있다. 이때 학습자는 동작수행과정 중에 나타나는 초조와 긴장이 감소되어진다.

Fitts는 동작학습의 제3단계를 동작기능의 자동화 단계(automatic phase)라고 명명했다. 이때 학습자는 전체 동작의 실행계획을 완성할 수 있게 된다. 학습자는 이 단계가 되면 동작의 연결수행이 가능해지며 동작 수행에 오차율은 감소되어 지고 동작수행의 시간성 역시 비교적 정확하게 된다.

동작기능학습이 이 단계에 이르면 인체는 자극의 정보(information)에 따르는 반응에 적용되는 동작수행의 순서 조절 인지를 비교적 하위부분에 저장시킨다. 즉 중추신경의 처리계통(분석, 귀납, 판단, 결정)은 자극에 반응하는 동작수행의 패턴 조절에서 다른 전달을 받아들여 처리하는 기능에 사용할 수 있게 되거나 기능 수행에 필요한 다른 능력에 사용할 수 있게 된다. 동작기능의 수행패턴이 자동화로 변화된 뒤에 학습자는 비로소 남은 여력을 다른 요소에 집중시키게 되는 것이다.

학습자에게 있어서 동작기능 수행패턴이 순조로워진 후에 음악과의 조화, 파트너와의 조화 등에 신경을 쓸 수 있게 되는 것이다. 이때 학습자의 동작수행은 거의 고정되어지며 수행 오류는 거의 나타나지 않게 된다.

1) 동작변화의 연속성

학습자의 동작수행이 거의 오차 없이 나타나게 되면 자동화 단계에 들어가게 되는데 이 단계에서 학습자의 동작수행은 시간적 변화와 환경적 변화에 적응해야 하는 문제가 남아있게 된다. 이때 나타나는 학습자의 수행오류는 시간적 적응과 환경적 적응에 관련되어 나타난다. 이러한 경우 세부동작이나 세부동작간의 연속성을 약간만 수정하면 쉽게 교정할 수 있다.

예컨대 발레의 회전동작(앙디올)은 시간적 변화와 공간적 다양성을 모두 포함하여 수행하게 되는데 이때 나타나는 수행 오류를 수정하기 위해서 학습자의 동작수행은 자동화가 이루어져야 하며 제2단계에서 동작수행패턴에 집중되었던 인체의 인지 시스템은 시간적 변화와 환경적 변화에 집중하게 된다.

우리는 무용동작 연습 중에 호흡이 맞지 않았다거나 호흡에 문제가 있다는 등의 표현을 자주 한다. 이것이 동작수행 과정에 나타나는 시간성 문제이다. 동일한 동작패턴에서 동작에 사용되는 힘의 크기와 시간 등의 적용문제인데 이것은 동작의 연결성에 관련되어진다.

학습자에게 있어 동작기능수행의 세부동작의 연결을 수정한다는 것은 매우 힘든 일이다. 동일한 동작기능이 어떤 동작과의 연결로 수행할 때는 오류가 없으나 다른 동작과의 연결로는 오류가 발생되는 경우가 자주 나타나기도

하는데 이러한 경우 학습자는 동작수행에 자신감을 잃게 되는 경우가 있다.

따라서 지도자는 학습자의 동작수행 오류를 수정할 때 적절한 심리적 고려를 필요로 한다.

무용동작기능은 어떤 한 가지 동작만으로 완성되는 경우는 없다. 여러 가지 세부동작으로 연결된 무용동작을 수행할 때 수행의 오류를 수정하는 것이 의외로 간단하게 처리되는 경우가 있다. 앞에서 언급한 동작의 연결성 문제일 경우도 있고 수행의 템포 문제일 수도 있다. 이와 같은 동작수행의 자동화가 동작학습의 제3단계에서 이루어지는 것이다.

2) 구습동작패턴의 새로운 학습방법

동작기능학습이 자동화 단계(automatic phase)로 진행되면 학습자들에게 그 동작은 습관화되어 버린다.

따라서 이 단계 이 후에는 어떤 수정작업도 습관화되어진 학습자들에게는 곤란을 겪게 하며 심한 경우에는 학습을 거부하는 지경에 이르게도 된다.

이미 여러 차례 언급된 내용이지만 무용동작은 동작수행 과정에 관한 기능수행이다. 스포츠 종목의 기능이나 여타 다른 동작기능과 같이 동작기술을 수행하는 목적이 수행 후의 결과에 있는 것이 아니다. 또한 무용동작기능은 표현적이며 아름다움을 전하는 예술성을 추구한다. 결과적으로 정확한 동작수행 기술만을 추구하지는 않다는 것이다. 발레동작기능에서 다리를 조금 적게 들어 올렸기 때문에 표현에 문제가 나타나지는 않는다. 그러나 동작의 정확한 수행은 이미 명명된 무용동작의 특성을 실행하기 위한 최소한의 제한이다. 지도자들은 매번 강의 때마다 모두 가장 정확한 내용을 설명하거나 가장 표준적인 동작만을 시범한다. 이러한 지도자의 정확성 강조는 학습자들의 학습의욕을 떨어뜨리는 결과를 가져올 수 있다.

예를 들어 보자. 한국무용 전공 학생들의 팔 동작(양팔 펴고 걷기 동작)을 보면 많은 학생들이 양쪽 손바닥을 교차로 뒤집었다 엎으며 실행한다. 지도자가 제시하는 정확한 동작은 걸음을 옮기면서 어깨가 밀려나며 어깨에서부터 자연스레 손끝까지 전달되어야 한다. 그러나 학습자들은 동작패턴이 이미 자동화되어 습관이 되어 버렸다. 따라서 억지로 수정을 하려 한다면 아마도 그들에게는 수정의 동기를 상실하게 되는 결과가 될 수 있다. 자동화 단계에서 학습자의 동작을 수정할 때에는 반드시 '개인차'를 고려해야 한다. 동작의 개인차란 학습자가 과거에 이미 학습되었거나 습관화된 세부동작의 과다와 이런 세부동작의 '시공'응용력에서 나타난다. 또한 동작수행의 개인차는 신체적 구성의 차이에서도 나타날 수 있다. 이미 학습된 세부동작이 적은 학생에게는 어떠한 수정이든 새로운 학습으로 받아들여져 곤란해진다.

제3단계뿐 아니라 동작학습의 지도자는 반드시 학습자의 운동수행 능력과 학습동기 수준을 고려하여 학습을 실행해야 한다.

어떤 무용동작의 실행목표를 설정할 때 지도자나 학습 설계자가 고려해야 하는 중요한 문제가 있다. 무용이나 기능학습을 받는 모든 학습자가 다 무용수나 기능보유자가 되기 위한 것은 아니다. 단지 어떤 동작을 습득한 것 자체로 만족하는 학습자도 있다는 것이다.

3) VTR · 슬라이드 · 도표의 사용

무용학습에 있어서 비디오나 사진을 사용하는 학습법이 이미 보편화되어 가고 있다. 학습자들은 비디오를 통해서 학습해야 할 동작을 인지하기도 하고 자신이 수행한 동작을 보고 목표된 동작과 비교하여 자신의 동작을 개선함으로써 동작학습을 이루어 간다. 무용동작학습에 비디오 등을 적용하는 데에 지도자의 신중한 주의가 필요하다. 초기단계에서 학습해야 할 동작과제를 인지해야 하는 일에 적용되는 비디오의 내용과 제2 · 3단계의 학습과정에 필요한 내용은 그 필요에 맞춘 제작이 필요하다. 학습자들이 자신의 동작을 비디오로 볼 때 왕왕 '보고 싶다'는 선입관이 자신의 동작에 착오가 있음을 살피는 데에 심리적 장애를 만들어 낼 수 있으므로 지도자의 적극적인 학습지도가 필요하다.

학습자들은 비디오에서 자신의 형상 즉, 얼굴표정 또는 동작의 결과만을 보고 싶어함으로써 동작과정의 결점을 분석하는 데에 소홀할 수 있다. 비디오 학습이 효과적으로 이루어지기 위해서는 지도자의 판단과 수행 오류에 관한 바른 지적이 함께 이루어지는 것이 바람직하다.

✻ 생각해 볼 문제

- 동작학습의 인지과정에서 초보학습자와 숙련학습자에게 제시되는 모델링 방법은 어떠한 차이가 있는지 서로 논의해 보자.
- 학습자의 선택적 반응에 관한 실제적인 경험을 공유해 보고 어떻게 대처할 것인가 논의해 보자.
- 동작과제가 자동화되었는가를 알아 볼 수 있는 방법에 관해 논의해 보자.
- 지도자의 KR제공 방법과 시기에 관해 논의해 보자.
- 단계적 학습의 유용함을 논의해 보자.
- 일반적 무용동작학습의 장에서는 어떠한 훈련 방법이 적용되고 있는지 발표하고 그 장단점을 논의해 보자.
- 무용동작학습은 단계별 학습이 이루어지지 않는 경우가 있다. 공연을 준비할 경우에 동작과제의 인지단계가 없이 바로 고정화 또는 자동화로 이어져서 제2과제를 실시하도록 하는 경우가 그것이다. 이때 수행에 어떠한 문제가 발생하는지 그리고 그러한 학습이 주는 효과를 논의해 보자.

무용동작학습의
이론과 실제

제5장 연습

사진 _ 최시내

제5장

연습

학습목표

— 무용동작학습에서 연습이 갖는 의미를 확인한다.

— 효율적 연습이란 무엇일까? 연습에 관하여 알아본다.

— 학습의 단계별 연습 조건이 필요하다면 그 것은 무엇일까? 단계별 연습조건에 관하여 알아본다.

— 동작과제와 연습방법은 어떠한 관계가 있는가? 동작과제와 연습방법과의 관계를 알아본다.

— 초보학습자와 숙련학습자의 연습방법은 어떠한 차이가 있을까? 학습자의 능력에 맞는 연습방법을 알아본다.

— 효율적인 연습 방법을 적용하기 위하여 필요한 요인은 무엇일까? 연습방법에 적응하기 위한 요인을 알아본다.

1. 들어가며

동작기능을 습득하는데 가장 일반적인 학습방법은 그 동작기능에 관한 특별한 경험이나 지속적인 연습의 반복일 것이다. 물건을 들어 올리거나, 말하거나, 글을 쓰는 등 일상에서 필요한 동작에서부터 특별한 기능이 필요한 악기 연주나, 외과의적 치료 그리고 무용동작에 이르는 모든 동작의 숙련된 동작은 계속된 연습을 통해서 가능해진다. 앞에서 우리는 동작학습에 나타나는 학습단계와 각 단계에서 주목해야 할 학습요인들을 살펴보았다. 이제 우리는 무용동작 기능 학습에서 가장 중요하며 기본적인 요인이 되는 연습에 대하여 공부할 것이다. 연습은 어떻게 기획하고 운용하여야 학습에 정적으로 작용되어 나타날 수 있을까?

효율적인 동작학습을 위한 연습 조건은 어떠한 것들이 있을까? 이러한 문제를 해결하기 위해서 우선적으로 동작기술을 학습할 수 있는 다양한 연습조건이 논의되어야 할 것이다. 그러기 위해서는 동작학습에 영향을 미치는 요인들을 살펴보는 것이 필요하다. 동작학습의 실험 연구에서 학습의 변인들을 찾아내기 위한 실험연구는 어떻게 설계되고 어떠한 실험과정을 통해 결과를 유출하는지 그리고 그렇게 유출한 학습의 변인과 학습조건에는 어떠한 것들이 있는지 살펴봐야 할 것이다.

물론 동작학습에 영향을 미치는 학습변인들은 적지 않을 것이다. 그런 모든 변인들을 완전하게 논의하지는 못할 것이다. 그러나 동작학습 현장에서 조절이 가능한 변인들을 찾을 수 있다면 학습에 유용하게 작용되도록 할 수 있는 연습방법을 설계할 수 있을 것이다.

연구자가 실험을 통해 직접 통제할 수 있는 학습의 결과에 큰 영향을 미치는 변인들은 무엇이며 어떻게 통제되고 있는지 논의되어야 할 것이다.

이 같은 실험이나 관련 자료들은 학습 결과를 가장 잘 관찰할 수 있는 동작학습 현장에서 찾기가 쉬울 것이다.

무용단 등에서 실시하는 연습자료나, 학교에서 볼 수 있는 무용실기 학습

지도안, 또는 산업이나 군에서의 업무 수행과 군사 훈련 그리고 재활훈련에서 실시한 연습 등의 실시 결과는 이론가들에게 적용된 요인이 학습에 작용되어진 여부를 확인할 수 있는 충분한 선행 연구의 자료가 될 수 있을 것이다.

이제 논의하게 될 학습의 변인들은 연구자들에 의해 이론적으로 지지를 받거나 신뢰할 만한 실험결과로 주장되어진 이론들이다. 연구자들에게 큰 관심을 끄는 변인들은 실제 상황의 적용에 간접적으로 상당한 공헌을 할 것이다. 잘 확립된 이론은 그것으로부터 추론할 수 있는 실용적인 의미를 내포하기 때문이다.

본 장에서는 연습의 다양성을 논의하기 위하여 동작학습에서 논의 되거나 실험되고 있는 여러 가지 연습방법을 제시하는 한편 연습조건의 효과를 결정하는 수많은 변인들을 이해하려고 시도하였다.

2. 연습의 양

동작기능학습에 영향을 미치는 여러 변인들 중에 가장 확실하고 중요한 학습변인은 두말할 여지없이 연습이다. 연습 현장에서 다른 모든 조건이 동일하다고 한다면 분명한 예측은 더 많이 연습할수록 더 많이 학습될 것이라는 것이다. 지도자가 학습계획을 세울 때 학습의 향상을 위해서 연습량을 높이는 일은 더 이상 말할 필요 없이 연습회수를 최대로 하면 된다.

무용동작기능을 수행하는 학습자의 어느 부분이 충분하지 못했을 때 그 부분의 연습을 반복적으로 실시하도록 하는데 이때 경험이 많은 지도자들은 가급적 많은 시간을 할애하도록 권장한다.

동작기능의 습득을 위해서 또는 앞에서 언급한 기능수행의 부분적인 부족상황에서 더 많은 연습은 불가피하다. 그러나 동작기술을 습득할 때 연습에 사용하는 시간에 비례해서 얻을 수 있는 효과를 감안하면 연습시간과 학습효과의 문제는 지도자가 고려해야 할 중요한 문제가 된다. 동작기술 습득에 소비하는 시간의 양은 기능을 가르치는 어떠한 상황에서라도 매우 중요한 요인이다.

공연을 앞둔 무용수들의 기능 습득이라면 그것은 허용된 시간 내에 극복해야 하는 시간적 제한이 고려되어야 할 문제가 될 것이다. 이것은 특정 시간 내에 동작을 수행해야 하는 문제로 공연이 급박하면 무용수들에게는 심리적인 또 다른 문제로 다가오기도 한다.

연습 목표와 연습 시간은 연습의 기획단계에서부터 이루어져야 하는데 이때 고려되어야 할 학습 변인으로는 학습자의 수행수준과 능력, 기술의 난이도, 학습 동기 등이 있는데 사실 이러한 변인들은 학습자 개인의 능력과 관계되는 것으로 지도자가 고려해야 할 부분이지만 시작 단계에서 조절하기는 어렵다. 이러한 경우 학습자의 학습 변인들을 고려한 연습시간의 조절로 학습을 성취하도록 해야 하는 것이다. 연습시간의 조절은 학습 성취를 위한 연습의 가장 효율적인 수단이 되며 이는 가장 효율적인 절차로 이루어져야함이 마땅하다.

연습시간을 결정하는 단계에서 고려되어야 할 것은 최소의 시간 소비로 최대의 효과를 거둘 수 있는 연습법이라야 한다.

연습 시간사용에 관한 최대 학습 효과를 논의할 때 동작기술과 학습자의 능력에 따라서 과연습(over practice) 또는 과훈련(over training)이라는 용어를 사용한다. 과학습은 어떤 수행 기준을 달성하는데 필요한 연습시간의 양을 초과한 연습 시간의 소비로 정의된다(김기웅 등, 1990).

연습의 양은 무용동작 기능 학습에 있어서 지도자들에게 매우 중요한 일이지만 기능학습에 영향을 주는 다른 요인들과의 상호연관을 찾아 학습의 효율을 올리는 시각이 필요하다. 무조건의 연습량 증가가 좋은 학습을 가져오지는 않으며 어떤 연습 조건은 연습에 소비하는 시간이 많아질수록 가치가 감소하기도 한다는 것을 기억해야 한다.

동작기술학습에서 과학습에 관한 연구들의 일관된 결과는 연습의 양이 동작기술 획득에 영향을 주는 결정적인 변수는 아니라는 사실을 말하고 있다.

중요한 것은 연습량이 중요한 변수가 아니라는 것이 아니라 연습량이 아무리 많다고 하여도 연습량만으로 학습결과를 결정하지는 않는다는 것이다.

연습에 대한 최근의 접근은 새로운 학습변인을 연습과정에 통합하여 전개해야 한다는 것이다(김기웅 등, 1990). 이것은 연습량의 증가로 학습효과를 증가시키기 보다는 새로운 변인을 조절하여 연습에 전개하는 새로운 연습법이 나타나야한다는 의미로 보면 될 것이다.

3. 연습의 다양성

연습의 다양성은 동작기능학습에 영향을 주는 거대 변인이다. 다양한 연습경험의 필요는 연습 조건 중 하나이다. 공연이나 실기평가 등 실질적으로 동작을 수행해야 하는 상황에서는 어떤 상황이든 간에 최대의 수행결과가 나타나야 하는 것이 중요한 일인데 이를 위하여 다양한 수행조건을 설계하고 수립해야하는 일은 지도자에게 매우 중요한 일이다.

무용동작기술이 폐쇄동작기술에 속하는 것이어서 실제상황에서도 연습상황과 같은 조건의 수행이 용이하다. 그러나 동작기술 학습은 학습자가 다양한 동작수행 조건에서 동작을 수행하는 경험을 하도록 하는 것은 여러 가지 면에서 유익하다.

동작기능학습에서 연습의 다양성으로 나타나는 학습효과에 대한 수많은 연구가 다양한 연습방법의 적용으로 나타나는 효과에 관한 어떤 예측을 검증하기 위하여 이루어졌다.

이러한 이론 중의 한 가설이 학습된 동작이 새로운 과제로 전이되는 효과가 일정한 연습 조건에 비해 다양한 연습 후에 더 촉진될 것이라는 것이다.

학습된 동작들은 새로운 동작을 학습할 때 전이되어 나타남으로 새로운 동작학습이 촉진되어질 수 있다. 이때 다양한 연습이 동작기능의 전이에 효과적이라는 것이다. 동작기능연습의 다양성에 관한 연구들은 대부분 Schmidt의 도식이론에 바탕을 두고 이루어진다.

(1) 다양한 연습효과의 요인

1) 학습자의 특성

동작기능학습에서 학습의 다양성 효과에 영향을 주는 요인으로 윤용진(2007)은 '학습자의 특성에 따라 다른 것처럼 보인다'고 하고 있다. 이는 동작과제를 연습하는 과정에서 다양한 연습방법을 적용하여 실시하였을 경우 학습자의 특성에 따라 다르게 나타난다는 것이다. 학습자의 특성은 성별, 연령 등의 일반적인 것이다. 다양한 연습의 효과에 대한 실험에서 남자보다 여자가 더 유리한 것으로 나타났으며, 어른보다는 어린이들에게서 연습의 다양성의 효과가 더 큰 것으로 보고되고 있다.

이러한 주장으로 보아 연습의 다양성에 대한 효과는 여성들에게서 나타나는 섬세한 동작수행에 유용하며 이미 고정적으로 수행이 습관화 되어있는 일반적인 동작의 사용보다는 새로운 동작학습에 유리한 것으로 추정되어진다.

2) 동작 과제의 특성

무용동작을 학습함에 있어서 동작의 과제가 복잡하거나 동작 수행 시 고려해야 할 부분이 많은 동작들은 학습하기가 어려운 것이 사실이다. 과제의 특성에 따라서 쉽게 습득되어 오래 기억되는 동작이 있는 반면에 난이도가 큰 동작과제는 습득도 쉽지 않을뿐더러 기억에도 어려운 것이 있다. 이 같은 동작 특성에 따라서 습득이 용이한 동작의 연습 방법과 습득이 난해한 동작의 연습방법은 다르게 계획되고 실시되어야 할 것이다.

동작의 특성에 따라서 연습에 다양함을 적용하는 방법이 유익할 수 있다는 견해는 일반적으로 동작기능을 수행하는 환경이 일정하지 않기 때문에 여러 상황의 환경에서도 동작을 수행할 수 있는 능력을 기르기 위한 것으로도 설명할 수 있다. 동일한 동작과제라도 여러 가지 연습방법을 사용함이 동작기능의 실제 적용에 유익할 것이다.

(2) 연습계획의 구성

1) 연습의 가변성

연습의 가변성은 학습자가 동작기술을 습득할 때 다양한 움직임과 환경을 경험하도록 연습환경을 만들어주는 것을 말한다. 이는 실제 상황에 대처하는 방법으로 주로 운동종목 중에서도 개방기술을 사용하는 동작기술학습에 필요한 것으로 보여진다.

무용동작기술은 수행의 실제 조건이 비교적 안정적이고 예측이 가능하다. 즉, 실제 공연 상황이라 해도 동작기능을 수행하는데에 환경적 변화가 다른 운동종목에 비해 그다지 가변적이지 않다는 것이다. 무용동작은 체조나 양궁, 사격 등과 같이 폐쇄동작기능의 대표적인 동작기능인데 이들 동작들의 공통점은 매우 섬세하고 동작구성이 어렵고 복잡해서 수행의 난이도가 높다는 것이다. 이러한 동작들은 수행과정에서 아주 작은 실수가 있어도 수행 실패가 된다.

그러므로 폐쇄동작기술의 연습구성은 두 가지가 고려되어야 한다고 Gentile은 주장한다(김기웅, 1990). 하나는 실제상황과 같은 조건으로 연습을 계획하는 것이고, 둘째는 반응을 유도하는 자극은 고정되어야 하며, 환경 등과 같은 간접적인 요인들은 연습조건에 맞춰서 변경되어야 한다는 것이다.

이는 우리가 무용연습실의 바닥 재질을 공연장의 바닥과 같은 것으로 설치하는 것이라든가 실제상황에서 사용되는 것과 같은 음질의 음악사용을 우선으로 하려는 것과 크게 다르지 않다.

반응을 유도하는 자극이라는 것이 무용동작에서는 음악인 경우가 대부분이다. 그러나 동작기술을 습득하는 단계에서의 연습은 무용동작에서도 가변적 연습이 필요하다. 무용동작은 다양한 동작기술들이 음악과의 조화로 이루어지는데 같은 동작기술이라도 여러 가지 음악과 조화를 이루게 된다. 하나의 무용동작이 동일한 구성으로 나타나지 않고 다양한 형태로 구성되어 나타난다. 잘 연습된 동작기술은 안무자가 요구하는 어떤 형태의 구성에서도 잘 수행되어야 한다. 그러므로 하나의 무용동작기술은 제자리에서도 이동하면서도,

공중에서도 수행 가능해야 한다. 이것이 무용동작기능을 학습할 때 필요한 가변적 연습의 필요성이다.

2) 분단연습과 무선연습

분단연습(blocked practice)은 다른 과제를 삽입시키지 않고 하나의 과제를 한 덩어리로 하여 계속 연습하는 것이다.

반면 무선연습(random practice)은 같은 과제를 연속적으로 연습하지 않는 것이다. 이러한 연습은 동작의 특성에 따라 실행해야 하는 연습 방식이다. 우리는 무용동작을 연습할 때 수행이 복잡하거나 어려운 동작은 그 동작만을 따로 연습하는 경우가 많다. 무용동작은 한 가지 어려운 동작을 수행함으로 득점이 되거나 동작수행이 완료되는 것이 아니라 계속되는 동작과 동작의 연결이므로 어떤 기술의 정확한 실행도 중요하지만 어떻게 동작과 동작을 잘 연결하여 수행하는가가 중요하다.

구기 종목의 운동 동작기술은 동작이 확실하게 구분되어지는 것이 보통이다. 패스와 슛 그리고 디팬스이다. 이러한 동작의 기술은 구분하기도 용이하다. 동작기능의 수행시간상 동일 시간에 동작의 종류를 가장 많이 수행해야 하는 종목이 무용동작이다. 무용동작기능은 세분은 가능하지만 연결성이 중요한 동작기능이므로 무선연습을 실시할지라도 분단연습의 과정이 필요하다.

무용 연습과정은 이러한 동작수행의 특징을 고려하는 것이 학습상황에서 중요하기 때문에 지도자들은 학습효과를 극대화하기 위하여 연습시간을 효과적으로 배분하는 방법을 알아야 할 필요가 있다.

동작기술을 학습하는 연습과정에서 이미 학습된 동작기술이 다른 동작기술의 수행을 방해하여 동작을 실행할 때 동작 간에 간섭이 일어나게 되는데 이를 Battig는 맥락간섭의 효과(contextual interference effect)라고 하였다. 이러한 맥락간섭은 동작 수행에 부정적인 영향을 준다는 것이 일반적인 견해이다.

이는 맥락간섭이 낮은 상황에서의 연습효과가 크다는 것으로 말할 수 있겠다. 무용을 학습하는 기간에 다른 운동기능을 학습하지 못하도록 통제하였던 기억이 있는 독자들도 있을 것이다. 무용동작기능과 맥락이 서로 다른 운동동작기능이 무용동작학습을 방해할 수 있다는 지도자들의 우려였을 것이다.

그러나 Battig는 학습의 파지나 전이 효과는 맥락간섭이 높은 상황에서 더 효과적이라고 주장한다(윤용진, 2007). 맥락간섭의 효과를 연습계획으로 조절하여 학습을 효율적으로 할 수 있다는 것인데 동작기능간의 간섭을 관찰하기 위해서 사용하는 연습방법에는 분단연습과 무선연습 방법이 있다. 분단연습과 무선연습 외에 시열연습(serial practice)방법을 적용하기도 한다.

이들 연습방법은 어떠한 차이가 있을까? 어떻게 맥락간섭이 일어나는 것을 관찰할 수 있을까? 예로 우리가 무용동작의 돌기기능을 학습해야 한다고 가정해보자.

무용동작의 돌기기능에는 제자리돌기, 이동하며 돌기, 점프돌기가 있다.

분단연습은 위의 세 가지 돌기기능을 학습할 때 한 가지 동작을 연습하여 학습이 일어난 후에 다음 동작을 연습하는 것이다. 차례로 제자리돌기, 이동하며 돌기, 점프돌기를 학습하는 것이 분단연습이다. 즉 한 가지 동작을 연습하고 그 다음 동작을 연습하는 것이 분단연습방법이다.

반면에 무선연습은 이 세 가지 동작을 유동성 있게 자유로이 연습하는 것이다. 제자리돌기를 연습하다가 점프돌기를 연습하거나 이동하며 돌기 연습을 하거나 순서 없이 실시한다. 시열연습의 경우에는 세 가지를 하나씩 계속적으로 연습하여 반복하는 것이다. 돌기연습에 주어진 연습시간이 30분이라면 분단연습은 한 동작에 10분씩 차례로 연습하는 것이고 무선연습은 30분 동안에 세 동작을 순서 없이 섞어하는 것이다. 시열연습은 세 동작을 차례로 반복하여 30분을 연습하는 것이다. 맥락간섭에 관한 내용은 별도의 논의가 필요할 것으로 보아 이장의 뒷부분에서 맥락간섭의 효과로 다시 논의될 것이다.

3) 집중연습과 분산연습

지도자들이 통제할 수 있는 학습변인 중에 연습시간과 휴식시간을 적절하게 설정하는 연습방법이 있다. 다시 말하면 동작기능을 학습하는데 있어서 연습시간과 휴식시간의 설정이 학습효과에 변인으로 작용한다는 것이다.

지도자들이 통제할 수 있는 연습과 휴식의 시간 조절은 허용된 45분간의 학습시간 안에서 연습과 휴식시간의 양을 조절하는 것과 같은 시간의 틀 안에서 생각해 볼 수 있다. 또는 연습과 휴식계획을 주당 연습빈도나 기간을 조절하는 것과 같은 더 장기적인 연습시간을 조절하는 방법을 생각해 볼 수 있다.

중요한 문제는 휴식시간의 길이와 연습 수행의 빈도가 동작기술의 학습결과에 영향을 미친다는 것이다. 동일한 연습기간을 경과한 학습자들의 학습결과가 수행빈도와 휴식빈도에 따라서 차이가 나타난다는 것이다.

이것은 정해진 연습시간 안에 휴식시간과 수행의 빈도를 어떻게 분배할 것인가에 관한 문제이다. 연구자들은 동작학습의 연습시간의 분배효과에 관한 연구에 분산연습(distributed practice)과 집중연습(massed practice)이라는 용어를 사용해 왔다. 용어적인 의미에서 '집중'은 무언가를 한 곳으로 모으는 것을 뜻한다. 또한 '분산'은 '집중'의 반대적인 '흩어짐'의 의미를 갖는다.

집중연습과 분산연습을 분류하는 기본적 특징을 살펴보자면 집중연습의 경우 거의 휴식을 하지 않거나 휴식기간이 아주 짧은 것을 말한다. 이러한 경우 동작과제를 계속 반복하여 실행한다. 반복되는 과제수행은 동작구성이나 수행과정의 절차를 인지하는데 도움을 준다. 또한 반복 실행은 동작과제를 익숙하게 수행하는데 도움을 준다.

그러나 동작과제의 집중연습은 연습에 익숙하지 않은 초보학습자나 집중력이 떨어지는 낮은 연령의 학습자들에게는 과제 수행에 정신적, 육체적 피로를 일으킬 수 있다. 동작학습에서 피로는 학습효과를 방해하는 요인이며 피로는 학습자의 학습동기와 관련된다.

분산연습은 수행과 수행 사이의 시간이 동작수행의 시간보다 같거나 길어서 얼마간 더 '휴식적인' 연습을 의미한다. 우리가 동작을 연습하는 일반적인 개념과는 얼마간의 차이가 있는 연습 방법이다.

분산연습효과에 긍정적인 연구는 연습시간이 한 차례에 20분 혹은 30분이 될 수 있는 연속적인과제를 이용하여 행해졌다.

이 실험에 대한 가장 공통적인과제는 회전판 추적과제와 같은 단순 기능 동작이었다. 단순동작과제는 과제가 복잡하지 않고 비교적 단시간 내에 습득 가능한 과제이다. 또한 단순기능과제는 동작구성이 간단하고 수행시간이 비교적 짧다.

이러한 단순기능과제는 과제수행에 피로가 변수로 나타날 수 있다. 그러므로 단순기능과제를 학습하는 경우 분산연습이 더 효과적일 수 있다.

연속적인과제를 이용하여 실시된 연습분배효과를 검증한 실험의 결과는 몇몇의 비연속적과제를 사용하여 실시한 연구의 결과와는 완전히 다르다. 연습시간을 분배하여 실시하는 학습방법의 적용은 동작과제가 단순기능을 사용한 연속적 기능인가? 또는 복잡한 기능을 사용한 비연속적 기능인가에 따라 그 결과가 다르게 나타날 수 있을 것이다. 이러한 경우에 지도자들이 고려해야 할 문제는 학습자에게 나타나는 신체적, 정신적 피로이다.

지금까지의 연구결과는 과제의 특성상 일상생활에서의 불연속 과제와 같은 경우는 집중연습이나 분산연습 모두 효과적인 학습이 가능하다는 것이다.

그러나 가능한 많은 양의 연습이 필요한 동작기술은 집중연습을, 기능은 단순하지만 수행에 집중이 필요하여 피로의 부담이 있는 동작은 분산연습을 선택함이 바람직하다는 것이 학자들의 이론이다.

① 수행의 분산연습 효과

연습의 분산효과를 입증하기 위한 많은 연구가 1940년대와 1950년대에 이루어졌다. 연구방법에서 적지 않은 차이는 있지만, 그 결과는 상당히 유사하다.

결론은 일정한 연습기간에 짧은 휴식시간이 주어진 학습자들의 수행결과는 긴 휴식시간이 주어진 학습자에 비해 나쁘게 나타났다는 것이었다.

회전판 추적을 과제로 사용한 Bourne와 Archer에 의한 연구 결과는 분산

연습에 대한 실험의 전형적인 결과를 보여주었다. Bourne와 Archer의 실험결과는 아주 명확하게 나타났다. 휴식시간이 길어질수록 수행은 더 좋아졌다.

그림 5-1을 살펴보면, 연습시간을 다르게 배분하여 적용시킨 집단 간에 확실한 차이가 나타나기 시작한 것은 7번째 실시 이후부터이다.

그리고 이러한 휴식시간에 따른 수행의 차이는 연습이 계속될수록 더 커지고 있다. 여기에서 우리가 생각해야 할 문제가 회전판 추적이라는 동작과제의 특성이다. 회전판 추적 동작은 단순동작기능의 대표적인 동작이다. 단순한 동작기능이며 이러한 동작으로 회전판을 따라가는 연속적 수행이라는 것을 기억해야한다. 단순한 기능의 연속적 수행은 수행자에게 근피로 등을 유발한다. 이때 적절한 처치는 휴식이었을 것이다.

〈그림 5-1〉 회전판 추적의 분산연습효과

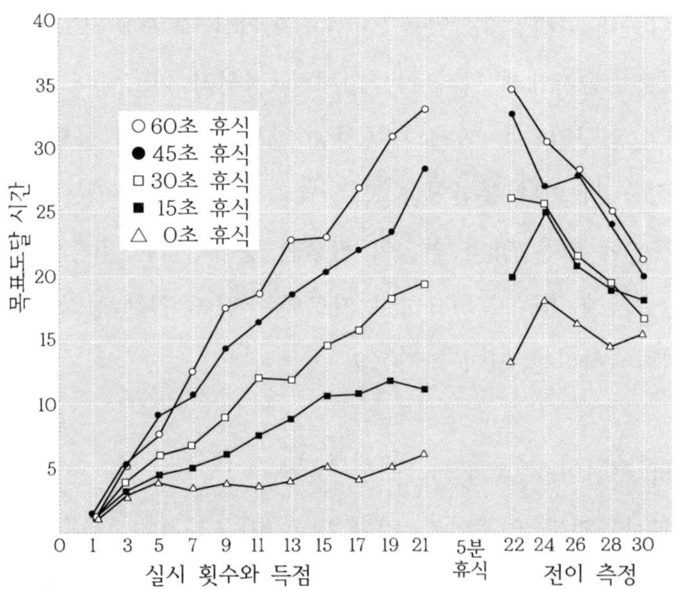

② 학습의 분산연습 효과

회전판 추적과 같은 단순과제로 실행하는 연속적 수행 연습은 근피로를 유발하게 된다. 이런 근피로는 수행결과를 저하시킬 수 있다.

그림 5-1을 살펴보면 피로는 동작의 시도와 시도 사이에 어느 정도의 휴식을 취했을지라도 수행을 저하시킬 수 있음을 나타고 있다. 21차 시도와 22차 시도 사이에 5분간의 휴식은 실험집단 모두가 확실한 수행상승을 보여준다.

각 집단에서 보여준 수행상의 차이와 각 시도간의 수행감소는 일시적인 피로에 의한 것일 수 있다. 이러한 경우 나타난 수행저하가 동작기능을 습득하는 학습에 영향을 줄 수 있는 것인가를 결정할 수는 없다. 일시적 수행 감소가 동작기능 수행능력 자체를 감소시킨다고 할 수 있을까? 연습으로 일어난 수행의 변화가 일시적 수행변화인지 동작기능의 학습으로 나타난 수행의 변화인지 구분되어야 한다.

그렇다면 수행 시도와 시도 사이의 휴식 정도가 동작기능학습에 영향을 미치는가? 학습으로 나타난 수행의 측정은 파지측정이나 전이측정을 실시한다.

이 문제를 규명하기 위해 Bourne와 Archer는 모든 피험자에게 마지막 연습 이후 5분간의 휴식을 실시했다.

휴식 후에 모든 피험자가 집중적인 방식, 즉 30초 동안의 전혀 휴식 없는 방식으로 전환하여 동일하게 전이 테스트를 실시했다.

이 실험에서 가설 논리는 단순기능의 연속적 수행에서 나타나는 수행부진이 근피로에 의한 것일 경우 연습동안 집단 간의 수행의 차이는 분단연습의 휴식시간에 따른 결과일 것이며 모든 집단에서 피로가 제거된 후 실행된 수행결과는 집단간의 차이가 거의 없어야 한다는 것이다.

중요한 것은 그림 5-1에서 보여진 바와 같이 5분 휴식 후의 전이 시도에서 수행의 차이는 크기의 변화는 있었으나 집단 간의 차이는 계속 지속되어진다.

동작과제를 연습하는 과제수행습득기간에 시도와 시도 사이의 휴식 기간이 긴 집단은 전이 시도에서 점점 더 좋은 결과를 보여주고 있다.

이 실험의 결과로 나타난 발견은 연습 사이 휴식시간이 비교적 긴 것이 단순한 기능학습에 효과적이라는 것이다. 이는 수행상의 효과일 뿐 아니라 비교적 영속적인 학습의 결과를 가져온다는 것이다.

이 결과는 지금까지 나타난 연습 사이의 휴식시간 차이에 관한 실험연구들

중에 비교적 높은 지지를 얻고 있다.

이 자료에서 주목할 만한 가치 있는 또 다른 사항은 처음 전이시기에서 나타난 집단 간의 차이는 마지막 습득시기에서의 집단 간의 차이보다 더 크다는 것이다.

이와 같이 연습의 분산 효과는 수행에 따르는 피로가 일시적으로 제거된 효과 때문으로 볼 수 있겠다. 결론적으로 동작기능 연습으로 나타난 수행의 변화는 기능이 학습되었다고 볼 수 있는 전이에서도 크게 유지되어졌다. 주목할 사항은 전이에서는 집중적 연습 시도가 수행을 저하시키는 요인으로 나타나고 있다는 것이다. 이 실험에서 보면 수행저하는 휴식이 없는 집단의 아홉번째 시도 후에서도 현저하게 나타났다. 동작연습의 시도와 시도 사이에 처음부터 약간의 휴식을 실시한 집단은 휴식 없이 시도된 집단보다 수행이 우세하였다. 수행의 차이는 휴식시간이 비교적 긴 집단일수록 우세하였다.

4) 전습법과 분습법

무용동작기능의 학습 현장에서 나타나는 어려운 문제 중의 하나가 동작을 어떻게 연습시킬까? 하는 문제이다.

수행 특성으로 볼 때 연속적 기능이거나 신체적 협응이 복합적인 동작일수록 이 문제는 지도자의 판단으로 연습을 진행하게 되는 경우가 많다. 무용을 연습하는 현장에서 지도자가 갖는 가장 어려운 문제가 바로 연속적 수행의 어느 부분을 어떻게 연습시키는가의 문제이다.

이러한 경우 동작을 부분 분분 나누어 학습하는 것과 한꺼번에 학습하는 것 중 어느 것이 동작학습에 유리할까? 동작학습에서는 동작을 부분으로 나누어 연습하는 것과 연결된 동작 전부를 연습하는 것으로 구분하여 이것을 전습법(whole-task practice)과 분습법(part-task practice)으로 분류하고 있다.

동작기술을 가르치는 전통적인 방법은 동작기술을 구성하고 있는 세부기능을 최대한 작게 나누어서 수행이 용이한 부분은 반복하지 않고 수행이 어려운 동작을 집중적으로 반복하여 실행하는 것이다.

이러한 방법은 과제가 복잡하고 동작기능을 구성하고 있는 세부동작이 한 번에 파악되지 않을 때 효과적이다.

무용동작에서의 발레동작의 공중 회전동작이나 한국무용동작의 빠른 연속 돌기동작들은 난해한 세부동작들이 복합적으로 구성되어졌지만 분류하여 연습하기 불가능한 기능들이다. 동작을 완성하기 위해서는 신체 각 부분의 특별한 협응 작용과 시간적 활용이 중심이 되는 동작들이다. 이러한 동작들은 동작 전체를 연습한다. 만약 동작수행에 필요한 신체 부분의 근력이나 리듬의 보강이 필요하다면 그것은 예외적인 훈련이 필요한 또 다른 연습법을 적용해야 할 것이다.

동작기술을 부분으로 나누어 연습하였을 경우에 이와 같은 연습방법의 적용이 동작학습에 효과적인지에 대한 평가는 동작 천체를 수행하였을 때 연습한 부분동작이 전체동작 수행에 잘 조화되어 나타나는가를 살피는 전이 정도를 측정하여 결론 내린다.

동작기능에 한 부분을 나누어서 부분연습을 하고 동작의 전체 과정을 수행했을 경우 그 부분이 전체동작의 수행에 작용하여 수행의 상승을 가져왔다면 그것은 확실히 전 과제에 전이되었다고 보는 것이다. 예를 들어 보자. 무용동작의 공중 돌기동작을 학습하는데 도움닫기 동작을 부분연습 하여서 그 연습이 효과적인가를 결정하는데에 도움닫기 동작만을 측정하는 것이 아니라 전체 공중돌기동작이 수행에 증가를 보여주는가를 측정한다는 것이다.

이런 개념의 문제는 나누어서 하는 부분 연습이 전체기술의 맥락 속에서 실제 전체목표와 같지 않으므로 부분적인 연습계획은 변화될 수도 있다.

부분 또는 전체 연습이 효과적인가는 과제의 특성에 따라 다른 것으로 나타났다. 연습 시간의 효율적인 활용을 위해 전습법과 분습법의 적용문제는 학습 과제에 관한 기능의 난이도와 세부동작간의 연결조직 정도가 어떠한가를 우선 살펴보아야 한다.

일반적으로 알려진 이론은 난이도가 높은 기술은 부분연습이 효과적이며, 세부동작간의 연결조직성이 높은 기술은 전습법이 효과적이라는 것이다.

단순한 기술로 구성된 연결이 많은 동작들은 전습법이, 연결성이 낮고 난해한 기술적 수행이 필요한 동작들은 분습법이 유리하다.

이와 같은 이론적 논리로 볼 때 동작간의 연결이 많은 한국무용의 경우 전습법의 사용이 비교적 유익한 반면, 난이도가 비교적 높은 발레동작은 분습법이 유익하다는 결론이 된다.

동작기능학습에서 전습법과 분습법 사용의 결정은 학습할 과제의 난이도와 세부동작의 조직적 특성을 잘 판단해서 내려져야 한다. 지도자가 고려해야 할 동작의 특성 중에 작은 단위로 구분되어지는 동작이라도 그것이 부분연습이 유익한지 전부연습이 유용한지 판단해서 실행할 동작이 있다는 것이다. 많은 무용동작기능은 인체의 호흡과 신체 전부분이 협응하여 수행되는 것이 보통이어서 오히려 구분하여 분습하는 경우에 동작 수행이 어려운 경우가 있다는 것이다.

초보학습자의 초기단계에서 동작기능을 인지하는 경우에 분습을 적용하는 것이 유용하지만 무용동작을 숙련되게 수행하기 위해서는 동작 전체를 수행하는 전습법이 유용하다.

이는 학습자의 동작수행능력에 따라 전습법과 분습법의 적용도 고려해야 한다는 것인데 학습 과제에 대한 경험이 전혀 없는 초보학습자에게 과제수행에 필요한 인체 움직임의 요구를 모두 처리해야 하는 전습법의 적용은 학습에 효과적이지 못하다.

따라서 초보학습 단계에서는 하위 요소들을 하나씩 연습한 다음 전체적으로 결합하는 형식의 방법이 유익할 것이다. 이것은 무용동작기능학습은 초보단계에서는 분습법이 그리고 숙련단계에서는 전습법을 사용함이 유익하다는 결론이다. 무용은 많은 무용동작기능의 연결과 수행 속도의 조절로 이루어진다. 오랜 훈련과 고된 연습으로 무용수들의 몸은 어떠한 동작기술도 속도와 공간적 변화를 소화한다. 이것은 분습으로 습득된 세부적 동작이 전체동작수행에 완전하게 수용되어졌을 때 가능한 것이다.

4. 정신연습

(1) 정신연습(Mental Practice)의 개념

동작기능학습은 인체가 어떤 움직임을 학습하는 일인데 이러한 동작학습이 신체의 움직임을 통하여 학습된다는 것은 자명한 일이다. 정신연습은 신체적 연습에 상반되는 개념으로 실제로 인체가 움직임을 통하지 않고 생각으로만 동작과제를 학습하는 것을 말한다.

몸을 움직여 활동하는 신체적 훈련에 대하여 외적인 동작을 수행하지 않고 동작수행의 장면을 상상함으로써 연습하는 것이라고 정의될 수 있다. 이와 같은 정신연습이 뒤늦게 연구대상이 되었던 것은 동작학습이라는 것이 외부적으로 나타나야 관찰이 가능하고 측정이 가능한 행동이라고 생각하는 대중적인 관념 때문이라는 것이 그 첫 번째 이유다. 두 번째 이유는 특정한 운동기능과 관련된 정신적인 활동을 분석하고 통제한다는 것이 매우 어렵기 때문이었다.

자극에 대한 신체적 반응은 학습된 동작의 수행이거나 그와 유사한 것에만 관계되어지며, 숙달된 동작기능의 수행일 경우에 반응을 할 수 있다고 믿어왔기 때문이다.

정신연습은 '외현적인 즉, 신체적 연습이 없이 신체적인 기능을 인지적으로 시연하는 것'이라고 용어적 정의를 내릴 수 있다.

정신연습이 처음 관심의 대상이 되었던 것은 1899년경이었으며 실제로 연습을 하지 않아도 정신연습을 통해서 동작을 수행할 수 있는 학습이 가능한가? 하는 의문에서 제기되어 현재까지 연구가 이루어지고 있다.

정신연습을 통하여 무용의 수행능력에 변화가 나타난다는 것은 실험 연구 결과를 통하여 확인할 수 있다.

그러나 이러한 정신연습의 효과와 관련하여 동작수행 장면을 감각기관의 자극을 통하여 자신의 인체조직의 움직임을 심상으로 상상해내는 학습자의 능력과의 관계를 살펴보는 것도 매우 중요하다 할 것이다.

정신연습은 동작을 학습한 결과로 수행의 변화를 측정한다는 전통적인 동작학습의 문제와는 다른 각도에서 동작기능의 이해와 수행과정을 섬세하게 인지해야 한다고 하는 학습 자체에 대한 이해가 중요하다는 것에서 연구가 시작되었으며, 이 점은 학습자 자신들의 학습과제에 대한 이해의 중요성을 강조하는 것이라고 볼 수 있다

(2)정신연습(Mental Practice)의 효과

무용수행의 학습효과를 주의 깊게 고찰해보면 우리는 학습자의 개인적인 신체적 능력 이외에 다른 형태의 능력이 작용되어 동작수행에 적용할 수 있다는 것을 알게 되는데, 이러한 학습자의 능력 중에는 어떠한 동작의 수행과정을 상상하도록 요구되어졌을 때 그것을 집행하는 상상 능력일 수도 있다.

어떠한 행동을 상상하는 능력은 개인마다 다른 특별한 능력으로 나타나는데 어떤 학습자들은 동작기능의 구성과정을 매우 생생하고 잘 통제된 상태로 상상할 수 있는데 반하여 어떤 학습자들은 묘사되어진 행동을 상상하는데 대단히 어려움을 갖기도 한다. 정신학습에서 학습자의 학습능력은 연상하여 동작기능을 묘사하고 생각속에서 동작을 수행하는 능력이 된다.

Mendoza와 Wichman(1978)은 연구에서 대근육 활동의 부재 상황, 즉 신체적 활동이 없는 상황에서 신체수행 기능을 인지하고 그 기능을 연습할 수 있는 정신연습은 여러 종목의 실제상황에서 활용가능한 주요 관심사가 되고 있지만 정신연습의 효과 등 이에 관한 관련실험 연구의 결핍이 동작기능학습에서 학습자의 상상을 이용한 동작기능의 인지 역할에 관한 우리의 이해를 방해하고 있다고 하였다(Schmidt, 2004).

또한 Weinberg(1982)는 정신적 연습에 관한 방법론적인 문제를 세 가지 측면으로 제시하였다. 그 세 가지는 실험절차의 문제성, 동기수준의 문제, 대상자의 수준에 따른 과제 특성의 문제 등이다. 정신적 연습의 효과는 몇 가지 변인에 의해 결정된다고 하였다. Weinberg가 정신연습 효과에 작용하는 변인으로 지적한 것은 학습자의 동작기능에 관한 사전경험(previous experience), 과제

의 형태(task type) 그리고 연습횟수의 길이(length of practice session)이다.

또한 Weinberg는 정신연습으로 동작기술을 습득할 수 있는지에 관하여 높은 수준의 심상능력을 소유하고 있는 사람들이 정신연습으로부터 학습효과를 얻을 수 있을 것이며 이에 반하여 낮은 수준의 심상 능력을 소유한 사람들은 높은 수준의 심상능력의 학습자와 동일한 양의 학습효과를 얻지 못할 것이라고 제언하였다.

학습자의 심상 운용능력이 동작기술을 학습하기 위한 정신연습에 효과가 있다는 가설을 증명하기 위하여 Goss, Hall, Buckolz와 Fishburne(1986)은 그들의 MIQ점수에 기초를 둔 정신연습 실험을 실시하였다. 실험 대상자를 선택하여 각 개인이 소유하고 있는 능력을 구분하여 고 시각, 고 운동능력 집단과 고 시각, 저 운동능력 집단, 저 시각, 저 운동능력 집단으로 분류하여 실험을 실시하였다. 이들의 실험 결과는 심상운용 능력과 정신연습의 효과는 상관관계가 있는 것으로 나타났다.

연구자들의 연구 결과로 알려진 이론은 동작기술을 정신적으로 연습하는 것은 실제 동작과제를 수행하거나 학습하는 경우에 상당히 좋은 전이를 일으킬 수 있다는 것이다. 정신연습이 동작과제의 전이에 효과적이라는 것은 학습에 효과적이라는 것으로 해석될 수 있다.

마음속의 연습이라고도 불리는 이와 같은 연습기술은 근래에 여러 운동종목의 기술훈련에 사용되어 성과를 보이기도 하였으며 정신연습의 구체적 적용 방법 등이 폭 넓게 연구되고 있다.

백정희(1987)는 무용동작학습에 관한 정신연습의 효과를 규명하기 위하여 한국무용 기본동작을 과제로 하여 실험을 실시하였다.

이 실험은 4개의 실험집단을 설정하여 첫째 집단은 정신연습을 두 번째 집단은 신체연습을 세 번째 집단은 신체연습과 정신연습을 네 번째 집단은 통제 집단으로 하여 실시하였다. 측정은 연습전, 연습 종료 직후 측정과 연습 종료 후 1주일의 휴식 기간 후 파지효과를 측정을 하였다.

그림 5-2에서 보여지듯이 이 실험의 결과는 신체 연습과 정신연습을 병행

한 세 번째 집단에서 수행결과가 확실하게 좋은 것으로 나타났다.

파지 효과를 측정한 결과는 신체 연습 집단이 우세한 것으로 나타났다(그림의 점선 이후).

〈그림 5-2〉 자진모리동작 기능 연습결과

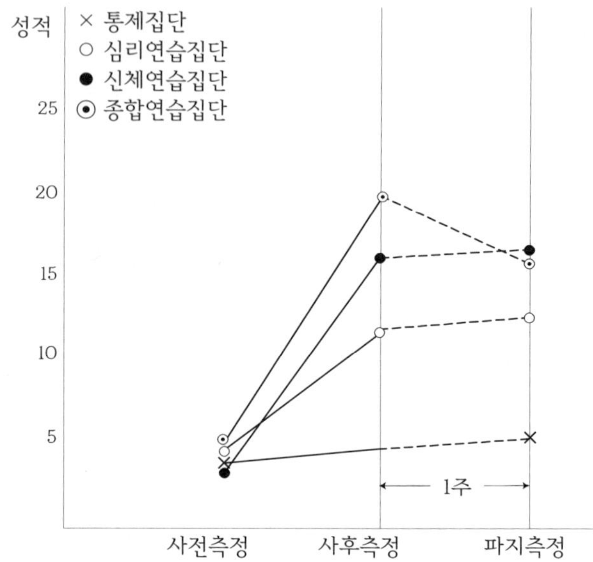

백정희는 이 연구의 논의에서 정신연습을 실행하는 과정에서 학습자의 심리적 학습상태를 고려하여 적용한다면 더 좋은 효과가 있을 것이라고 하였다. 이것은 정신 학습에 있어서 실행상의 문제를 제기한 것이다.

무용은 동작기술을 수행하는데 어떤 확실한 결과가 나타나는 기술적 수행이 아닌 복합적인 신체협응을 요구한다. 단편적인 한두 가지 동작기술을 습득해서 학습자가 이미 가지고 있는 인체의 성숙과정에서 습득한 일상의 움직임과 연계하여 이루어지는 운동종목의 기술과는 다르다. 예를 들어 농구의 드리블 기술이나 축구의 드리블 기술은 일상의 움직임에 공이라는 도구가 첨가되고 그것을 드리블 하는 것으로 나타나는 기술이다. 그러나 무용동작의 어떠한 동작기능도 대소근육 모두를 함께 협응해야 안무자가 요구하는 기술을 구현할 수 있다.

무용동작기술을 습득하고 수행하는 과정에서 정신연습의 적용에 관한 유용함과 정적인 연습효과를 기대하는 실험 연구는 가치 있는 것이 될 것이다.

(3) 정신연습은 신체연습만큼 효과적인가?

동작기능 학습에서 정신연습의 효과를 검증하기 위한 실험은 다른 연습집단과의 연습 효과를 비교하기 위한 실험집단이 필요하다. 정신연습과 상대적인 신체연습과의 학습 효과를 검증하기 위해서는 연습집단을 두 개의 집단으로 구성한다. 두 개의 실험집단은 연습형태에 따라서 신체연습 집단과 정신연습 집단으로 구성한다.

실험에 참여한 모든 피험자들은 학습해야 할 과제에 대한 수행능력 정도를 사전측정하고, 실험처치 후에 학습과제의 수행능력을 사후측정 한다.

신체연습은 학습자의 감각기관으로부터 들어온 동작과제에 관한 정보를 인지과정을 통하여 신체 반응으로 나타나는 과제를 수행함으로 이루어지고 정신연습은 연습 방법이 신체적으로 나타나지 않는다. 정신연습의 방법은 다음과 같다.

첫째 동작과제에 관한 정보를 받아 인지한다. 둘째 인지한 동작과제에 관하여 수행에 관련된 전략을 포함하여 과제를 마음속으로 연습한다. 이때 학습자는 자신의 동작과제 수행을 이미지화하여 수행결과를 수정하고 보완하여 Feedback한다. 이 과정에서 학습자 개인의 심상능력이 나타나며 심상능력이 우수한 학습자가 정신연습효과도 우수하다.

이와 같은 정신연습이 동작기능 학습을 가능하게 할 수 있는가? 또는 신체적 연습과 효과적인 면에서 어떻게 차이가 나타나는가를 규명하기 위해서 연구자들은 여러 형태의 다른 연습집단을 구성하여 실시하고 있다.

지금까지 연구된 결론으로 분명한 것은 정신연습에 의한 동작기능학습이 가능하다는 것이다. 그러나 학습자들의 심상 운용능력에 의한 학습효과 문제와 정신연습의 실시 방법에 아직도 여러 연구자들의 가설이 구성되어 실험되어지고 있다.

동작기능의 정신연습효과에 관하여 연구자들의 실험은 정신연습방법의 처치를 다양하게 적용하여 정신연습의 효율성을 입증하려 한다.

정신연습의 효과를 무용동작학습에 적용한 백정희(1987)의 연구는 세 개의 실험집단과 한 개의 통제집단으로 구성한 실험이었다. 그가 실시한 연습 조건은 기본적인 것으로 신체연습집단, 정신연습집단, 종합연습집단 등이었다.

피험자들은 연습기간 동안 신체연습집단은 신체연습만 8번 연습하였고, 정신연습집단은 신체연습 8회에 해당하는 시간동안 8회 정신연습을 실시하였다.

종합연습 집단은 2, 4, 6번의 신체연습에 6, 4, 2번의 정신연습을 혼합하여 연습하였다. 즉, 신체연습 2회와 정신연습 6회, 신체연습 4회와 정신연습 4회 그리고 신체연습 6회와 정신연습 2회를 혼합하여 연습하였다.

통제집단은 실험기간 동안 실험에 관계없는 과제를 연습하도록 하였다.

연구결과는 그림 5-3에 나타나있다.

과제간 연습조건에 따른 집단 간의 수행결과는 상당히 유사하였다.

정신연습을 한 집단은 연습을 하지 않는 통제집단보다 더 효과적이었으나, 동일한 양의 신체연습을 한 집단만큼 효과적이지 않았다.

혼합집단의 결과는 정신적 연습에 비해 신체적 연습에 사용한 훈련시간의 비율이 더 높을수록 학습이 증진되었음을 보여주었다.

Hird(1991) 등은 다양한 연습조건을 제시하여 연습조건에 따른 수행효과를 실험하였다. 이들 실험에서는 피험자를 12집단으로 구성하여 각각의 연습조건을 제시하였다. 동작과제는 색과 모양이 다른 못을 판의 네모 칸에 끼워 넣는 Pegboard와 회전판 추적과제였다. 12개 집단 중 여섯 개 집단은 Pegboard 과제로 가능한 빠르게 수행하는 것을 학습의 목표로 하였다. 그리고 다른 여섯 집단은 회전판 추적과제를 수행하게 하였다. 각각의 과제에 대해 피험자들에게 사전테스트와 7차례의 연습, 그리고 사후테스트를 실시하였다.

Hird 등의 발견은 Feltz와 Landers가 재검토한 문헌과 완전히 일치한다.

동작학습에서는 신체연습이 정신연습보다 더 우수하다는 것을 시사한다.

이들의 결과는 위에서(그림 5-2) 나타난 백정희의 실험 결과와 유사하다.

동작기능을 학습하는 연습방법에서 정신연습은 학습이 가능하지만 신체적 연습이 갖는 효과를 능가하지는 못하다는 결론이다. 그러나 여기에는 여러 가지 석연치 않는 몇 가지 문제가 남아 있다. 정신연습의 방법에 대한 학습자의 능력에 관한 문제와 동작과제의 특성 그리고 학습자의 숙련정도에 따르는 연습 조건의 적용 등이다. 동작과제 중 근력을 많이 필요로 하는 과제는 신체적 연습을 적용하는 것이 정신연습을 적용하는 것보다 유익할 것이다. 그러나 근력의 필요보다는 신체 협응이 필요한 동작과제나 동작구성이 복잡하여 세부 동작과제간의 연결 순서 등이 중요한 과제는 정신연습의 적용이 유익할 수도 있다.

우리가 잊지 말아야 하는 것이 있다면 그것은 정신연습의 연구가 동작기능의 신체적 수행을 유익하게 하기 위한 것이라는 것이다. 정신연습의 적용은 신체연습의 보조적인 방법으로 매우 효과적이라고 할 수 있겠다.

어떤 과제를 신체적으로 연습할 수 없을 때 정신연습은 피험자의 학습을 증진시킬 수 있는 효과적인 방법이 될 것이다.

〈그림 5-3〉 패그보드게임과 회전판 추적 기능에 나타난
정신연습과 신체 연습의 적용 효과(Hird et al, 1991)

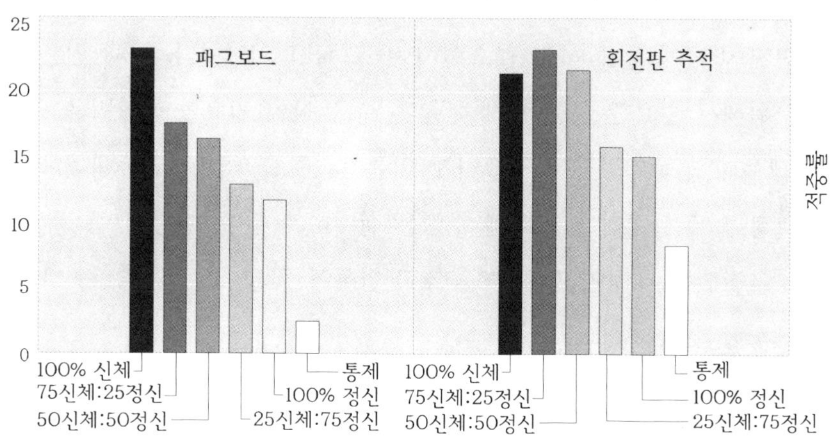

5. 맥락간섭효과

동작기능학습에 나타나는 학습요인 중에 맥락간의 간섭이 있다. 맥락간의 간섭이란 어떤 무용동작기술을 학습하거나 수행하기 위하여 동작기술을 실행할 때 실행해야 하는 주 과제에 사용되지 않는 신체의 다른 부분이나 다른 신경들이 작용하여 주 과제 수행에 방해를 주는 것을 말한다. 동작과제간의 간섭작용을 말하는 것으로 동작기능 학습의 맥락간섭을 연구하기 위하여 과제제시방법을 임의로 구성하여 맥락간의 충돌이 일어나도록 하는 연습 방법을 적용하거나 충동을 최소화한다. 실험에는 무용동작의 한 과제를 학습하는 경우 순서를 다르게 하여 맥락간섭의 수준을 조절한 분단 연습과 무선 연습을 실시하여 집단 간의 차이를 분석한다.

맥락이란 학습 과제가 되는 주 동작을 수행하는데 주 동작 수행에 필요하지 않은 기타 움직임들이 주변의 정보로부터 영향을 받을 수 있는 동작수행을 둘러싸고 있는 모든 조건을 의미한다.

간섭이란 학습에 관한 정보 또는 학습과정에 개입되는 사건이 경험 등에 의해 학습에 방해를 일으키게 되는 것이다. 예를 들어 보자. 한국무용의 연풍대 동작을 수행하기 위해서 오른발을 들어 점프하고 착지하면서 오른발 뒤꿈치를 먼저 바닥에 닿게 하고 앉으면서 바로 돌아 일어난다. 이때 연풍대를 수행하기 위해서 필요한 모든 신체 부분은 주 동작에 필요한 동작만을 실행해야 한다. 그런데 연풍대동작에 필요하지 않는 다른 움직임이 연풍대동작을 수행하는 과정 속에 들어가게 된다면 수행은 실패하게 된다. 이렇게 주 동작기능에 필요한 움직임이 맥락이고 그 맥락을 간섭하여 필요 없는 움직임이 나타나는 것이 맥락간섭이다.

맥락간섭은 연습동안에 학습자 주변의 환경적 이유나 심리적 혹은 이미 학습된 다른 동작에 의한 어떤 간섭으로 동작수행에 영향을 받는 현상이다.

맥락간섭에 관한 연구는 다양한 연습 조건에서 낮은 맥락간섭의 연습상황이 유용한 연습상황을 만들지만 파지 수행에서는 높은 맥락간섭 상태에서 좀 더 나은 결과를 보인다는 이론이 Battig(1996)에 의해 제시되었다(이승범, 2010).

높은 수준의 맥락 간섭이 낮은 수준보다 더 좋은 학습결과를 가져온다는 것을 증명하는 많은 실험 결과들이 있으나 그 원인이 무엇인지는 아직 잘 밝혀지고 있지는 않다.

현재까지 맥락간섭의 효과를 지지하는 연구자는 John Shea 등이 정교화이론을 제안하였으며 행동 계획 재구성 이론은 Tim Lee와 Richard Magill이 주장했다(김기웅 등, 1990). 맥락간섭에 관한 연구에 사용되는 연습 조건은 무선연습방법과 분단연습방법이 있다는 것은 앞의 연습계획의 구성에서 설명되었다. 참조하기 바란다.

정교화이론은 Shea와 Morgan(1979)의 연구에서 나타난 것으로 맥락간섭이 동작기능학습에 효과가 있는 것은 무선 연습으로 나타난 동작기술 수행의 향상 원인이 학습자가 여러 형태의 연습을 소화해야 하기 때문에 동작기술의 수행 기준을 기억하기 위하여 정성스럽게 표상화하여 기억하게 하려는 정교화 작용 때문이라는 것이다.

무선연습을 실행한 학습자들은 여러 형태의 연습 속에서 동작을 기억하기 위해서 동작간의 맥락효과를 가능한 제외하여 연습하는 분단연습에서 보다 좀 더 다른 전략들을 사용하고 있다는 것이다.

무선연습은 동작을 자유롭게 실행하여 연습하는 것이므로 각 수행간 변화의 차이를 서로 비교하고 다른 조건을 적용하여 실행하는 방법이다. 동작에 필요한 신체부분을 사용하는 전략을 구사하여 동작수행 과정을 형상으로 표상화하여 발전시킬 수 있기 때문에 파지와 전이검사에서 보다 용이하게 향상시킬 수 있게 되는 것이다.

행동 계획의 재구성 이론은 기억 속에 수행과정을 형상화하는 표상화가 강해지면 오히려 동작의 충돌이 일어날 수 있으며 동작의 표상을 빠르게 지우고 동작을 재구성하는 능력이 생겨나야 한다는 이론이다.

맥락간섭의 효과는 여러 가지 연습상황을 통제할 수 있는 실험의 조건에서는 무선연습의 효과를 입증하고 있다.

그러나 아직도 무용동작학습연구의 현장에서는 맥락 간섭의 효과를 일관성 있게 입증하지 못하고 있는 것 또한 사실이다.

최근 무용동작학습의 맥락간섭 효과를 입증하기 위한 실험 연구가 시도되고 있으나(이승범, 2010) 과제의 특성적 문제와 학습자들의 특성에 따른 문제가 맥락간섭효과를 결정하는 또 다른 요인으로 나타나고 있다.

6. 연습효과의 요인

(1) 학습자의 특성에 따른 맥락간섭의 효과

연습의 다양성 효과에 대한 중요한 변인으로는 학습자의 일반적 특성인 나이와 성별을 생각할 수 있다. 학습자의 특성으로 학습자의 능력 수준을 생각할 수 있는데 동작기능 학습에서는 학습자의 능력수준에 따라서 무선연습의 효과가 다르게 나타난다는 주장은 여러 실험 결과에서 찾아볼 수 있다.

아동들을 대상으로 실시한 맥락간섭의 효과에 관한 여러 실험에서 Pollock과 Lee(1997), Edward와 Lee(1986) 등의 연구를 제외하고는 거의 모든 연구에서 그 효과를 입증하지 못하고 있다(이승범, 2010)

아동들에게서 맥락간섭의 효과가 나타나지 않는 이유로 제시되는 가장 두드러진 것이 아동들의 학습에 대한 인지처리 능력이다. 발레동작을 과제로 하여 아동들의 학습 효과를 실험한 이승범(2010)은 아동들에게서 나타나는 인지적 처리수준의 차이와 낮은 주의력, 그리고 흥미 저하로 인한 학습효과의 저조라고 논의하고 있다. 그러나 연습의 다양성에 관한 문헌적인 주장은 다르다. Shpiro와 Schmidt(1982)는 거의 모든 연구에서 어린이가 동작을 학습하는 경우에는 고정 연습에 비해 다양한 연습이 훨씬 유리하다고 했다(윤용진, 2007).

학습자의 특성에 관한 다른 관점은 학습자의 성인데 Wrisberg와 Ragsdale(1979)은 연습의 다양성 효과는 남자보다 여자에게서 더 유익하다고 보고하였다. 연습의 다양성에 관한 Allen(1978)의 연구에서도 여자가 남자보다 더 유익하다는 결과를 제시했다.

(2) 동작과제의 특성

학습자에게 주어지는 학습할 동작과제의 복잡성이나 동작기술의 유형은 동작기술학습에 절대적인 영향을 줄 수 있다는 것은 이미 여러 차례 논의된 적이 있다. 연습의 다양성에 관한 문제에서도 동작과제의 특성에 따라서 그 효과가 다르게 나타날 수 있다는 것이 예외는 아니다.

동작을 구성하고 있는 수행요소들이 복잡하거나 동작 형성에 기술적 난이도가 많이 요구되는 경우 쉽게 동작을 수행하지 못하는 경우가 있다. 또한 난이도가 그리 높지 않아 보이는 동작에서도 연속적인 연결이 섬세하게 요구되어지는 무용동작의 경우에는 그 순차를 습득하기가 그리 용이하지는 않다. 이러한 경우에 적용할 수 있는 특정한 연습방법이나 연습조건은 단순기능과는 다를 수 있을 것이다. 그렇다면 순차적인 과제는 어떻게 학습되어지는 것이 유리하며 연속적 과제는 어떠할까?

1) 순차적 과제

순차적인 연습에 적합한 과제와 그 이론적 논의를 Schmidt와 D. Lee의 공동 저서에서 찾아 볼 수 있다. 그들은 Seymour의 실험 연구를 소개하여 순차적 과제를 설명하였다.

Seymour는 동작기능이 순차적인 성질의 산업과제를 광범위하게 연구하였는데 동작과제는 선반에서 작업하는 일련의 동작기능요소로 구성되었다.

이들 과제 중 몇몇 과제의 구성요소는 어려워서 숙달하는데 많은 연습이 필요하였고, 다른 몇몇 과제는 쉬워서 한 번의 연습으로도 수행이 가능하였다.

Seymour는 이 연구의 결과로 어려운 과제를 어렵지 않은 과제와 연계시키지 않고 따로 연습한다면, 과제전체에 어려운 과제의 수행 경험이 상당히 전이된다는 것을 알게 되었다. 이와 유사한 연구 결과는 다양한 구분동작의 부분 연습을 연구한 Adams와 Hufford(1962)의 연구에서도 나타났다. 최근의 연구 결과로부터 나타난 주장은 부분연습으로 얻은 학습은 전이가 100% 이상이 될 수 있다는 것이다(Schmidt et, 2004). 동작과제를 세분하여 세분된 부분을 어느 정도 연습하게 한 효과가 전체과제를 연습하는데 투여한 것과 같은 양의 시간으로 얻은 것보다 훨씬 더 클 수 있다는 주장이다. 이 같은 세분하여 실행하는 동작과제의 부분연습 효과에 관한 연구자들의 견해는 동작기능의 전체 과정을 수행할 때 학습자들은 이미 부분연습에서 마스터한 기술부분에는 시간을 투여하지 않는다는 점에서 전체동작기능을 연습하는데 더 능률적이라는 것이다.

동작과제의 특성상 순차적 수행과제가 주가 되는 동작과제는 분류되어진 부분과제들이 수행 방식은 물론 여러 가지 처리방식에서 서로 비슷할 수도 있다. 그러나 동작기능을 수행해야 하는 현장에서의 수행은 동작의 연속적 수행인 것이다. 결론적으로 동작학습의 마지막 학습 부분은 동작의 전 과정을 수행하는 전체 동작 연결로 완성되어지는 것이다.

동작의 전 과정을 수행해야 하는 동작기능은 순차적 동작과제인데 이러한 동작과제는 순차적으로 전체적인 연결이 완성될 때까지를 학습하는 순차적인 연습보다 먼저 기능을 세분하여 체계적으로 연습한다는 점에서 연습 방법은 역순이 된다. 순서와는 상관없이 단지 부분연습을 하는 것은 전이에 유용하지 않다는 결론을 내릴 수 있겠다.

다시 말하면 순차적인 특성을 갖는 무용동작일 경우에 부분연습과 전체연습이 함께 이루어져야 한다는 것이 되겠다. 그렇다면 무용동작과제에서 순차적 과제는 무엇이 될 수 있을까? 대부분 무용동작은 연속성이 강한 것은 사실이다. 그러나 기술성이 높은 발레동작의 경우에는 동작이 분리되어 연습되어지고 각각의 분리 연습된 동작이 연결되어 하나의 완성된 발레 동작으로 이루어진다. 반면 한국무용의 살풀이춤과 같은 무용동작은 동작의 분류가 용이하지 않은 연속성이 강한 동작이 대부분이다.

위에서 설명한 순차적 과제의 특성으로 생각해보면 발레동작은 수행이 난해한 동작을 우선 연습하는 것이 더 능률적이라는 해석이 가능하다.

2) 연속적 과제

따로 나눌 수 있는 동작을 얼마간 중단하지 않고 계속하는 연속적인 과제는 동작과 동작의 연결이 신체의 다른 부분과 협응하여 함께 일어난다. 이것은 따로 나누어진 부분을 순서에 따라 조직한 순차적인 과제 상황과는 엄밀한 의미에서 다르다. 신체의 각 부분들이 서로 빈번하게 조절되어야 하는 연속적인 과제에서 동작을 연습하기 위해 패턴을 나누는 것은 학습해야 할 이런 부분들 간에 협응을 감안하면 그다지 효과적이지 않을 수도 있다.

무용 동작은 팔 다리, 몸통, 호흡, 시선 그리고 발끝과 손끝의 동작들이 효과적으로 형성되기 위해서 협응되어야 하는 것으로 동작의 어느 부분을 나누기가 곤란한 특성을 가지고 있다. 앞에서도 언급한 것과 같이 무용동작은 연속성이 매우 강한 동작이다. 연속성이 강한 동작기능의 특성은 무용연습 현장에서 흔하게 나타나는 일인데 우리는 어떤 동작기술을 수행할 때 동작을 부분적으로 수행하는 것 보다 동작전체를 수행할 때 동작의 완성도가 높은 경우를 경험한다.

무용동작의 목적성이 감정이나 아름다움의 표현에 있으며 이 같은 동작수행의 목적으로 인하여 무용동작은 수행의 자연스러움을 강조하게 된다. 동작의 자연스러움은 동작간의 연결과 동작에 사용되는 신체 각 부분의 협응이 중요시될 수밖에 없다. 이것은 무용의 장르에 관계없이 모든 무용동작에 적용되어지는 동작의 특성이다. 그러므로 어떤 무용동작을 완성하기 위해서 난해한 동작이 성공적으로 이루어졌다 해도 연속적인 수행, 즉 동작간의 연결에 문제가 발생한다면 그 무용동작은 성공적인 수행이라고 볼 수 없을 것이다.

무용동작 수행은 이와 같이 수행과정 중의 어느 한 부분(다리 들기, 높게 뛰기, 빠르게 돌기 등)의 수행을 조절하는 것은 조절해야 하는 신체부위 이외의 다른 신체에 무엇(근력, 감정선)이 작용하는가에 따라 다르기 때문에 쉽지 않다. 무용동작의 세부동작들은 상호작용한다. 무용동작기능 중에서도 아주 복잡한 과제나 수행시간이 긴 동작은 세부동작으로 나누어 연습하고 싶을 것이다. 그러나 이렇게 나누어 기술을 학습하는 경우에 지도자는 가장 중요한 문제를 놓치지 않도록 유의해야 한다. 그것은 부분 학습된 동작기능을 어떻게 협응시킬 것인가? 하는 문제이다.

복잡한 동작과제는 그것 중 어느 하나를 쉽게 떼어내어서 연습시킬 수 있지만, 이런 연습은 동작과제 전체를 연결하여 수행해야 하는 경우에는 그다지 효과적이지 않을 수도 있다는 것이다.

무용동작학습에서 부분연습의 효과가 전체동작과제의 수행에 전이되는 한계는 전체동작을 수행하는 과정에서 보여 지는 동작간의 상호작용 정도에 달려있다고 보아야 할 것이다. 무용동작연습에 많은 시간을 보낸 우리들은 부분동작연습과 전체동작의 수행에서 나타나는 협응작용의 중요함을 알게 하는 경험이 있었을 것이다. 그러한 경험은 부분 동작을 수행할 때 실패한 동작이 전체동작으로 실행될 때 사라지는 경우와 각각의 부분 동작은 실수 없이 실행 가능하지만 전체적 협응의 부조화로 인하여 실패하는 경우들이다.

무용동작의 경우 부분 동작연습만큼이나 전체적 연속 과제 연습이 중요한 이유는 바로 이러한 원리인 것이다.

✻ 생각해 볼 문제

- 효율적인 무용동작기능학습을 위한 연습 설계를 위해서 고려되어야할 것은 무엇일까?
- 무용동작과제의 특성에 따른 분단연습의 효과를 논의하는데 발레동작과 한국무용 동작으로 구분하여 설명되어지는 것에 관하여 논의해 보자.
- 무용동작과제의 맥락간섭효과를 실험한 결과와 실제 연습장에서 나타나는 결과와 비교하여 논의해 보자.
- 정신연습의 효과적인 적용을 위한 방안을 검토하여 실제에 사용한 경험을 논의해 보자.

무용동작학습의
이론과 실제

제6장 동기

사진 _ 최시

제6장
동기

학습목표

— 무용동작학습에 동기는 어떠한 역할을 하는가를 공부한다.

— 동기의 속성은 무엇이며 무용동작학습에 어떻게 작용하는가를 공부한다.

— 동기에는 어떠한 종류가 있을까? 그리고 그 종류를 어떻게 분류하고 있는가를 알아본다.

— 무용동작학습에서 학습자의 학습의지를 감소하게 하는 요인은 무엇이며 그것은 동기와 어떤 연관을 갖는가를 알아본다.

— 학습자의 정서 상태는 동작과제 학습에 반영될까? 그리고 학습자의 정서 상태를 조절할 방법은 있는 것일까를 알아본다.

— 성취 목표를 설정하는 것이 학습의 지속과 강도, 학습에 효과적인 동기유발 요인이 될 수 있다. 목표설정의 올바른 방법을 알아본다.

1. 들어가며

사전적 의미로서 동기는 인간을 비롯한 동물의 내면에서 어떤 목적을 지향하는 행위를 불러일으키고 이를 지시하는 요인이다. 가장 기본적인 형태로 설명하자면 동기는 어떤 일을 시작해서 지속시켜 나갈 수 있는 능력이라고 할 수 있다. 무용 활동 현장에 있어서 동기는 연습과정의 지루함, 피곤함, 고통, 다른 것을 하고 싶은 욕구 등에 직면해 있을 때라도 흔들리지 않고 훈련을 지속시켜 나갈 수 있는 무용수의 힘을 의미 하는 것이 될 수도 있겠다.

무용동작학습 현장이나 무용공연 등을 위한 연습실에서 실행되는 무용연습의 결과는 학습자나 무용수들이 갖는 동기의 작용이 현저하다. 본 장에서는 동기(motivation)라는 용어가 갖는 의미와 동기의 기본 요소들을 살펴볼 것이다. 그리고 무용동작기술의 수행 및 학습에서 동기의 역할과 작용을 공부한다.

동기는 인간을 비롯한 동물의 내면에서 어떤 목적을 지향하는 행위를 불러일으키고 이를 지시하는 요인으로 해석된다. 동기는 보상의 개념으로 이해할 수도 있으며 사회적인 입장에서는 강화인자(reinforcer)의 입장에서 논하기도 한다. 또는 동기를 욕구(drive)나 요구(need)로 간주하기도 하며, 각성(arousal), 활성화(activation)의 개념으로 보기도 한다.

일반적으로 동기를 '모티브'라는 용어로 이해하는 것이 대부분인데 이는 움직이는 원인(a motive cause)을 의미하는 'Motivum'이라는 라틴어에서 유래한다(김기웅, 1990). 동기는 사람을 움직이게 하는, 다시 말하면 무엇인가를 하게하는 내면적인 어떤 원인으로 설명되어질 수 있다.

이러한 내면적인 원인이 되는 것은 무엇이며 이 내적 원인은 어떻게 외적으로 나타나게 되는 것일까? 내적인 욕구와 그 욕구의 실현 상황을 생각해 보자. 우리는 무엇인가를 하고 싶은 욕구가 그대로 외적 행동으로 실행되어지는 것이 아니라는 사실을 알 수 있다. 백화점에 진열된 고가의 보석을 갖고 싶은 욕구가 있다고 하여 누구나 그 보석을 갖기 위한 즉각적 행동이 실현되는 것은 아니다. 또한 무용을 잘하고 싶은 욕구가 있다 하여도 그 욕구를 실현하기 위한 행동이 누구에게나 모두 동일하게 나타나지는 않는다. 이러한 경우 개인적인 욕구의 성향이나 욕구의 크기에 따라 여러 가지 형태로 나타날 수 있다.

개인적인 강한 성취 욕구는 무용동작학습에 어떻게 반영되어질까? 욕구는 사람의 감정적인 상황인데 이것이 행동에 직간접적인 영향을 미칠 수 있는 동기로서 작용된다는 것이다. 그렇다면 사람의 감정이 되는 불만과 실망은 동기와 관련이 있을까? 반복되는 연습의 양과 학습자들의 피로, 권태는 동기와 무관한 것일까? 연습장에서의 수행실력이 공연장에서 100% 나타나지 못하는 이유와 동기는 관련이 없을까?

무용은 동작기술을 수행하는 동작실행과정뿐 아니라 무용의 두 번째 기능(secondary task)이라고 하는 감정표현의 수행이 무용의 성공 여부에 많은 부분을 차지하며 숙련된 무용수들에게는 필수적인 학습조건이 된다. 섬세한 감정을 잘 표현해야 하는 무용수행에서는 동작에 담겨진 감정의 섬세한 조절이 다른 어떤 동작기능보다 중요하다.

본 장에서는 동기를 행동을 하게 하는 원인으로 정의하고 동기에 관련된 여러 가지 이론을 살펴본다. 무용학습 현장에서 필요한 동기의 적절한 사용법과 동기화 기법과 동작기술학습에 나타나는 동기유발에 관한 여러 가지를 공부한다.

2. 동기의 본질

행동은 인체 각 부위의 선택적 협응작용으로 나타나는 일련의 연속작용이라고 할 수 있겠다. 인체 각 부분은 선택에 의해서 행동으로 이어지는데 선택되어진 신체 부위는 수행을 위해 서로 협응한다. 이러한 선택적 신체 활동은 예측된 목표 성취를 위해 애쓴다. 여기에서 예측된 목표가 행동의 동기로 설명되어진다.

동기를 설명하는 사전적 의미로 유사하게 사용되거나 대신 사용되는 몇몇 단어가 있다. 원하다, 소원하다, 목표하다, 성취하다, 소망하다, 요구하다, 목표삼다, 야망하다, 노력하다, 갈망하다, 열망하다 등이 그것이다.

동기를 대신하는 단어들을 살펴보면 생동적이며 활동적인 것으로 행동의 근본이 될 수 있음을 알 수 있다. 동기를 연구하기 위해서는 대상자의 행동을 살펴보고 그 행동에 동기가 있는지 그 행동은 어떤 목표를 이루기 위한 실행성있는 행동인지를 살펴보는 일일 것이다.

일반적인 동기의 연구방법은 행동을 관찰하는 것인데 행동에 영향을 주는 몇 가지 변인을 구성하여 그 변인에 의한 행동의 변화를 살펴보는 관찰실험이다. Brown(1961)은 동기의 변인을 4가지 척도를 사용하여 알아보았다. 그가 사용한 방법은 1) 반응을 촉진하는 변인, 2) 학습의 새로운 반응을 가져오는 변인, 3) 반응의 저하 변인, 4) 변인이 주어지지 않는 반응 등이다. 이 4가지 변인 중 가장 보편적인 방법이 첫 번째 반응을 촉진하는 변인의 사용법이다. 여기서 기억해야 할 것이 수행의 증진은 동기가 단 한 가지 요인에 기인하는 것은 아니며 행동 변화의 변인은 학습과 인지, 그리고 그 밖의 다른 요인들에 의한 것일 수도 있다는 것이다.

동기가 부여된 행동을 설명하기 위하여 Morgan과 King은 원을 사용하였다(그림 6-1). 그림의 원은 동기유발 상태(motivation state), 동기가 부여된 행동(motived

〈그림 6-1〉 동기부여 행동(Morgan과 King, 1996)

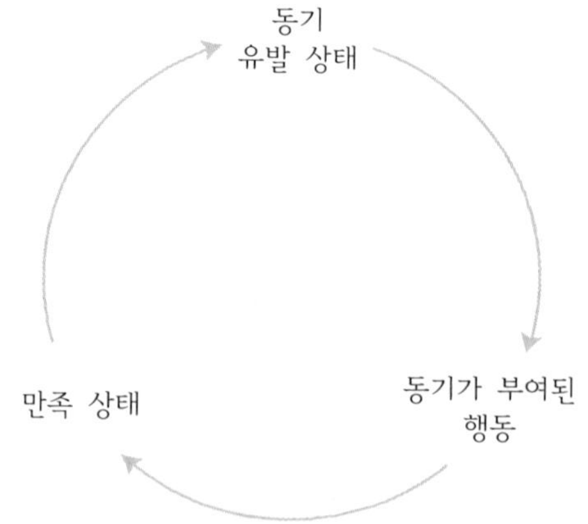

behavior), 그리고 만족 상태(satisfying condition)로 구성된다. 동기유발 상태는 사람이 내적, 또는 외적으로 어떤 상태에 놓이게 되는 것이다.

실질적인 예를 들어 갈증의 경우를 보자.

이때 갈증의 상태가 동기유발 상태이다. 그러한 상태에서 사람은 물을 찾아 행동하게 되는데 이것이 동기가 부여된 행동이며, 물을 마시는 만족 상태가 되어 행동은 끝난다. 이러한 행동은 언제든지 욕구가 생겨나면 다시 이어지게 된다.

3. 동기와 목표

사람에게 있어서 어떤 목표는 행동을 결정하게 한다. 또한 사람의 행동에는 어떤 이유가 있으며 사람의 행동은 욕구를 실행하기 위한 것이 된다. 사람의 목표는 긍정적 목표와 부정적 목표가 있는데 긍정적 목표가 어떠한 일을 하려는 것이라면 부정적 목표는 어떠한 일을 하지 않으려는 것이다.

Rethlingshafer(1963)는 '목표로 얻어진 결과가 학습인 것이다'고 하였다. 목표는 우리의 경험에 의해 만들어진다는 설명이다. 위에서 설명한 동기부여 행동의 원을 이용해서 설명하자면 갈증이 났을 때 이전에 물을 먹어서 만족했던 경험이 있었기 때문에 이후에 갈증이 났을 때 물을 찾는 행동의 목표를 설정하게 된다는 것이다.

뜨거운 태양 아래의 상태에서 시원한 장소를 원하는 인체는 시원한 장소의 경험을 기억해내서 그 곳으로 이동하는 행동을 하고 시원한 건물로 들어가서 만족하게 된다. 경험이 행동의 목표가 되는 또 다른 예를 보자. 도회지에서 자란 어린이는 벌이라는 곤충과의 접촉 경험이 없다. 휴가 때 시골에 간 도회의 어린이는 시골지역의 어린이들과 어울려 놀이를 한다. 순간 벌이 놀이를 하고 있는 어린이들 사이로 날아들었다. 시골지역아이들은 모두 벌을 피하려는 행동을 하였지만 벌을 경험한 적이 없는 도회의 어린이는 벌을 손으로 잡으려고 한다. 결과적으로 도회의 어린이는 벌에 쏘이게 된다.

이는 경험이 없는 상태에서 행동의 목표가 잘못되어진 경우라고 할 수 있다. 동기의 원인은 벌이라는 곤충이었고 시골의 어린이는 경험에 의해 벌에게서 도망을 하는 목표가 설정되었고 경험이 없는 도회지의 어린이는 자신을 훼방 하는 벌을 제거하려는 행동의 목표가 설정된 것이었다.

일반적으로 목표의 구성이 어른과 어린이들 간의 차이가 있는데 어린이들의 욕구는 구체적이며 즉각적인 경우가 많으며, 점점 성인이 되면서 목표는 구체적으로 조성되어지고 시간적으로도 미래 어느 때를 설정하는 것으로 나타난다.

목표는 경험을 통해서 학습된 것에 의해 설정되며 이 같은 학습은 간접적으로 이루어지기도 한다. 학습은 언어나 비언어적 소통으로 이루어지기도 하며 책이나 영화, TV를 통해 이루어지기도 한다.

4. 행동의 결정

Birch와 Veroff(1966)는 목표와 행동의 연관을 설명하면서 어떤 목표가 행동을 이끌어내게 되는데 이때 행동을 결정하는 요인으로 4가지를 제시하였다. 그것은 행동에 대한 1) 효용성(availability), 2) 기대(expectancy), 3) 격려(incentive), 4) 동기(motive)라고 한다.

효용성(availability)은 어떤 상황에서 가장 적절한 행동, 즉, 특정 상태에서 가장 유력한 행동을 하도록 결정하는 효용성으로 행동이 나타나게 된다. 이러한 행동은 환경적 구조가 행동을 만들어내는 강제적 성향을 갖는다. 다시 말하면 사람은 환경에 맞는 행동을 한다는 것이다.

예를 들어 보자. 무용실은 도서관에서 용납되는 행동과는 전혀 다른 것으로 무용실이 갖는 효용성이 있다. 수영장에서의 행동은 무용실에서의 행동과는 다르게 나타난다. 도서관에서 사람들은 무용실에서 하는 행동을 하지 않는다. 무용실에 들어온 사람들은 이미 자신들이 어떠한 행동을 해야 하는지 예측한다. 사람들은 장소나 상태에 따라서 자신이 알고 있는 지식 안에서 최소한의 목표를 갖는다.

이와 같은 방식으로 사람들은 과거의 경험이나 지식으로 행동을 결정하는 효용성을 갖게 된다. 무용동작기술을 학습하는 경우 학습하려는 그 기술이 발휘되는 것을 예측할 수 있는 학습자의 개인적인 능력이 학습 결과에 작용하는데 이것은 학습 능력으로 나타나며 학습요인이 된다.

무용동작수행 능력은 사람의 행동에도 영향을 주게 되는데 성숙 과정에서 이루어진 기본적 동작 실행이 무능력한 사람은 다른 어떤 동작기술의 습득에도 많은 제한을 받게 된다.

Birch와 Veroff가 제시한 행동을 결정하는 4가지 요인 중 두 번째는 기대(expectancy)이다. 기대는 일종의 느낌인데 이는 어떤 행동을 나타나게 하며 특정 목표를 갖도록 유도하기도 한다.

사람의 행동을 단순하게 설명한다면 기대의 결과가 행동으로 나타난다고 할 수 있다. 바꾸어 말한다면 사람의 행동은 어떤 기대에 의한 것이고 기대에 의해서 행동이 나타난다고 보는 것이다. 무용실에 가는 사람은 보통 그 곳에서 어떤 일을 할 것인지 그리고 본인이 해야 할 것이 무엇인지 경험과 지식에 의해 예측, 혹은 기대를 하게 된다. 그 기대가 무용교과 학습을 위한 수업일 수도, 공연을 위한 연습일 수도 아니면 두 가지 다일 수도 있다.

기대는 과거 경험에 주로 의존하여 나타나며 개인의 인지능력과 그로 인한 추측에 의하여 만들어진다.

사람의 행동은 어떤 기대에 의해 나타난다. 어떤 행동을 예측하고 그 행동 과정에 나타나는 즐거움이나 혐오적 상태는 격려에 의해 조절되어질 수 있다. 이 격려가 Birch와 Veroff가 제시한 행동을 결정하는 4가지 요인 중 세 번째 요인이 된다. 생각이나 기대가 행동으로 반응되어 나타날 때 격려가 그 행동을 지속적으로 유지되어질 수 있도록 작용되었다면 이 격려는 긍정적이라고 하겠다.

격려의 부정적인 작용은 어떤 행동의 결과에 대해 만족하지 못하거나 그 결과를 지우려고 시도하는 것이다. 격려는 행동을 유지하게 하는 긍정적 작용도 있지만 격려로 인하여 행동을 저지하게 하는 작용도 있다. 기대되는 행동의 결과를 확신하지 못하는 학습자에게 격려는 행동을 방해하게 되는 것이다.

두 가지 격려가 동시에 존재하는 행동이 있다. 이러한 경우에 나타나는 것이 동작 실행의 머뭇거림 상태이다. 어떤 동작의 실행에 관한 결정인자로 격려를 논하고 있는데 부정적 격려나 긍정적 격려가 동일한 힘으로 서로를 견제할 때 사람은 행동의 결정을 망설이게 되는 것이다.

Birch와 Veroff가 제시한 행동을 결정하는 4가지 요인 중 동기(motive)는 격려를 조정한다는 점에서 보다 더 일반적인 행동의 결정요인이 된다. 사람에게 있어서 어떤 행동의 결과에 관한 유사한 직간접적인 경험은 동기로 작용된다. 그러나 학습 현장이나 수행과정에서 학습자의 학습 동기나 수행 동기가 학습이나 수행의 결과에 직접적으로 반응되지는 않는다.

어떤 것을 하고 싶다고 해서 그것을 잘 할 수 있게 되는 것은 아니라는 것이다. 학습자가 갖는 동기는 학습을 일어나게 하는 요인이 될 수는 있지만 학습의 결과에 직접적으로 반응되어서 학습의 결과를 결정하는 것은 아니라는 것이다. 학습의 크기를 결정하는 요인은 동기만으로 볼 수는 없는 것이다. 여기에는 학습자의 개인적 능력이나 학습 방법 등의 문제가 있는데 그러한 문제는 이 책에서 순차적으로 공부해 나갈 것이다.

무용학습의 현장에서 연습시간에 지도자의 격려가 긍정적인 효과로 나타나지 않는 경우가 있는데 그것은 학습자의 학습 동기의 종류나 정도에 의해서 다르게 나타날 수 있는 것으로 이때 성취동기가 높은 학습자들이 좋은 학습 결과를 가져오는 경우가 있다.

지금까지 우리는 동기가 행동을 결정하는 요인임을 알았다. 어떤 행동에 관해서 격려가 주어진 상태라면 대상자의 행동 반응은 그 대상자의 동기와 상호작용을 한다. 행동에 관한 동기가 있다면 격려에 의해 행동은 나타날 수 있다는 것이다. 특정 행동에 관한 동기와 격려의 크기는 사람의 행동 반응에 어떤 작용을 할까?

Steller(1960)는 동기와 행동 반응과의 관계에서 중요한 이론을 제시하였다. 동기유발과 격려의 크기에 따라서 행동 반응이 다르게 나타나는 것인데 적당한 동기형성과 적당한 격려가 강한 동기유발과 강한 격려보다 오히려 효과적이라는 것이다. 이 이론은 Zajonc(1966)이 지지하였다. 강한 동기유발이나 격려는 수행자의 행동반응을 방해할 수 있다는 이론인데 일반적인 시각으로 동기-수행의 관계를 생각할 때 동기가 높으면 반응이 좋을 것으로 생각하는 것이 보통이다.

그러나 학습자가 갖는 동기발생의 크기에 따르는 행동 반응은 학습자의 수행에 선형적 효과를 나타내고 있지 않다. 다시 말하면 '이것을 꼭 이루겠다'또는 '하고야 만다' 등의 강한 동기 형성은 오히려 수행을 방해할 수 있다는 것이다. 동기형성의 크기와 수행 결과의 관계는 그림 6-2와 같은 역-U곡선을 나타낸다.

〈그림 6-2〉 수행과 동기 관계를 보여주는 역아치-u곡선(Drowatzky, 1975)

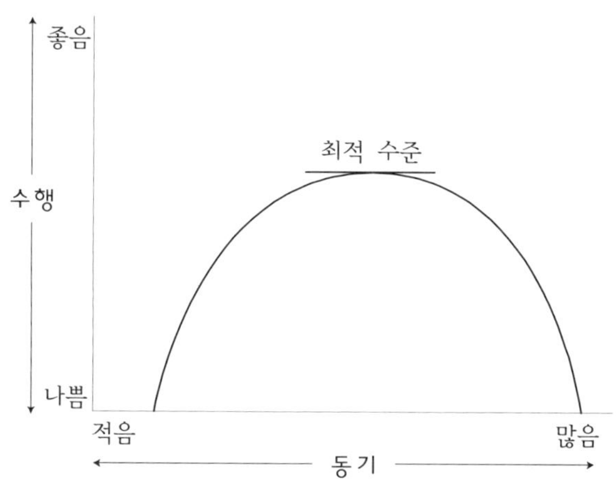

이 그림에서 보면 좋은 수행은 동기의 최적 수준에서 이루어진다. 아주 낮은 동기 수준과 아주 높은 동기 수준은 수행에 좋은 반응을 보여주지 못하고 있다. 수행의 좋은 결과를 위해서 동기의 수준을 최적의 수준으로 유지하는 것이 바람직하다는 것이다.

우리는 무용현장에서 수행에 관한 지나친 열망이나 결과에 대한 지나친 기대가 수행의 결과에 나쁜 영향을 미치는 것을 경험한다. 지도자의 입장에서 이러한 경우를 고려한다면 무용을 수행하려는 대상자에게 적당한 동기유발과 격려를 어떻게 부여할 것인가를 연구해야 할 것이다. 이것이 무용지도자들의 연구 과제이고 지도 능력이며 기술이 될 것이다.

5. 동기의 분류

동기와 무용동작기능의 학습의 관계를 이해하기 위하여 심리학자들이 분류한 동기와 그 내용을 살펴보자. Logan, F, A는 동기를 제1차 동기(primary motivation)와 제2차 동기(secondary motivation) 및 격려 동기(incentive motivation)로 분류하였으며 Murry, E, J는 동기를 평형상태 동기(homeostasis motive), 성적 동기(sexual motive), 정서적 동기(emotional motive), 사회적 동기(social motive)로 분류하였다. 이 같은 동기의 분류는 어떤 작용에 반응하는 우선적인 요인을 분류한 것이다. Logan, F, A가 분류한 제1차 동기는 사람이 가장 우선적으로 반응하는 동적 요인이 되는 것이다. 제1차 동기에 관련되는 요인은 대부분 생명에 관계되는 가장 원초적인 것이며 생존을 위한 행동반응이다.

Murry, E, J의 평형상태 동기(homeostasis motive)는 생명체가 유지되기 위해 갖는 생존을 위한 행동반응이다. 인체는 신체의 항상성을 유지해야 하며 내적 항상성을 위해 활동한다. 이러한 내적인 항상성이 유지되는 상태가 평형상태인데 인체는 평형상태의 파괴가 일어날 때 재 평형화를 위해 행동하게 된다는 것이다. 인체의 평형상태 유지는 신체의 자율적 반응 행동으로 사람의 의지가 이 행동을 조절할 수 있는 정도는 매우 한정적이다.

사람은 신체기관의 균형 상태에 대한 파괴를 가져오는 모든 조건에서 다시 균형 상태를 찾아 유지하려는 동기를 갖게 되는 것이다. 평형상태 동기(homeostasis motive)는 제1차적 동기로 모든 동기의 가장 우선적인 것이 된다.

성적 동기는 제1차적 동기에 속하는 동기로 분류되기도 하지만 생존에 직접적인 것은 아니라고 보는 것이 일반적이다. 성적 행동은 호르몬과 대뇌기관 등의 내적 요인과 학습, 환경적인 자극 등의 외적 요인에 의해 나타난다. 성적 동기는 사람의 의지로 조절할 수 없는 호르몬의 작용이 반응 행동에 많은 역할을 하지만 의지가 통제할 수 있는 내적 요인과 학습 경험 등이 작용하므로 평형상태 유지를 위한 동기로 볼 수 없다. 그러나 호르몬의 작용이 강하기 때문에 사람의 의지가 반응 행동을 통제하는 것에는 한계가 있다. 성적 동기는 평형상태 유지 동기와 정서적 동기의 중간쯤으로 볼 수 있겠다. 또한 성적 동기는 호르몬의 작용이 나타나므로 여성과 남성간의 차이가 있을 수 있다.

정서적 동기는 인지와 학습에 관련되며 행동에 강한 영향을 미치는 생리적 심리적 반응을 가져오며 행동을 동기화시켜주는 요인으로 작용한다. 사람은 어떤 정서에 관한 경험이나 학습에 의해서 반응행동이 결정되어진다. 정서적 동기의 가장 대표적인 요인으로 공포와 불안을 꼽을 수 있는데 사람은 공포나 불안을 느낄 때 그 원인을 제거하기 위하여 행동을 하게 된다는 것이다. 공포와 불안은 반정서적인 상태를 갖게 하는 심리적 인자인데 정서적 불안의 대상이 명백할 때 나타나는 정서가 공포이며 정서적 경험의 대상이 명백하지 않을 때 나타나는 것이 불안이다.

정서는 희·로·애·락으로 대표되는데 이는 개인의 경험과 학습의 결과로 얻어진 기억에서 기인한다고 본다. 지난 경험에 의해 고통스러웠던 사건은 사람의 행동 개시를 주저하게 만들 것이며 즐거웠던 기억의 행동은 동기유발에 망설임이 없을 것이다. 정서적 동기는 반응 행동의 대상에 관한 경험에서 오는 결과인데 그 대상은 환경에서 오는 것일 수도 자신에게서 오는 것일 수도 있다.

무용수들이 갖는 정서적 불안이나 무대 공포 등은 원인을 찾아서 제거하는 것이 이론상의 방법이다. 그러나 공연 전 무용수들이 갖는 불안의 요인은 제거하기가 용이하지는 않다. 잘 훈련된 적응 기법을 사용하는 것도 하나의 방법론으로 제시되고 있다.

사회적 동기는 성취욕구, 정돈욕구, 과시욕구, 자율욕구, 지배욕구, 사랑욕구, 경복욕구, 양육욕구, 구조욕구 등으로 인간이 갖는 선천적이고 본질적인 행동을 이끄는 요인이다. 이러한 사회적 동기는 대인적인 것으로 어려서부터의 생활환경이나 교육환경, 성장 배경등과 관련되어있는 것이 보통이다.

사람이라면 누구나 선천적으로 동기유발의 인자들을 갖고 있다. 우리는 이것을 욕구로 취급하기도 한다. 어떠한 욕구가 동기유발의 힘이 되는 것으로 설명할 수 있겠다. 무용동작학습은 동작 수행이 신체적으로 실행되어서 학습과정이 형성된다. 어떤 목표된 동작과제를 학습하기 위해서 학습자는 과제를 수행하여야 한다. 그리고 그 수행 과정에서 나타나는 동작수행의 오차를 줄여나감으로 학습이 일어나게 된다. 이때 학습자의 과제수행 욕구가 학습에 크게 작용할 수 있게 된다. 학습자 개인이 갖는 선천적인 운동능력은 유전적인 것이어서 학습을 강화할 수 있는 것은 학습자들의 동기를 강화시키는 것이라고 할 수 있겠다.

어떠한 방법으로 학습자들의 동기유발을 이끌어 내어 어떻게 최적 수준의 적절한 동기화를 형성시킬 수 있는가가 관건이 될 수 있을 것이다.

여기에서 우리가 기억해야 할 중요한 것은 동기는 분류에 따라서 단계적으로 동기형성이 이루어진다는 것이다. 사람에게 있어서 가장 우선적인 동기는 평형상태 동기로 이는 생명의 존속이 달려 있는 것으로 행동에 있어 최우선이 된다. 그다음이 성적 동기인데 이는 학자들의 견해에 따라 1차적 동기로 분류되는 만큼 그 동기의 우선성이 존재한다.

정서적 동기는 사회적 동기와 함께 2차적 동기로 분류되기도 하는데 Murry, E, J의 주장으로 보면 정서적 동기는 사회적 동기보다 우선적으로 행동을 유발하는 동기가 된다. 성취적 동기 부여보다 정서적 동기를 부여함이 학습을 일으키는데 효과적일 수 있다는 것이다. 무용동작 수행에 있어서 사회적 성취동기를 부여하기보다 정서적 동기인 즐거움을 부여하는 것이 효과적일 것이라는 가설은 가능하다.

6. 동기와 학습

무용동작학습에서 동기가 학습의 주요 변인이 되는 것을 의심하는 사람은 거의 없을 것이다. 실제로 무용동작학습 효과에 관한 실험에서 동기 부여 조절이 실험의 성패를 결정하는 사례가 적지 않다. 어린이들을 대상으로 하는 실험에서 학습에 관한 동기 부여의 문제는 실험의 설계시작에서부터 고려되어야 할 문제이다.

동기와 학습의 관계에서 학습자의 동기유발의 성공이 학습의 결과에 정적인 영향을 줄 수 있다고 가정하면 역설적으로 학습자가 학습의 동기를 갖고 있지 않다면 학습에 부적 영향을 준다는 이론이 성립되는 것일까? 실제상황을 생각해 보자.

A는 학교에서 무용 수업을 하는 것 보다 집에서 게임을 하거나 다른 오락성 동작의 행동에 훨씬 더 관심이 있을 수 있다. 그러나 무용 수업을 해야 하는 것이 또 다른 상황적 힘으로 A를 강의실로 움직이게 한다. 이러한 예에서 A가 하고 싶어 하는 욕구는 내적욕구(inner drive)이며 강의실로 가야하는 각성은 외적 영향력이다. A가 하고 싶은 일을 할 수 없는 것과 하기 싫은 일을 해야 하거나 하는 경우가 나타나게 된다.

학습의 현장에서 이러한 경우는 허다하다. 외적 영향력에 의해서 연습장에 오기는 했으나 동작학습에 대한 내적욕구는 전혀 갖고 있지 않을 수 있다는 것이다. 더욱이 정상적인 동작학습이 아닌 연습 방법에 따른 수행의 효과나 학습의 효과를 실험하는 경우 연구자의 의도와는 반대로 피험자인 학습자들은 학습 욕구가 전혀 형성되어있지 않을 경우가 있을 수 있다.

이러한 문제의 해결을 위해 최근의 실험에서는 종종 보상을 제시하여 동기를 끌어올리기도 한다. 동기유발의 효과적인 방법을 찾아보기 위하여 동기에 관한 기본 개념을 좀 더 알아보자.

동기유발을 위해 현장에서 자주 사용되는 몇 가지 방법 중에 학습 성취에 관한 기본 목표를 세우는 방법과 학습에 의미를 주어 학습자의 성취 욕구를 높여주는 방법 등이 있으나, 학습 자체에 흥미를 유발하도록 하는 것이 효과적이라는 이론이다.

사람에게 나타나는 여러 가지 욕구 중 가장 먼저 나타나는 욕구는 1차적인 생리적요구이며 이는 다른 어느 욕구보다 행동의 우선성을 갖고 있다. 동기의 개념에서 보자면 제1차적 동기가 되는 것이 생체의 평형화를 유지하기 위해 필요한 동기가 된다. 생체의 평형화를 유지하기 위해 필요한 행동이라는 것을 설명한다면 사람이 땀을 흘려 체내 수분이 방출되면 인체는 평형화를 위해 수분을 섭취해야 하는 행동이 일어난다는 것으로 설명되어질 수 있다.

동작학습 등과 같은 학습에서 일어나는 행동의 동기는 성취동기에 속하는 것으로 이는 제2차적 동기로 분류되어진다. 여기에서 중요한 것은 사람에게 나타나는 행동의 우선이 1차, 2차 동기 순으로 발생한다는 것이다. 성취의 동기로 인하여 나타나는 행동보다는 생리적인 동기로 나타나는 행동이 우선된다는 개념이다.

무용연습시 동작의 중요성을 인지시키고 흥미를 유도하였어도 연습 과정 중에 1차적 동기로 인한 행동동기가 발생하면 무용동작수행은 방해를 받게 된다. 무용동작학습 동기는 이미 발생한 1차적 욕구가 충족되고 난 후에나 행동으로 나타나게 된다는 것이다. 동기는 행동의 발생 원인에 따라 내적 동기와 외적 동기로 구분하여 생각할 수 있다.

학습과 동기의 관계에서 외적 동기와 내적 동기를 생각해보자. 수강을 신청할 때 별로 하고 싶지 않았던 타악 과목의 강의나 생활무용 강의를 친구들과의 약속에 의해 신청하여 수업을 하게 되었다면 처음 몇 번은 그 과목의 학습에 대하여 내적 동기가 거의 작용되지 않을 것이다. 그러나 강의가 지속되어지면서 학습에 대한 흥미가 유발되어 다른 친구들보다 더 열심히 강의에 임하게 되는 경우가 발생할 수도 있다.

학습의 시작 단계에서 학습의 욕구 등, 학습 동기가 없었는데 학습이 진행되어지면서 동기가 발생하게 되는 경우인데 이것은 동기가 없는 상태에서도 학습이 일어날 수 있음을 나타내는 우연적 학습이다.

학습자의 학습 의지나 학습 욕구 등이 없는 상태에서 은연중에 일어날 수 있는 학습으로 본다. 주변의 환경적 상태에 의해 학습되는 우연 학습 상황은 우리가 익히 알고 있는 '孟母三遷之敎'고사를 생각해 볼 수 있을 것이다.

이것과 상반되어지는 것이 의도적 학습이다. 학습의 목적과 목표가 설정되어서 실행되어지는 모든 학습이 의도적인 학습이 되겠다. 운동기능 학습에서 연구자들의 실험은 우연적 학습의 우세를 지지한다(Dickinson, 1978). 이는 동작기능학습에서 동작수행의 정보 처리 활동이 어떠한 학습의 의지보다 중요하다는 의미가 될 수 있겠다.

이와 같은 전제가 사실이라면 동작기술 학습은 학습자에게 좀 더 능동적으로 동작수행에 관한 정보처리 작업에 참여시킬 수 있는 연습 조건이 더 효과적인 학습을 이끌어 낼 수 있다는 이론이 된다. 이 같은 이론을 지지하는 연구들이 있는데 그것은 Shea와 Zimny(1983)의 연구 결과와 Robyn Morgan(1981)의 결과들이다(김기웅, 1990).

학습의 동기, 다시 말해 동작을 배우려는 욕구나 의지보다는 동작학습의 정보처리 활동이 동작 기능의 학습에 더 유용한 방법일 수 있다는 주장이 옳다 하여도 동기가 학습을 이끌고 있다는 일반적인 개념을 반박할 수는 없을 것이다. 사람의 모든 행동은 어떤 욕구에 의해서 나타나나지만 지나친 욕구는 행동을 저해할 수는 있다.

지나친 욕구에 관한 행동의 저해에 관한 문제는 적절한 목표설정으로 동기수준을 학습자의 능력 등에 맞춰 줌으로 대처해 나갈 수 있다. 무용동작 기능의 학습은 무용수에게 필수적인 것이지만 그것이 무용의 전부는 아니다.

동기는 지루한 연습을 유지할 수 있는 원동력으로 작용하며, 반복되는 연습의 지루함을 극복하게 하고, 신체적 정신적 고통을 이겨낼 수 있는 힘이 되어준다. 백정희(2008)는 직업무용수들의 탈진에 관하여 연구한 결과 직업무용수들의 탈진의 원인이 되는 요인으로 동기의 쇄진을 지적했다. 무용동작기술을 학습해야 하는 무용수에게 있어서 동기는 무용을 지속하게 하는 중요한 요인으로 작용한다는 것은 분명한 것이다.

7. 학습의 강화 기법

(1) 과제 인식

무용동작연습을 시작하기 전에, 학습자들이 과제를 배우려는 욕망을 갖도록 하는 것이 중요하다. 학습해야 할 동작과제의 중요성을 인지하도록 하여 동기를 유발하도록 하는 것인데 수많은 이런 종류의 동기는 무용 활동을 문화적으로 중요하다고 강조하기 때문에 이미 형성되어 있는 것처럼 보인다. 그러나 대부분의 경우에는 과제에 직접적인 연관을 이끌어서 이러한 동작 기능을 배우는 것이 어떻게 좋을 것이라는 이유를 직접적으로 알려주는 것이 중요하다.

무용교사는 통상적으로 이미 사용해 오는 일괄적인 연습 방법에 의한 시리즈 형태의 연습을 실시한다. 학습하려는 과제가 되는 이러한 동작은 무용의 어떠한 부분에 직접적으로 소용되는지 이런 동작의 습득은 무용의 어느 부분에 보다 효과적인 진전을 예측할 수 있는지에 관한 설명이 주어지지 않는 경우가 많다.

학습하려는 과제를 인식시키는 일이 어떻게 중요한 것인지 생각해 보자. 일상적인 생활 운동에서 완전히 남성적인 게임(가령 축구의 태클)이 소년들에게 적합하다고 인식한다. 그리고 소년들은 남성적인 활동을 선호한다고 생각한다. 그러나 생활을 하다보면 소년들에게 있어서 어떤 시기에는 격렬하지 않은 레크레이션적인 활동이 필요하게 되기도 한다. 즉, 레크레이션적인 과제의 중요성에 관한 새로운 인식이 필요하게 되는 것이다.

마찬가지로 무용동작은 성장기 소녀들에게 아름다움을 키울 수 있는 동작요소로 인식되어 있다. 그러므로 무용동작과제는 소녀들에게 필요한 과제로 인식되었다고 생각한다. 앞에서 설명한 축구가 소년들에게 적합한 과제이며 무용이 소녀들에게 유용한 과제라는 일반적인 인식은 동작과제를 학습하려는 동기유발과 밀접한 관계가 형성된다고 본다.

사람들은 세계적인 경기에서 본받고자 하는 모델이 되는 선수가 수행하는 기술을 본 후 – 예를 들면 김연아가 올림픽경기에 참가하여 금메달을 획득한 이후 피겨스케이트에 대한 관심이 엄청나게 증가한 것처럼 특정 기술을 학습하는데 더 많은 관심을 가질 수도 있다.

이런 동기유발 방법은 이용하기가 쉽다. 관심 있는 동작기능 과제에 관한 인지도가 높아지고 그들은 아마 그것을 훌륭하게 학습할 방식과 새로운 기술에 접근하는 방법을 아주 다르게 변모 시킬 것이다. 학습과제에 관한 인식은 학습 결과에 커다란 변수로 작용될 것이다.

(2) 목표설정

학습의 강화 기법으로 자주 이용되는 동기유발법은 학습을 실행할 때 목표를 설정하는 것이다. 이는 학습자들이 동작과제에 관하여 연습을 시작하기 전에 정해 놓은 목표에 달성하도록 노력하게 하는 것이다.

학습의 목표설정이라는 방법은 산업이나 조직 심리학 그리고 더 최근에 스포츠와 운동에 관련된 연구에서 폭넓게 수행되어졌으며, 학습과 수행에 대한 몇 가지 흥미로운 원칙을 제시하고 있다. 대부분의 학습 활동에서 자주 이용되는 '열심히 하라' '열심히 하자'를 생각해 보자.

'가능한 한 많이 얻도록 노력하라' '가능한 열심히 일을 하라' 그리고 '거기에 100% 힘을 쏟아라'와 같은 말들은 전형적으로 정확한 목표가 없는 격려성 목표들이다.

Locked와 Latham(1985)은 구체적이고 어려운 목표가 없거나, '열심히 하라'와 같은 애매하고 막연한 목표보다 수행에 더 효과적으로 나타나는 목표설정 방법을 제시하였다. 이러한 목표설정은 학습과정에서 학습자들에게 작용하게 되는데 몇 가지 구체적인 내용에 관한 심리학적 연구들을 훌륭하게 요약하였다.

목표설정은 중요회의에서 의제를 설정하는 것과 유사하게 되어야 하며 구체적이고 결정적인 것이어야 하는데 이런 종류의 목표들은 ① 자신의 활동에 집중시켜 주고 ② 이런 활동에 기울이는 노력을 조절하는데 도움을 주며 ③

목표를 달성하려는 주의를 이끌어 내는 것에 도움을 주고 ④ 성취한 것에 비교할 준거를 제공해 준다(Schmidt, 2004)는 것이 Locked와 Latham의 주장이다. 이 같은 Latham의 이론은 설득력 있게 보였다. 그러나 이러한 Latham의 주장은 그다지 신뢰를 받지 못한다. 어떤 이론이 신뢰성 있는 이론이 되기 위해서는 관련된 실험 결과로 지지되어야 하는데 동작기술 훈련과 습득에 관한 목표설정 연구들은 구체적이고 어려운 목표들이 수행에 가장 효과적이라는 Locked와 Latham의 주장을 일관되게 지지하지 못하고 있다.

목표설정과 관련하여 스포츠와 운동을 대상으로 실시한 몇몇 실험연구는 일관성 없는 결과들을 나타내고 있다. 실험의 결과가 일관적이지 못하다는 것은 연구과정에서 나타나는 방법적인 문제이거나 통제에 관한 문제일 경우가 많다.

목표를 설정하는 것은 학습자의 동기 유발에 관련된 문제이다. 목표를 설정한 집단과 그렇지 않은 집단과의 학습성취 정도를 판단하는 실험인 경우 실험 과정에서 피험자들을 통제해야 하는 문제가 나타난다. 동작기술 습득에 구체적이고 진취적인 목표가 설정된 집단과 목표가 설정되지 않은 집단과의 차이에 관한 것인데 스포츠와 동작과제들은 종종 내적으로 동기화될 수 있으며 경쟁적이기 때문에 피험자들은 연구에 참가할 때 학습 결과에 많은 관심을 가질 수도 있다. 이러한 스포츠동작과제는 피험자들이 스스로 구체적인 목표를 설정하지 않았다거나 막연한 목표를 가졌다고 하여도 사실 은연중에 구체적이고 어려운 목표를 설정했을 가능성이 높다는 것이다. 그래서 목표설정이라는 변인의 잠재 가능한 부적 영향은 차단될 수 있다고 보는 것이다.

다시 말하면 피험자들이 갖는 목표설정에 관한 실질적인 통제가 불가하다는 것이다. 사실상 어떤 동작을 하기 위해서 피험자가 갖는 동작수행의 목표를 외적인 것 외에는 통제가 불가능하며, 또한 피험자 스스로도 동작 기능을 수행하는 것에 점수가 기록되는 상황에서는 경쟁적이 될 수 있으므로 자연스럽게 목표가 설정될 수 있다. 이처럼 스포츠과제와 동작과제에 관한 실험연구에서 목표설정 효과가 두드러지게 나타나지 않는다는 것으로 목표설정이 동작기술의 수행에 중요한 요인이 아니라는 것을 의미할 수는 없다.

동작과제의 훈련 효과들에 사용되는 집단간의 비교 연구에서 피험자 스스로가 내적 목표설정을 제거할 수 없다는 사실은 목표설정의 진정한 효과를 밝혀내기 어렵게 만들어 연구자의 처치효과를 약화시킬 수도 있다.

Kyllo와 Landers(1995)은 목표설정에 관한 메타분석(양적인 측면)을 실시하여 스포츠와 동작기술 수행에 일관성은 없지만 약간의 효과가 나타났음을 제시하였다. 목표설정에 관한 연구 결과가 일관적이지 못한 여러 가지 가능성을 연구하던 연구자들은 구체적이고 약간 어려운 절대 목표는 스포츠와 동작과제의 수행에 도움이 된다는 것을 발견했다.

이들 연구자들은 단기 목표와 장-단기 목표의 첨가로 장기 목표만 설정한 것에 비해 수행을 촉진한다는 증거를 제시했다. 목표설정이 동작과제 습득에 미치는 효과를 규명하려는 이러한 연구의 한계는 실험집단의 통제에도 있었지만 종종 수행과 학습효과를 구별하지 못하였다는 것에도 있었다.

목표설정에 대한 많은 연구는 목표설정이 동기와 같은 요인에 큰 영향을 미치는 것처럼 보였기 때문에 수행에 대한 연구가 지배적이었다. 목표설정이 학습에 효과적이라고 보고한 몇몇 연구가 있다. Boyce(1992)의 실험을 살펴보자. 그는 소총사격을 학습하는 동안 서로 다른 목표를 설정한 세 집단을 실험했다. 첫째 집단은 '열심히 하라'는 막연한 목표를 설정하였고(통제), 둘째 집단은 '스스로 구체적인 목표를 설정'하는 것이며(내적), 셋째 집단에게는 매일 실험자가 '점차 어렵게 설정한 구체적인 목표를 제시'하였다(외적). 목표설정에 따른 학습효과를 살펴보기 위한 실험 절차는 사전 테스트 후에 3주 동안, 주당 5일간의 연습이 진행되도록 했다. 마지막 연습 후 1주일 뒤에 학습평가를 위한 파지테스트를 실시했다. 그림 6-3은 Boyce(1992)의 실험 결과이다.

'열심히 하라'고 한 집단의 피험자는 연습 첫날에 다른 집단에 비해 약간 더 좋게 수행하였으나, 다른 날을 그렇지 않았다. 이런 차이는 역시 파지테스트에서도 유지되었는데, 구체적인 목표 설정철차가 수행과 학습에 유의한 효과가 있다는 것을 시사한다(Schmidt, 2004).

〈그림 6-3〉 목표설정에 따른 동작과제 습득 효과(Wulf et al., 2003)

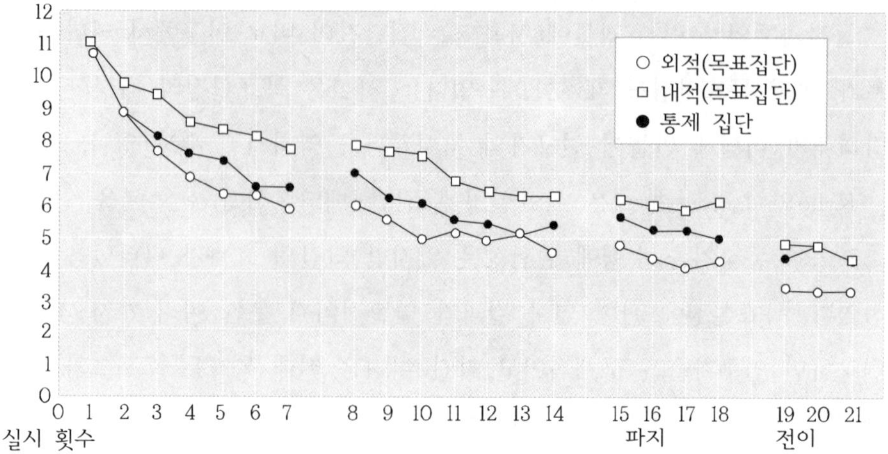

무용동작 기능학습에 목표설정이 효과적일 수 있다는 가설을 증명하는 실험 결과가 제시된 상황은 없으나 우리는 무용동작학습의 현장에서 어떤 목표가 있는 연습의 결과가 효과적이라는 것을 찾아보기는 어렵지 않다. 예를 들면, 일반적인 무용연습과 공연이나 콩쿨을 앞두고 그 목표를 향해 연습하는 두 가지 상황에서 후자의 경우가 동작기능향상에 많은 진전을 보인다는 것이다.

앞의 몇몇 실험의 과정과 결과를 주의 깊게 살펴보고 무용동작학습에 적용한다면 연습시기와 연습 진행 정도에 맞는 적절한 목표설정이 연습의 효과를 증진시킬 수 있을 것이다.

(3) 언어 정보

무용동작이든 기술 동작이든 동작을 학습하는 일에 있어서 학습자가 학습해야 할 과제에 학습동기를 갖게 되어서 그 과제를 실행하는 경우에 학습자는 과제에 관한 어떤 이미지나 동작의 '개념'을 갖는 것이 중요하다.

무용동작을 학습하는 현장에서 동작과제를 제시하는 경우에 지도자의 교수 방법이나 무용적 기술이 다양하게 나타나게 된다. 동작과제를 제시하는 방법은 매우 다양하다.

비디오테이프, 언어적 지시, 그리고 시범 등으로 과제를 제시한다. 이러한 과제 제시가 학습자들의 동작과제 학습에 많은 영향을 줄 수 있다는 것이다. 지도자가 학습자에게 학습할 과제를 제시하는 것은 학습하려는 과제에 관한 정보를 제공하는 일이며 그 정보의 제공은 과제의 실행에 영향을 주게 되며 이는 곧 과제 학습에 영향을 미치게 되는 것이다. 동작과제를 제시하는 방법에 따라서 학습에 영향을 미치게 되는데 과제 제시 방법의 몇 가지를 검토해 보자.

1) 지시

학습자들에게 새로운 동작기술을 처음 소개하는 가장 보편적인 방법 중의 하나는 교사나 지도자가 제시하는 언어적 지시이다. 우리는 새로운 무용동작을 교사나 안무자로부터 제시 받으면서 언어적 설명으로 그 동작을 실행할 때 지켜야할 주의나 동작 실행에 필요한 요건들을 지시 받은 경험이 있었을 것이다. 이 같은 지도자의 지시가 동작학습에 미치는 영향은 초보학습자에게 있어서는 매우 크게 나타난다.

Solley(1952)의 연구는 학습하려는 동작과제를 처음 제시할 때 지도자가 설명하는 과제수행에 필요한 실행상의 특성이나 주의 효과가 오래 지속됨을 보여주었다. Solley의 연구에서 세 집단의 피험자는 목표방향으로 투스텝을 하고 앞팔을 흔들어서 목표를 가리키는 동작이 학습과제였다. 6일간의 연습동안 각 집단은 속도, 정확성, 그리고 속도와 정확성을 동시에 강조해서 그 동작을 수행하도록 조절했다. 이 실험의 결과는 매우 흥미롭게 나타났다.

실험대상자에게 동작과제를 수행하는데 정확성을 강조한 집단은 연습동안 가장 정확하게 가리켰고, 속도를 강조한 집단은 동작 수행 속도가 가장 빨랐으며, 속도와 정확성을 동시에 강조한 집단은 두 가지 척도에서 중간의 수준으로 수행했다. 이 연구에서 중요한 점은 과제의 수행을 평가하는 것은 물론 학습상태를 관찰하기 위하여 연습 6일 후에 모든 집단에게 속도와 정확성을 똑같이 중요하다고 강조한 전이테스트를 실시했다는 것이다. 각 집단이 수행에서 보여준 결과는 전이에서도 유지되었다.

동작과제 학습에서 지도자의 지시는 동작에 관한 유용하고 중요한 정보로서 수행에 필요한 수행정보로 작용한다. 즉 과제를 실행할 때 사용해야 하는 신체 부위나 신체부위 간의 협응, 힘의 크기에 관한 지시가 있을 수 있을 것이다. 또는 과제의 복잡성의 정도에 따라서 우선 실행해야 할 신체부위나 무용동작이 갖는 느낌 등의 유용한 정보가 될 수도 있을 것이다. 그리고 사용한 도구나 장치와 관련된 사지의 처음 위치, 몸의 형태와 방향, 주시하고 들어야 할 것, 그리고 해야 할 내용과 같은 것들을 제공할 수 있다.

과제제시 설명에서 중요한 것은 동작의 전체적인 '개념'이나 이미지가 첫 번째 동작 실행을 위한 길잡이가 되도록 전달된다는 것이다. 과제에 관한 지시는 학습자 스스로 동작 수행 결과를 인지하는데 도움을 준다. 무용동작의 돌기동작을 제시하면서 정확한 이동을 필요로 하는 돌기 과제라면 학습자는 지도자의 도움 없이 동작 실행의 성공여부를 알 수 있게 된다. 이것은 과제를 수정할 수 있는 좋은 결과를 가져오게 되어 동작학습의 기본 개념이 되는 '동작과제수행의 오차수정'을 실시하게 한다. 동작과제에 관한 언어적 지시는 학습에 중요한 요인으로 작용된다.

다음 상황을 생각해보자. 한국무용의 연풍대 동작을 학습해야하는 상황에서 학습자는 동작과제를 시범이나 VTR로 제시 받았다. 이제 그 과제를 실행해야 하는데 지도자가 학습자에게 지시한 것이 '실시하라'이다. 이같은 상황에서 학습자는 그 과제의 이미지는 기억하고 있지만 수행상의 곤란함으로 무엇을 해야 할지 알아내려고 쩔쩔매는 경우가 나타날 수 있을 것이다. 연풍대를 시작하는 음악적 리듬은 어떻게 되는지 팔과 몸의 방향은 어떻게 하는지 다리의 힘과 두 다리의 높낮이는 어떤지 진행 방향은 어떻게 되는지 망설이게 될 것이다.

학습자에게 있어서 분명히 해야 할 과제가 무엇이고, 어떤 방법으로 해야 하며, 그리고 점수를 얻기 위해서, 또는 수행 오차를 줄이기 위해서 해야 할 것이 무엇인지에 대한 지도자의 지시는 학습과정상 이 단계에서 중요할 것이다. 이같이 동작수행에 필요한 수행 정보 지시의 또 다른 특징은 학습자에게 하지 말아야 되는 것을 알려주는 일일 것이다. 동작과제를 실행하는 과정에서 '이렇게 뛰고 돌아라' 보다는 '주저앉거나 속도가 줄어들면 안 된다'라는 지시가 없다면 학습자들은 주저앉거나 속도가 줄어들어서 동작을 성공하지 못한다는 것을 알기 위해 많은 시간을 노력하고 연습해야 될 것이다.

동작과제의 실행을 지시하는 실제 과정에서 중요한 것은 동작 실행에 관한 언어적 지시가 지나치게 사용된다고 믿고 있다는 것이다. 무용동작과제를 실행하는 과정에서 우리는 학습자가 달성하려고 하는 복잡한 종류의 동작을 비교적 대충 설명한다. 동작의 실행을 보여주는 것에 중점을 두게 되며 언어적 설명은 섬세하게 전달하지 못한다는 것이다. 무용동작의 연풍대 동작을 언어로 설명해야 하는 경우를 생각해 보자.

지도자는 의도한 동작을 최대한 전체적으로 보여주고 일반적 측면은 언어적인 지시를 통하여 전달하려고 한다. 전체 동작을 시범 등으로 인지시키고 수행에 중요한 또는 유의해야 할 부분은 언어로 지시하게 된다. 학습자는 그런 많은 지시를 기억할 수 있고, 그리고 이런 중요한 몇 가지 사항은 첫 번째 실행에서 수행 과제를 이해하는 과정이라고 생각할 수 있다. 그러나 이 문제는 주의집중기간이 성인에 비하여 짧은 어린이들에게는 매우 중요한 것이 된다.

무용동작과제는 그것이 순차적 과제이든 연속적 과제이든 신체 각 부분들이 융합하여 이루어지는 동작인데 이러한 동작은 처음 접하는 상태에서 동작수행과정을 모두 인지하는 것은 성인에게도 쉬운 일은 아니다. 이러한 경우 하나의 해결방안은 한 두 번째 시기에서 기술의 가장 중요한 측면을 연습초기에 확실하게 깨닫도록 말로 설명하는 것이다. 첫 번째 중요한 요소를 성취하고 난 후, 다음에 주의를 기울여야 할 가장 중요한 측면을 학습자에게 말로 혹은 다른 기술들로 지시해 줄 수 있다. 즉 수행 과정을 단계적으로 분석하여 제시하는 방법인 것인데 한 가지 문제점은 지시의 본질에 대한 연구조사가 거의 이루어지지 않았고, 학습에서 그것들의 가치를 평가해야 할 것이 많이 남아있다는 것이다.

2) 학습과 이해(암시적 학습)

동작과제를 제시하는 언어적 지시가 비언어적 제시인 시범보다 유익한 것은 연습을 시작하기 전에 학습자에게 설명되는 언어 지시는 과제 수행에 관계되는 수행에 필요한 수행 요인을 알게 된다는 것이다. 동작과제를 학습하는 일은 동작과제를 인지하는 것에서 시작되어진다고 보는 것이다. 그렇다면 동작을 알지 못하면 학습되지 않는 것일까? 과제의 인지적인 규칙성을 잊어버리는 경우에도 학습이 일어날 수 있다는 것을 주장하는 몇 가지 연구가 있다.

Wickens와 Pew가 실시한 연구에서 이와 같은 결과가 나타났는데 이 실험에서 피험자들은 컴퓨터 모니터에 나타나는 자극 신호에 일치하도록 레버를 움직이는 추적과제를 실행하는 것이었다. 이 연구에서 1회 연습은 20초였다. 연구의 결과는 반복 연습한 중간부분에서의 수행향상이 무선적인 연습기간에서보다 훨씬 빠르게 나타났다.

이 실험에서 중요한 것은 11일이 지난 후 피험자와의 인터뷰에서 아무도 중간부분이 항상 반복된다는 것을 알지 못하였다. 이것은 학습자가 실행하는 동작과제를 정확하게 인지하지 못하고 있는 상황에서도 동작은 학습되고 있었다는 것이다. 추적과제를 실행하는 과정에 컴퓨터 모니터 중간영역에서 피험자가 과제의 특정 부분이 다른 것과 상이하다는 것을 알지 못했는데도 학습은 폭발적으로 일어났다. 이와 같은 실험 결과는 첫 부분을 반복시킨 실험에서 Magill, Schoenfelder-Zhodi, 그리고 Hall에 의해 반복되었는데 역시 지각해야 할 자극의 어떠한 규칙성을 아무도 알지 못하였다(Schmidt, 2004).

최근의 연구들은 학습자가 실행하는 과제의 과정을 알지 못하는 상황에서도 학습이 나타난다는 수행 효과가 전이테스트에서도 지속된다는 것을 보여주었다.

연구자들의 이와 같은 발견은 과제의 수행특성을 미리 은연중에 안다는 것과 그것이 학습에 미치는 효과가 반직관적인 통찰력임을 제시해 주었다. 이런 암시학습이 지시와 훈련에 실질적인 의미를 제공하기 위해서는 이런 종류의 응용연구가 필요하다. 이러한 암시적 학습의 실험은 어디까지나 단순동작기능으로 복잡한 무용동작기능에서는 그 적용의 타당함에 오류의 위험성은 존재한다. 그러나 동작 수행의 과정에서 그 동작의 수행 원리를 모두 기억할 수 없고 어느 동작의 경우에는 설명되어지지 않는 부분이 존재한다는 것을 우리는 동작학습의 현장에서 경험하고 있는 것 또한 사실이다. 좀 더 적극적인 연구가 필요한 부분이다.

✻ 생각해 볼 문제

- 무용동작 연습시 동기를 유발하는 요인을 생각해 보자.
- 연습시 교사나 트레이너들의 채근과 격려에 대해서 그것들이 학습자들에게 줄 수 있는 동기유발에 관해 논의해 보자.
- 무용동작을 연습하는 과정에서 흥미 유발법과 성취동기 유발방법에 관해 논의해 보자.
- 1차적 동기와 2, 3차 동기는 실제적 적용에 어떠한 문제가 있을지 논의해 보자.
- 동작과제를 제시하는 효과적인 방법을 논의해 보자.
- 동작을 설명하는 것은 과제를 인지하는데 도움을 줄 수 있겠다. 지시는 과제의 설명과 어떻게 다른지 논의해 보자.
- 동작을 정확히 인지하지 못한 상황에서도 학습은 일어난다. 실제적인 경험과 그 가능성을 논의해 보자.

제7장 학습의 전이

사진 _ 최시내

제7장

학습의 전이

학습목표

— 전이는 연습으로 나타나는 학습의 결과라고 할 수 있다.

— 동작을 학습과제로 하는 동작학습의 장에서 전이는 어떤 의미를 갖는가? 학습된 동작은 학습자의 습관으로 나타나는 것이며 이것을 전이라고 한다. 정확한 전이의 개념은 무엇인지 살펴보자.

— 학습된 동작은 어떻게 전이되어 나타나는지 실제를 살펴본다.

— 습득된 동작은 새로운 동작과제 습득과정에서 어떻게 적용되어지는 것일까?

— 학습이 이루어진 것인가를 평가하는 방법으로 전이를 측정하는 경우가 많은데 그 이유는 무엇일까? 전이는 어떻게 측정할 수 있는가를 살펴본다.

— 능력(기본 체력)의 전이와 학습된 조작능력의 전이를 구별해야 하는 이유는 무엇일까?

— 학습된 조작능력이 학습자들의 새로운 동작학습에 모두 유익하게 작용될 수 있을까? 정적인 전이와 부적인 전이의 개념을 이해한다.

— 학습자의 학습 전 습관이 새로운 동작의 수행에 나타나는 부적인 현상을 어떻게 볼 것인가?

— 동작수행이 맥락간 충돌에 의해서 나타나는 현상을 설명하는 맥락간섭과 학습된 동작이 습관으로 나타나는 전이의 관계를 알아본다.

1. 들어가며

동작수행이 학습에 의해 나타나는 변화는 어떤 특정 동작과제가 연습으로 인하여 수행에 나타나는 이득(또는 손실) 이라고 정의될 수 있겠다. 동작학습을 앞에서 언급한 것과 같이 어떤 동작과제를 연습한 결과로 나타난 변화가 한 동작의 습관적인 힘에 대한 이득으로 정의하는 것은 바람직한 일이다. 따라서 학습자에게 나타나는 학습결과는 습관적 이득으로 그 과제를 위한 수행과정에서의 이득이나 손실에 의해 측정되어진다.

한 동작과제에 대한 연습의 결과는 해당 과제의 습관적 이득은 물론 또 다른 과제의 습관적인 힘에서의 이득(양적인 변화)으로 또는 손실(음적 변화)로 그 결과를 초래하게 될 수 있을 것이다. 학습에 의해 발생된 수행의 변화는 보통 동작기술을 학습하는데 보이지 않는 요소로 작용된다.

성장기 이후의 동작학습을 살펴보자. 동작을 학습한다는 것은 전혀 몰랐던 새로운 움직임의 기술들을 배우는 것이 아니라는 전제가 성립한다. 동작학습은 성장기에 습득한 움직임의 동작들을 기본으로 하여 이전의 구 기술들을 '새로운' 동작 유형으로 새롭게 조합하여 구성된 기술을 학습하게 되는 것이다. 따라서 새로운 동작기술을 학습하는 것에 대한 성인의 학습 과정은 대략 그들의 이전의 구 기술들이 새로운 상황으로 옮겨서 구성되어진다고 본다.

동작학습에서 논의되는 학습의 전이는 이러한 개괄적인 개념으로 접근함이 유익할 것이다. 학습 전이가 동작과제의 어느 기능에 관한 학습 경험이 새로운 동작 기능의 학습에 전이되어 나타나는 것을 의미한다고 볼 때 어떤 동작과제의 수행능력이 다른 과제의 수행에 어떻게 작용되는가를 알아보는 것이 전이 연구의 관건이 될 것이다.

동작기능의 학습과정은 자극(input)과 반응(output) 간에 나타나는 동작 수행과정의 구조적 상황으로 보는 것이 일반적이다. 이러한 구조로 볼 때 자극에 대한 반응의 결과가 동작학습의 중요한 요소가 된다. 이때 자극에 대한 반응의 유사성이 높을수록 정적인 전이 현상이 나타나며, 반대로 유사성이 낮을수록 부적 전이현상이 나타나는 것으로 보고 있다.

무용동작의 학습에서 이전의 동작경험은 새로운 동작학습에 어떻게 작용되어 나타나게 되는 것일까? 새로운 기능의 학습을 촉진시키는 과거의 경험은 어떻게 이전 되어지는 것일까? 무용동작 기능 학습에서 전이는 중요한 학습현상으로 우리는 적어도 몇몇 동작기능의 경험이 무용동작 기능 학습에 부적 전이를 가져오는 것을 느끼고 있다.

본 장에서는 무용동작학습에 나타나는 전이에 관한 좀 더 정확하고 실질적인 상황을 살펴보자.

2. 전이의 개념과 종류

학습되어진 동작이 전이로 나타나는 것이 교수법과 교육의 교과과정상의 학습원리가 된다. 이 책의 앞부분에서 논의되어진 학습이론에서 학습효과와 수행의 효과를 설명할 때 학습의 전이 효과와 파지 효과가 나타나는 것을 학습의 결과로 본다는 것을 언급하였다. 이와 같은 논의에 내포된 함축성은 만약 학습자에게 제시한 새로운 동작이 학습으로 이루어졌다면 정적 전이는 학습한 동작기능이 또 다른 새로운 동작기능을 수행하는 과정에서 기능의 변화가 관찰이 되어져야 한다는 것이다.

간단한 예를 살펴보자. 우리는 한국무용을 처음 학습할 때 걸음걸이를 초기 과제로 채택한다. 장단에 맞추어 뒤꿈치부터 사용하여 즈려밟듯이 이동하는 것을 학습한다. 이 동작과제가 학습자에게 학습되어졌다면 이 후의 새로운 동작과제인 이동하면서 어깨메기 동작수행에 즈려밟듯이 이동하는 동작이 습관적으로 나타나서 관찰되어져야 한다는 것이다.

이 같은 동작학습의 전이원리는 동작기능을 학습하는 과정에서 나타나는데 무용동작을 학습할 때 우리는 처음부터 완성된 무용동작을 배우지는 않는다. 예를 들어 완성된 발레동작을 학습하기 위해서는 무릎을 펴는 기능을 우선 학습하고 발등을 펴는 법, 다리를 들어 올리는 법, 팔을 드는 법 등 가장 기본적인 몇 가지 동작을 우선 학습한다. 그리고 이러한 기본적인 수행은 다음의 학습과정인 발레의 아라베스크 동작학습에 전이되어 아라베스크동작을 수행할 수 있게 된다.

학습의 전이원리는 보통 수학의 경우를 예로 들어 설명하는데 수학의 교과과정은 가장 기초적인 단순한 수의 개념으로부터 시작하여 점점 복잡한 것으로 이어진다는 것이다. 학습자들은 더하기, 빼기, 곱하기, 나누기 등의 수의 가감에서 수열의 개념과 산수를 우선 학습하고 그 다음에 대수와 적분을 학습한다는 것으로 설명되어질 수 있다.

무용동작을 학습하는 경우에도 어떤 기초적 기능이 요구되는 복잡한 기능은 그것을 도입하기 전에 기본적인 기술수행을 먼저 습득하는 과정이 우선되어야 한다. 무용동작기술을 가르치는 학습과정은 과제에 사용되는 기본적인 움직임의 원리와 특징을 우선 습득함으로써 움직임에 사용되는 원리와 특징의 수행 경험을 무용동작 수행과정에 맞게 사용해야 한다는 것이다. 만약에 아라베스크를 학습할 때 발레에 사용되는 기본적인 동작을 경험하지 못한 학습자들에게 아라베스크 동작을 수행하도록 한다면 학습자들은 팔과 다리, 팔과 손, 발 등을 어떻게 사용해야 하는지를 터득하기 위해 또 다른 학습이 필요하게 될 것이다.

전이의 원리를 이용하는 연습법은 무용동작의 리프트 동작이나 상해 위험성이 높은 공중동작 등에서 찾아 볼 수 있다. 공중에서의 동작을 학습할 때 미리 안전한 보호 장치를 사용하여 동작을 연습하여 그것의 경험이 실제동작 수행에 전이되도록 하는 방법이다.

지금까지 설명된 움직임의 기본원리와 수행 특징을 우선 학습하여 무용동작기술 수행에 나타나도록 하는 것은 정적 전이(positive transfer)로서 이전의 동작 경험이 새로운 동작학습에 도움을 주는 경우이다.

동작학습에서 이전의 학습 경험이 새로운 동작과제를 학습하는데 부적 영향을 주는 것을 생각할 수 있는데 이를 부적 전이(negative transfer)라고 한다. 이는 동작을 수행하는 특징이 서로 다르므로 나타나는데 수행상의 다른 특징으로 인하여 나타나는 동작간의 맥락간섭의 경우인 것이다. 부적 전이는 어떤 동작을 수행하는 수행특징이 서로 다른 동작을 동시에 학습하는 경우에서 발견된다.

서로 상반된 수행 특징을 갖는 과제를 교차하여 학습하는 경우 학습자들은 동작수행에 주의상황을 혼돈하여 동작간의 간섭이 나타난다는 것이 맥락간섭이다. 그러나 부적 전이는 일시적인 현상으로 나타난다는 견해가 대부분으로 최근에는 맥락간섭이 학습에 유익함을 제공할 수도 있다는 가설을 실험한 연구에서 과제의 맥락간의 간섭이 학습에 효과적이라는 연구결과가 제시되고 있다. 부적 전이와 정적 전이 이외에 중립적 전이 또는 영 전이로 분류되는 기술 수행 경험이 새로운 기술 학습에 아무런 효과를 보이지 않는 경우에 적용되는 전이 형태도 있다.

3. 전이의 측정(The Measurement of Transfer)

동작과제가 학습되었는가를 관찰하기 위하여 전이가 이루어지는가를 알아보는 연구법이 있는데 전이를 측정하는 연구에서는 세 가지 형태로 실험을 설계한다. 하나는 동일한 동작과제를 새로운 상황에서 수행하도록 하는 것으로 이미 연습한 것과 동일한 기술을 수행위치나 상황 등을 새롭게 하여 수행하도록 하는 방법이다. 이 방법은 공중에서 수행해야 할 동작을 바닥에서 연습하여 학습이 된 후 실제로 공중에서 수행하는 것이다. 이때 바닥에서의 연습이 학습되어진 것은 전이되어서 공중에서도 가능하게 된다는 것이다.

무용동작 중 공중회전이나 점프하며 취하는 몸의 자세가 있는데 이러한 동작과제의 초기 학습은 bar를 잡고 동작을 수행 하도록 하여 어느 정도 학습이 되었다고 판단되면 실제 동작을 수행하도록 하여 부상 등의 위험을 최소화한다. 이러한 경우 bar를 사용한 동작과제가 학습되어졌다면 실제 동작수행에 전이되어 동작을 수행할 수 있게 되는 것이라고 판단하게 되는 것이다. 다른 하나는 연습할 때보다 천천히 수행하거나 빠르게 수행하는 것으로 동작 수행 속도를 새롭게 변화시켜 수행하는 것이다. 잘 학습된 동작과제는 속도의 변화가 발생되어도 수행가능하게 된다. 세 번째는 동작과제 간에 어느 정도 관련은 있으나 새로운 과제를 수행하는 것이다. 이는 동작과제 수행상의 적용에 관한 수행방법의 전이를 평가하는 것이 되겠다.

동작과제의 전이효과를 측정하는 많은 실험적인 방법이 있으나 가장 단순한 것은 두 실험 집단을 사용하여 측정하는 방법이다. 다음의 표를 살펴보자.

	전이과제(Transfer Task)	기준과제(Criterion Task)
집단 1	왼팔과제(A)	오른팔과제(B)
집단 2	없음	오른팔과제(B)

위 표에서 집단 1이 왼팔 움직임-시간 과제(전이과제)에서 50번의 시도를 했고 그리고 나서 다른 오른팔 움직임-시간 과제(기준과제)에서 50번 시도했다고 가정하자. 왼팔 과제는 오른팔 과제로 얼마나 전이되었을까? 우리는 통제 집단인 집단 2를 이용하여 이 질문에 답할 수 있겠다. 집단 2는 오직 오른팔 과제만 연습하였다. 이들 집단이 구분되는 유일한 방식은 그들이 왼팔 과제를 수행할 수 있는가에 달려있다. 그러므로 처음 몇 번의 시도에서 오른팔만 수행한 집단과의 차이는 왼팔에서 오른팔로의 전이 정도를 나타낼 것이다. 이것은 그림 7-1에서 나타난다.

그림에서의 두 집단은 오른팔 과제에 대한 수행이 계획되었다. 오른팔 과제를 수행하기 전에 왼팔 과제를 경험한 집단 1은 왼팔 과제를 하지 않았던 집단 2보다 초기에 더 나은 수행을 보였다. 수행에 있어 이러한 차이는 왼팔 과제가 오른팔 과제로 전이되는 것에 대한 증거로 받아들여질 수 있다. 그림 7-1에서 나타나는 전이는 왼팔 과제가 오른팔을 향상시키는 것이기 때문에 정적으로 전이된다고 본다.

왼팔 과제가 오른팔 과제에 간섭했다는 것을 보여주는 그림 7-1의 오른편 그래프를 비교해보자. 여기서 집단 1의 초기 수행은 집단 2의 초기 수행보다 나쁘다.

이것은 왼팔 과제의 경험이 왼팔 과제의 수행에 결정적이었다는 것을 가리킨다. 오른팔 과제만을 경험한 집단에서 왼팔 과제의 수행효과가 잘 나타나는 것이 정적 전이 효과이고, 왼팔 과제의 경험이 왼팔 과제 수행에 그 효과가 잘 나타나지 않는 것을 부적 전이로 보는 것이다.

〈그림 7-1〉 정적 전이와 부적 전이를 보여주는 수행 곡선(Schmidt, 1975)

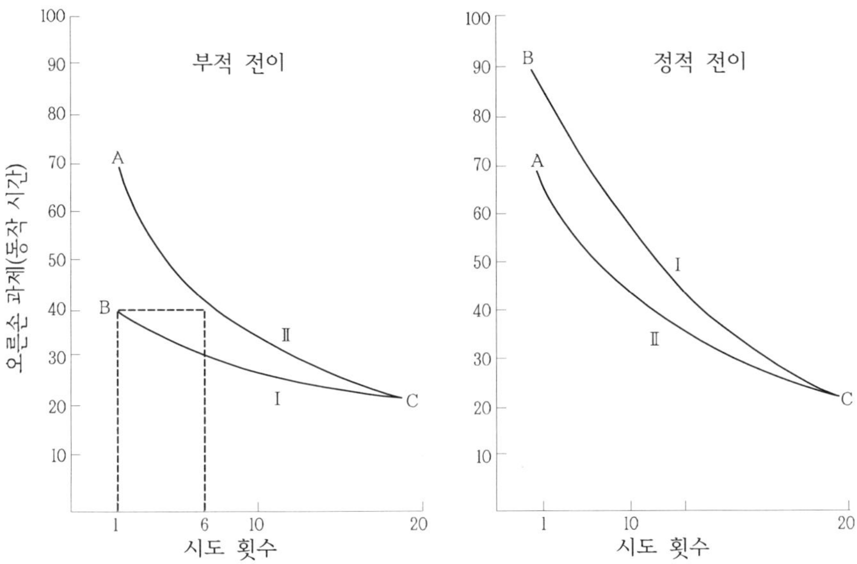

앞에서 예를 들어 본 실험에서 경험한 과제가 전이된 정도는 보통 과제 초기의 몇 번의 시도들로 측정된다. 과제를 몇 번 시도하였을 경우 얼마만큼의 전이가 나타났는가를 살펴보는 것이다. 과제를 수행하는 첫 번째 시도로 나타나는 수행 수준은 어떤 다른 과제로부터 전이 정도를 측정할 수 있는 기본 자료로 작용한다.

첫 번째 이후의 시도에서 나타나는 수행 결과는 다른 과제의 경험에 의해 나타나는 전이 정도뿐 아니라 첫 시도에서 일어났던 과제의 수행 정도가 시도를 거듭함으로 학습되어지는 정도를 알아내 수 있기 때문에 정해진 몇 차례의 시도는 필수적일 수 있다.

동작과제는 그 동작이 어떠한 것이든 성장과정에서의 경험과 전혀 별개의 동작은 거의 없다고 보는 것이 옳다. 이 같은 논의는 이미 이 책의 학습 부분에서 설명된 것이다. 그러므로 동작학습을 측정하거나 학습으로 인한 어떤 변화를 살펴보기 위해서는 처음 시도에서 가능한 몇 가지의 시도를 하여 과제의 경험전 수행 정도를 기본으로 하는 것이 전이 정도를 가장 민감하게 측정하는 것이 된다. 동작학습 실험 연구에서 전이를 정량화하는 방법들이 있다. 전이를 정량화하는 방법들과 측정에서 나타나는 문제점들을 살펴보자.

(1) 퍼센트 전이(Percentage Transfer)

동작과제를 학습한 것이 새로운 동작과제를 수행하는 데 얼마나 도움이 되는가를 정량적으로 나타내는 한 방법으로 퍼센트 전이를 사용한다. 퍼센트 전이는 과제 A를 학습한 것이 과제 B의 향상에 기여한 백분율로 설명되어진다. 퍼센트 전이는 실험 집단의 과제 B 점수에서 통제 집단의 과제 B 점수를 뺀 다음 두 집단의 과제 B 점수를 합한 값으로 나눈 다음 100을 곱하여 산출한다. 이때 사용하는 과제점수는 과제 B의 초기 수행점수를 사용한다.

(1) 통제 집단에서와 (2) 첫 번째 기준 과제 시도에서 전이로 나타나는 실험집단의 수행에서의 이득으로 측정된다. 이 두 분류는 통제 집단이 기준 과제에서 경험한 향상의 전체적인 양으로 나누어진 것이다. 그림 7-1에서 나타난 곡선을 이용하여 공식에 의한 퍼센트 전이를 측정해낼 수 있다.

$$\text{퍼센트전이} = \frac{\text{실험집단} - \text{통제집단}}{\text{실험집단초기} - \text{실험집단말기}} \times 100$$

우리는 그림 7-1 그래프에서 나타난 수량으로 퍼센트 전이가 (70−40)/(70−20)×100=60으로 계산될 수 있음을 알 수 있다. 이것은 오른팔 과제를 수행함에 있어서 60%가 왼팔 과제를 연습하는 것에 의해서 얻어졌다는 것을 의미한다. 부적 전이의 경우는 그림 7-1을 살펴보고 (70−90)/(70−20)×100= 40%로 퍼센트 전이의 값을 구할 수 있다. 이것은 오른팔 과제가 통제 집단에 의한 향상이 있었던 것과 같이 2/3 과제에서의 높은 감소를 초래한다.

(2) 절약 점수(Saving Score)

동작과제가 전이되는 정도를 정량화하여 나타낼 수 있는 방법으로 사용되는 절약 점수는 과제 A의 사전 경험으로 인하여 과제 B의 학습에서 절약되어진 연습 시간의 양으로 한다. 우리는 그림 7-1(왼쪽)로부터 집단 1이 집단 2의 6번째 시도에서의 수준과 동일한 점수에서 과제를 연습하기 시작했다는 것을 알 수 있다. 그림에서 보면 우리는 6번째 시도에서 절약 점수가 있었다고 말할 수 있다. 이것은 오른팔 연습의 6번째 시도가 왼팔 과제를 연습하는 것에 의해 절약되었다는 의미가 된다. 여기에서 문제는 절약 점수가 실제로 연습의 양이 절약되어진 것인가 하는 것이다.

동작학습의 실제적인 면에서 절약 점수를 측정하는 것이 평가에 유용한 장점이 있다. 이는 전이를 평가하려는 문제가 어떠한 연습이 기능 학습에 도움이 되는가를 알아보려 할 때 그러하다. 절약 점수는 특정한 연습을 시행하여 그 기능을 연습하는 시간을 얼마나 절약할 수 있는가를 나타낸다.

동작의 후속 과제 학습을 실행할 때 동작과제의 이전 학습이 후속학습에 전이되어 연습시간이 절약되지 않는다면 연습의 지속 여부를 검토해야 할 것이다.

(3) 전이 측정의 문제(Problems in Measuring Transfer)

전이는 동작과제를 학습하여 그것이 다른 동작과제를 수행하는데 습관으로 나타나는 것을 말하는 것이다. 동작학습은 그것이 습관으로 나타날 때 학습이 되었다고 말할 수 있는데 이 같은 전이의 양을 측정하는 것에 관한 앞에서 설명한 퍼센트 전이와 절약 점수의 측정 방법들은 내부적 처리에 대한 추론이 학습자의 수행 측정으로부터 시작되게 되는 것인데 이때 이미 형성되어진 습관을 측정하는 선천적인 문제들에 직면하게 된다. 다시 말하면 학습자가 동작과제를 수행할 때 나타나는 초기 시도에서의 수행능력이 학습에 의한 것인지 성장 과정에서 습득되어진 선천적인 것에 의한 습관인지를 알 수 없다는 것이다. 따라서 전이를 측정하는 것은 방법론적으로 많은 문제점을 갖는다.

동작과제를 학습할 때 나타나는 수행 곡선은 단순한 습관적인 것에 의해서 수행상의 이득에 영향을 받지 않는다. 그러나 동작 수행 결과는 피로와 지루함과 같은 일시적인 요소들에 의해서 영향을 받는다. 또한 과제 연습 시 연습 조건들을 적절하게 변화시킴으로써 전이의 량을 변화시킬 수 있다.

전이는 통제 집단에서도 주어진 연습량에 의해 학습 결과에 영향을 받을 수 있다는 연구자들의 의견이 있다. 시도 횟수가 많아질수록 학습의 양이 증가하여 퍼센트 전이를 산출하는 공식의 분모를 변화시킬 수 있기 때문이다. 이는 측정된 퍼센트 전이를 감소시킬 수도 있을 것이다. 전이는 측정 방법에 따라 변화가 나타날 수 있음을 기억하여 연구의 결론에 신중해야 할 것이다.

4. 전이의 형태(The Types of Transfer)

한 동작과제의 수행 경험이 다른 동작 수행에 습관으로 나타나는 전이 현상은 수많은 상황에서 일어날 수 있다. 전이가 나타나는 다양한 상황을 학습에 적용하기 위하여 편리에 따라 세분되어 진다.

무용에 사용되는 동작은 수없이 많다. 실제로 무용학습 현장에서 학습되는 무용동작들은 무용에 사용되는 모든 동작들을 대상으로 하지는 않는다. 학습의 초기 단계에서 학습된 무용동작들은 학습자 수행에 전이되어 모든 무용동작 수행에 습관으로 나타나게 되는 것이다. 학습된 동작의 전이는 무용동작과제를 습득하는데 더 유리하고 더 적합한 연습법을 연구하려 할 때 사용되어 진다.

무용동작 중에는 초보학습자들이 수행하기에 위험한 기술적인 동작들이 있다. 동작과제를 학습하기 위해서 필요한 것이 실질적인 수행이며 수행의 과정과 결과를 수정해가는 과정이 곧 동작학습 과정인 것인데 동작수행과정이 난해하고 위험한 것이라면 학습에 접근하기가 어려운 것이 사실이다. 이러한 경우 과제의 경험이 전이 된다는 이론을 적용하여 간접 경험을 시도하는 방법이 있다. 또한 이 같은 방법이 직접적으로 얼마나 유용한 것인가를 측정할 수가 있다. 예를 들어 한국무용의 좌반돌기를 학습하는데 보조자를 이용하는 연습법이 실제 동작 수행에 얼마나 도움이 되는가를 측정하는 것이다.

이는 과제의 어떤 전이 상황을 만들어서 학습의 결과를 추론하는 것인데 실험설계는 다음 몇 가지 방법을 사용한다. 실험설계에 사용되는 방법으로는 보통 상호과제 전이(intertask transfer)와 내부과제 전이(intratask transfer)가 있다. 상호과제전이는 동작과제간의 전이를 말하는데 여기서의 중요한 관점은 어느 한 종목의 동작기능학습 경험이 새로운 종목의 동작 기능학습에 작용되는 영향이다. 이 경우의 새로운 동작기능이란 동작종목이 전혀 다른 기능이거나 이미 학습된 동작기능이 새롭게 변화된 것이다.

내부과제 전이(intratask transfer)는 종목은 동일한 동작과제이지만 연습 조건 또는 수행 조건이 다른 상태에서 학습으로 경험된 특정 과제는 어떻게 수행되는가를 측정한다. 이는 학습된 과제가 변화된 수행 조건에서 어떻게 나타나는가를 살펴보아서 학습된 동작과제가 환경적 변화 상황에서 수행에 미치는 영향을 측정하는데 사용된다.

부분-전체 전이(part-whole transfer)는 무용동작을 수행하는 과정에서 하나의 동작과제를 수행하기 위해서 작은 동작의 수행이 필요한 것인데 이러한 작은 동작의 우선 학습이 동작과제의 전체 수행에 영향을 미치는가 하는 것이다. 한국무용에서 손끝의 곡선 사용학습이 연풍대동작과제 수행에 나타나는가를 말하는데 부분적인 손끝사용 학습이 연풍대라는 전체 과제에 전이되는가 하는 것이다. 발레에서 삐루엣을 학습하는 것에서부터 삐루엣을 포함한 전체 돌기 과제로의 전이와 같은 한 과제의 부분에서 전체 과제로의 전이에 관련된다.

(1) 상호과제 전이(Intertask Transfer)

동작학습 분야의 연구는 상호전이의 일관적인 결과를 제시하지 못했다. 앞에서도 설명한 바와 같이 전이의 문제는 동작기능에 관련된 실험에 유추되는 추론과 실험과정에서 피험자의 통제 문제로 경쾌한 결론을 제시하지 못했다. 사람은 동작을 수행할 때 신체의 여러 기능의 조화가 필요하게 된다. 다시 말하면 신체의 모든 기능을 자유롭게 사용할 수 있는 사람이 가장 훌륭한 동작을 수행할 수 있을 것이라는 추론이 가능하다.

무용동작 기능을 자유롭게 수행할 수 있는 사람은 상, 하체가 유연하고, 근육은 신체의 각 부위를 자유롭게 이동시킬 만한 힘이 있어야 하며, 민첩성도 좋아야 할 것이다. 이 몇 가지 신체적 기능 이외에 무용이라는 예술이 요구하는 기능은 매우 많다.

음악적 해석 능력, 감정의 표현 능력, 리듬감, 균형감, 지구력 등 모두가 무용을 수행하기 위한 능력이 된다. 무용동작기능은 일반적인 스포츠 종목의 동작기능에서 필요한 기능의 우세와는 다른 양상을 보인다.

무용동작은 부드럽고 자연스러워야 하고 여러 종류의 음악과 조화로워야 하며 느림과 빠름에 익숙해야 한다. 신체 모든 부분을 사용하는 무용동작은 신체를 사용하지 않는 부분이 없다는 것이 특징이다.

무용동작과제 수행에 필요한 요인은 매우 많다. 전문 무용수들에게 필요한 예술적 감성이 담겨진 동작 수행을 위해서는 앞에서 열거한 개인적 능력이외에 더 많은 예술성이 필요할 수도 있다. 동작과제 수행의 경험이 다른 과제수행에 전이하여 나타나는 것을 운동능력으로 국한할 수는 없다. 그러나 동작학습에서 상호과제전이에 관한 연구는 단순한 동작과제를 실험하여 전이의 효과를 증명하려 하였다.

한 연구자는 '민첩성'을 발전시키도록 설계된 연습 활동에서 '민첩성'이 과제수행에 중요한 영향을 미칠 수 있는 다른 과제들에 전이될 수 있을 것이라는 내용을 놓고 검증을 시도하기도 하였다. '민첩성'이 과제수행에 중심 되는 기능인 동작을 학습한 경험이 있는 학습자는 다른 동작과제가 '민첩성'을 요구하는 과제일 경우 상호과제전이가 나타날 것이라는 가설이었다.

Blankenship(1952)와 Lindeburg(1949)는 피험자들이 특별히 '힘나게 하는 운동'을 수행하도록 하였다. 이 실험에서 그들에게 빠르게 움직이도록 요구한 한 과제에 대해서 결과는 전이가 가능한 것으로 측정되어졌다. 민첩성이 요구되는 동작과제로의 전이를 관찰하기 위하여 실시된 실험 결과는 긍정적이거나 부정적 전이 중 어느 쪽도 아닌 것으로 나타났다.

결론적으로 동작과제의 학습으로 향상된 학습자의 근력이나 민첩성이 다음 동작과제 학습에 전이되어 나타나는 것이다. 학습자의 능력이 향상되어 나타나는 효과는 동작의 경험으로 동작과제간의 전이가 이루어지는 것은 아니라는 것으로 해석되어 진다.

좀 더 보편적으로 이 문제를 설명하자면 만약 과제 A가 어떤 능력(민첩성 또는 지속성 같은)을 요구한다면 이 능력을 똑같이 요구하는 다른 과제 B를 연습하는 것은 과제 B가 그 능력(민첩성 또는 지속성 같은)을 '발전'시켰기 때문에 과제 A를 향상시킬 수 있다는 것이다. 이러한 보편적 상호과제전이 효과가 가능할 것이라는 증거가 실험 연구로 나타난 예는 매우 적은 편이다. 또한 능력은 선천적인 것으로 연습에 의해 변경되어질 수 없다는 것이 학자들의 견해이다. 따라서 선천적 능력의 변화는 이 같은 연습과정에서는 기대 될 수 없다고 보는 것이다.

Schmidt(1975)은 동작학습의 초기단계학습에서 과제전이는 이루어지지 않는다고 주장하였다. 상호 과제 전이는 과제 수행 과정의 서로 다른 상황에서 나타났는데 Woodward(1943)는 한 연구에서 일관성 직업 근로자들은 수행 부분의 비슷한 작용과 수치들에 따라 또는 근로 형태들이 각기 다른 부분에 따라 두 가지 주제를 종합해야 함을 발견한다.

Woodward의 연구 결과는 실험에 사용된 두 과제사이에 약간의 긍정적 전이(약 5%)가 있었다. Woodward의 논의는 연구에 사용된 과제들 사이의 상호작용에 대한 유사한 순서에 의한 결과일 뿐이며 실질적인 '동작'수행기술의 전이는 아니었다는 것이다.

무용동작을 학습하는 학습자들이나 지도자들이 생각할 수 있는 전이에 관련된 추측은 어떠한 유형의 동작연습은 같은 유형에 대한 (긍정적이거나 부정적이거나) 다른 동작수행에 전이가 나타날 것이지 않겠느냐는 것이다. 그러나 이 같은 추측에 적용할 수 있는 긍정적 연구결과는 매우 적다.

이제까지 연구결과는 상호 과제 전이는 거의 나타나지 않는다고 본다. 앞에서 설명한 것과 같이 동작과제 수행에 필요한 운동 능력의 증가는 가능하겠으나 동작과제를 수행하는 기술은 전이되지 않는다는 것이다.

물론 과제가 되는 동작의 요소들이 더 비슷하게 구성되어짐으로 사용되는 신체 부위나 리듬 등의 유형 때문에 아마도 더 정적 전이가 나타날 수 있을 것이다. 동작을 수행하는데 필요한 능력이 동일한 능력을 필요로 하는 동작과제에 전이할 수 있을 것이라는 추론이 가능하다. 그러나 이러한 추론을 증명하는 연구 결과는 없다. 또한 상호과제 전이로 분류되는 과제에서 과제로 '기본적인 움직임 패턴'의 전이가 일어난다는 연구 결과나 증거는 아직 없는 상황이다.

무용동작에서 이러한 연구가 절실하게 필요한 이유는 무용동작을 수행하기 위해서는 어느 종목의 동작보다 많은 기능과 능력을 필요로 하기 때문이며, 실험적 처치나 요인적 적용의 부적절함으로 밝혀지지 못한 전이효과가 있을 것이라는 의견이다.

(2) 내부과제 전이(Intratask Transfer)

상호과제 전이는 아직 밝혀지지 않은 실험상의 처치 문제가 있을 것이라는 가설을 하면 일단은 거의 나타나지 않는다고 해도 무방하겠다. 그렇다면 동일한 과제 내에서의 전이는 어떠할까? 한 과제의 어떠한 수행 요인에서 그와 같은 과제의 또 다른 수행요인으로 전이되는 것에 관하여 많은 연구가 수행되었다.

내부과제 전이(intratask transfer)는 본 장의 앞에서 설명한 바와 같이 동일한 동작과제에서의 전이를 말한다. 동일한 동작을 수행하는데 중중모리장단에 연습한 동작이 자신모리동작에 어떻게 영향을 주는가? 어느 정도 전이 되는가?를 연구한다면 이것은 내부과제 전이 연구가 된다. 내부과제 전이의 연구는 동작과제의 유형에 따라서 이루어졌다. 과제의 유형별 전이를 살펴보자.

1) 연속과제(Continuous Tasks)

내적 전이의 연속과제에 관한 연구를 살펴보자. Schmidt는 1975년 저서 Motor skills에서 Lordahl과 Archer(1958)의 연구과정과 결과를 예로 들어 연속과제 전이에 대해 설명하고 있다. Lordahl과 Archer는 과제수행요인의 전이를 관찰하기 위하여 연구에 회전판 추적 과제(pursuit rotor task)를 사용했다.

이 실험에서 피험자는 손바닥 크기의 바늘이 원의 궤도를 그리는 한 목표점을 따르는 것을 시도했다. 그리고 회전의 다양한 속도에 따르는 수행의 전이를 연구했다. 즉, 느린 속도의 학습이 빠른 속도의 수행에 전이되는가? 또는 그 반대의 경우에도 학습전이가 일어날 수 있는가?이다.

실험은 세 집단으로 구성되었다. 각 실험 집단은 30번의 시도로 각각 40, 60, 80rpm(분당 회전 수)에서 연습을 진행했다. 그리고 추가 시도에 대해 60rpm으로 과제수행 속도를 바꾸어 진행하여 전이를 살펴보는 것이다. 이들 실험 집단은 전이가 12퍼센트에서 31퍼센트까지 상승함에 따라 모든 경우에서 정적이었다.

Namikas와 Archer(1960)는 동일한 순서를 사용하여, 전이가 42퍼센트에서 64퍼센트까지 되었다는 것을 발견하였다. 추적 과제의 다른 연구들에서 한 버전의 과제가 서로 전이되는 것은 22퍼센트에서 58퍼센트까지 일반적 범위에 있다는 것을 발견했다.

이러한 연구에서 찾아진 전이의 내용은 대단한 성과로 보인다. 그러나 이러한 모든 연구들은 매우 유사한 과제를 관찰한 결과라는 것을 잊지 말아야 한다. 사실상, 전이 과제와 기준 과제 사이의 차이는 같은 기관을 사용하는 추적 움직임의 속도나 통제의 민감 속도에서의 단순한 변화 정도였다. 전이가 보통 50%보다 덜 이루어진다는 사실에 대한 관점에서 동작수행 전이의 정도가 보편적으로 매우 작다는 결론을 이끌 수 있다.

Lordahl과 Archer는 또한 다양한 크기를 목표로 한 것과 다양한 속도를 목표로 한 것에 관한 전이를 연구했다. 이것은 크기에 관계된 전이가 속도에 관계된 전이(12%와 31%)보다 더 컸다(54%)는 것을 보여준다.

이러한 자료는 과제에 대한 시간적인 요소는 그대로 유지하고 과제의 공간상 요소가 변하고(목표크기) 그리고 나서 공간상의 요소는 일관되게 유지하고 과제의 흐름과 속도가 변한다면 전이는 더 클 것이라는 것을 내포한다.

조금 더 신중하게, 이러한 자료는 과제의 시간적인 요소가 과제사이의 전이가 최대가 된다면, 가능한 비슷하게 되어야할 것이라는 것을 제안하게 될 것이다. 그리고 운동 기술 중에 '천천히 움직이는' 연습은 최대 속도에서 연습하는 것과 같이 효과적이지 않을 수도 있다(Schmidt, 1975).

2) 불연속 과제(Discrete Task)

불연속 과제들 사이의 전이에 관한 증거는 거의 없다. Szafran과 Welford (1950)는 한 목표 지점에 작은 체인을 던지는 것에 대한 두 가지 방법을 사용하여 불연속 과제 사이의 전이를 관찰하였다. 이 실험에서 사용한 두 방법은 체인을 똑바로 던지는 것과 '축 늘어뜨리게 던지는 것'이다. 이들은 던지는 두 가지 방법 중 14%의 전이를 발견했다. 이것은 던지는 동작에 대한 많은 이외의 상황들이 두 과제에서 발전되었다는 것을 가리킨다.

Schmidt(1968)는 피험자에게 열쇠 하나로 묶였던 손을 풀고 오른쪽-중앙-왼쪽의 순서로 장애물을 제거하도록 하고 가능한 빨리 그의 손을 원래대로 되돌리도록 하는 과제를 주고 전이를 연구했다.

Schmidt는 장애물들의 위치를 변화시키는 것으로 네 가지의 약간 다른 과제를 변화시켜 적용했다. 이 연구의 실험 집단(집단 E)은 과제 1, 2, 3, 4(각 40번의 시도)를 연습하고 통제 집단(집단 C)은 과제 4만 연습했다. 과제 4에 관한 집단의 수행은 그림 7-2에서 볼 수 있다. 과제 1~3부터 과제 4까지의 전이는 거의 완전하게 이루어졌다. 따라서 집단 E는 40번의 시도 후에 도달한 집단 C와

〈그림 7-2〉 불연속 운동 과제에서의 전이가 일어나는 것에 대한 증거(Schmidt, 1968)

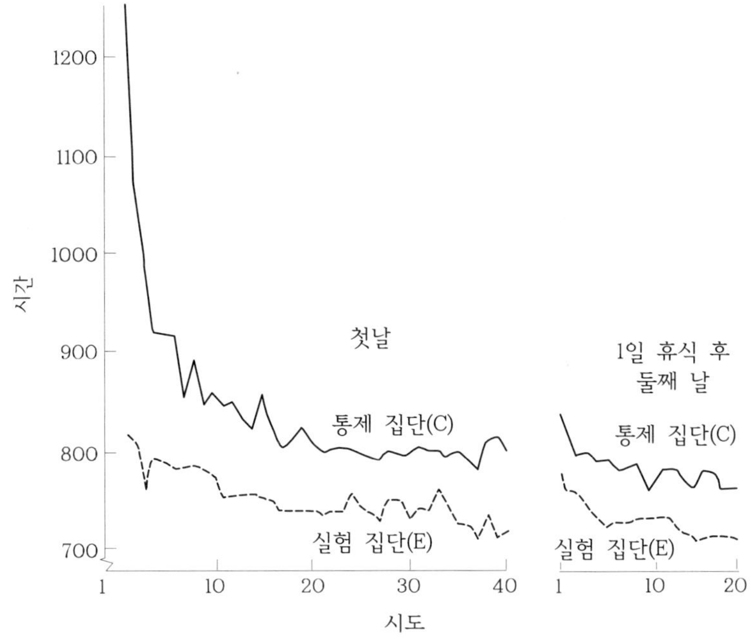

같은 수준의 수행을 보이기 시작한다. 전이는 93% 이루어졌다.

이 실험은 비슷한 동작기술 사이에서 일어날 수 있는 긍정적 전이의 확실한 증거가 된다. 그림에서 보여진 둘째 날의 수행 수준은 전이 효과가 24시간이 지난 제2일에 지속적 상태로 남아 있다. 따라서 불연속 기술들 사이의 전이는 과제들이 비슷할수록 크게 나타날 것이라는 결론이 나온다.

5. 상대적 어려움(Relative Task Difficulty)과 전이

동작과제 학습 현장에서 중요한 것은 전이의 유효성을 잘 활용하는 것인데 그러기 위해서 쉬운 과제를 한 다음 어려운 과제를 배우는 것이 더 유용할 것이라는 추론을 할 수 있게 된다. 이 같은 추론을 증명할 수 있을까?

이 문제를 규명하는 것이 바로 동작학습의 연구 목적이 된다. 동작과제를 학습하는 과정이 더 용이한 과제에서 조금 더 난이한 과제로 학습이 이루어지는 것이 더 유리할 것인가를 규명하기 위하여 실험자들은 속도를 변화시키는 것에 관한 한 운동과제를 더 '어려운' 버전으로 구성하여 관찰하기도 한다. 과제 수행의 난이도를 높이기 위하여 목표의 크기를 감소시키거나 피험자들의 목표 성취를 위해 대상과의 거리를 더 증가시켜서 실험하기도 한다.

즉 실험에서 실제의 동작과제보다 좀 더 난해한 과제를 제시하는 것으로 분명한 차이를 두는 것이다. 그러나 문제가 되는 것은 타겟의 크기가 작아지거나 수행 거리가 멀어진다는 것으로 동작과제가 더 어려워졌다고 할 수 없다는 것이다. 무용동작과제를 수행하는 경우 느린 동작과제보다 빠른 동작과제를 수행할 때 더 어려울 것이라는 추측은 맞지 않다는 것을 무용전공자들은 쉽게 이해할 것이다. 또한 골프 퍼팅에서 홀과의 거리가 짧을수록 퍼팅이 쉽다고 단정할 수 없음을 이해하는 것은 어렵지 않다.

중요한 문제는 모든 동작과제들에 적용되어질 수 있는 난이도에 대한 적절한 정의가 없다는 것이다. 동작과제의 어떤 수행 요인이 동작과제에서 수행을 감소시켰다면, 이때 그 수행요인을 강화한 과제는 '조금 더 어려운 과제'라고 할 수 있을 것이다. 많은 실험적인 변수가 동작 수행에 영향을 미칠 수 있기 때문에 문헌에 정의된 것과 같이 난이도의 개념은 전이와 구조적 관계가 성립되지 않는다. 즉 어려운 동작과제와 쉬운 동작과제간의 전이는 구조적으로 성립될 수 없다는 것이다.

6. 부적 전이(Negative Transfer)

무용동작학습 현장에서 가능한 부적 전이에 관한 것은 이론적인 관점에서도 중요하지만 실용적인 면에서도 매우 중요한 부분이다. 학습자들을 가르칠 때 만약 어떤 과제에 대한 수행이 감소되고 있다면 연습의 결과로 나타나는 학습의 순수 효과로 얻어진 습관의 전체적인 양이 매우 적어질 수 있다. 연습은 지속적으로 이루어지고 있으나 수행 결과가 오히려 감소되어 나타난다면 이는 학습이 정상적으로 이루어지지 않고 있다고 보는 것이다.

연습으로 인한 수행 감소는 동작과제의 선행 경험이 과제 수행에 부적으로 전이된다고 본다. 동작학습에 대한 부적 전이에 대한 관찰은 매우 적은 편이지만 획기적인 연구가 있다. Lewis, McAllister, 그리고 Adams(1951)는 동작학습의 부적 전이에 관한 연구 결과를 제시하였다. 이들이 실험에 사용한 동작과제는 직선 정치 검사과제이다. 이것은 삼차원의 연속적 추적과제다.

실험에 사용된 독립적인 공간은 항공기 형태 조종간으로 앞-뒤와 좌-우, 그리고 페달의 앞-뒤, 좌-우 위치를 조작하는 단순 수행이다. 실험의 설계는 각각의 세 조종 공간의 위치에 대한 정보를 표시로 제공하고 조종의 '목표'지점은 그 표시에 나타날 수 있게 하며, 피험자의 역할은 조종을 위한 위치를 확보하는 것으로 하였다. 각각의 조종 위치는 목표 위치와 같았다.

모든 삼차원 공간이 같은 선상에 위치하게 될 때 피험자는 '일치'를 이루었다고 볼 수 있으며, 그리고 나면 또 다른 일련의 목표들이 나타나고 피험자는 또 다른 '일치'를 이룰 수 있게 되는 것이다. 2분 동안 시도하여서 '일치'한 횟수를 측정하여 점수화 하였다. '기본' 과제는 통제 움직임과 같은 방향으로의 표시기가 움직이도록 하였다(예; 오른 페달을 누르면 표시기는 오른쪽으로 움직인다). '반대' 과제는 기본 과제와 반대의 움직임으로 했다(예; 오른쪽 페달을 누르면 표시기는 왼쪽으로 이동).

Lewis 등은 기본 과제에서 10, 30, 50번의 본 과제 학습(OL)에 대한 연습을 제공하였고 그리고 난 후 10, 20, 30, 또는 50번은 바뀐 학습 과제에 대해 반대 과제로 변화 시키고 기본 과제에 대한 연습을 다시 제공했다. 부적 전이(또는 간섭; interference)에 대한 점수는 반대 과제 연습 후에 첫 번째 기본과제 수행 마지막에서 그리고 기본과제의 시작까지의 수행에서 나타난 감소한 점수가 측정되어졌다. 이것으로 반대 과제에 대한 연습으로 생겨난 부적 전이의 양을 나타낸다.

그림 7-3은 이 실험 결과이다. 그림에서 보여지듯이 두 동작수행에 많은 부적 전이가 나타났다. 부적 전이는 변화된 학습(IL)의 양이 증가함에 따라 증가

〈그림 7-3〉 직선 정치 검사기에서 기본 과제의 본래 학습(OL)의 양과 변화된 학습(IL)양의 관계(Lewis, Mcallister, Adams, 1951)

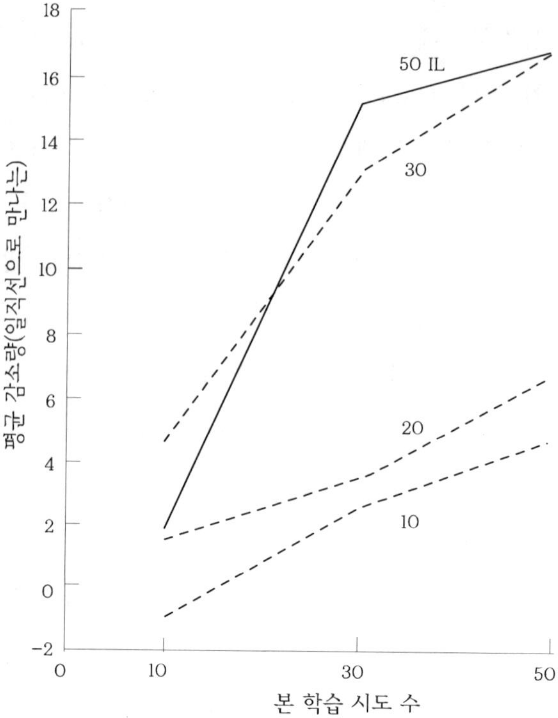

했다. 또한 본 동작의 시도 횟수가 증가함에 따라 그림 7-3의 모든 곡선이 경사도를 그리고 있듯이 부적 전이의 양이 증가되어 나타났다.

본 장의 앞에서 논의 되었듯이, 과제에서 과제로의 전이는 대부분 긍정적이지만 그 값은 비교적 낮은 편이다. 정적으로 전이되는 과제들 사이에 몇 가지의 유사성이 있다. 그러나 Lewis 등의 실험은 과제들의 성적이 서로 반대되어 나타났다. 다시 말해서, 기본 과제에 대한 자극 상황에서 학습되었던 결과는 반대 과제수행에서 요구된 반응과 정확하게 반대가 되었다. 정확하게 말하면, 정상적인 연습 효과가 나타나는 것이라면 과제수행 점수들은 부적 전이가 일어나기 전과 다른 상태가 되어야만 했다. 다시 말하면 반대되는 관점에서의 정상적인 연습 효과가 나타나는 상태를 말한다.

만약 주어진 자극 상황에서 요구되는, 즉 정확하게 반대 반응 상황에 있지 않는 과제들 사이의 부적 전이는 보다 적게 나타났을 것이다. 정확히 반대 반응을 학습하는 학습자들이 존재하지 않는 이상 교사들은 스포츠 동작기술 사이에 부적 전이가 나타남을 걱정할 필요가 없다는 것을 의미하는 것일 수도 있다.

Lewis 등이 제시한 연구는 동작학습에 대한 부적 전이에 관한 명쾌한 증거는 아니다. 왜냐하면 전이가 일어나는 것은 과제의 '인지적' 요소였다는 것이 논의되어질 수 있기 때문이다. 이 말은 반대 과제를 수행한 후에 피험자들은 어떻게 반응해야 할지를 고민하게 된다는 것이다. 그리고 그들이 반대 방향에서 반응하는 것을 배웠다면 그들은 실제 움직임을 수정하기가 어려워질 수 있다는 것도 생각해야 할 부분이다.

동작학습의 부적 전이는 없다는 가능성이 존재하고 있으며, 따라서 모든 동작의 전이는 인지적일 수 있는 것이다. 이 같은 문제는 동작과제간의 간섭이 순간적인 수행에 부적으로 작용되지만 학습자에게 맥락간의 간섭 효과로 발생하는 학습의 유용성이 형성될 수 있음을 예측하게 되는 것이다.

동작학습의 전이는 우리가 논의해온 학습된 습관의 전이를 말하는 것으로 어떠한 타고난 동작수행능력의 운동 능력의 적용은 아니다. 우리는 '무용을 했으니 다른 운동을 잘할 것'이라는 말을 하기도 하며, 듣기도 한다. 또한 '야구선수는 골프를 잘 할 것'이라고 추측하기도 한다. 이것이 동작학습의 전이와 관계되는 이론의 기초이다.

7. 나가면서

지금까지 동작과제학습에 관련된 전이에 관해 정리해보자. 상호전이는 운동 종목 간에 나타나는 전이를 말하는데 아직까지 이것에 관한 긍정적인 증거는 없다고 했다. 또한 내적 전이는 동일 종목간의 전이를 말하는 것인데 이러한 경우에는 정적인 전이가 가능하다는 설명을 했다. 그러나 전이의 측정문제는 많은 어려움을 내포하고 있으며 실제로 그 측정은 선천적 운동능력을 배제해야하는 어려움이 있는 것이 사실이다.

강력한 근력을 타고난 사람은 학습하지 않고도 지구력을 요하는 동작 수행을 쉽게 습득할 것이며, 유연성을 갖고 태어난 사람은 유연성을 요하는 동작과제 수행을 어렵지 않게 실행할 수 있을 것이다. 무용동작과제 수행은 다른 스포츠 종목의 동작과 다른 평가 기준을 갖는다. 어떤 동작을 수행한 이후의 결과를 평가하는 스포츠 종목의 동작과제와 수행의 과정을 측정하여 평가하는 무용동작은 전이의 측정 결과가 다르게 나타날 수 있다. 예를 들어보자. 야구의 베팅 학습이 골프의 스윙에 전이되는가를 측정하는 문제는 스윙 형태나 스윙과정을 평가하거나 얼마나 빠르게 혹은 느리게 스윙하는가 하는 시간성 문제가 두 동작과제에 전이되는 것을 목표하지는 않는다. 스윙 결과로 나타난 공의 진행 방향이나 비거리를 측정한다.

그러나 한국무용의 돌기 학습이 발레의 삐루엣 동작에 전이하는가의 측정은 동작과제의 수행과정을 평가하는 것이다. 동작과제간의 부적 전이의 원인이 되는 맥락간섭이 동작과제의 수행에 쉽게 나타나는 것은 우리가 무용학습의 실제에서 흔하게 경험하는 일이다.

발끝을 주로 사용하게 되는 발레 동작과 발뒤꿈치를 주로 사용하는 한국무용 과제 사이의 동작간섭은 부적 전이로 이해될 수 있다. 그러나 이와 같은 동작과제의 수행과정에 사용되는 신체의 조작능력은 모든 무용동작의 전이에 관한 연구가 새롭게 전개되어야 할 것이라는 논의를 갖게 한다. 무용동작학습의 전이문제는 이후의 동작학습 연구에서 여러 각도의 분석과 측정방법의 새로운 모색이 필요할 것이다.

✻ 생각해 볼 문제

- 체력적 능력의 전이와 동작과제의 조작능력 전이를 논의해 보자.
- 과제의 수행이 변화되는 것과 학습이 이루어졌다는 것을 전이측정으로 증명할 수 있다는 이론을 논의해 보자.
- 배우지 않은 동작을 수행 할 수 있었던 기억이 있다면 그것이 전이와 관련되어지는 것인지 논의해 보자.
- 무용동작과제의 전이를 측정할 수 있는 방법을 논의해 보자.
- 부적 전이와 맥락간섭에 관해 실제 경험을 논의해 보자.

사진 _ 최시니

제8장

주의집중과 학습과정

학습목표

— 동작학습과 주의력 집중은 어떠한 관계가 있을까?

— 동작을 수행할 때 주의력은 어떠한 작용을 할까?

— 동작수행과정에서 나타나는 과도한 긴장과 주의집중은 통제가 가능한 것일까?

— 과도한 긴장과 주의력 집중이 수행에 방해를 줄 수 있는 실제 상황을 검토해 보자. 긴장과 우려를 피할 수 있는 주의력 중점 전환 지도는 가능한 것일까?

— 동작을 학습하기 위해서 학습자는 과제 수행과정에 주의해야 하는 요소나 과정상의 문제들이 존재할 수 있다. 학습단계에 따라서 학습자들의 주의력 중점은 변화해야 하는 것일까?

— 무용동작과제는 불연속 동작과제의 연속성 수행이다. 동작과제의 성공적 수행을 위해 기술수행에 학습자의 주의력을 집중하도록 하는 것이 수행에 유용한 것일까?

— skill-focused와 이중과제 적용은 무엇이며 어떻게 실험연구에 적용되고 있는지 살펴본다.

— 암묵적 학습과 명시적 학습의 개념과 적용을 이해한다.

1. 들어가면서

우리는 살풀이춤을 추려고 할 때 수건을 다루는 동작을 연습한다. 소고춤을 배울 때 또는 발레의 기술적 동작을 실행해야 하거나 회전동작을 학습해야 할 경우 우리는 동작을 연습하게 된다. 이렇게 무용동작을 연습하고 난후 우리에게 어떤 변화가 나타나는 것을 알게 된다. 동작을 더 쉽게 수행할 수 있게 되는 것뿐 아니라 수건을 실수 없이 사용한다거나 흔들림 없는 균형을 유지한다든가 함으로써 우리의 동작은 점점 더 안정되어지고 어떤 '행운'에 의지하는 것에서 벗어나게 된다.

동작학습으로 수행에 필요한 더 효과적인 기술이 발전되어 학습 이전보다 적은 근력을 사용하여 동작기술을 수행을 할 수 있게 되는 것이다. 연습을 통하여 시간과 방향에 적합한 수행에 필요한 적당한 힘을 만들어 내는 것을 익히게 된다. 다시 말하자면 연습을 통하여 주동근과 부주동근의 불필요한 상호수축을 피하게 되는 것을 익히게 되는 것이다.

동작을 수행할 때 불필요한 힘이 사용되지 않으므로 연습이전보다 동작 수행에 필요한 에너지가 줄어들게 되고 결과적으로 빨리 지치지 않게 된다. 무용의 돌기동작학습을 예로 들어 보자. 발레의 삐루엣 동작을 수행하기 위해서 다리의 근육을 수축해야 하는 경우가 있게 되는데 초보 학습자의 경우 이때 상체의 근육까지 수축되어 몸의 균형 유지를 지속하려함으로 관절의 강직 상태가 증가되어진다. 또한 삐루엣 동작 수행시 학습자는 한쪽 다리에서 다른쪽 다리로 체중을 자주 이동하게 되는데 이때 양다리에 사용되는 힘의 안배가 자유롭지 못하게 되면 동시에 양쪽 다리 모두에 힘을 주어 돌아 버리게 된다. 이렇게 되면 결과적으로 삐루엣 동작은 앞으로 나갈 추진력을 얻어 내지 못하고 중요한 에너지를 직립자세 유지에 사용해 버린다.

연습이 지속되면 학습자는 직립자세 또는 균형 유지에 사용되었던 불필요한 어깨 근육의 강직 등과 같은 불필요한 근육 그룹을 완화시키게 되고 돌아가는 힘을 만들어 내는 것이다. 돌기 연습의 지속적인 학습으로 우리는 중력과 카리오리스(비행중인 물체에 미치는 편향의 힘)와 같은 밖으로 향하려는 힘을 알게 된다. 초기 학습과정에서는 이와 같은 밖으로 향하려는 힘이 그다지 유용하게 활용되지 못한다.

상호수축은 동작의 크기 등을 '조절'하기 위해 사용되는 근육 운동이다. 예를 들어 무용의 돌기동작은 정확한 180도 회전을 요구하거나 그와 유사한 안무상의 요구가 있다. 이러한 경우 180도 회전을 정확하게 성취하기 위해서 신체 각 부분의 근육의 상호작용이 필요하며 이것은 연습을 통해 얻을 수 있는 것이다.

연습은 행동과 수동적 힘의 상호 수축을 이용하여 더 멋진 돌기동작을 만들고 그와 같은 외적 힘을 유용하게 사용하는 법을 점차적으로 배우게 되는 것이다. 연습의 결과로 근력 사용은 점점 더 작아져서 수행에 필요한 최소한의 근력만을 사용하게 되며 동작 수행 과정은 습관화되어 나타난다. 이때 정신적 노력-즉, 과제수행과정에 필요한 정신적 상태는 최소한의 근력 조정을 필요로 하는 기술적 표현수행에 주의를 요구하게 된다. 이러한 결과는 초기학습단계에서 주로 나타났던 동작수행과정에 기울였던 정신적 주의력이 많이 완화되어진다.

동작수행과정에 나타나는 신체 각 부분의 조절은 자동화되어 지고 학습자는 동작수행 이외의 다른 것에 좀 더 집중할 수 있게 된다. 즉 동작의 표현성이나 음악적 감성 표현, 동반 무용수들과의 연계성 등 주변 환경에 주의를 둘 수 있게 되는 것이다. 어떠한 동작을 수행하든지 모든 동작수행은 대부분 약간의 주의가 요구된다. 여기서 동작이 일상적인 생활에서 사용되는 아주 단편적인 동작이라 할지라도 주의는 필요하다.

이는 모든 동작 수행은 목적이 있고 목적은 수행의 결과로 나타나는 것이다. 그러므로 사람의 동작수행은 그 수행의 목적에 동반하는 수행지시가 있다는 것이다. 예를 들어 보자. 어떤 사람이 책상에 앉아서 일을 하다가 일어나서 걸어간다면 그 사람이 걸어가는 동작수행은 목적이 있다는 것이다. 소변을 보는 목적이든 물을 마시려는 목적이든 그 목적을 위하여 화장실이나 주방으로의 방향을 지시하게 된다. 여기에서 사람은 적어도 목적 지시에 따라서 방향에 주의를 두어야 하는 것이다.

무용을 배우는 과정에서 동작이 자동화단계에 이르기 전까지 학습자들은 모든 정신력과 주의를 동작수행과정에 집중하게 된다. 각 협응 근육의 종류와 실행 순서 힘의 크기 등으로 정해진 동작과제를 바르게 수행하도록 주의한다. 이러한 현상은 무용학습의 현장에서 쉽게 인지할 수 있는데 동작학습이 어느 정도 자동화단계에 다다르고 나서야 학습자들은 동작을 수행하면서 음악의 흐름이나 동반 무용수들과의 조화에 주의를 돌릴 수 있게 된다. 자동화단계 이전의 학습자들은 동작과제의 수행과정에 집중하게 되는 것이다.

초보 학습단계에서 학습자가 과제수행과정에 주의를 집중하는 이러한 상태는 학습자 스스로의 선택적 주의집중이기보다는 지도자의 지도방침에 의한 결과일 수 있다. 무용동작학습목적이 보다 다양한 표현을 잘 숙련된 신체를 통하여 구사하는 것이라고 한다면 실험실이나 연습장에서의 완벽한 수행이 무대 위의 수행으로 이어져야함을 기억해야 할 것이다.

다양한 연습 방법과 지도가 학습자의 무용동작 수행에 좋은 결과를 가져오는 것이 연습장에서나 실험연구 현장에서만 이루어지고 실제적인 무대 공연에서 나타나지 않는다면 그 원인을 찾아야 할 것이다. 우리는 너무 긴장한 나머지 연습실에서의 수행수준에 터무니없게 못 미치는 결과를 경연장에서 보여주는 무용수를 자주 보게 된다. 이러한 원인들은 수행자가 갖는 긴장과 수행 불안에서 오는 것인데 동작학습에서 이를 통제할 수 있는 학습 방법은 없는 것일까?

이 장에서는 학습단계별 집중력과 집중점의 변화가 어떻게 나타나는가 알아본다. 더 나아가 우리가 학습된 동작기술을 수행함에 있어서 집중력 변화의 역할이 어떻게 작용하는지 살펴보는 것에 중점을 두기로 한다.

어떻게 집중하는 것이 과제학습에 효과적이며 완전하게 활용되어질 수 있는지 여러 가지 관점들을 공부할 것이다. 동작학습의 많은 연구자들은 동작과제 학습 시 움직임의 상호협력에 집중하도록 하는 것이 초보학습자들에게 필요하다고 하는 것을 믿어 왔다. 최근의 연구는 이것이 그다지 유익하지 않다거나 학습과정에 해로울 수도 있다는 의미 있는 증거를 찾아 제시하고 있다. 즉, 움직임에 주의를 집중하는 것이 이롭지 않다는 것이다. 몇몇 연구자들은 동작수행-움직임에 주의를 집중을 하는 것이 수행에 이롭지 못하다는 가설을 놓고 그것에 접근된 연구에 진전을 보이고 있다. 동작과제를 학습하는 과정에서 움직임에 주의를 두어야 할 것이냐? 주의를 두지 말아야 할 것이냐? 하는 대조적인 논쟁적 견해는 초보동작학습 과정에 더욱 주목되어졌다.

숙련수행자의 경우 동작수행 시 주의가 동작의 섬세한 수행과정으로 돌려졌을 때 어려움을 경험한 것에 관해서 연구자들의 일반적 동의가 있었다. 숙련수행자들의 수행 실수는 개인적으로 수행에 대한 스트레스 상태에 있을 때 흔히 일어난다. 즉 동작수행의 완벽함을 나타내려는 것은 동작의 실행에서 스트레스를 일으킬 수 있는 압박감으로 나타날 수 있다는 것이다. 연습장에서 잘 훈련된 동작기술이 실제상황에서 그대로 수행되지 못하는 경우는 무엇일까? 학습자의 수행을 방해하는 내적인 요인이 심리적 압박상태에서 나타나는 심리적 기재이다.

지나친 압박감 상태에서 수행자는 자신도 인식하지 못하는 근육의 경련상태나 신체 조직들의 부조화 상태를 유발하는 '쵸우킹' 상태를 경험하기도 하는데 여기에서 중요한 의문은 과연 수행자들의 수행압박상태에서 나타난다는 '쵸우킹'을 어떻게 조절할 수 있을까 하는 문제이다. 수행자들의 수행압박감은 감소될 수 있을까? 어떻게 주의력을 조절할 수 있을까? 집중력은 수행 압박상태에서 수행에 유익할까? 어떻게 하면 수행압박감을 감소시킬 수 있을까? 연습과정에서 수행을 방해하는 심리적 요인들을 통제할 수 있는 방법은 없는 것일까? 본 장에서 우리가 중점적으로 살펴보아야 할 문제들이다.

2. 동작학습 단계와 주의력 집중

동작을 구성하는 기술은 형태와 그 동작의 복잡함에 따라 광범위하게 형성되어지지만 학습은 이러한 여러 가지 동작수행기술이 요구되어짐으로 일어나게 되며, 그 학습과정은 대부분 유사하다. Paul Fitts(1964; Fitts & Posner, 1967)는 동작을 학습하는 과정을 세 단계로 구분하였다. 이 책의 4장에서 논의 되어진 바 있다. 4장의 내용을 참조하면서 주의력 집중과 관련된 부분의 논의를 함께 하기 바란다.

Fitts의 세 단계 학습이론은 인지단계와 고정화단계(연합단계) 그리고 자동화단계로 나누어지는데 인지단계는 학습자들이 정확하게 동작을 수행하는데 필요한 형태를 나타내도록 하는 것으로 특징되어진다. 동작을 실행하는데 필요한 움직임과 관련된 학습자의 인지 활동이 이 단계에서 요구되어지는데 이 시기의 동작들은 이미 알고 있던 실행방법에 대한 의도적인 통제에 의해 이루어진다.

학습자들은 이따금 Overt 또는 Covert를 사용하여 동작 실행에 필요한 요소들을 학습하기도 하는데 '언어적 단계'(Adams, 1971)로 분류되어지기도 한다. 학자들은 이 단계의 학습자들을 대상으로 전술에 사용되는 요인들을 찾기도 하는데 Overt나 Covert들이 동작 실행에 어떻게 작용되어지는가를 규명한다. 여기에서 Overt는 주로 신체적 연습으로 Covert는 정신연습으로 볼 수 있겠다. 학습자들은 순차적으로 동작수행에 필요한 기술실행에 주의를 집중을 하게 되는데 그 집중의 크기와 위치가 학습의 단계에 따라 다르게 요구되어진다. 의식적으로 동작을 실행하는 과정에 주의를 집중하는 집중점 등의 조절방법을 적용한 결과 느린 동작과 순간적 동작과 관련되어서 학습의 결과가 다르게 나타나기도 하는데, 집중을 얼마나 하는가 하는 주의집중의 크기정도는 동작 실행에 실질적으로 차이가 나타나지 않으며, 동작의 일관성에도 도움이 되지 않는다는 결과가 나타났다. 동작학습의 시작단계인 인지단계 이후 두 번째 단계는 고정화단계로 이 단계에서 학습자는 기본동작 패턴을 습득하게 된다. 실질적인 연습이 이루어지는 단계이다. 이 단계에서 동작이 고정되어진다.

동작학습의 두 번째 고정화단계는 한층 더 어려워진 동작조절능력의 습득으로 특징되어진다. 두 번째 단계는 첫 번째 단계에서 동작수행에 관한 인지된 정보가 동작으로 실행되어 고정되어짐으로 고정화단계로 불린다. 동작이 고정화되기 위하여 인체 각 부분들은 서로 연합하게 되는데 이것이 두 번째 단계를 연합단계로 명명하기도 하는 이유이다. 이 연합단계와 고정화단계는 같은 맥락이다. 이 단계에서는 학습자에 의해 실행되는 동작능력은 점점 더 정확성으로 나타나며 계속되는 시도로 동작들은 점점 더 안정되어 고정화되어진다. 이때 불필요한 신체기관들의 상호수축은 점차적으로 감소되어지고 학습자의 동작 실행 상태는 한층 더 경제적으로 되어 진다. 동작실행은 최소의 에너지 소모로 수행을 이루어 내고 동작은 자동적으로 조절되어짐으로 동작 실행에 집중되었던 주의력은 동작실행과정 이외수행의 다른 분야로 넘겨질 수 있게 된다.

다양한 방식으로 동작을 실행하는 연습 이후 학습자는 동작의 자동화단계에 도달하게 되는데 이는 동작 실행이 매끄럽고 힘들이지 않는 듯한 동작으로 보여 지는 것으로 특징지어진다. 이 시기의 동작들은 정확하며, 실수가 없어지고 매우 안정적이 된다. 또한 학습자가 실행하는 동작 구성은 매우 효율적이며 동작 수행에 필요한 근육에 사용되는 에너지는 극소량으로 전환되어진다. 기술적인 동작의 실행은 자동적으로 이행되어 동작실행에 대한 학습자의 주의집중은 그다지 요구되어지지 않는다.

동작과제를 학습하는 문제에서 기술 습득의 가장 중요한 것이 동작 수행에 요구되는 주의집중의 정도라고 보는 것이 이제까지 지도자들의 일반적인 견해이다. 그렇다면 동작기술의 습득과정에서 주의집중은 어떻게 요구되어져야 할까? 기술 습득에 필요한 주의집중은 그 동작의 수행에 자동화가 이루어지면서 어떻게 변화되어지는 것일까? 어떠한 형태의 주의집중 요구가 학습의 어느 단계에서 개개인에게 어떠한 변화를 줄 수 있는가의 문제가 나타난다.

무용동작의 기술수행에 주의력 집중은 어떠한 영향을 주는가? 동작기술의 학습단계에 따라 주의를 집중해야 하는 크기나 시간의 요구가 다르게 나타날 수 있다면 숙련자들에게 동작 실행 시 주의집중 요구는 어떻게 결과 되어지는가가 검토되어야 할 것이다.

3. 집중력이 학습에 미치는 영향

학습자가 동작기술을 실행하거나 동작을 수정하는 데는 동작실행 즉 움직임에 어떤 집중력이 요구 되는데 이것은 학습의 단계에 따라 다르게 나타난다. 이는 동작의 수행능력이 향상하여 습관화되어짐으로 수행과정에서 필요한 움직임에 관한 주의집중력이 감소되는 것으로 생각할 수 있겠다. 이와 같은 주의력 집중에 관한 가정은 동작기술에서 매우 흥미로운 부분으로 개인적 능력으로 평가되는 두 번째 기능, 즉 어느 한 가지 기술수행능력이 습득되어진 이후 수행 가능한 부수적 기술의 수행능력으로 평가될 수 있다. 연구자들은 학습자의 주의력 집중이 부수기술 학습에 얼마나 작용하는가를 확인할 수 있었다.

'본 과제의 기술' 즉 학습자가 습득하려는 동작은 비교적 자연스럽게 단계적으로 학습이 되어 진다. 동작과제의 학습과정에서 과제수행에 자동화가 이루어지고 나면 학습자는 부수적 기술의 동시 수행실시에 이미 자동화로 이루어진 본 과제수행은 그다지 많은 영향을 받게 되지 않는다. 반면에 초기학습 단계에서는 '본 과제의 동작기술' 실행에 더 많은 집중이 필요하게 되는데 이 때는 동시에 갖게 되는 부수적 기술의 실행에 필요한 집중능력이 사라지거나 '본 과제의 기술'의 수행능력이 감소되어지는 것이 예상될 수 있다.

이와 같은 동작학습 단계에 따라 나타나는 학습자의 주의력 집중에 관한 논리는 캐나다 학자 Jack Leavitt이 처음으로 주장했다. Jack Leavitt는 실험연구에 초보와 숙련 아이스하키 선수에게 스키 할강을 통과하는 동작기술을 사용했다. 실험 참여자들은 한 가지 조건에서 두 가지 기능을 수행하도록 하였다.

실험결과는 참여자에게 주어진 두 가지 기능 수행이 숙련자들의 수행에는 아무런 영향을 받지 않았지만 초보자들에게서는 '본 과제의 기술' 수행에 감소가 나타났다.

또 다른 연구(Smith & Chamberlin, 1992)는 동작과제로 축구공 드리블링을 동작과제로 사용하였는데 결과는 숙련자는 두 가지 기술 실행시 '본 과제 기술' 수행에 별다른 방해요소가 나타나지 않았으나 초보축구선수들은 두 가지 기능의 표현이 모두 감소되었다. 이들의 연구 결과를 보면 동작과제가 숙련된 상태에서 실행되는 경우에는 두 가지 기능을 실행하여도 별다른 방해를 받지 않지만 그렇지 못할 경우에는 실행이 원만하지 못하다는 것을 알 수 있다.

이와 유사한 실험 결과는 또 있다. 1998년 Bruce Abernety가 배드민턴 선수를 참여시켜서 비슷한 실험을 실시한 결과 이전의 실험 결과와 유사한 결과를 보여주었다. 이 같은 실험 결과는 학습자에게 필요한 '기술-집중'적 주의가 학습초기에는 필요한 것으로 암시되어졌으며, 이러한 '기술-집중' 주의력은 동작기술이 학습을 통해 점차 자동화 되어감으로 감소된다는 것을 입증하고 있다.

'기술-집중' 주의력이 동작과제 수행에 미치는 학습 단계별 현상은 신입골퍼와 숙련골퍼의 인터뷰에서도 지지되어 나타난 보고가 있다. 이 보고서에 의하면 비숙련 골퍼들은 자신들이 플레이한 홀의 퍼드실행 상황을 상기하도록 요구하였을 때 그들은 자신들이 실행했었던 것 보다 더 섬세하게 기억해 내었으나, 숙련골퍼들의 반응은 자신들의 퍼팅 실행 상태를 섬세하게 기억하지 못했다(Beilock & Carr, 2001).

이러한 결과에 대해 연구자는 다음과 같이 논의하였다. '놀라운 일은 아니지만 숙련자들은 일반적으로 비숙련자들 보다 퍼트의 정확한 동작기술을 더 많이 알고 있었다. 그러나 확실한 것은 그들이 실행한 퍼드 실행방법에 그다지 주의하여 집중하지 않았다는 것이다'. 이 같은 베일록의 주장을 살펴보면 실험 참여자들이 실행한 특별한 동작기술에 대한 숙련자들의 기억이 비숙련자들의 것 보다 섬세하지 않았다는 사실은 비숙련자들은 의식적으로 그들의 동작을 조절한다고 볼 수 있으며 반면에 숙련자들의 동작기술실행은 그 집중 정도가 비숙련자들보다 낮았고 기술 수행은 수행과정의 집중력보다는 이미 학습되어진 동작과제의 자동화로 수행이 이루어진 것으로 볼 수 있겠다. 많은 학자들은 숙련자에 비해 초보자들에게 있어서 동작기술의 실행에 주의집중이 필요하다고 가정한다(eg, Beilock & Carr, 2004; Gray, 2004; Meinel & Schnable, 1976).

지금까지 살펴본 여러 연구자들의 주장이나 연구결과는 동작기술의 수행에서 초보자들에게는 수행중 주의집중이 필요하고 결과적으로 수행에 유익할 것이라고 믿게 된다. 그렇다면 초보학습자 또는 비숙련자에게 필요한 주의력의 집중 정도는 어떠할까? 초보자들에게 그들이 동작을 실행할 때 주의를 집중하도록 주지시키는 것이 필요하다는 것을 증명하기 위하여 실험한 사례를 살펴보았다.

학습되지 않은 동작과제를 실행하기 위하여 학습자의 주의력이 동작수행방법 등에 집중되는 것이 학습에 유익할 것이라는 예측이다. 그러나 결론적으로 말하자면 이러한 견해, 즉 초보자에게 요구하는 동작실행에 관한 주의력효과에 대한 실험연구결과가 지지된 예는 많지 않다.

학습의 초기단계 일지라도 '기술-집중력'(움직임의 실행에 집중)이 과제학습에 효과적이라는 이론은 지지되는 이론이 아니라는 것이다. 그렇다면 학습자에게 주의력을 요구하는 것이 학습에 부적합하다는 것인데 동작학습단계에서 개인의 동작기술학습단계가 자동화단계에 도달하게 되면 동작은 보통 자동적으로 통제되어지는데 이때 동작의 기술수행에 집중력을 사용하는 것은 동작의 자동화를 방해하는 것으로 이롭지 못하다는 것이다. 그렇다면 초보학습자의 학습 초기단계에서 동작과제를 인지하는 과정에서도 동작실행에 주의를 집중하는 것이 학습에 이롭지 못하다는 것을 생각해 보자. 우리는 숙련자와 비숙련자에게서 일어나는 동작기술 실행시 집중력 사용에 대한 영향을 살펴보게 될 것이다.

(1) 초보동작학습과 주의집중

지금까지 이 책에서 논의된 동작학습 이론에 근거하면 초보학습자들에게 있어서 동작기술학습의 시작은 가장 좋은 실행방법을 인지하는 일이다. 이 시기에서 학습자들은 정확한 동작 실행을 목표로 한다. 학습자들이 동작과제를 정확하게 실행하기 위해서 필요할 것이라고 생각되는 동작학습 방법을 생각해보자. 학습의 초기단계에서는 동작과제를 수행하기 위해 필요한 움직임을 습득하도록 하는데 학습자가 목표된 동작과 관련된 동작실행 방법에 주의를 집중할 때 학습이 향상될 것이라고 예측한다. 우리는 무용동작학습 현장에서 주의집중과 동일하다고 할 수 있는 '정신 차리고' 또는 '집중하라' 등의 격려를 많이 듣는다.

학습을 향상시키려는 지도자들의 지시와 Feedback은 일반적으로 동작과제 수행에 필요한 동작협응의 여러 가지 현상에 학습자의 주의집중을 요구한다. 이러한 지도는 동작실행 전 동작과제의 수행정보에 관한 정보처리 과정에서 의식적으로 움직임을 조절하도록 하는 것인데 이것이 수행 결과에 나쁜 영향을 미칠 수 있는 것으로 보이지는 않는다. 오히려 자동화 단계에 도달하기위해 거쳐야 하는 필요한 단계로 여겨진다.

동작수행에 적절한 근육의 힘이나 수행 시간 등의 조절은 동작수행이 자동화에 이르면 동작수행은 실행 방법 등에 주의집중의 요구정도가 적어지게 된다. 교사나 지도자가 학습자에게 주는 지시와 Feedback의 목적은 학습자로 하여금 정확한 동작실행으로 나아가게하고 동작간의 협응 양상이 견고해졌을 때 나타날 수 있는 동작 수정을 피하기 위한 것이다. 다시 말하면 초기단계인 동작과제의 인지과정에서 동작기술학습이 부정확한 상태로 숙련되어지는 상황을 피하기 위하여 정확한 동작수행에 주의력을 요구하여야 한다는 것이다. 그러나 과연 이 시기의 집중력 지시가 학습자의 과제학습에 정말로 도움이 될까? 이제부터 우리는 동작기능 학습의 다양한 상황에서 학습자들의 집중력 요구가 그들의 동작수행에 어떠한 영향을 미치는가에 대한 연구 결과를 살펴볼 것이다.

1) 학습지도와 Feedback

동작과제를 실행할 때 학습자의 주의를 어떻게 요구하는 것이 과제학습에 유익할 것인가를 연구한 실험은 동작수행 중 수행자의 주의가 어느 곳에 집중되는 것이 유익한가를 제시한다. 실험연구에 사용된 동작과제는 대부분 스포츠동작과제였다. 연구자들은 동작학습 시 학습자들의 주의를 어떻게 유도하는 것이 학습에 더 유익할 것인가를 규명하기 위하여 학습자의 주의를 '기술-집중'과 동작 실행이 아닌 다른 것에 유도하여 실험 과제의 수행결과를 평가하여 '기술-집중' 결과와 다른 것에 유도한 결과를 비교하는 것으로 진행하였다.

Gray(2004)는 야구 시뮬레이션 실험연구를 통해 초보학습자들의 동작기술에 관계되는 집중력 중점의 영향을 연구했다. Beilock 등(2004)은 골프퍼팅 실험을 통해 Gray(2004)와 유사한 결과를 유출했다. 이들 연구의 핵심은 한 가지 동작기술수행(기술-집중)을 실행할 경우와 복합 동작기능(2차적 동작기능)을 실행할 경우 본 동작기능의 수행효과를 측정하는 것이었다. '기술-집중' 적용은 동작과제로 제시된 본 동작과제를 실행하는 것으로 과제수행과정에서 학습자의 주의를 본 동작과제 수행에 집중하도록 한다.

'복합동작기능' 적용은 본 과제를 수행하는데 또 다른 제2의 과제를 함께 실행하도록 하여 학습자의 주의가 본 과제가 아닌 제2의 동작과제에 집중되도록 유도하는 것이다. 이렇게 하여 학습자가 과제를 수행할 때 본 과제에 주의를 집중하는 경우의 수행 수준과 본 과제에 학습자의 주의가 집중되지 않았을 때의 수행 수준을 비교하여 과제수행 시 학습자의 주의력 집중점의 조절 효과를 살펴보는 것이다.

이렇게 실험을 진행한 결과는 본 과제 기술의 수행 수준이 부수적 복합수행(2차적 기능)에 중점을 두도록 유도한 결과보다 좋지 않았다. 본 동작기능에 집중하도록 요구된 본 과제는 2차적 기능에 집중한 본 과제 기술 수행결과에 미치지 못하였다.

결과적으로 동작을 수행할 경우 본 동작에 관한 수행을 집중하게 하는 것이 본 동작이 아닌 제2의 과제 수행에 집중을 요구하는 것 보다 수행에 유익하지 못한 것으로 설명되어진다. 이러한 연구 결과는 동작기술을 학습하는 과정에서 초보학습자들에게 동작기술의 정확한 실행에 집중력을 요구하는 것이 유익하다는 전통적 이론에 관한 확실한 어떤 증거도 설득력 있게 제시하지 못했다.

결론적으로 '습득 단계의 초기동작수행 구성에서 점진적인 주의력 집중이 동작기술학습에 유익하다'라는 학설은 과장되어진 것이라고 말하는 Gabriele

의 주장이 설득력 있게 생각된다(Gabriele, 2007).

그렇다면 학습초기 단계에서 동작의 정확한 수행은 어떻게 이루어질 수 있는 것일까? 스포츠경기 종목의 동작이나 무용 동작의 정확한 수행이 동작과제 학습의 목표달성에 필요한 요인이 아니라는 주장은 아닐 것이다. 다시 말해서 과제의 정확한 수행을 위해서 학습자가 과제 실행과정에 주의를 집중해야 하는 것이 옳고 실험연구에서 수행평가가 과제의 정확한 수행을 고려하지 않았을 것이라고 생각하지 않는다면 과제의 정확한 수행을 위해서 필요할 것이라는 학습자의 주의력 집중은 동작의 정확한 실행에도 도움이 되지 않는다는 것인가? 하는 문제가 나타난다.

이 문제에 관한 흥미로운 실험의 결과를 제시하는 학자들이 있다. 울프 등은 1997년에 초보학습자들이 동작기술 실행 시 정확한 기술실행의 요구 받았을 때 동작수행에 어려움을 겪었다는 증거를 제시하였다(Wulf Gabriele, 2007). 그가 제시하는 실험은 스키시뮬레이션을 사용한 스키동작수행으로 정확한 동작기술을 지도받은 그룹과 동작기술에 대한 지도를 전혀 받지 않은 집단 간의 수행평가의 비교였다.

이 실험에서 재미있는 발견은 정확한 동작기술 수행에 관한 정보가 없는 초보학습자들은 그들 스스로 동작수행기술을 발견하는데 자유로웠으며 지시한대로 정확한 기술을 실행해야 하는 학습자들에게는 또 다른 부적영향, 즉 기술실행의 정확성 여부에 대한 스트레스가 부가되어졌다는 것이다.

이 실험의 참여자들은 실험설계에 따라 3일간의 연습이 진행되었다. 동작수행에 관하여 아무런 수행정보 없이 스스로 습득하도록 설계된 스스로 학습집단과 지도자의 정확한 수행방법을 지시받은 집단은 연습 종료 후 수행을 평가하였다. 두 그룹간의 평가 결과는 동작기술에 대한 정보가 도움이 되지 못한다는 것을 명확하게 보여주었다.

기술을 정확하게 구사하는 방법에 대한 '정보의 유익'을 제공받은 참여자들은 이러한 정보를 받지 못한 참여자들에 비해 통계상의 유의한 향상을 보였으나 매우 낮은 향상이었다. 이는 두 연습집단이 학습을 이루었다는 것이다.

흥미로운 것은 연습단계에서 지시를 받지 않은 집단은 동작수행에 대한 통계상 유의한 향상이 나타났으며 정보를 제공받은 집단에 비해 통계적으로 유의미한 유리함을 보여주었다는 사실이다. 이는 동작과제의 수행상의 정보 없이도 학습이 가능하며 정확한 수행 정보를 받은 것 보다 우세하다는 것이다.

이 같은 결과는 동작과제 실행 방법에 관한 정확한 지시는 오히려 학습자들에게 동작을 지시받은 대로 정확하게 실행하려는 압박감의 증가가 나타나서 수행에 부정적 영향을 주는 결과가 나타난 것으로 설명되어진다.

이와 유사한 실험의 결과는 Hodges & Lee(1999)의 연구에서도 나타나는데 기능 표현방법 지시가 학습자들의 기능 수행에게 유익하지 못하다는 결론이다. Hodges & Lee 등이 실험연구에서 사용한 동작과제는 양손 사용의 복잡한 협응과제였다. 실험 방법은 울프 등이 사용한 스키 시뮬레이션 방법과 유사하며, 울프의 실험과 다르게 첨가된 것은 실험참여자들이 수행할 때 주의집중을 요구하는 것이었다. 이 실험연구의 가장 흥미로운 발견은 이틀간의 연습 후 집단간의 평가점수를 비교한 결과에 있었다. 결과는 정확한 동작기능 협응 형태의 방법을 지시받은 집단이 그렇지 않은 집단에 비해 효과적이지 못했다는 것이다.

정확한 협응 기능에 대한 지도를 받지 않은 집단이 학습결과에 더 효과적이거나 자동화 단계에 빠르게 접근된 반면에 지도를 받은 집단은 그들의 주의집중력을 부수적 기능(2차적 기능)에 두도록 하였을 때 수행의 결과에 유해하게 작용되어 나타났다.

여기에 어떤 일이 일어났을까? 동작수행과 학습에 효과가 있다고 여겨지는 지도가 왜 결과적으로 유해하게 나타났을까? 숙련자들은 동작수행 시 동작의 섬세함에 집중력을 두게 되면 동작에 좋지 못한 결과를 초래할 수 있다는 것이 일반적 흐름이지만, 초보자일 때는 그렇지 않다는 것이 일반론이다. 그러나 초보학습자의 경우에 있어서도 동작 실행 과정에 주의를 주게 되는 것이 그렇지 않은 것 보다 이롭지 못하다는 실험 결과는 많은 의문을 주었다.

비록 여러 연구자들의 결과와 실제 학습관련자들이 동작수행에 집중력을 사용하는 것이 초보학습 시에 유효하다는 것을 믿고 그렇게 실행하고 있을

지라도 이런 몇몇의 연구 결과는 주의력을 '자기-집중력'으로 하여 학습지도에 적용한다는 것은 초보자의 동작기능 학습에 유해할 수 있음을 암시하고 있다.

무용, 스포츠, 음악 등에 동작의 지도가 이루어지는 것, 즉 기술 수행에 집중력을 두도록 하는 것이나 동작간의 협응에 좀 더 특별한 주의를 두게 되는 것과 같은 지도들이 결과적으로 학습자들을 곤란하게 할 수도 있다는 것이다.

학습자의 학습을 이끄는 지도가 우리가 기대한 만큼의 도움을 주지 못하는 것일까? 이쯤에서 가장 중요한 것은 지도의 유해나 유익을 논하는 것보다 학습의 향상은 어떠한 경우에 나타나는 것일까 하는 문제일 것이다.

2) 집중력 중점의 조절

앞에서 동작기술의 정확한 수행에 집중하는 것은 수행에 이롭지 못하다는 여러 연구자들의 실험 결과에서 입증되었다. 그렇다면 동작학습은 집중력이 필요 없는 것일까? 집중을 하지 않고서도 동작기술을 습득할 수 있는 것일까? 앞에서의 실험들은 대부분 '기술-중점'식의 집중에 관계되는 것이었다. 그렇다면 수행자의 집중 중점을 '기술-중점'이 아닌 다른 것에 돌리도록 한다면 어떠한 작용이 일어나게 되는 것일까?

1980년대 훌로리다 대학의 스포츠심리학교수 Robert Singer는 동작기술 수행 시 몸의 움직임에 의식적으로 집중을 가하는 것은 유익하지 못하고 그러한 집중력 요구의 교수방법은 효과적이지 않다며 이에 관한 학습법의 체계적 이론을 세우게 된다. 이 논의의 바탕이 되고 있는 것은 1982년 Gallway 등의 연구결과에 따른 것으로 숙련자들은 일반적으로 동작의 기술을 실행할 때 동작의 섬세한 실행에 집중력을 사용하지 않는다는 것이다.

숙련자들의 동작은 이미 자동화되어 있다. 다시 말하자면 동작은 학습되어 습관화 되어져서 습관처럼 특별한 주의를 기울이지 않아도 자연스럽게 나타난다는 것이다. 이러한 경우 의도적이거나 혹은 지도자에 의해 동작 수행상황에 주의를 집중하게 되면 자동화되어진 동작의 실행은 자동화가 깨어지게 되는 것이다. 그렇다면 학습자의 주의를 조절할 수는 있을까? Singer는 학습자의 주의집중점을 조절해서 '기술-중점'의 집중 요구 형태를 바꾸어야 한다고 주장한다.

Singer의 주장에 의하면 초보학습자들이 동작수행의 자동화단계에 이르도록 도움을 줄 수 있는 한 가지 방법은 그들을 정확한 동작수행에 관한 집중으로부터 분산 시켜서 학습자가 동작에 대하여 넓게 접근할 수 있도록 접근적인 지도를 실시해야 한다는 것이다.

정확한 동작 수행에 학습자의 주의가 집중되게 되면 동작기술을 수행할 때 동작이 자동화되어져 있는 학습자들이 자연스럽게 표현해내지 못 할 수 있기 때문에 Singer는 '인식상태'와 '무인식상태'간의 절충된 방법으로 다섯 단계의 접근 방법을 개발 하였다. 여기에서 잠시 동작학습단계와 동작수행 상태를 인식상태와 무인식 상태라는 의식적 구조를 놓고 생각해 보자.

동작의 학습이 자동화 상태가 되어서 무인식 상태인 습관으로 실행되는 경우 이 동작은 수행에 특별한 주의가 필요하지 않으며 특별한 주의는 오히려 자연스런 수행에 방해를 초래할 수 있을 것이다. 그렇다면 인식상태에서 수행해야 하는 동작은 아직 완전한 학습이 이루어진 것은 아니라고 보는 것이 옳겠다. 동작 실행 시 신체의 움직임 절차와 시간과 힘의 조절 등이 완전하게 익숙해진 상태가 아니어서 동작 수행은 수행과정에 주의를 집중해야 할 것이다. 이러한 인식상태와 무인식상태의 상황을 절충하는 방법이라면 이론적으로 매우 가능한 방법으로 생각된다.

Singer의 방법은 학습자들이 동작의 정확한 수행방법에 주의가 집중되는 것을 방지하면서 동작을 자연스럽게 실행하도록 돕는 것이다. 그가 제시하는 동작을 수행하기 위한 단계적 접근법을 살펴보자.

첫 번째 단계는 동작기술 수행 이전 수행자들은 최적의 정신 상태에 도달할 수 있도록 지도되어야 하며(1단계), 두 번째 단계는 정신적 수행을 거친다(2단계). 3단계에서는 '집중점'이 요구되어지는데 이는 수행자가 동작과 관련된 어떤 상징에 집중하도록 유도하는 것이다. 즉, 동작자체에서 벗어난 상징적 이미지를 그리도록 한다는 것이다. 그런 다음 4단계에서는 실행자에게 가능한 자신의 동작 흐름을 생각하지 않고 그동안의 학습 결과로 일어나는 동작 수행의 실시를 요구한다. 마지막 5단계에서는 시간이 가능하면 이미 실행하여 평가된 결과를 포함해서 다음 시도를 위한 조절된 계획을 실행한다.

비록 '의식상태'가 이때 사용된다 하더라도 수행자가 동작실행 이전에 동작을 상상하도록 요구되는 것과 같이 다음 단계를 준비하게 하는 것이다. 중요한 것은 상징에 집중하여 동작실행 과정 중에 나타날 수 있는 동작기술에 집중하는 것을 방지하려는 의도를 이루어내는 것이다.

다음은 Wulf가 그의 저서에서 정리한 Singer의 5단계 접근법이다(Wulf, 2007).

1단계 – 준비단계 : 긍정적 생각, 최적의 개인적 정서 상태에 도달한다. 이전에 있었던 최고의 수행을 연합된 수행동작으로 하여 그 동작을 떠올리는 준비로 시도된다.

2단계 – 이미지 수행단계 : 간략한 정신적 영상으로 동작을 수행동작의 제어부분과 적절하고 우수한 협응을 느끼면서 시각화 동작을 느끼는 이미지 연습과정이다.

3단계 – 집중(focusing)단계 : 관련 상태에 집중한다. 동작실행 과정이 아닌 관련된 한 가지중점에 집중한다, 예를 들어 사격 타겟의 중심점을 크게 그리면서 그것만을 집중하는 등 동작외의 관련목표에 집중하여 동작 실행의 과정에 대한 각종 우려나 집중 상황을 없앤다.

4단계 – 실행단계 : 느낌이 준비되면 동작을 실행한다.

5단계 – 평가단계 : 시간이 가능하면 학습되어진 것으로 가능한 Feedback을 사용하여 수행결과를 점검한다. 각 단계의 주요한 효율성을 평가한다. 다음 수행의 기획 상황을 조절한다.

Singer의 이러한 접근법은 실험연구에서 비교적 효율적이라는 것을 보여주었다. 연구들의 특징은 주의력을 집중시키는 지도와 그렇지 않은 지도 결과의 비교로 설계되어졌다. 결과들은 대부분 5단계 접근법은 학습과 동작수행에 효과적인 증가가 있는 것으로 입증 되어졌다. 몇몇 실험연구의 결과가 어떠하든 무용동작을 학습하고 지도해야하는 우리에게 Singer의 5단계 학습법은 실제 무용동작학습에 적용하기는 무리가 있어 보인다. Singer의 방법은 1단계부터 3단계까지는 도입단계로 동작을 실행하기 이전의 학습자의 상태를 말하고 있으며 4단계가 수행과정을 나타낸다. 5단계는 다음 학습을 위한 처치로 보여진다. 이는 하나의 동작으로 평가되는 닫힌 동작기술일 경우에는 적용이 가능하다. 그러나 상대 선수들의 움직임이 변수로 나타나는 열린 동작기술의 스포츠 종목 동작과제의 실제상황에서 가능할 수 있을지 의문이다.

또한 동작과 동작의 연속적 수행으로 자신을 표현하는 무용동작은 순간적으로 많은 동작을 실행해야 한다. 과연 이러한 실제상황에서 Singer의 5단계 접근법의 수행이 가능할지 알 수 없다. Singer의 5단계 접근법을 적용한 결과는 '무의식적 상태'로 실행한 동작수행과 비교하여 보면 주의집중 유무 상황을 실험한 연구결과와 같이 수행에 유리함은 증명되지 않았다.

이러한 결과는 동작을 실행할 때 아무런 생각 없이 진행되는 것이 유익하다는 것인데 우리가 어떤 동작을 수행할 때 과연 아무런 생각 없이 행한다는 것이 실제적으로 가능한 것일까? 우리가 무용동작을 수행하는 여러 상황에서 생각할 때 아무런 생각 없이 수행한다는 것은 거의 불가능하다. 이러한 의미에서 Singer의 5단계 접근법은 수행자의 주의를 바꾸어 놓는다는 것으로는 설득력이 있어 보인다.

여기에서 우리가 생각해야하는 문제가 있다. 과제수행 시 수행자의 주의집중이 '학습과정'에 나타나는 효과와 '동작수행'에 나타나는 것과는 다를 수 있다는 것이다. 한차례 동작 수행을 평가하는 경우 주의집중을 동작실행에 주었을 때 나타나는 결과와 그것이 학습으로 나타나는가를 평가할 경우 즉, 수행과 학습에 다르게 나타날 수 있다는 것이다. 이러한 경우 학습자의 수행이 학습을 위한 수행인가 평가를 위한 단편적인 수행인가를 고려해야 할 것이다.

목적이 있는 동작을 수행하는 경우 '무인식 상태'에서 수행을 한다는 것은 거의 불가능하다는 말을 했었다. 그러나 수행자의 '인식 상태'의 동작 수행은 수행에 유익하지 못한 결과를 가져온다는 실험연구들의 결론을 미루어 볼 때 Singer의 5단계 접근법이 유용한 이유는 수행자들에게 동작의 정확한 수행 과정이 아닌 다른 한 가지에 집중점을 갖도록 요구하고, 몸은 편안한 상태를 유지하도록 하여 수행을 방해하는 '인식 상태'를 완화하는 것에 있다.

'인식 상태'를 동작실행에 유익하도록 조절하는 Singer의 방법은 동작수행에 유익한 결과를 가져온다는 것인데 초보학습자에게는 그들의 주의집중을 기술실행의 상태에 두도록 하는 것이 좀 더 유익하다고 믿었다(Singer, 1998).

Singer의 연구는 동작수행 방법에 수행자의 의식을 조절하여 나타난 결과이지만 Singer는 동작기술의 자동화는 단계적 과정이며 초보학습자에게 동작의 실행 과정에 주의를 집중하도록 하는 지도는 유해하지 않을 것이라 추정했다. 여기에서 우리는 동작을 수행할 때 수행자의 의지가 Singer가 조절하는 상태를 유지할 수 있을 것인가 하는 점을 생각할 수 있다. 생각을 하지 말아야 한다는 것이 그대로 실현된다는 것은 알 수 없는 일이다. 또한 '그렇게 해야지'하는 것이 그대로 실행된다는 보장도 없다. 이 같은 수행상의 문제로 바라보면 Singer의 5단계 접근법의 한 가지 결점은 '자기-방식' 기술에 한정된다는 것이다.

Singer의 방식은 동작수행 환경이 시간적 제한이 없는 상태에서 가능하며 수행자는 동작 실행에 충분한 시간적 여유를 갖고 있을 때 이루어질 수 있다. Singer의 5단계 수행 방법을 적용할 수 있는 환경에서 동작기술을 실행하는 경우 수행자의 최고기술수행을 예견할 수 있다. 그러나 수많은 동작기술 수행은 Singer의 방법을 적용할 수 있는 환경을 가질 수 없다. 다가오는 공에 반응해야 하고 환경에 신속하게 변화해야 하는 선수들이나 수많은 동작들의 연속 수행을 이루어야 하는 무용수들은 동작기술을 어떻게 연습해야 할까? 그러한 형태의 동작기술의 수행과 연습 시 집중의 중점은 어떻게 해야 할까? Singer의 접근법은 몇 가지 동작수행에는 유익하지만 이 방법의 응용에는 한계가 있다.

Richard Masters(1992)는 동작을 실행하는 동안 동작에 대한 생각을 하지 않는 것이 중요하다는 것을 논의하면서 새로운 기술을 시도하는 초보학습자에게는 집중을 요구하는 지도자의 지시 정도에 따라서 주의집중에 따른 기술실행의 유해가 최소화될 수 있다는 의견을 제시했다. 이는 동작을 학습하기 위하여 동작수행에 주의를 집중하는 것이 필요하지만 수행에 대한 주의집중이 실행에 방해가 되지 않도록 지도자의 지시가 필요하다고 보는 것이다.

동작 수행 시 너무 많은 주의력 지시가 주어지면 수행자들은 더욱 더 동작의 정보과정의 통제 상황에 접근하려 하고 기술실행 방식에 집중하게 되어 동작수행에 유해하게 된다. 그러므로 학습자에게 동작의 정확성을 인식하여 수행하게 하는 상황을 만드는 지도는 가능한 피해야 한다는 것이다.

만약에 학습자가 무의식중에 습득된 동작기술을 실시하는 과정에서 그 동작을 의식적으로 실행하려 하면 동작의 자동적 실행에 간섭을 받게 될 수 있게 된다. 이것은 압박감 상태에서 동작기술을 특별하게 이끌어 내려는 기대감 때문에 나타나는데 이러한 경우는 경쟁 상태에서 실행자들이 수행을 '재투자' 하여서 의식적으로 실행함으로 수행의 유리함을 놓쳐버리게 된다.

이것은 동작 실행의 자동화가 파괴되었기 때문이라는 것이다. 다시 말하면 수행자가 경쟁의 상황에서 동작기술을 잘 실행해야 하겠다는 압박감으로 동작실행에 집중점을 두게 되어 자연스러운 동작 실행이 파괴되어 나타나는 것이다. 동작의 자동화는 동작학습의 마지막 단계이다. 자동화의 파괴는 동작수행이 학습완료 이전의 상태로 되돌아감을 뜻하여 당연하게 수행실력은 감소하게 된다.

여기에서 '재투자'라는 용어가 있는데 이는 이미 자동화된 동작을 다시 이전 학습단계로 돌려서 동작기술을 의식적으로 정확하게 실행하려는 인식적인 동작수행이라고 할 수 있겠다.

Master는 수행과정에서 내외적으로 수행지식에 주의를 집중함으로 오히려 수행이 저하되는 현상은 인식에 의한 노력의 재투자 때문이라고 했다. Master의 '재투자' 의미는 자동기억속의 의식적, 명시적, 규칙적 지식을 이용하여 자신의 동작을 조절하려는 경향, 혹은 전반적인 동작의 흐름보다는 자신의 세세한 동작 메커니즘 자체에 주의를 집중하는 현상으로 설명된다. 여기에서 저자는 재투자를 자동화를 파괴하고 수행 수준을 이전 단계로 되돌려서 동작을 실행하는 것으로 한다.

Master 등은 어떤 동작기술에 대한 뚜렷한 정보의 지식이 없는 동작실행이 유익하다는 것을 가설로 실험연구를 통해 논증하였다. 정확한 실행방식이 요구되는 골프 퍼팅에서 정확한 수행방법에 대한 특정한 기술을 제공받지 않은 학습자들이 경쟁상태와 같은 압박상황에서 기술 수행에 더 유리하다는 것이다. 이는 압박상황에서 동작기술을 정확하게 실행해야 한다는 의식이 동작기술에 집중하게 된다고 설명되어질 수 있다. 사람들은 동작기술실행 시 의식적으로 '재투자' 수행 경향을 갖고 있는데 이는 압박상태에서 더 많은 '쵸우크'의 가능성을 갖게 된다는 개념이다.

무용동작을 수행함에 있어 이러한 현상에 관한 예는 얼마든지 있다. 무대위에서 무용수들은 그동안의 연습에 의한 동작의 결과들을 자연스럽게 그대로 수행하는 것이 보통이다. 그러나 순간적으로 어떠한 동작에 집중하여 특별하게 조심해야 한다는 의식이 나타나게 되면 그 동작은 자연스러운 평형의 상태를 벗어나게 된다. 한 번의 실수는 계속해서 나타나기도 하는데 무용수는 매번 그 동작의 수행에서 '재투자'의 현상에 몰리게 된다.

이러한 정확한 동작 실행의 개념은 다른 연구에서도 확증되어 나타났다. 이들 연구에서 알 수 있는 한 가지 분명한 사실은 동작기술을 실행할 때 의식적으로 동작의 수행방법에 주의를 두는 것은 유익하지 않다는 것이다. 그러나 동작기술 학습의 이 같은 문제에 대한 최적의 해결방법이 과연 학습자에게 기술에 대한 동작지도를 하지 않아야 하는 것일까? 정확한 동작기술의 지식을 학습자들에게 주지 않아야 하는 것인가? 이렇게 하면 의식적인 '재투자' 수행을 막을 수 있을까? 정말로 학습자 스스로 정확한 동작의 흐름을 익히고 자동화를 이루어 낼 수 있을까? 정확한 동작기술수행의 정보를 받지 않고 학습자는 정확한 기술을 학습할 수 있을까? 정확한 동작기술의 정보 없이 무대를 가로지르는 빠른 회전을 수행해낼 수 있다고 기대할 수 있을까?

이러한 일련의 연구 결과는 이제까지의 무용동작학습과정에 혼동을 가져올 여지가 많다. 전통적인 개념에서 동작을 학습한다는 것은 그 동작의 실행 패턴을 익히며 신체 여러 부위 중 사용하는 부분과 그렇지 않은 부분을 구별함으로써 학습되어진다고 믿고 있다. 발레의 고난이도의 테크닉적 동작을 암묵적(지도자의 수행 지도 없이)으로 학습할 수는 있겠으나 동작의 실행 방법을 뚜렷하게 인지하는 과정에서부터 단계적으로 자동화에 이르러야 한다는 것에는 변함없이 지지한다.

지도자의 수행 지시가 필요하다는 주장에 관하여 몇몇 학자들의 실험은 '암묵적(implicit)' 학습자와 '명시적(explicit)' 학습자가 압박감하에서 실시한 동작 수행능력 비교에서 '암묵적' 학습자가 더 우세하다고 할 수는 없다는 결론을 이끌어냈다. 즉 '명시적' 학습자의 기량이 우수한 경향이 있다는 것이다.

암묵적 학습의 가장 유익함은 심리적 상태의 유익함인데 암묵적으로 학습된 기술은 명시적 학습에 비해 심리적 긴장감을 더 가지고 있으며 명시적으로 학습한 기술보다는 안정적이라고 제안하였다.

실험 결과에 의한 이러한 결론을 판단함에 있어 가장 비평적인 것은 실험의 가설상태에서 설계된 동작기술 상황을 어떻게 받아들여야 하는가 하는 것이다. 다시 말하자면 동작학습은 연습과 피드백에 의한 숙련화 과정으로 나타나는데 동작학습의 목적은 그 동작이 무엇이든 현장에서의 목표달성에 있다. 즉 운동 경기의 동작은 경기의 우세를 무용동작인 경우 무대 위에서의 완전한 표현을 그 밖의 악기 연주나 기계조작의 현장에서는 어떤 오차 없는 성과를 목표로 한다.

사람들의 행동은 확실한 목표 설정이 나타날 때 변화가 나타 날 수 있다는 것은 이 책의 동기 부분에서 설명되어진 바 있다. 그렇다면 실험실에서 이루어진 동작 수행이나 학습과정의 통제 상황을 현장의 상황으로 받아들일 수 있을까? 하는 것이다.

무용동작이나 스포츠 종목의 동작들을 살펴보면 숙련된 수행자가 아니면 동작의 실행이 실패할 경우 커다란 부상을 당하게 되거나 생명을 위협할 수도 있는 고난이도의 동작들이 있다. 이 같은 동작들이 '암묵적' 방법으로 학습 가능할까? '암묵적' 학습의 가능성은 열어놓고 있다고 하더라도 '명시적' 학습 방법의 유익함은 여전히 지지되어진다.

어떤 지도방법이 수행자들에게 최상의 실행을 이끌어 내게 할 수 있을까? 스포츠 경기에서, 무용공연에서, 음악콘서트에서, 또는 위험한 상황의 생명구조 동작을 어떻게 해야 최적의 동작을 끌어내게 할 수 있을까? 실제 공연상태와 연습상태의 실행, 그리고 실험에서의 동작수행은 동일하게 적용될 수 없을 것으로 보여 진다.

실험상황, 연습상황, 그리고 실제 상황의 심리적 상태 각성의 정도 등은 동작 수행의 결과를 바꿀 수 있다. 그러므로 동작학습의 현장에서는 연습상황과 실제 상황으로부터 나타나는 지도상의 딜레마를 말하기도 하는 것이다.

수행 중 초보학습자나 초보수행자들에게 어떤 지시를 내리는 것, 그것은 동작의 협응작용에 집중을 요구하는 것으로 이것은 최선의 방법이 되지 못하며, 주의력 집중의 부정적 효과를 덜어내기 위한 동작수행의 섬세함에 집중하도록 형성되어 있는 이제까지의 접근들은 이와 같은 결점을 배제하지 못한다. 어떻게 이 문제를 해결할 수 있을까? 앞으로 우리는 이런 문제들을 해결할 수 있는 방법들을 찾아볼 것이다.

동작수행 능력은 동작에 사용되는 신체부위의 협응시 수행자의 주의력집중문제와 초보학습자의 주의력 강도 조절 등 유리한 방법을 사용한다면 학습은 확실히 촉진되어 질 것이다. 그 첫 번째로 우리는 비교적 동작수행이 자동화되어 수행통제가 가능한 숙련 수행자가 동작수행 통제에 주의력을 집중 할 때 받는 영향을 살펴보게 될 것이다. 숙련된 동작수행자가 수행 중에 주의력을 집중하는 상태는 흔히 무의식중에 일어나는데 개인적으로 동작을 잘 해보려는 압박상태에서 일어난다. 이런 경우 수행결과는 흔히 자신이 의도했던 것과는 반대의 결과가 나타난다.

이 현상은 중요한 문제를 제시하고 있는데 '자기-집중적' 주의력의 유해성을 해결할 방법은 없는가? 하는 것이다. 이는 수행환경이나 수행자 자신의 심리적인 상태에 따라 나타나는 현상이다.

수행환경이나 수행자의 심리적 상태에서 나타나는 현상으로 대부분 숙련자에게 나타나고 있는 수행의 유해 요소 중에 긴장이나 압박감으로 일어나는 '쵸우킹(choking)' 현상을 살펴보고 그 유해요소를 감소시킬 방법을 논의해 보자.

(2) 숙련학습과 주의집중

지금까지 우리는 동작을 수행할 때 의식적 수행이 유해하다는 결과를 논의하였다. 이것은 학습과정의 수행자들에게 나타날 수 있는 현상들이다. 이론적으로 동작을 수행할 때 습관화 되어진 기술을 무인식적으로 수행하는 것이 유익한 것을 알았다. 이는 숙련학습자의 경우 의식 없이 자동화 되어서 습관된 동작을 수행하도록 유도하는 것이 지도자의 능력이 될 수 있다. 그러나 실제 경쟁상황이나 공연 상황에서 의식 없이 수행하는 일은 불가하다. 그렇다면 어떻게 '재투자'상태나 의식적 수행상태를 조절할 수 있을까? 먼저 숙련자들에게서 나타나는 수행의 방해 요소를 살펴보자. 모든 동작 수행자들 특히 숙련자들이 압박상황에서 동작기술을 수행할 때 '쵸우킹'이 나타나는데 이는 경쟁상태 등의 실제상황에서 보통 있는 현상이다.

'쵸우킹'은 심리적 상태의 표출로 이 상태는 특별한 긴장상태를 유발하지 않았어도 다른 어떤 요인들에 의해서 수행에 갑자기 부정적 영향을 받게 되는 것을 의미한다. '쵸우킹'의 사전적 해석은 '숨막힘'이다. 경쟁 상태의 경기장이나 무대를 경험한 사람들은 가슴 두근거림이나 숨가쁜 상태를 경험한 기억이 있을 것이다.

'쵸우킹'은 이러한 상태로 인하여 동작의 수행에 어려움을 겪게 되는 현상을 말한다. '쵸우킹' 상태가 나타나면 무용수들은 음악이 들리지 않는 경우도 발생하며 순간적으로 자신이 무엇을 해야 하는지 머릿속이 하얗게 변하는 상태까지 오는 경우도 있다. 가볍게는 순간적인 증상으로 쉽게 해소되기도 하지만 이러한 상태가 동작 수행 중에 나타나면 피할 수 없는 실수를 범하게 된다.

'쵸우킹' 현상은 간단한 지적이나 동작기술에 대한 평범한 질문이 주어졌을 때에도 나타날 수 있으며 이는 동작 향상을 위한 아주 작은 지시도 포함된다. 압박감속에서의 '쵸우킹'에 관한 여러 가지 일화는 여러 경기장 또는 공연장에서 나타나고 있다. 스포츠 종목에서의 좋은 기록과 공연장이나 경연장에서의 좋은 수행을 위해 학자들은 '쵸우킹'의 발생 원인을 연구하고 있다.

실험 연구는 '쵸우킹'을 유발하는 압박이나 긴장, 우려나 걱정의 정도를 정확하게 규명하기 위해서 동작수행의 개인적 경험이 간단한 지시나, 환경에 어떻게 유도되어 나타나는가를 알아보는 것으로 진행하는 것이다. 지금까지의 연구는 초긴장의 처치 상태나 경쟁 상황에서 '쵸우킹'의 현상은 사람에게 있어서 막을 수 없는 현상으로 규명되고 있으며 이러한 연구의 주요 목적은 '쵸우킹'에 면역된 실행자를 만들어내는 연습방법을 찾아내는 것이다.

1) 압박감에서의 '쵸우킹'

'쵸우킹'은 잘 학습된 동작수행을 방해하는 수행자의 심리적 상태라고 설명하였다. 동작학습에서 동작과제는 어떤 목적에 도달하기 위한 목적성 움직임인 것인데 학습의 과정을 통하여 잘 학습되어진 동작과제라 할지라도 그 과제수행이 수행목적 달성에 실패하는 경우는 학습의 실패로 볼 수 있을 것이다. 동작과제의 단계적 학습이 완료된 상태라면 그 다음의 단계는 어떻게 수행목적을 성취하는가 하는 것이다.

'쵸우킹'으로 과제수행이 방해 받게 된다면 지도자들은 그 '쵸우킹'의 상황을 제거하는 방법을 찾아야 할 것이다. 이러한 연구의 첫 번째 단계는 수행에 나타나는 '쵸우킹'의 형태와 '쵸우킹'의 발생 가능 상황을 찾아내는 일일 것이다.

어떤 상황에서 '쵸우킹'이 나타날까? 다음의 경우를 생각해 보자. 어떤 동작수행의 결과로 보상이 따르는 내기를 할 경우에 또는 경쟁 상태에서의 과제 수행 시 실행자들은 가능한 최선을 다하여 최고의 결과를 얻으려 노력 한다. 이때 동작의 수행결과는 실행자들이 원하는 것 보다 부족하거나 터무니없는 실수를 하기도 한다.

압박감 상태에서의 심리적 영향은 생체 리듬을 불안하게 하며 신체 움직임은 수행자의 의지나 연습 상황과 다른 전혀 예상하지 못한 결과를 초래하게 할 수도 있다. 이러한 현상은 동작의 숙련자나 비숙련자 모두에게 나타날 수 있다.

심리적 압박감이 수행결과의 예외를 초래하는 현상을 설명할 때 우리는 보통 2002년 Salt Lake City 동계올림픽 피겨스케이팅 경기를 말한다. 잘 알려진 일화를 간략하게 소개한다. 16세의 Sarah Hughes는 뉴욕의 롱아일랜드에서 온 평범한 여러 선수들 중의 하나였다. Michelle Kwan은 금메달 유망주였으며 인기가 많은 유명 선수였다. 평범한 선수 Hughes는 경기에 부담 없이 임했고 경기 결과는 매우 좋았다. 그녀는 트리플 점프 등 득점 동작기술을 거침없이 구사했다. 반면 Kwan은 놀라운 연기를 보여준, 그때까지도 무명의 선수인 Hughes의 경기 후에 연기를 해야 하는 커다란 압박감이 있었다.

이러한 압박감이 Kwan에게 '쵸우킹'을 발생하게 하는 원인이 되었을 가능성이 높다. Kwan은 경기가 펼쳐지는 내내 지속적인 동작실패를 겪어야 했다. 경기 결과 Kwan은 동메달을 받았고 무명의 Hughes는 금메달을 획득했다.

피겨스케이팅 경기의 예는 한국의 김연아 선수의 경우를 참고할 수도 있다. 최근 세계적 피겨스케이팅 스타인 김연아는 아사다 마오라는 일본선수에 대한 라이벌 대처를 어떻게 할 것이냐는 어떤 기자의 질문에 '내게 라이벌은 없다. 나는 내 연기를 완수하려 할 뿐'이라는 대답을 하였다고 한다.

이 같은 답변으로 미루어 김연아는 상대 선수에게 받을 수 있는 심리적인 경쟁상태를 피하려 하였음을 알 수 있다. 상대 선수에 대한 경쟁심리를 최소화하고 자신의 동작수행을 완수하려는 의지는 평정심을 유지해야 하는 자신의 심리적 통제 상황이었을 것으로 생각된다. 이러한 김연아의 심리적 상태는 2002년 Hughes의 '즐기자'라는 시합전 정서와 거의 같은 맥락의 상태였다고 본다.

심리적 압박으로 나타나는 숨막힘의 상태가 골프에서 나타나는데 입스(yips)는 퍼팅 시 자주 일어나는 상태로서 '쵸우킹'으로 인한 현상이다. 이러한 심리적 상태가 생리적으로 신체 기능에 나타나는데 경련(twitches), 신경과민(jitter), 저크(jerks) 등으로 불리기도 하며 이는 심각한 동작수행 방해 현상이다.

노련한 골프선수들에게서도 나타나는데 이 현상이 나타나면 수행자는 무의식적으로 손의 움직임에 이상상태가 발생하여서 퍼팅에 부정적 영향을 미치게 된다. 이 같은 현상은 대부분 시합 도중에 나타나며 보통 압박감의 과중으로 일어나는 현상으로 본다.

'입스'의 경험이 있는 골퍼들은 갑자기 심장박동이 빨라지고 손목근육에 필요하지 않은 힘을 사용하게 되는 상황이 발생한다고 말한다. 이 현상은 어떤 상태에서 긴장하고 있다는 것을 대변하는데 이것은 신체상 신경계통의 문제라기보다는 오히려 수행상황의 긴장에 의한 심리적 현상으로 보는 것이 옳다.

압박감 등과 같은 심리적 유사 현상 유발은 동작의 협응작용에 영향을 미치게 되는데 이는 무용가나 운동선수, 연주자 그리고 외과의사 및 치과의사들의 동작에도 나타난다. 수행자 한 사람의 과도한 압박감은 개인의 동작수행에 영향을 미치는 것은 물론 이로 인하여 소속된 팀 전체에게도 부정적 영향을 미치게 할 수도 있다는 것을 제시하기도 한다.

과도한 압박감과 홈팀 어드벤티지를 살펴보자. 우리는 공연 상황에서 익숙한 장소와 환경으로 심리적인 안정감을 가질 수 있을 것으로 예측한다. 그러나 과도한 승리 예견이나 관심은 수행자로 하여금 '쵸우킹'을 초래하게 할 수도 있다.

운동심리학자인 Baumeister와 Steinhilber(1984)는 오랫동안 야구와 농구 챔피온전을 분석하였는데 홈구장이익이라고 알고 있는 출신지역에서의 결승 경기는 사실 불이익이 되는 경향이 있다는 연구결과를 발표했다. 홈구장에서 홈팀이 갖는 불이익은 너무 과도한 압박감 때문이라는 것이다. 어느 해 A팀은 씨즌 경기에 우승을 바라보게 되었다. 평균보다 많은 승리로 우승은 거의 확실하였다. 그리고 남아있는 경기의 대부분은 홈팀 경기였다. 앞에서도 잠깐 언급하였지만 사람들은 익숙한 장소와 친숙한 환경은 수행자의 수행능력을 향상시킬 것이라고 예견한다. 그러나 A팀은 홈에서의 경기로 결정적 실패를 했다. 결과적으로 우승은 좌절되었다. Baumeister와 Steinhilber는 A팀의 홈구장 실패 원인을 홈팀이 갖는 '쵸우크'라고 본다.

초청팀의 전력이 홈팀에 비해 우세하지 않았는데도 경기는 홈팀의 실수로 인해 초청팀의 승리가 된 것이다. A팀의 패인은 홈팀의 실수, 즉 예측할 수 없었던 홈팀의 수행 부진으로 보는 것이다. 어떤 움직임을 실행하려는 사람을 '쵸우크'하게 만드는 것이 무엇일까? 연구자들은 압박감이 움직임에 주의산만을 가져오게 할 수 있으며 주의산만 상태에서의 동작 수행은 동작수행의 목적을 이룰 수가 없게 되는 것이라고 한다.

어떤 압박감이 주위를 산만하게 한다는 것은 실행하려는 움직임이 개별적으로 동작수행에 연관이 있는 기능이건 아니건 움직임에 필요한 신체부분의 역할과 중점 행동이 협응에 실수하는 경향이 있다는 것이다.

수행자를 산만하게 하는 원인은 동작수행 결과에 대한 불안이나 염려와 결과 후의 예측 가능한 우려가 된다. 산만한 생각은 동작 수행의 자동화를 무너지게 하고 인지상태는 뒤죽박죽되어 수행의 집중점을 유지하지 못하게 되고 침착하지 못한 행동으로 나타난다.

이것이 압박감하의 부실한 동작실행의 원인으로 이어진다. '쵸우킹'은 자기의식으로 일어나는 결과적 행동이며 기능의 점진적 실행과 연관되어진다. 자기의식으로 수행자의 목적적 주의력은 학습에 의해 특성화되어진 동작기술의 실제수행 상황에서 동작조절의 자동화가 파괴되어 나타난다.

동작수행의 자동화 파괴는 결과적으로 동작실행의 실패로 나타나게 된다. Richard Masters는 이러한 목적적 주의력 사용에 의한 동작실행 개념을 '의식과정의 가설'이라고 했다. 의식과정의 조절은 긴장, 걱정 등에 의해서 유발되며 학습초기단계에서는 일시적 퇴보로 나타나는 동작실행의 압박감에 의해 나타나기도 한다(Gabriele Wulf, 2007). 이러한 현상은 동작수행 시 매우 순간적으로 일어난다.

Gray(2004)는 의식의 조절 과정에서 나타나는 판단 실수를 야구 베팅과제로 실험 연구하였다. 그는 야구 시뮬레이션을 이용하여 실험을 하였는데 참여자들이 베팅의 좋은 상태에 있을 때 더 많은 판단 실수를 하는 반면에 베팅의 좋지 않은 상태에서 판단의 실수가 적다는 것을 찾아냈다.

이 실험연구는 동작수행수준이 높은 수행자나 동작이 이미 자동화되어 있는 숙련자의 경우 일반적인 수행에서 동작의 섬세한 움직임에 대해 의식적으로 인지하지 않는다는 가설을 토대로 실시되었다. 연구의 결과로 Gray는 다음의 이론을 제시했다. 동작 수행은 순간적인 판단에 의한 자동화로 이루어진다. 그러므로 숙련 수행자는 동작수행 시 섬세한 움직임을 의식하지 않고 자동화되어진 과제를 순간적인 판단으로 실시하게 된다. 그러므로 순간의 판단에 실수가 나타날 수 있다.

반면 개인적 수행수준이 슬럼프 상황이거나 부족한 수행자는 동작수행 결과에 압박감을 갖게 되어 자기의식이 증가되고 더 많은 의식모드의 조절이 가동되어지는 것을 보게 된다. 이러게 되면 결과적으로 순간적 판단의 실수는 감소되어지게 된다.

수행수준이 높은 동작수행자는 동작실행 시 동작의 섬세한 수행과정에 낮은 주의력을 보인다. 설명하자면 숙련자들은 연풍대 동작을 실행할 때 오른팔의 높이나 무릎의 상태, 어깨 등의 세부 상태에 주의하지 않는다는 것이다. 그들은 단지 연풍대를 구사하는 것이다. 그러나 그들의 실행이 슬럼프에 있게 되면 스스로 동작실행에 주의력을 증가시키는 경향을 보인다. 흥미로운 것은 좋은 동작수행은 동작수행에 비교적 주의력을 적게 둘 때 나타난다는 것이다.

동작수행의 목표가 수행결과로 나타나는 직접적인 득점인 경우는 극히 드물다. 무용수행은 아름다움 그 자체가 수행목표가 되는데 이러한 무용동작의 경우 동작 수행의 자연스러움은 매우 고무적이다.

숙련된 직업 무용수들은 동작실행의 완벽함과 더불어 이중기능이라 할 수 있는 감정적 표현이나 음악적 설명에 심혈을 기울인다. 이때 본 동작인 동작기술수행에 주의를 기울이게 되면 성공적인 공연을 이루기가 어려워진다. 무용수행은 동작으로 음악적 해석과 동작에 담긴 철학적 해석 등을 표현해야 한다. 그러므로 본 동작의 자동적 실행은 무용의 한 부분이며 2차적 수행과 동작과제의 조화가 중요하다.

지금까지 살펴본 실험 연구는 개인이 인식하는 압박감의 증가가 그들이 현재 하려는 동작의 수행에 관한 것인지, 또는 어떤 외부적 근원에 의한 유발인지 그 정확한 원인은 규명하지 못하고 있다.

수행자의 심리적 상태를 임의로 조작하여 그 결과를 살펴보려 실시한 연구를 살펴보자. Gray는 2004년 실험에서 참여자의 압박 상황을 유도하여 그 결과를 관찰하였다. 압박 상황에서 참여자들은 낮은 동작수행결과를 보여주었다. 이 실험 결과 참여자들에게서 나타나는 압박감은 스스로 초래한 심리적 상황에서 나온 것으로 결론되었다.

Gray는 동작의 협응작용은 수행자의 긴장상태에 의해 영향을 받는다고 주장하였다. 그러나 Gray의 실험 속 참여자들은 동작수행이 지속되고, 수행 수준이 높은 동작은 자동적으로 조절됨으로 초기의 압박상황에서 벗어나는 결과를 보여 주었다.

참여자들은 의식적으로 압박감에 관한 통제를 이끌어냄으로써 동작을 잘 실행해야 한다는 압박감에서 나타나는 부적응 상태에 의한 안정적이지 못한 유동적 수행에서 벗어나 동작의 결과에 신뢰성을 만들어 낼 수 있는 정상상태로 복귀하는 것을 보여주었다. 이는 상황적 압박 상태는 순간적일 수 있으며 수행이 진행되면서 압박감은 소멸될 수 있다는 것을 보여주는 예가 된다. 그러나 이와 상반된 상황이 나타날 수 있음도 고려해야 할 것이다.

수행자에게 압박감을 주는 요인 중 우려(anxiety)를 살펴보자. 우려는 동작협응에서 동작을 잘 해야 한다는 압박감에서 나오는 것과 유사한 상황을 나타낸다. 과제를 잘 수행해야 된다는 수행자의 의지가 실수를 염려하는 우려는 동작의 협응 관계에 부정적 영향을 주게 되고 그것은 실행자의 의식적 통제 모드를 통하여 서서히 조절되어진다. 우려는 초보학습 단계에서 나타나는 현상으로 보고 있다.

2) 훈련과 긴장상태

긴장이 높은 상태에서 동작기술을 수행하게 되면 정확한 수행에 집중하게 되는 경향이 있다. 동작 실행을 보다 더 집중하게 하는 다른 이유가 있게 되는데 예를 들어보자. 무용 실기 수업 중 어떤 동작을 실시하는 데 한 학습자의 실행이 뛰어나서 모두에게 보여주기 위한 시범을 요구하는 경우가 있다.

이러한 경우 대부분은 조금 전에 실시했던 수행 수준에 못 미치는 동작을 수행하게 되는데 이런 간단한 요구가 그 학습자가 동작을 협응하는 일에 더 많은 주의력을 사용하게 하는 원인이 될 수 있다.

결과적으로 집중 없이 완벽하게 실행했던 동작은 갑자기 잘 이루어지지 않게 된다.

또 다른 경우를 살펴보자. 공연을 앞둔 무용수가 어느 레퍼토리를 안무자와 연습을 하는데 안무자는 그의 세련된 모션과 같이 신체적 리듬을 이끌어내기 위해 어떤 기술적 수행모습에 주의를 하라고 했다.

비록 연습이었으며 동작수행을 도우려는 안무자의 의도였지만 적어도 잠시 동안이라도 그 요구는 무용수의 동작수행에 부정적 효과를 초래 할 수 있다는 것이다.

이제까지 우리는 주의력이 동작수행에 영향을 주고 있다는 것에 관하여 논의 하였다. 그렇다면 숙련자들, 특히 공연을 앞두고 있는 무용수들이나 경기전의 선수들은 주의력을 어떻게 사용할 수 있을까? 이에 관련된 연구로 Gray는 5년 경험 아마추어 야구선수들과 12~19년 경험의 직업선수들을 참여자로 하여 두 가지 수행조건에서 본 과제의 수행능력을 측정하였다.

각각의 집단들에게 수행조건을 다르게 제시하였다. 한 수행조건은 무관계적 'Dual-task'이며 다른 수행조건은 'Skill-focused'로 설계하여 실험을 실시했다. 수행조건을 각각 다르게 제시하는 것은 수행자의 주의를 통제하기 위한 것이다. 수행자에게 제시하는 무관계 'Dual-task'는 측정되는 본 동작과제와 관련이 없는 다른 동작을 제시하여 함께 수행하도록 하는 것이다.

이러한 경우 수행자는 본 동작수행에 주의력을 둘 수가 없게 된다. 그러므로 이러한 수행조건에서 실시한 과제수행은 수행자의 주의가 통제 되었다고 본다. 'Skill-focused'의 수행조건은 수행자에게 과제의 기술수행에 집중하도록 지시하는 것이다. 이렇게 되었을 경우 본 동작과제를 실행함에 있어서 과제에 주의를 집중하지 않았을 때와 과제의 기술 수행에 집중하였을 때의 수행능력을 비교할 수 있게 된다.

아마추어들은 수행조건이 'Skill-focused'일 때 실수가 적게 나타났으며, 단순기능 조건에서 숙련자들은 'Skill-focused'조건일 때 수행력이 감소했다. 과제수행 시 수행자들의 주의집중점이 무엇인가에 따라서 숙련자와 아마추어간의 유의함이 다르게 나타나고 있다. 아마추어들은 과제의 기술 수행에 주의가 있을 때 수행결과가 좋았고 숙련자들은 오히려 감소된다는 것이다.

수행조건이 'Dual-task'일 때의 그 결과는 상반되었다. 숙련자들의 본 과제수행 결과는 높게 나타났으며 아마추어들의 수행은 좋지 않았다. 숙련자들의 수행은 그들의 주의력을 동작기술 자체와 직접적 관련이 없는 다른 것에 두었을 때 수행은 별다른 지장 없이 이루어졌다.

Bob은 이 결과를 숙련자의 동작기술수행은 자동화되어 있었기 때문이라고 하였다. 숙련자들은 주의력에 충분한 여유를 갖고 다른 것에 주의를 돌릴 수 있다. 그러나 그들의 주의력을 동작기술실행에 두도록 요구한다면 그들의 수행은 확실하게 부정적 영향을 받게 된다.

골프퍼팅과 축구드리블을 동작과제로 실시한 실험 연구에서 Bob의 연구결과와 유사한 결과가 나타났다(Beilock et al, 2004). 숙련선수들은 수행조건이 기술상태(skill-focused condition)이었을 때 퍼팅의 정확도가 낮았다. 반면 'Dual-task Condition'이었을 때 퍼팅은 더 정확했다. 앞에서도 설명한 것과 같이 'Skill-focused Condition'은 기술에 집중하도록 하는 것이고 'Dual-task Condition'은 다른 과제를 함께 수행하도록 하여 본 과제에 수행자의 주의가 미치는 것을 방지하는 실험설계이다. 이러한 실험 결과들은 앞에서 논의한 자동화되어진 동작의 자연스런 수행에 관한 실질적인 증명이 될 수 있을 것이다.

이러한 연구 결과는 숙련된 야구선수에게서도 발견되었는데 그것은 베팅동작의 기술수행 자체에 주의력을 두었을 때 그 실행결과에 실수가 많았다는 것이다. 숙련자의 동작수행이 기술적 실행에 주의력을 둘 때 틀림없이 수행능력이나 수준을 감소시킨다는 것이다. 물론 수행자의 개인차는 나타날 수 있을 것이다. 또한 수행자들의 동일과제에 관한 수행 경험에 따라서 실험에서 요구되는 과제의 수행난이도 등의 임무가 어떠한 것이었는가에 따라서도 다르게 나타날 수 있으며 그 기술 실행에 요구되는 신체부위에 따라서도 다르게 나타날 수 있는 여지는 남겨두고 있다.

많은 동작수행기술, 즉 무용의 돌기동작이나 점프, 농구의 슛 동작, 축구의 드리블동작 등 이러한 동작들은 이상적으로 말하자면 오른쪽과 왼쪽이 동일하게 표현되어져야 한다. 특히 무용수들의 동작은 우세한 방향이 나타나지 않도록 학습되어지는 것이 필요하다. 그러나 대부분의 무용수나 수행자들은 더 좋아하는 방향이나 실제로 우세한 방향이 있다.

동작을 수행할 때 오른쪽이나 왼쪽을 지적하여 수행하도록 하면서 차별된 주의를 유도하는 수행지시는 우세방향과 비우세 방향의 기술수행에서 개인차이가 나타나는 것을 완화시킬 수 있을까? 오른쪽 방향의 우세 무용수의 왼쪽 동작 수행은 차별된 주의력 제시로 효과적 수행을 이룰 수 있을까? 다시 설명하면 무용의 돌기동작과제를 실행하는 경우에 오른쪽이 우세방향인 수행자는 오른쪽은 숙련자 수행으로 왼쪽은 비 숙련자 수행으로 하여 '기술-집중' 또는 '2중기능-집중'을 적용하면 효과가 있을까? 하는 것이다. 이와 관련된 연구가 Beilock(2000)등에 의해서 이루어졌다.

실험에 사용된 동작과제는 축구의 드리블링이었는데 결과는 참여자들은 그들이 우세한 방향의 발을 사용하도록 하였을 때 'Skill-focus'조건에서보다 'Dual-task' 조건에서 더 좋은 표현을 보여 주었다는 것이었다.

이 연구에서 중요한 것은 그들이 비우세한 방향의 발을 사용하도록 했을 때 'Dual-task'조건에서보다 'Skill-focused'조건 하에서 더 효과적인 동작수행결과가 나타났다는 것이다. 이 실험에서 나타난 것은 조금 적게 연습되어서 자동화되지 못한 방향의 신체를 사용하여 기술을 수행할 때 학습단계의 초기단계 학습법이 실행되어진다는 것이다.

실험 연구로 나타난 결과를 논의하면서 실험방법에 관한 논쟁이 가능해진다. 'Dual-task'조건이나 'Skill-focused'조건은 실험을 하기 위한 인위적인 조건으로 실제상황에서는 거의 불가능한 통제라는 것이다.

동작수행기술의 섬세한 주의력을 통제하기 위한 두 번째 기능(dual-task)은 본 동작의 섬세한 주의력을 통제할 수 있을 뿐더러 주의력을 상관없는 것으로 돌리기 위해서 동작수행에 어떤 방해적인 요소를 만들어 낼 수 있다는 것이다. 수행 시 수행자의 주의를 기술수행에 집중하도록 하는 집중 조건도 이와 유사한 논쟁을 가능하게 한다.

한 실험에서 야구 베팅동작 수행 시 공의 방향을 인지할 것을 요구하였는데 이 실험의 가설은 참여자들에게 공의 방향을 기억하게 하는 것으로 야구 벳을 지켜보는 것을 자극할 수 있으며 벳의 진행 방향의 인식을 촉진하게 되어 스윙수행을 간섭하는 다른 요인이 생길 수 있다는 것이었다.

어떠한 방법으로 수행자의 의식 중점상황을 통제하는지 보다 중요한 것은 이러한 통제 조건들이 동작수행에 유해한 것인지 또는 이중 기능의 요구가 방해요인이 되는 것인지 와는 별개로 실험에서 제시한 '기술-중점' 통제 방법이 기술실행에 중점을 둔 것으로 볼 수 있는지 하는 것이다. 학습자의 주의집중과 동작기능학습에 관한 비교적 설득력 있는 실험 결과를 제시한 연구가 이루어졌다.

Wulf & Wigelt(1997)는 복잡한 스키모의 기능을 수행하는데 학습자의 주의력이 어떻게 작용되는지를 알아보는 실험이었다. 이 실험의 결과로 학습자의 동작실행에 적용되는 주의집중은 학습자의 동작 실행에 변화를 가져오는데 그것이 매우 부정적이라는 것이다.

즉, 동작실행-팔을 어떻게 할 것인가, 시선은 어디로 향해야 하는가 등의 동작실행 법칙-에 주의를 집중하게 되면 학습효과는 매우 부정적으로 나타나며 심지어 학습을 저해한다는 것이다.

이 연구의 참여자들은 초보학습단계에서 복잡한 스키모의기능을 학습하는 것이었다. 실험에서 연구자가 얻고자 하는 것은 학습자가 동작과제의 실행 방법 등에 주의를 집중하는 것이 학습에 유익한가 하는 것이었다. 초보학습자에게 있어서 동작과제의 수행정보는 그들이 과제수행을 실시하는 과정에 도움을 주고 정확한 과제 정보가 학습자에게 도움을 준다는 것이 지금까지 동작학습의 정론이었다.

Wulf & Wigelt는 과제수행정보를 학습자 스스로 얻는 방법을 택했다. 이는 학습자에게 수행의 긴장을 적게 하기 위함으로 판단된다. 또한 4일 후(시도 22회 이후) 과제수행에 관한 정확한 실행 방법을 제공함으로 학습자에게 과제실행 방법에 주의를 집중하도록 하여서 그 수행상태를 측정하였다. 이로서 과제의 실행방법에 집중하는 것이 수행에 어떻게 작용되는지를 알아보려는 것이었다. 단계적 실험 과정과 결과를 살펴보자.

첫 번째 단계에서, 참여자는 이 동작기능 수행에 대한 어떠한 정보 없이 4일이 주어졌고 참여자들은 스스로 기능을 습득하도록 설계하였다. 스키보드가 주어진 실험 참여자들은 모의스키활강을 실시하였다. 4일 경과 후 스스로 습득한 스키활강 기능은 유의미한 진보를 보여주었다. 스스로 중심을 잡고 활강을 학습하였다고 볼 수 있다는 것이다.

두 번째 단계에서, 실험 4일째 되는 날 참여자들은 이 스키모의 기능에 가장 적절한 동작실행 방법에 관한 정확한 정보를 제공받는다. 이 정보가 참여자들의 동작실행에 향상을 초래할 것을 기대하였으나 그들의 동작 수행의 결과는 오히려 저하되어 나타났다. 그림 8-1은 참여자들의 수행상태를 보여주고 있는데 22회 시도까지는 참여자가 동작기능 실행방법을 제공 받기 이전이며 시행 23은 정확한 기능 수행 방법을 제공받고 난 이후의 상태이다. 최적의 동작수행에 관한 수행방법이 제공되고 난 이후 그들의 수행수준은 하락했다(그림 8-1).

동작수행 방법이 제공된 후 참여자들의 움직임은 제공 이전보다 보드 위에서의 행동이 불안하고, 더 움찔대고, 더 느려지고, 움직임 폭은 더 작아졌다. 그림 8-1에서 시행 23과 22를 비교해보면 어떻게 달라졌는지 쉽게 알 수 있다.

Wulf & Wigelt는 참여자들의 수행 수준이 회복될 수 있도록 90번의 시도를 실시하였다. 그 결과 수행능력은 어느 정도 만회되었지만 90회의 시도로는 참여자의 모의스키활강 기능 수준이 과제의 실행방법에 관한 정보를 제공받기 이전의 상태로 돌아오지는 못했다.

수행방법에 관한 정보제공이후 수행수준이 저하되었던 상태가 지속적인

〈그림 8-1〉 동작기능 수행방법을 제공 받기 이전(시도 22회)과 수행방법을 제공 받은 이후의(시도 23회) 수행 곡선(Wulf와 Weigelt, 1997)

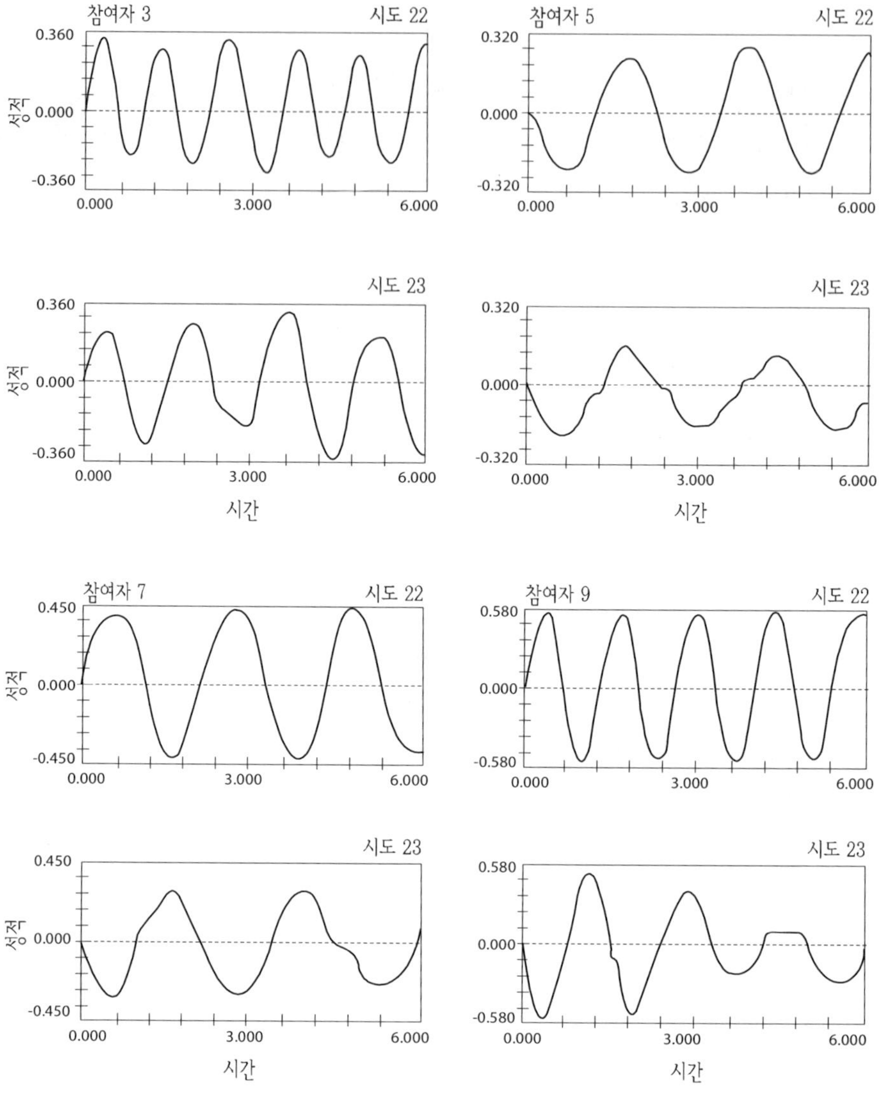

연습으로 향상되어 나타난다는 것은 수행정보가 즉각적인 유리함을 제공하지는 못한다 할지라도 동작수행의 증진을 유도할 것을 기대할 수는 있는 것으로 보았다.

이 실험연구의 중요한 요점은 학습자들에게 가장 효과적인 동작기능 과제의 수행정보, 즉 어떻게 실행할 것인가에 관한 정보는 외부로부터의 주입식 정보가 아닌 스스로 실행방법을 찾아서 실행할 때 가장 유익하다는 것이다.

Wulf & Wigelt의 스키모의활강 실험은 학습자의 주의력 요구에 관해서 다음과 같은 의견을 제시하였다. 학습자들이 새로운 동작기술을 실행함에 있어서 어떤 주의력 요구가 오랜 연습기간 후에 실행된다 할지라도 학습자들의 동작패턴에 어떤 다른 형태의 주의력을 요구하는 지시는 잠시 동안 일지라도 학습자들에게는 표현의 감소를 초래할 수 있다는 것이다.

동작기능의 최적의 수행방법을 논함에 있어서 필자의 경험을 소개한다. 1986년 일본의 어느 축제에 민속무용공연단체의 무용수로 참여했다. 26~27개국이 참여한 대규모의 축제였다. 한 지역에서 1개월 동안 지속되던 행사였다. 축제의 막바지가 다가올수록 모두들 지친 상태였다. 그 즈음 참여 공연단체 간의 볼링 대회가 있었다. 소정의 상금과 상품이 매력적인 대회였다. 참여 공연단체 구성원 중에는 볼링을 전혀 모르는 사람들이 있었다. 심지어 어떤 국가는 볼링 자체의 경험이 없는 곳도 있었다.

그들은 그들 방식으로 레일 반대편의 핀들을 쓰러뜨리는 방법을 생각했고 그들의 생각과 방법대로 수행했다. 볼링공을 두 손으로 안아서 옆으로 서서 레일위로 굴려 보냈다. 대부분의 참여자들은 초보수준의 수행능력이었으며 준비기간 며칠을 열심히 최적의 기술을 전수 받은 팀도 있었다. 재미있는 것은 자신들의 방법으로 두 손으로 볼링공을 굴려 보낸 팀이 의미 있는 성적을 냈다는 것이다.

그들에게 있어서 대회는 즐거움의 도구였을 것이다. 대회 참가자들의 주의는 공이 핀을 맞추는 것에 있었으며 승패의 결과보다는 즐거운 게임에 참여한다는 참여 그 자체였다. 이들은 볼링수행기술에 관한 아무런 지식이 없었으며 그로 인해 동작수행에 망설임이나 긴장은 없었을 것이다. 경기가 진행되면서 스스로 터득한 방법을 사용하여 좋은 결과를 이루어낸 것이다. 이것이 최근 나타나는 암묵적 학습의 실질적 예라 할 수 있는데 그들의 볼링 실력이 계속 향상될 수 있으리라는 예측은 거의 불가하다.

위의 실례는 암묵적 학습이 갖는 유용함, 즉 '빠른 반응이 요구될 때 명시적으로 학습된 지식보다 암묵적 학습이 유용하다'(Tumer & Fischler, 1993)는 의견에 부합되고 있다.

주의력 집중에 의한 과제수행 능력의 감소 등을 논의함에 있어서 암묵적 학습이 명시적 학습에 비해 긴장이나 스트레스에 강하다는 주장은 Reber(1993)에 의해 제시되었다. 또한 동작의 수행결과로 정확한 KR을 Feedback 할 수 있는 스포츠 종목의 동작에 관해서는 암묵적 수행으로 학습이 가능할 수 있겠으나 동작의 수행과정을 평가하는 무용동작인 경우에는 암묵적 수행은 가능하겠지만 학습의 향상을 기대하기가 어렵다. 그러나 정확한 동작의 실행 결과를 목표로 하지 않는 표현성 무용동작 등에 있어서 숙련된 동작의 수행능력은 암묵적 학습효과를 기대할 수 있을 것이다.

단지 암묵적 수행의 효과는 학습된 동작을 수행함에 있어서 명시적 지식의 양을 감소시키고 암묵적 수행이 우세하도록 함이 유익할 것이라는 논의가 가능하겠다.

대부분의 직업무용수들은 고난이도의 무용동작을 실행하는 자신만의 방법을 가지고 있다. 현장에서 제공하는 명시적 지식은 수행에 관한 일반적인 것으로 최고를 수행해야 하는 직업무용수들에게는 암묵적 자신만의 수행 기술을 적용하는 것이다.

Vuillerme와 Nafati(in press)는 최근 실험에서 두 가지 조건하에서 자세의 흔들림을 조절할 수 있는 능력을 살펴보았는데 한 집단은 사전에 어떠한 주의력 목표를 제공하지 않았고(통제조건), 다른 집단은 그들의 신체 흔들림에 대한 주의력 목표를 제공하였다(주의조건).

Vuillerme와 Nafati는 수행자가 의식적으로 몸의 흔들림을 감소시키려 노력할 때 그들이 정상조건(통제조건)일 때 보다 더 흔들리는 것을 발견하였다. 특히 발의 압력중심과 중력중심 사이의 상이함은 통제조건일 때보다 주의조건일 때 더 다양하게 나타났다(Gabriele Wulf, 2007). 이러한 측정은 자세를 조절하는 다리근육에 있어서 신경근육의 활동량을 측정하는 것으로 볼 수 있겠다.

신경근육의 활동량을 측정하는 이 실험에서 참여자들에게 흔들림을 감소시키라고 요구했을 때 참여자들은 신경근육에 더 많은 에너지를 소모하였다. 그러나 사실상 그들의 흔들림은 증가되었다.

이것은 동작과제가 고도로 훈련되어 자동화단계로 이루어지는 과정에서 동작기술수행이 방해받는 요인들로부터 어떻게 의식적 통제를 사용해야 하는가에 대한 실질적 연구가 될 수 있겠다.

사람들은 필요한 동작에 관하여 특별하게 동작의 실행 방법이나 절차를 알려주지 않아도 시간만 충분하게 주어진다면 자발적으로 동작을 실행해낸다. 이는 우리가 학습하고 수행하는 동작들은 이미 우리가 성장 과정에서 습득한 동작들이 기본이 되어 특별한 목적을 위해 보완되고 발전되어 수행되는 것이기 때문이다. 즉, 우리의 동작과제는 이상한 나라에서 날아온 전혀 알 수 없는 동작은 아니라는 것이다.

2004년 Beilock 등은 골프퍼팅동작기술을 이용하여 동작기술수행에 관한 어떠한 정보 없이도 수행이 가능하다는 것을 규명하는 실험을 하였다. 이 실험 연구로 '과도한 생각의 유해'가 제시되었다. 실험의 설계는 숙련자와 초보자로 나누어서 퍼팅 시간을 제공하는 것으로 하였다. 수행시간을 통제하여서 수행 전 동작과제에 관한 주의집중의 유해정도를 알아보는 것이었다. 실험의 결과는 숙련자들은 시간적인 압박(짧은 시간)이 있을 때 더 좋은 결과를 보여준 반면 초보골퍼들은 시간적 압박이 없을 때(많은 시간) 결과가 더 좋았다.

이 실험의 결과가 주는 결론은 숙련수행자에게 '과도한 생각의 유해성'이 적용된 것이라 할 수 있겠다. 수행자의 주의집중에 관한 여러 가지 가설과 그 가설을 규명하기 위한 많은 실험 연구 사례들은 결국 동작과제는 학습되어 습관화로 이루어진다는 것을 증명하는 것이 되었다. 지나친 주의집중의 유해작용은 과제의 자동화를 파괴하여 나타나는 현상으로 보는 것이 옳다.

이러한 여러 연구들은 여러 가지 수행을 방해하는 것들로부터 수행자를 보호하여 수행의 좋은 결과를 초래하고자 하는 것이다. 여기에서 제시된 여러 연구 실험들은 아직 이론이 성립되지 않은 연구자만의 주장들도 상당수 있다. 그러므로 이 같은 연구 결과와 동작학습에 영향을 미치는 새로운 결과들은 여러 가지 의문을 주고 있다.

압박이나 우려가 원인이 되어 동작수행에 유해하게 작용하는지, 또는 동작수행 증진을 목표로 하는 교육 자체가 동작실행을 감소시키거나 방해 요인으로 작용하는지를 규명하는 것이 중요한 일일 것이다.

3) 주의집중 점의 조절

숙련수행자의 수행을 방해하는 가장 위험한 상태는 '쵸우킹' 상태라고 할 수 있겠다. 많은 직업무용수나 스포츠 선수들은 이러한 수행 방해 요소를 어떻게 극복할 수 있을까? 숙련자들은 '쵸우킹'의 위험을 막아내거나 적어도 감소시킬 수는 있을까? 이런 의문에 관한 확실한 한 가지는 동작실행 시 '쵸우킹'은 매우 바람직하지 못하다는 것이다.

많은 스포츠경기나 무용 콩쿨 등, 또는 사람의 생명을 구해야 하는 긴박한 처치나 위험 상황에서 꼭 동작을 잘 실행해야 할 목적이 있을 때, 그와 유사한 압박감 아래서 발생한 '쵸우킹'을 막아낼 방법은 있는 것일까?

우리는 많은 동작수행의 실제현장에서 경험자와 무경험자의 위기 대처 능력을 말한다.

무대에서의 공연을 경험한 무용수라면 누구나 크기와 관계없이 긴장과 초조 또는 우려 등의 압박감에서 오는 '쵸우킹'의 경험이 있을 것이다. 대학에서 무용을 전공하는 학생들은 대부분 무용수로서 무대를 경험했다. 최초 무대경험을 기억하게 하면 긴장과 우려, 심지어는 공포에 상당하는 스트레스를 기억해 내는 사람들이 적지 않을 것이다.

'심장의 박동 소리가 옆 사람에게도 들리는 듯했다'고 상기하는 경우도 있다. 더러는 음악소리가 들리지 않은 상태를 경험했다는 사례도 있다. 이러한 경우 무용수들은 무의식상태에서 신체는 습관의 힘으로 동작을 수행해 나가게 된다. 그러나 그들은 무대 출연의 경험이 계속 되면서 차츰 긴장의 상태가 짧아지거나 견딜만한 현상으로 나타난다.

이러한 경험의 누적으로 숙련된 직업 무용수들은 의연하게 '쵸우킹'의 현상을 경험하기도하고 또한 자신의 암묵적인 방법으로 쉽게 빠져나오기도 한다. 지속적인 '쵸우칭' 상태에서는 어떤 동작수행도 원만할 수는 없는 것이다.

그렇다면 '쵸우킹'에 대적할 수 있는 '예방접종' 같은 방법으로 훈련을 계획하는 것은 어떨까? 연구자들은 연습상태에서 압박감이 갖는 부정적 효과를 '자기-인식'으로 면역시키는 방법을 찾으려는 이론적 배경을 세우고 실험을 실시하여 이것이 가능하다고 주장했다. 연구자들은 다음과 같이 주장한다. 수행자들이 동작수행 시 스스로 그들의 기술수행에 주의를 두고 실행하는 자기의식적 집중을 이끌어내는 과정이 만들어지게 되면 즉, 동작수행에 의식적으로 압박감을 유도하여 실시하면 '쵸우킹'을 만났을 때에도 그다지 파괴적인 결과를 초래하지 않는다는 것이다.

설명하자면 연습 상태에서 학습자 스스로 긴장을 만들어서 동작기능에 대한 면역을 이루어낸다는 것이다. 수행자에게 나타나는 긴장은 환경적 상황이나 수행 결과의 부담에서 오는 경우가 많다. 어떻게 면역을 이루어낼 수 있을 것인가? 과제실행의 긴장 상황에서 나타나는 '쵸우킹' 상태를 극복하기 위한 면역성을 키울 수 있는 연습의 효과를 논증한 실험을 살펴보자.

Beilock & Carr(2001)는 '자기-의식' 기능의 훈련을 받지 않은 학습자 집단(single-task)과 부수적 기능(dual-task)으로 주의를 흩으려 연습한 '주의산만' 집단의 비교로 '주의산만' 집단의 참여자들은 높은 압박감 상태에서도 수행이 증가될 수 있음을 보여 주었다. Beilock & Car 등은 이 실험에서 단순 기능 그룹(single-task)은 주의산만 그룹에 비해 동작기능 실행 시 기능 감소와 '쵸우킹'의 유해함이 나타났다고 주장하였다.

이 실험의 결과로 우리가 주목해야 할 것은 '쵸우킹'의 상태를 어떻게 규명하는가의 문제가 아니라 동작기능을 학습할 때 본 동작기술만을 습득하게 되면 동작기술 수행 시 환경의 변화나 외적 변화로 인하여 동작 실행이 매끄럽지 못하게 될 수 있다는 것이다.

그리고 학습자 스스로 여러 가지 변화를 의식적으로 만들어서 훈련하게 되면 환경의 변화나 긴장상태에서도 '쵸우킹'의 상태를 극복 할 수 있다는 주장을 주목해야 할 필요가 있다. 연습 시 최적의 상태에서 이상적인 패턴으로 학습된 동작기술은 의외의 상황에 대처할 수 있는 능력이 나타나기가 힘들다. 그러나 연습 과정에서 '자기-의식' 기능으로 부수적 기능(dual-task)에 주의를 두어 실행함으로 학습을 이끌어 낸다면 본기능의 수행능력은 외적인 환경 변화나 압박감에서도 유지될 수 있다고 보는 것이다.

이것이 압박상태의 면역효과인 것이다. 긴장이나 압박감 상황에서의 수행장애를 극복하기 위한 면역능력 형성에 관하여 몇몇 학자들이 각기 다른 기능 과제로 유사한 연구를 반복하였는데 결과는 Beilock 등의 결과와 같았다.

비록 이러한 연구 결과들이 자기중심적 상태에서 동작을 실행하는 것이 예방접종의 효과를 갖는 것을 보여주었으나 이런 형식의 훈련이 어떻게 '쵸우킹'을 예방할 수 있을지는 아직 불분명하다.

무용수가 공연에 임박했을 때 숨이 가쁘거나 긴장되어 손발이 차갑게 되는 현상은 오랜 직업 무용수에게서도 나타나는 현상이다.

또한 선수들이 경쟁의 상태에서 직전에 느끼는 긴장이나 떨림은 피할 수 없는 심리적 생리적 현상이다.

공연 전 또는 동작 수행 전 긴장 등에 의한 수행장애를 극복하기 위한 면역처방은 '쵸우킹'의 상태를 예방하기 보다는 '쵸우킹'의 피해를 줄이거나 상태를 극복하도록 하는 것이 바람직하다.

면역을 이끌어 내기위해 어떤 방법이 있을까? 실험에서 사용된 방법들을 살펴보자.

실험의 참여자들은 임의로 설정된 압박감 속에서 계속 '기술-집중' 수행을 할 수 있을까? 만약에 그렇다면 압박 상황에서 수행자들은 동작실행에 부정적 영향을 받지 않을 수 있는 것일까? 또는 참여자들은 언젠가는 어떠한 이유로든지 동작실행에 집중하는 것을 멈추게 되는 것은 아닐까?

이러한 의문에 가능한 한 가지 설명은 실험조건이 참여자들에게 '자기의식' 훈련에서 더 유리하게 작용되어진다는 것으로 말할 수 있겠다. 의도적으로 수행조건을 이행한다는 것으로 설명할 수 있겠다. '기술-집중'이든 '주의-산만'이든 참여자들은 의식적으로 수행 조건을 통제하였을 것이다.

양자택일의 조건에서 두 집단간의 비교가 이루어질 때 만약 실험조건이 산만한 조건에서의 표현을 요구하는 것이었다면 '산만집단' 참여자들이 유리하였을 것이다.

왜냐하면 그들은 그러한 특정 상황의 조건을 사용한 경험이 더 많았을 테니까.

또 다른 가능성은 동작실행과정에 '쵸우킹'의 면역을 만드는 것이다.

'자기-인식'의 방법으로 연습과정에서 '쵸우킹'의 상태에서 자동화를 이룰 수 있다면 동작실행을 감소시키는 '쵸우킹'의 폐해를 방지할 수 있을 것이라는 논리이다.

그러나 동작 수행의 증진은 동작수행의 동기수준과 관련되어 있다는 것을 잘 알고 있는 우리는 단순한 '자기-인식' 상태가 '쵸우킹'을 막아낼 수 있을 것이라 볼 수 없다.

Liao와 Mster(2002)는 농구 자유투를 동작과제로 실시한 실험에서 '자기-인식' 형태의 연습집단이 다른 형태의 연습집단보다 압박감상태에서 동작실행 결과가 더 좋지 않은 것으로 나타났다.

'자기-인식' 형태의 연습법이라는 것은 암묵적 학습과 유사 개념의 연습인데 이러한 결과는 긴장으로 기술-집중 상태가 모든 동작기능 수행에 동일하게 유해하지 않을 수 있다는 것을 보여준다.

압박감, 우려 또는 다른 요인의 결과로 인한 동작실행의 감소를 막는 길이 '자기-중심적주의'를 권유하는 것 외에는 없는 것일까? 만약에 그럴 수 있다면 그들의 주의를 돌릴 수 있는 방법은 무엇일까?

Gray(2004)는 그것은 우리가 이해할 수 없는 수행자 개인의 것이라고 했는데 숙련 수행자들은 '자기중심적 주의' 지시가 동작수행을 감소시킨다고 하였다. '자기중심적주의'는 수행의 판단을 수행자 자신이 하는 것이라고 할 수 있다. 즉 삐루엣 동작에서 시선의 방향이나 몸통의 회전 속도들을 수행자의 판단에 의하는 것이다. 또한 지도자들은 수행을 앞둔 무용수들에게 다른 무엇을 지시하는 것 보다 '생각하지 말고 그냥 하라'는 요구를 한다.

비록 숙련된 동작수행자가 그들의 주의력을 어떠한 방식으로 하였을 때 그 실행의 결과가 유리하여 진다해도 압박감 상태에서의 '쵸우킹'이 이러한 방법으로 막아질 수 있는 것인지에 대한 의문은 여전히 남아 있다. 그러나 적어도 일반적인 통론으로 동작수행의 향상은 주의력 집중을 통해 증가되어질 수 있다는 이론은 계속 지지되고 있다.

4. 나가면서

여기까지 우리가 살펴본 집중과 주의는 그 적용과 방법에 의해 동작학습에 미치는 영향이 다르게 나타났다. 우리가 전통적으로 인식하고 있었던 동작기술의 연습방법과 실험결과에 몇 가지 차이가 있음을 알 수 있다. 가장 두드러진 것은 동작기술 수행은 자동화로 이루어져야 한다는 것이다. 이는 실행에 주의의 크기를 줄여야 한다는 것이다.

많은 경험자나 연구자들의 주장은 동작실행 시 동작과 관련 없는 다른 것으로 주의를 돌리고 실행한 동작수행은 수행감소를 경험하지 않는다는 것이다. 이는 수행자들의 주의가 동작의 섬세함에 놓여지게 된다면 실행은 일반적으로 부정적 영향을 받게 된다는 것으로 앞에서 여러 학자들에 의한 실험 연구로 증명되어졌다.

동작학습의 지도자들은 숙련자에 반해 초보자들에게는 학습을 촉진하기 위해 동작수행 방법의 섬세함에 주의를 두는 것이 필요하다고 믿고 있다.

첫 번째 동작학습단계인 인지단계에서 동작의 실행 과정을 인지하기 위해서 다른 방법이 없는데 결국 동작수행은 여러 방면에 걸친 연습의 결과로 자연스럽게 '자동화' 되어진다는 것이다.

동작의 수행이 자동화되어지는 것으로 학습이 완료되었다고 보는 것이다. 이에 대해 다소 견해를 달리하는 학자들의 주장은 이러하다. 동작기술의 보다 빠른 자동화 달성을 위한 방법에서, 가능한 긴장 상황에서 동작실행의 감소를 막기 위한 동작간의 협응에 관하여 수행자들은 기술실행에 있어서 동작의 협응에 관한 생각은 실행과정 중에는 나타나지 않는다는 것이다.

동작실행 이전에 동작실행을 판단하는 과정에서 생각하거나 실행 이후에

Feedback을 위해 생각하게 된다는 것이다. 복잡한 동작기술을 학습해본 경험이 있는 사람들은 동작실행 시 동작의 모든 과정상의 상태를 생각하며 동시에 실시한다거나, 아무 생각 없이 '그냥 하는 것' 모두가 가능하지 않다는 것을 알고 있다.

어찌되었던 초보학습자들에게는 동작기술수행방법에 주의를 집중하는 것이 필요하다는 초기 동작학습 학자들의 주장에 동의한다. 그러나 이러한 초보학습자들도 수행자의 주의를 이끌어 낼 수 있는 많은 상황들이 존재하는데 초보 골퍼들은 그들의 주의를 클럽의 손잡이, 손목, 힙의 회전, 클럽의 헤드, 볼의 예상괴도, 그린의 홀 등에 주의를 돌리기도 하며, 파도를 타는 서퍼들은 서프보드의 기울기 또는 파도의 변화에 따라 양쪽 발의 압력과, 자세에 주의를 돌리기도 한다.

무용수들이 당면하는 동작 수행 실수를 줄일 수 있는 방법은 음악과 함께 흘러가듯 동작을 수행하는 일이다. 무대 위에서 동작실행 방법의 섬세함에 주의력이 집중되었다면 이미 무용의 표현 감소는 피할 수 없게 되는 것이다.

그렇다면 학습자의 '주의-집중점'은 어떻게 통제되어야 할까? 운동코치나 안무자들은 동작기술의 습득을 돕기 위해 학습자의 주의를 어떻게 통제할 수 있을까? 어떠한 '주의-집중'을 사용하는 것이 동작수행에 유익할까? 유사한 질문들이 숙련 동작수행자들에게도 더 좋은 동작실행을 위해 요구되어진다.

수행자들의 주의가 기능수행상의 어떤 상태로 조절되어야 동작실행이 최적화될 수 있을까? 기술적 동작 형성에 문제가 있다면 수행자는 동작의 구성을 바르게 수정할 필요가 있다.

간단한 '주의-집중' 통제 전략을 사용해서 우려나 긴장 등에서 오는 압박감하의 '쵸우킹' 발생을 감소시키거나 바르게 대처할 수 있다면 '쵸우킹'상태에서의 동작수행 실패를 피할 수 있을 것이다.

학습의 각 단계에 따르는 주의집중에 대한 연구는 숙련정도가 서로 다른 수행자의 동작수행에 요구되는 주의력을 통찰하게 하였다.

이 연구의 참여자들은 서로 다른 수행상태에서 행동에 일관성을 보여주지 못하였다. 이로서 수행조건이 될 수 있는 지도자의 요구(혹은 연습)에 대한 수행효과

상승의 가능성을 남겨두었다.

우리가 살펴 본 주의집중점의 효과에 대한 연구들은 대부분이 연습동안에 일어나는 결과를 평가하였다. 이는 주의력 집중에 대한 학습효과보다는 동작 수행의 결과에만 치중하였던 것이다.

동작기술 학습에 주의력 집중의 유효함을 결정하는 데에는 파지(retention)효과나, 전이 효과를 측정하는 것이 필요하다. 학습의 결과가 즉각적으로 나타나지 않는 학습자들의 개인적 성향도 고려해야 할 문제인 것이다.

'압박감에서의 쵸우킹'은 더 연구되어 명확한 원인을 규명해야 할 문제이다. 학자들이 이러한 문제들에 대한 설득력 있는 결과를 이끌어 내려는 노력을 하고 있으나 여전히 그 예방법은 명확하게 제시되지 못하고 있다. 앞으로의 연구는 무용수나 운동선수들, 음악 연주자들 또는 동작기술수행에 도전하려는 사람들에게 주의력 집중의 효력을 찾아내는 실험이 이어질 전망이다.

앞으로의 실험연구는 공정한 실험상태를 지켜야 할 것이며 좀 더 실질적 연습상태에 근접한 실험설계로 이루어져야 할 것이다. 신뢰성 있는 실험 설계와 처치가 우선되어야 주의력 집중의 학습효과에 대한 정당성을 갖게 될 것이다.

✻ 생각해 볼 문제

※ 학습자 주의조절 문제

동작기술의 학습과정에서는 섬세한 주의가 동작실행 방법을 적용하는데 요구되어진다. 실질적인 동작 실행에서는 이러한 주의의 섬세함이 동작 수행에 부정적 영향을 미친다는 것은 이미 논의된 바 있다. 이는 동작 실행 시 수행방법이나 절차에 세세한 주의를 두게 되면 자연스런 동작 수행을 방해할 수 있다는 것이다.

그렇다면 학습자의 주의를 어떻게 기능수행 이외에 다른 것으로 돌릴 수 있을까?

- 동작수행 시 주의력 없이 가능하지 않다. 동작의 판단이든지 무대상황의 판단 등에 수행자의 주의는 필요하다. 그렇다면 무용수, 구기선수, 체조선수, 음악연주자들을 위한 주의력 크기는 어느 정도가 유익할까?
- 동작기술의 학습에서 자동화의 단계에 도달하기 위해 필요했던 주의집중이 자동화되어진

숙련수행자에게 있어서 동작수행의 성공을 위해 그 조절이 왜 중요한 것으로 되었을까?

※ 압박감에서의 동작실행 문제

압박감 상태에서 동작을 실행할 때 수행자들은 의식적으로 동작실행방법이나 실행 절차 등에 섬세한 주의를 하게 된다.

그 결과는 우리가 이미 알고 있는 것처럼 동작의 고정화가 망가지거나, 동작의 협응상태가 파괴되어서 실행의 결과는 실패하게 된다는 것이다.

- 이러한 현상이 나타나는 이유를 논의해 보자.
- '자기-중점적' 주의집중은 어떠한 효과가 있을까? 유해한 효과를 어떻게 하면 막을 수 있을까?
- 만약에 당신이 명예와 상금이 걸린 경쟁상황의 무용수라면 당신은 주의력을 어떻게 통제할 것인가?
- 만약에 당신이 명예와 상금이 걸린 경쟁상황의 무용안무자라면 당신은 무용수에게 무엇을 요구할 것인가?

※ 초보학습자를 위한 지도 문제

초보학습자나 숙련되지 않은 수행자에게 정확한 동작수행 방법을 요구하는 지시가 항상 유익한 것은 아니다.

이러한 지시는 수행자를 당황하게 할 뿐더러 훈련 중에 여러 가지 지시에 따르는 결과를 생각하게 하여 오히려 집중을 방해하기도 한다.

- 지시가 때로는 비효과적이며 심지어 학습에 유해한 것은 무엇 때문일까?
- '자기중심적 집중'이 필요한 상황과 이것이 유익한 이유를 서로 토론해 보자.
- 교사나 지도자는 학습과정에 방해를 주지 않고 학습을 촉진시킬 수 있는 지시를 어떻게 줄 수 있을까?
- 당신은 초보 무용가나, 스키어가 동작을 전환해야 하는 시점에 있을 때 어떠한 중점적 지시를 줄 수 있는가?
- 불안정한 표면에서 빠른 회전을 연습하는 무용수에게 어떤 지시를 할 수 있을까?

제3부

무용동작학습의 실제

제9장 무용동작학습 연구방법

사진_ 최시내

제9장

무용동작학습 연구방법

학습목표

— 무용동작이 학습되었다는 것을 어떻게 알 수 있을까?

— 무용동작학습에 영향을 미치는 요인은 어떠한 것들이 있으며 그 것들은 어느 부분에서 어느 정도의 영향을 미치는가? 그리고 그것을 입증하는 어떠한 방법들이 있을까?

— 무용동작학습이 이루어졌는가를 추론할 수 있는 관찰의 방법과 과학적 접근법을 이해한다.

— 학습이 일어났는가를 판단하기 위한 관찰은 추론을 전제로 한다. 관찰을 위한 조작적 상황을 이해한다.

— 조작적 상황을 조성하기 위해 어떠한 선행연구가 필요한가?

— 무용동작수행의 평가방법에 관한 다양한 논의를 알아본다.

1. 들어가며

지금까지 이 책의 각 장들에서 우리는 동작학습에 관한 전반적인 개념과 이론들을 논의하였다. 목적하는 동작수행을 획득하기 위하여 우리가 사용하는 방법에 관한 이론적 근거를 살펴보았으며 지금까지의 연구 결과를 종합하여 일반적인 동작기능학습의 원리가 형성됨을 알았다. 우리 삶에서 학습은 중요한 부분을 차지한다. 우리가 경험과 연습에 의해 아무 것도 배울 수 없었다면 우리는 글을 읽을 수 없을 뿐 아니라 글을 쓰지도 못하고, 아무 말도 못할 것이다. 학습이 없이 우리가 물려받은 유전적 기술만을 가지고 행동한다면 보잘 것 없는 존재가 되었을 것이다.

사람이 지식과 기술을 습득할 수 있다는 사실은 사람들에게 있어서 학습하는 방법과, 경험의 중요함을 인정하고, 연습을 통하여 얼마나 습득할 수 있는가를 측정하는 중요한 변인들을 연구하게 하는 것이다. 그리고 이러한 연구는 학습에 관한 교수프로그램을 짜는데 중요한 부분이 되고 있다.

무용동작학습에 참여하고 있는 우리에게 무용동작기능학습의 연구가 필요한 것은 이미 형성된 동작학습의 개념을 발전시키기 위해 중요한 일이며 이는 그간의 대부분의 동작학습의 연구 과제가 스포츠운동 과제 중심이었다는 것과 관련되어진다.

무용동작학습에서 중요하게 생각해야 할 문제가 학습의 목적이다. 어떠한 동작기술을 학습함에는 분명한 목적이 형성되어야 한다. 이는 일반론적 학습목적과 다르지 않다. 예를 들어 수영기능의 학습목적은 동일한 거리를 얼마나 빠르게 수영할 수 있는가? 일 것이다. 연습의 방법과 기술의 발견은 그 목적을 위한 발전임에 틀림없다. 그렇다면 무용동작의 점프 동작의 수행목적은 무엇이며 연습과 기술은 무엇을 위해 연구되어져야 할까? 일반적인 점프를 생각한다면 당연히 높게 공중에 오래 머물러 있을 수 있는 상태가 목적이 될 수 있을 것이다. 그러나 무용동작학습에서의 점프 기술의 학습목적은 앞에서 제시한 높고, 오래 머무를 수 있는 것 이외에 동작 수행의 예술성이 첨가되어진다. 아무리 높게 뛸 수 있다하더라도 동작에 예술성이 없다면 그 동작은 동작수행의 목적에 근접하지 못한 결과가 된다.

결론적으로 동작수행의 목적에 관련하여 무용동작학습과 그 평가는 일반적인 운동학습과는 다른 양상을 갖고 있다. 무용동작기능학습이 운동학습과 전혀 다른 학습단계나 연습방법을 추구해야한다는 논리는 아니다. 연구 과정에서 그 과제가 무용동작이거나 무용수행일 경우 고려해야 할 문제가 있다는 것이다.

이는 그동안의 연구에서 운동 과제로 실시한 연구방법에 무용동작을 과제로 사용하여 동일하게 처치한 실험방법으로 얻어진 결과나 무용동작의 위와 같은 특수성을 고려하지 못한 연구는 그 결과로 결론을 유추함에 있어 연구의 신뢰성 문제가 나타날 수 있을 것이라는 필자의 견해이다.

대부분의 운동과제는 득점을 위한 운동의 수행으로 수행 과정보다는 결과를 평가한다.

무용동작은 수행의 과정을 위한 학습이며 득점을 위한 수행이 아닌 관람자의 느낌을 얻어내기 위한 수행이어서 그 느낌에 의해 평가되어지는 지극히 주관적인 평가를 위해 학습한다.

그러나 동작과제를 학습해야 하는 동작학습의 측면에서 무용동작학습은 일반적 운동학습의 학습요인을 인정하고 있다.

무용동작학습은 동작학습, 즉 동작기술 학습이라는 견지에서 동작학습과 다르지 않다. 단지 무용동작학습의 목적성을 인정하고 무용동작과제가 갖고 있는 특성을 좀 더 연구하여 실험을 설계하는 과정에 적용시켜야 할 것이다.

일반적 운동학습에서 수행 측정에 과제수행의 정확성을 중요한 평가척도로 사용하고 있다. 무용동작과제의 실제에서 오차의 크기를 다루는 동작의 정확성은 스포츠 종목의 사격이나 골프 퍼팅 등과 비교하여 그다지 문제가 되지는 않다. 예를 들어 발레의 아라베스크 동작에서 다리를 들어 올리는 정확성은 그 오차의 크기에 따라서 관람자의 느낌을 결정하지는 않는다. 무용동작기능학습을 연구함에 있어서 표준척도를 제시하는 방법들의 고려사항을 논의함이 옳을 것이다. 이 장에서는 무용동작학습의 연구에 기초가 되는 과학적 방법과 실험, 연구의 형태들을 살펴보게 될 것이다.

2. 인간 반응에 대한 분류

인간의 움직임은 일반적으로 어떤 자극에 대한 반응으로 나타난다. 그 반응으로 나타나는 움직임은 어떤 기술 학습의 결과로 인한 선택적 반응일 수도 있고, 성장으로부터 나타나는 선천적 반응일 수도 있다. 이 같은 개념에서 개인의 반응으로 나타나는 움직임은 동일한 상황에서 학습의 경험이 어떠한 반응을 나타내는가가 동작학습의 결과 나타났다고 추론 되어질 수 있겠다. 동작기술 학습에서 중요한 부분이 바로 학습 결과로 인한 선택적 반응인데 자극에 대응하는 어떤 목적적 동작인 것이다.

이 책의 앞 부분을 공부한 우리는 무용동작이 폐쇄동작(closed skills)을 대표하는 것이라고 알고 있다. 폐쇄동작의 수행과정은 열린동작(opened skills)과 다르게 환경에 그다지 영향을 받지 않는다. 다시 말하면 예측되지 않은 자극에 의한 반응은 거의 없다고 할 수 있다. 예를 들어 무용은 연습장에서 사용한 음악이 움직임의 신호인 자극이 되는 것인데 음악은 연습장과 동일하게 그대로 무대에서도 신호가 되어주며, 무용동작을 방해할 수 있는 방해요인의 신호는 없다.

무대에서의 무용동작은 음악이나 조명, 또는 동료 무용수와의 약속된 움직임이 신호(자극)가 되고 있고 그 신호(자극)에 대하여 이미 약속된 동작으로 반응하게 된다. 일반적으로 스포츠 종목의 수행 상황에서는 신호(자극)에 대한 다양한 반응과 선택적 반응을 통하여 여러 상황에서 학습된 동작기술을 잘 수행하는 것이 경쟁 상황에서 필요한 기술이 될 것이다. 그러나 무용동작기술에서는 이와 같은 선택적 반응 능력이나 반응 속도는 그다지 중요한 학습의 측정 요인으로 작용하지는 않는다.

동작기술에 있어서 자주 사용하는 기술일 경우는 수행자가 그 과제에 관한 '인지(intellectual)'를 살펴서 어느 정도 파악하고 있는가와 관련되어 수행자의 기술능력을 구분하여 분류한다. 수행자가 자극에 대처하여 반응하는 동작기술 수행의 중요한 문제는 어떤 상황에 대처하여 '무엇을 해야 할지'이다. 동일한 상황에서 어떤 자극에 대처할 수 있는 동작은 수행자의 판단능력이나 동작기술 수행능력에 따라 다양하게 나타날 수 있는데 순간적 판단과 동작의 인지 정도에 따라 기술이 발휘될 수 있다. 이와 같은 경우는 스포츠 종목의 경쟁 상태에서 나타나는 동작기술수행이 된다. 자극에 따른 수행에서 또 한 가지 중요한 문제는 수행의 개념에 관한 것이다.

자극에 의해 선택되는 수행과제들은 종종 인지(cognitive), 비운동(nonmotor), 또는 언어(verbal)라고 하는 잘 학습된 반응들 사이의 선택을 포함한다. 자극에 의해 순간적으로 나타나는 반응 동작은 수행자의 습관으로 나타나는 경우가 많다. 그러므로 잘 학습된 동작기능은 습관화되어진 것이라고 하는 것이다. 스포츠 종목의 동작기술에서 수행자의 동작 실행에 관한 주요 문제는 무엇을 해야 할지가 아니라 어떻게 해야 할지이다. 다시 말하면 수행자가 얼마나 더 효율적으로 결정된 움직임을 수행할 것인지가 동작의 성공적 수행을 이룰 수 있다는 것이다. 결정된 동작을 더 빠르게, 더 자연스럽게, 더 실패 없이 수행하는 것이 중요하다는 것이다. 이것은 동작기술(motor-skills) 수행을 분류하는 두 번째 중요한 요인이다. 그러나 무용동작수행에 있어서 자극에 대처하여 무슨 동작을 어떻게 수행해야 하느냐가 문제가 되지는 않는다.

무용동작 수행에 있어서 중요한 문제는 연습되어진 동작을 현장(무대)에서 얼마나 실수 없이 잘 실행하느냐에 있다. 어떤 자극에 반응하는 동작은 수행자가 갖는 자극의 인지를 나타내는 것으로 '운동–언어'로 구분될 수 있다. 그러나 이는 다소 인위적이다. 그러나 모든 동작과제들은 언어적이고 운동적인 요소들을 갖고 있다. 예를 들면, 수학 문제와 같이 명백한 지적 과제에서 조차도 사람은 의사를 전달하기 위하여 반드시 동작 반응을 해야만 한다(예; 펜을 움직여 쓰거나 성대를 움직여 말하는 것 등). 이는 무용동작에서의 표현적인 요소를 생각하면 쉽게 이해할 수 있다. 머리를 끄덕이는 행동은 '알겠다'는 언어적 동작인 것이다.

마찬가지로, 우리가 알고 있는 대부분의 동작과제들은 얼마나 빨리 돌고,

어디로 향해 돌아야 하는지를 결정하는 것과 같은 인지적 요소들을 포함하는 운동이라고 할 수 있다.

3. 동작 수행 분류

하나의 동작과제가 시작과 끝이 구분되어 있다면, 이를 불연속 수행동작(discrete motor skill)이라고 한다. 불연속 동작의 좋은 예는 한국무용동작의 연풍대, 발레의 아라베스크 등 명명되는 동작들과 이와 유사한 기술들이 되겠다. 불연속 동작은 시작과 그 끝이 구분되는데 대부분의 동작에는 명칭을 사용한다. 불연속 기술은 개인에게 요구되는 것에 따라 사실상 언어적이거나 운동적일 것이다. 심리학적 연구에서 수행된 많은 불연속 동작과제들은 주로 언어적 요소들에 치중된다.

한 예로 전등을 켤 때 어떤 스위치를 당기는 것을 들 수 있다. 여기서 문제는 어떤 스위치가 어떤 전등에 불이 들어오게 하는가에 관한 것이다. 동작기술에서 시작이나 끝이 비교적 임의적일 때 차를 운전하거나 달리기를 하는 것과 같은 동작은 연속 수행동작(continuous motor skill)이라고 부른다. 이것은 몇 시간동안 행동이 계속되는 것을 말한다. 불연속적 동작기능은 연속적으로 이루어질 수 있다. 이러한 종류의 동작 기능을 연쇄적 동작기능(serial motor skill)이라 한다. 무용동작의 돌기동작은 한 번의 불연속동작이 계속되어지는 연속 동작으로 이루어지기 때문에 연속 동작기술로 본다. 연쇄적 기능에서는 그 기능의 각 부분들이나 단계가 바로 자극이며 반응이다.

그것은 앞의 동작에 즉각적으로 나타나는 반응이 되고 다음에 즉각적으로 이어져야 하는 동작에 대한 자극이다. 한국무용의 연속적인 돌기동작은 여러 돌기동작기능에 사용되는데 한 번의 돌기 기능이 연속적으로 이어진다. 이때 한 번의 돌기동작은 이어지는 다음 동작의 자극이 된다는 것이다.

무용동작은 골프나 야구 등과 같이 하나의 불연속 동작만으로 결과를 예측하는 동작은 거의 없다고 봄이 옳다. 무용동작은 수많은 불연속 동작이 자연스럽게 연쇄적으로 이어지는 연쇄적 동작이 대부분이다. 또한 달리기와 같은 한 동작의 지속적 연쇄동작보다는 불연속 동작의 연쇄적 동작이 많은 것도 사실이다. 실제로 무용동작의 돌기동작은 유사한 불연속적 동작인 경우가 대부분이다.

연속과제는 임의적인 시작점과 끝점을 갖고 있다. 기술 자체가 갖는 시작점과 끝점이 아닌 수행자에 의해 상황에 따라 결정되어진다. 무용동작기술에서는 안무자의 구성에 의해 불연속 과제의 연속적 수행이 되는 것이 보통이다.

동작과제를 연구하는 실험에서 추적(tracking)과제를 사용하는데 추적(tracking)은 연속과제의 보편적인 유형이다. 이는 자동차를 운전하는 기능을 예로 들어 설명할 수 있다. 이러한 추적과제는 수행원(follower, 예; 차)을 통제하는 움직임을 수행하는 것에 의해 목표에 도달하기를 시도한다. 초기 동작학습 실험 연구에서 자주 사용되었던 추적과제를 좀 더 살펴보자. 추적과제에는 두 가지 기본적인 유형이 있다.

(a) 추격 추적(pursuir tracking), 여기서 피험자는 목적지와 수행원의 움직임에 대한 지각을 갖는다.
(b) 보상 추적(compensatory tracking), 여기서는 오직 오류(목적과 수행원간의 차이)만이 나타난다.

추적은 단순한 반복성 '운동(motor)'이다. 종종 차를 운전하는 등의 일상과제에서 찾아질 수 있기 때문에 추적이 과제로서 운동기술 연구가들에 의해 널리 사용되어져 왔다. 일련의 반응들은 연속적인 수행을 형성하는 서로 연관되어 있는 구분된 반응들로 간주될 수 있다. 이들은 수많은 분리된 요소들을 갖는데, 이것은 반드시 특별하게 규정된 순서에 따라 한 가지 요소가 산출되어야만 하는 것이다. 예를 들어 차가 움직이기 시작하는 것에서 볼 수 있는데 여기에서는 다양한 통제(예; 시동 스위치, 클러치 페달, 엑셀레이터)의 움직임들에 대한 연속적인 순서가 중요할 것이다.

일련의 과제들을 배우는데 보통 학습초기에 언어적인 요소들이 많은 비중을 차지할 것이다. 다시 말하면 많은 설명이 필요하다는 것이다. 학습자는 각각의 단계들을 쉽게 수행할 수 있지만 이는 적절한 순서를 배워야 가능하고 여러 작동에 대한 순서를 배워야만 한다. 무용동작을 예로 들어 보자. 무용은 작가의 세계를 나타내기 위하여 잘 숙련된 무용수의 무용동작 기능을 활용하여 음악과 함께 신체의 리듬으로 수행한다.

이때 무용동작 기능은 불연속 동작 기능이 연쇄적으로 이어진다. 연쇄적으로 일어나는 동작은 달리기와 같은 단순한 연쇄가 아닌 수많은 불연속동작의 연결동작이다. 음악에 맞춰진 순서를 익혀야 하며 차례로 수행되어져야 한다. 그렇다면 무용동작 기능은 불연속 기술이며 불연속 기능이 연속적으로 이어져 수행되는 연쇄적인 동작 기능이 된다.

4. 과학적 연구 방법

무용동작의 과학적 연구의 시작은 관찰(observation)이다. 과학적인 연구의 1차적 요인이 관찰이라는 것은 우리가 연구해야 할 대상이 행동의 변화이기 때문이다. 동작학습의 결과는 행동의 변화라는 것을 이 책의 학습 부분에서 설명한 바 있다.

연구란 어떤 현상을 체계적으로 관찰하고 그 결과를 기술(description), 설명(explanation), 예측(prediction)하기 위한 계획이다. 기술은 단순히 어떤 행동이 일어났는가를 말하는 것이며, 설명은 왜 그러한 행동이 일어났는가를 설명하는 것이다.

동작학습은 예측함으로 교수되어질 수 있다. 우리는 무용동작학습의 실제에 있어서 어떤 동작은 어느 정도의 어떠한 연습으로 습득할 수 있다는 예측으로부터 학습을 시작하게 된다. 예측이 성공적이었다는 것은 학습현상에 대한 정확한 이해라고 볼 수 있다. 즉 예측이란 어떤 상황의 관찰 결과에 의한 또 다른 상황에서의 적용결과인 것이다. 만약에 그 예측의 결과가 일반화될 수 있다면 이는 예측의 능력이 될 수 있다. 예측이란 기술과 설명이라는 목표가 이루어졌을 때 가능하다. 이런 목표는 행동의 관찰 결과로 이루어질 수 있다.

관찰은 무대의 공연 현장이나 무용실, 오디션 현장은 물론 특별하게 설정되어 연구되는 실험현장에서 가능하다.

(1) 실험

무용동작기능학습 연구에서 관찰은 실험에서 사용되는 주요 수단이다. 실험은 행동을 관찰하기 위하여 조작된 어떤 상태를 연출하여 실험자가 원하는 부분을 관찰하게 된다. 실험은 관찰을 원하는 부분을 제외한 다른 부분들은 가능한 통제한다. 실험자는 자신이 관심을 갖는 요소들이 행동 변화에 어떠한 영향을 미치는가를 관찰한다. 이때 이러한 요소들이 변인이 되며 그 변인들을 위하여 다른 변인들은 통제되어져야 한다.

무용동작수행 학습에서 수행의 결과를 알려주는 학습법(KR 제공)이 효과가 있는 방법인가를 관찰하고자 한다면 참여자들을 두 개의 그룹으로 나누어 한 그룹에게는 수행의 결과(KR)를 매 시행마다 알려주고 다른 한 그룹에게는 수행의 결과를 알려주지 않음으로 수행결과(KR)를 알려주는 연습법의 효과를 관찰할 수 있다.

실험자는 학습에 영향을 주는 특정 변인(위의 예에서 KR제공)에 관한 기본적 의문의 답을 얻어 낼 수 있다. 실험의 목적에 맞는 대상과 방법이 정해지면 다음의 절차는 수행의 과제나 실험 장소 등도 실험자에 의해서 결정되어진다. 실험대상자는 그 실험에 관계되는 연구의 이론적인 지식과 실험 방법 등에 관한 지식에 의해 결정해야 한다. 이러한 결정은 실험 결과에 많은 영향을 미치게 된다.

실험에 중요한 역할을 하는 것은 실험설계에 관한 타당성이다. 실험연구에서 고려해야 할 몇 가지 문제 중 가장 중요한 것이 연구의 타당성을 저해하는 요인을 통제하는 것이다. 연구의 타당성 문제는 연구문제를 선정하고 가설을 설정하여 변인을 구체화시키는 과정에서 어떻게 어떤 변인을 통제하느냐에 따라서 연구의 타당성이 결정된다.

동작학습에 관한 실험연구는 양적연구(quantitative research)로서 실험자가 관심을 갖는 어떤 변인을 관찰하기 위하여 그 변인을 조작하거나 통제하여 나타나는 수행의 변화를 관찰하는 것이다. 동작학습에 있어서 실험연구는 독립변인에 의한 인과관계(causal relationship)의 규명에 있다. 앞에서 제시한 '학습법 효과'의 예에서 무용동작학습(종속변인)에 KR 제공 학습법(독립변인)이 미치는 영향을 찾는 것이다.

(2) 결론

실험연구의 주요 목적은 실험 결과로 도출된 결론이 유사한 변인을 이용한 실험에서 동일하게 나타나야 하며 같은 상황의 실제에 응용할 수 있어야 한다. 이것이 실험의 일반화이다. 실험의 결과와 동작수행의 현장에서의 결과가 동일하지 않다면 그것은 실험의 실패로 간주되어 진다.

동작학습의 모든 개념은 일반화된 개념으로 실험의 결과는 물론 현장에서의 적용에도 문제가 없는 원칙이어야 한다. 일반화는 여러 실험의 결과로 내려진 결론을 증거로 한다. 연구의 결과가 신뢰할 만하고 일관성이 있으면 이 실험과 결론은 일반화가 가능해 진다. 그러나 더 계속된 실험으로 이러한 일반성들이 수정 보완되는 경우도 많다.

5. 실험에서의 기본적 사항들

학습에서 학습자들의 학습정도를 확인하기 위해서 필요한 것이 관찰이다. 관찰에서 중요한 부분은 동작 수행의 어느 부분을 관찰하여 학습되어진 정도를 판가름 하는가 하는 문제가 될 것이다. 예를 들어 무용동작의 공중 도약 동작을 학습하는데 어떠한 연습 방법이 더 유용한 가를 알아보려고 한다면 무엇을 살펴야 할까? 이때 공중에서 수행하는 동작의 완성정도를 볼 수도 있고 착지후의 안정도를 볼 수도 있을 것이다.

무용현장에서 전통적인 무용수행 평가는 동작의 예술적 수행에 중점을 두고 있다. 이러한 평가는 평가자의 주관적 관점에 의존하게 된다. 간혹 지나친 주관적 평가로 인하여 평가 결과가 신뢰 받지 못하는 경우가 나타나기도 한다. 동작 수행을 실험하는 실험 연구에서는 평가를 객관적으로 적용할 수 있는 방법을 모색하여 여러 가지 요인을 추출하여 사용하기도 한다. 이러한 경우 과제 수행이 몇 번의 시도에서 성공한 횟수를 점수화 할 수도 있다. 우리는 이제 모든 실험과학 분야에 적용되는 몇 가지 기본적인 원리들을 알아볼 것이다.

동작 수행이 연습 결과로 변화된 것을 나타낼 수 있는 과학적 근거를 만들고 그 근거에 따르는 실험 연구는 어떠한 원리를 적용해야 하는가 하는 문제는 무용동작학습의 실험에 기본이 되는 중요한 부분이다. 이것은 생물학적 현상들을 관찰하는데 특히 중요하다. 관찰과정의 이러한 관점은 (1) 객관성(objectivity), (2) 신뢰도(reliability), (3) 타당도(validity), 그리고 (4) 참신성(novelty)이다.

(1) 객관성(Objectivity)

객관성은 피험자의 동일한 수행을 두 사람의 관찰자가 측정할 때 거의 비슷한 결과로 나타나야 한다는 것에 근거한다. 또한 훈련된 관찰자들의 관찰결과와 실험자들의 동일한 수행에 관한 측정이 거의 같은 점수에 도달되어질 때 연습이 측정되었다고 말할 수 있는 것이다. 측정은 관찰되어진 수행에 관한 과학적 수치이다. 관찰이 과학적 연구로서 근본이 될 수 있다는 것은 이것이 정확한 숫자로 환산되어질 때 가능하다.

객관성은 관찰자에 의한 주관적인 측정들을 배제함으로 동작기술 학습 연구에서 그 비중을 차지할 수 있는 것이다. 무용동작학습 연구에서 가장 어려운 문제가 관찰 결과의 과학적 기록인데 이것이 측정의 객관성 문제로 나타난다. 지금까지 무용학습의 실험 연구에서는 동작 수행의 표준척도를 제시하는 방법과 전문가로 구성되어진 5-6명의 관찰자로 하여 측정하도록 한 후 평균점을 이끌어내는 방법이 있다. 또 다른 객관성 있는 측정은 전기적인 기록장치들이나 다양한 기계적 장치들로부터 측정을 하는 것이다. 그러나 이러한 방법을 적용할 수 있는 동작기술은 지극히 한정적이다.

실험 연구에서 객관성의 요구는 과학적인 관찰에서 많은 '일상'활동들의 유용성을 제한하고 있다. 그 이유는 대부분의 '일상' 활동들은 객관적인 측정에 적합하지 않기 때문이다. 바꾸어 말하자면 '일상'의 동작들은 학습에 의한 변화보다는 선천적인 변화일 가능성이 크다는 말이다. 이미 설명되어진 바와 같이 동작학습은 선천적 능력의 측정이 아닌 학습으로 일어난 변화의 측정인 것이다.

(2) 신뢰도(Reliability)

신뢰도는 같은 상황의 같은 대상에 대한 관찰은 매번 동일하게 반복될 수 있어야 한다는 내용을 포함한다. 이는 하나의 과제에 대한 연습이 실험자들이 실시한 피험자들에게서 관찰된 결과와 실제 학습의 현장에서 학습자에게서 관찰되어 나타난 결과와 동일한 점수가 나타나야 한다는 것과 같은 이론이다. 만약 실험에서 나타난 수행의 결과와 학습 현장에서 나타나는 결과가 다르다면 그 실험의 신뢰는 문제가 있는 것으로 실험의 결과는 지지될 수 없다.

불규칙적인 시계와 같은 측정 장치에서의 오류들은 신뢰할 수 없지만 보통 높은 수준의 장치가 적절하게 사용될 때 오류의 폭은 좁아질 수 있다. 동작학습의 실험상황에서 신뢰할 수 없는 것에 대한 대부분의 중요한 원인들은 주의를 상실하거나 실험 과정에서 나타나는 피로, 지루함 등이 수행자의 변수들이라고 할 수 있다.

이러한 요소들은 환경을 적절히 통제함으로 줄일 수 있는데 이 환경이라는 것이 비록 피험자가 수행하는 곳이지만, 환경에서의 오류들이 완전하게 제거될 수는 없다. 무용공연이나 스포츠 경기는 한 번의 수행으로 평가되지만 학습을 관찰할 때 한 번의 측정은 수행자의 오류가 있을 수 있다는 것이다. 이것이 실험에서는 시도횟수를 정하여 관찰하여야 하는 이유가 될 것이다.

(3) 타당도

타당도는 실험이 관찰하려 의도했던 것을 관찰하는 것에 대한 정당성을 말한다. 동작의 과제들을 타당하게 하기 위해서, 첫째로 이 동작과제들이 실험자가 관심을 갖는 것을 살펴 볼 수 있는 적절한 동작이라는 것을 만족시켜야 한다.

예를 들어 보자. 무용동작학습의 무선연습의 효과를 살피려는 연구에서 무용의 어떤 동작기능을 과제로 선택할 것이며 참여자는 어느 수준의 누구를 선정해야 할 것인지가 타당해야 한다. 즉 동작의 난이도와 그 과제를 학습하고 수행하는 참여자들의 능력에 타당성이 있어야 한다.

예를 들어 무용동작 중에서 두 세 가지의 동작과제를 선정하여 학습의 정도를 관찰하는 실험에서 대학무용과 전공학생들을 대상으로 실험을 하였다면 이는 대상 선정에 문제가 있다고 볼 수 있다. 이미 대학 무용과 학생은 그 과제학습이 숙련단계에 있다는 것을 알 수 있으며 학습의 변화는 조작되었을 가능성이 있다.

타당도에 대한 두 번째 관점은 측정되고 있는 동작의 수행에 대한 것이다. 이것은 균형, 속도, 지속성을 예로 들 수 있다. 만약 연구자가 몇 가지 독립변수가 균형에 미치는 영향에 대해 언급을 하려 한다면 그는 동작 반응에 대한 이 관점의 타당한 하나의 과제를 수행과제로 선정하여야만 한다.

반대로 관찰자의 주요 의문점이 독립변수가 동작수행에 미치는 영향에 있을 수 있다. 그렇다면 그 과제는 믿을 수 있는 객관적이고 수행 점수를 일반화시키는 수단으로서의 역할을 해야 할 것이다. 그러나 이 같은 연구의 의문점에 대처할 수 있는 것은 과제를 선택하는 경우 많은 과제들이 우리가 만든 기준에서 확실하게 대표성을 갖고 있지 않을 수 있다는 것을 기억하고 철저하게 검증하여 선택해야 할 것이다.

(4) 참신성

대부분의 지식 체계에서 참신성을 그다지 중요하게 취급하지는 않지만 참신성은 피험자들이 실험실에서 학습 방법 등에 많은 경험을 가질 수 있다는 것으로 동작수행 기술에서 중요하게 거론되어진다.

예를 들어, 무용수의 동작수행에서의 점프에 사용되는 착지의 주요운동능력을 관찰하는 것에 관심이 있는 연구라면 우리는 동작의 다양한 종류의 유경험자들을 이 연구에 참여자로 사용할 수는 없다. 왜냐하면 이 실험에서 다양한 유경험자가 얻어낸 '좋은' 점수가 점프에 사용되는 착지 기술이 학습으로 인한 운동 능력이나 연습 능력을 대표하는지를 확신할 수가 없기 때문이다.

또한 무용의 학습 능률을 검증하는 연구에서 선별된 동작과제가 수차례의 연습 실시로 도달할 수 있다면 이는 과제의 선택이나 학습자의 선택을 신중하게 고려해야 할 것이다. 이러한 이유는 많은 동작 기능들이 연구 사항에서 제외되어야만 하는 것으로 제시되고 있다.

6. 무용동작수행의 측정

동작학습의 가장 중요한 문제 중의 하나는 지도자들이나 연구자들이 교육의 특정한 진행 효과를 관찰하여 평가하는 일인데 그것이 수행의 측정이다.

앞에서 이미 관찰과 측정에 관한 논의가 이루어졌다. 다시 말하자면 과학적 관찰로 실험자가 원하는 어떤 동작 수행에 관한 연습의 영향이나 유용함을 증명하는 것이 실험 연구가 되는데 이때 관찰되어 나타나는 수행의 변화를 수치로 나타내는 것이 측정이다.

어떠한 측정 방법이나 형식이 동작의 수행평가에 사용될 수 있을까? 동작기술은 분명한 목적적 동작 수행을 말하는 것인데 궁수가 정확하게 과녁의 정 중앙을 맞추어 득점을 올릴 수 있는 동작기술을 측정하는 일이나 트랙 경기 종목의 측정은 그 측정의 수적 환산이 비교적 용이하다. 그러나 무용동작학습을 측정하는 경우 객관적 평가에서 언제나 그 신뢰성의 문제가 나타난다.

초보 학습자에게서 보다 숙련 학습자에게서 이 문제는 더욱 두드러지는데 이는 무용 동작 수행에서 동작의 정확성보다는 동작 수행 전체의 조화와 미적 표현의 정도에 더 중점을 두기 때문이다. 다시 말해서 무용동작은 객관적인 평가가 용이한 정확성이나 동작 결과를 측정하기 보다는 예술적 표현성과 동작의 수행과정을 중시하기 때문이다. 이는 무용동작의 수행목적과 무관하지 않다. 그러나 초보 학습자에게 동작 수행의 정확성은 중요하며 기술의 다음 단계로 발전되어지는데 필요한 과정이기도 하다.

이는 스포츠 동작 수행에서도 나타나는 일인데 정확한 동작 수행만이 득점으로 연결되는 것은 아니라는 것이다. 그러나 동작의 정확한 수행능력은 모든 동작학습의 기본적인 요구 사항이며 정확한 수행능력은 다른 수행능력과 함께 경쟁상황에서 유리하다는 것이다. 그러나 동작기술 학습의 과정에서 학습의 측정과 평가는 학습의 예측에 없어서는 안 될 중요한 부분이다.

무용의 동작 수행 평가 문제는 많은 논쟁을 갖고 있는 것이 사실이다. 표준 척도를 만들어서 평가의 객관성과 신뢰도를 높인다는 점에서 동작수행 측정의 표준척도 구성은 바람직한 일이나 그에 따르는 무용의 예술성에 손상을 초래할 위험이 존재하므로 좀 더 섬세한 연구가 필요한 부분이다.

(1) 수행의 평가 도구

학습자에게 나타나는 동작학습의 결과는 개인의 동작이 학습으로 인하여 변화되어지는 것인데 그 변화의 양을 관찰할 수 있는 방법이 수행의 측정이다. 동작 수행 측정의 유형은 동작학습 연구를 완성하는데 필요한 사항이다. 일반적인 방법으로 사용되는 것은 학습 전 수행의 정도와 학습 후의 수행 정도를 비교하는 것으로 학습 전후의 비교에서 학습후의 수행값이 높은 것으로 학습이 일어났음을 예측해 낸다.

이러한 설명들은 연구의 종류와 변화가 어떠한 요인에서 나타나고 있는지 척도로 사용되어진 요인들을 제시한다. 수행에 관한 여러 가지 측정은 한 가지 측정을 사용해서 얻을 수 있는 결과보다 좀 더 포괄적 정보를 제공하는 연구에서 얻어진다.

동작과제연구에서 과제를 얼마나 잘 실행하였는가는 측정의 세 가지 유형의 조합에 의해 결정되어질 수 있다.

정확성(accuracy), 속도(speed) 그리고 반응의 크기(response magnitude)가 그것이다. 그러나 무용동작수행의 목적성에서 본다면 위의 세 가지 척도는 무용동작수행의 목적과는 거리가 있어 보인다. 이 세 가지 척도가 무용동작 수행의 예술성을 포괄할 수는 없다. 동작의 정확성으로 스포츠 종목의 동작과제나 산업현장에서의 동작실행 목적은 달성할 수 있겠지만 무용수행은 정확성만으로 예술성을 달성하기는 어렵다.

정확한 동작 수행은 불연속적 동작의 연속 수행에 도움은 되겠으나 무용동작의 예술성이나 표현성에 절대적이지는 않다. 그러나 정확한 동작수행은 불연속 동작과 동작간의 무리 없는 연결에 도움을 줄 수 있기에 학습 평가에 필요한 것이 된다. 무용동작수행에서 정확성 여부는 학습과정에서 필요한 요인임에는 틀림이 없으나 그것만으로 측정의 척도로 규정하기에는 무리가 있다.

동작의 속도는 일반적인 동작 수행의 개념에서는 숙련된 기능수행의 측정수단이 되겠으나 무용동작 수행에서 속도는 음악과의 조화로 대치되어야 할 것이다. 무용동작에서 돌기 기능을 예로 보자. 느리게 도는 것과 빠르게 도는 정도는 돌기 기능의 학습 척도가 되지 못하는 경우가 있다. 어떤 돌기 기능은 오히려 느리게 도는 것이 더 난이도가 높은 경우가 있다. 분명한 것은 음악, 즉 박자에 맞게 수행하는 능력에 평가의 상-하가 이루어져야함이 옳다.

반응의 크기를 평가의 요인으로 설정하는 것에 있어서 무용동작수행의 경우에는 그 적용이 타당하기는 하지만 섬세한 관찰이 필요하다. 불연속적인 동작기능의 연속된 과제가 무용동작이기 때문이다. 그러나 소도구를 사용하는 과제가 많은 한국무용동작 수행의 경우에 소도구의 사용 중에 나타나는 반응의 양을 척도로 사용하는 것은 긍정적이다.

이와 같은 세 가지 요인과 일반적 척도로 사용되는 요인들과 전통적 동작학습 연구에서 주로 사용되는 요인들을 찾아서 무용동작수행 평가에 적용이 가능한지 살펴보자.

1) 정확성

수행을 평가하는 것에 대한 가장 유용한 방법 중 하나는 피험자가 정확성을 요구하는 하나의 과제를 수행함에 따라 그에게서 일어나는 오류의 양을 측정하는 것이다. 즉, 과제수행의 정확성 여부가 척도가 되는 것이다. 동작수행의 정확성은 다양한 방식에서 요구될 수 있다.

예를 들어 특별한 힘, 움직임 속도 또는 움직임의 거리를 생산하는데 있어 정확성을 말할 수 있다.

무용동작 수행에서 정확성이 요구되는 수행의 중요한 관점은 시간(timing)이다. 물론 수행 과정 중에 다리의 높이나 팔의 위치 등이 동작의 정확성으로 측정 평가되어질 수 있겠으나 동작 수행 과정 중에 나타나는 순간적인 수행으로 이를 척도로 하기는 쉽지 않다. 연구 목적이나 과제에 따라서 정확성을 동작 자체에 둘 수는 있겠다.

무용동작 수행의 정확성을 시간(음악)으로 하였을 경우 개인은 적절한 시간에 주어진 반응을 산출해야만 한다. 무용동작에서의 시간은 동작의 빠르기이며 이미 구성되어진 음악과의 조화이다. 이는 무용동작 측정에서 가장 중요한 평가 기준이 되고 있다. 아무리 아름답고 완벽한 동작이라도 시간의 정확성(음악과의 조화)이 결여되었다면 무용동작으로서 그 가치가 없는 것이기 때문이다.

동작학습에서 수행의 정확성을 평가하기 위해서 수행 결과를 성공-실패에 따라서 측정할 수 있다. 이는 수행의 결과로 측정되고 평가되어진다. 스포츠 종목 동작의 예를 들어, 농구에서 피험자가 자유투를 실시하여서 성공-실패를 측정할 수 있을 것이다.

좀 더 복잡한 수준에서 우리는 ① 지속적인 오류의 평균 크기(방향, 힘, 거리)와 ② 변수의 오류이거나 ③ 절대적 오류의 움직임을 산출한다. 그러나 대부분의 무용동작기능을 측정할 경우 동작의 성공과 실패의 정확한 판단보다 얼마나 더 자연스러운 아름다움을 연출하는가에 중점을 둔다. 즉, 동작수행 후의 결과가 아닌 수행 과정을 평가하는 것이다. 이는 무용동작수행의 목적이 아름다움과 예술적 표현에 있기 때문이다.

무용동작의 수행에서 정확성은 실질적 적용에 관한 타당성 문제가 논쟁이 될 수 있겠으나 동작기술의 학습 측정을 목적으로 함에 있어서는 정확성에 관한 평가의 표준척도의 제시가 필요하다고 할 수 있겠다.

2) 속도

수행 속도는 피험자가 얼마나 빠르게 주어진 과제를 수행할 수 있는가에 관계한다. 이는 동작과제 수행을 평가하는 척도로 사용되는데 이의가 없는 요인이다. 잘 학습되어진 동작은 그만큼 빠르기에 관계없이 수행할 수 있으며 환경의 변화에 비교적 적용 시간이 빠르다. 동작학습에서의 수행속도는 반응시간과 동작시간의 적용으로 설명되어진다.

수행속도에서 중요한 것이 반응시간(RT)이다. 동작실행이 필요한 이떤 자극에 반응하여 수행하는 속도를 말하는 것이다. 반응시간이 수행의 측정 척도로 연구에 이용될 때 이것은 어떤 자극에 반응을 만들어 내기 위하여 정보처리에 소요되는 시간을 나타낸다는 것이다.

반응시간은 예견할 수 없는 신호(자극)로부터 동작실행을 시작하는데 소요되는 시간이라고 정의할 수 있다. 무용동작수행에서 예측할 수 없는 자극은 거의 없다. 무용 수행은 이미 예측 가능한 음악과의 조화이기 때문이다. 자극에 대한 반응시간을 측정하는 실험은 피험자의 감각기능을 측정하는 것으로도 사용된다. 실험의 방법으로 전등을 켠 후 피험자가 가능한 한 빨리 반응의 단서로부터 손을 들어 올리는 것을 실시할 수 있겠다.

움직임 속도를 측정하는 경우 피험자가 얼마나 빨리 규정된 움직임이나 일련의 동작들을 수행할 수 있느냐 하는데 있다. 또 다른 속도 측정은 주어진 양의 시간에서 성취될 수 있는 행동의 수와 관련된다.

예를 들어, 피험자가 20초에 손가락으로 얼마나 빠르게 두드릴 수 있는가 또는 한 시간 동안 얼마나 많은 전화가 공장 근무자들에 의해 수집될 수 있는가 하는 것이다.

문제는 속도를 측정하는 방법에 있다. 속도의 측정을 요구하는 많은 과제들은 정확성을 함께 요구하기 때문이다. 더 높은 속도를 요구하는 것은 더 많은 오류를 유발시킨다. 이때 '속도-정확성 교환조건'이라고 하는 현상이 나타나게 된다. 실험에서 피험자가 얼마나 빨리 갈 수 있는가 하는 것은 그가 허용하는 오류가 얼마나 되는가에 따라 다를 것이다. 육상의 트랙 경기인 허들의 경기운행을 참조하면 쉽게 이해할 수 있겠다. 상반되는 목적들에 대한 과제들은 동작수행 기술에서 다루는데 어려움이 있다.

많은 연구자들은 과제수행이 학습에 의해 정확성의 수준을 통제하도록 노력하거나 과제를 선택할 때 학습으로 속도나 정확성이 성공적으로 나타날 수 있는 기준에 맞는 과제들로 선택하게 된다. 어떤 연습 방법이 동작수행의 정확성을 증가시키는데 유용한가를 실험하는 경우 정확성을 관찰하기 용이한 과제를 선택하고 연습에 의해서 정확성이 증가할 수 있는 과제를 선택한다는 것이다.

무용동작수행의 측정에서 속도의 문제는 스포츠 종목의 속도 측정과 많은 차이를 갖는다. 무용동작 수행의 숙련정도가 높을수록 동작과제를 빠르게 실행할 수가 있는 것은 사실이다. 그러나 과제에 따라서 오히려 느리게 동작을 수행하는 것이 더 난해한 무용동작은 얼마든지 있다. 동작수행속도의 부분에서 무용동작의 수행 특징은 어떠한 환경 속에서도 일정한 속도를 유지할 수 있는 능력이다.

무용동작수행 측정 척도로 신체적 리듬을 평가할 수 있는 방법을 찾아보는 것이 유용할 것이다. 반응속도는 동작의 기능 평가에 흔하게 사용되는 소재로 동작 수행에 대한 실질적 판단이 불가할 때 동작 수행의 척도로 사용되기도 한다. 무용 동작의 수행은 절대적 시간(음악)에 수행이 일어나야 하므로 동작 반응의 속도가 꼭 빨라야 하는 것은 아니나 빠르게 반응할 수 있는 동작이 느린 동작으로 수행될 때 신체에서 일어나는 협응 과정은 또 다른 양상을 가져온다.

수행의 변화는 동작 수행에 사용되는 시간이나 동작 기간의 속도를 산정하는 것이다. 동작시간은 동작이 시작되어 끝나는 동작기간으로 정의 된다. 반응시간의 중요성은 열린기술(opened skills) 종목의 경쟁수행에 매우 필요한 기능이다. 반면 폐쇄기술(closed skills)인 경우에 환경적 신호가 적용되는 동작 반응은 실제로 적용되는 예가 거의 없다.

무용동작은 폐쇄기능 동작수행이므로 반응시간이 수행척도가 될 수는 없다. 그러나 앞에서도 설명한 바와 같이 무용학습으로 인한 학습자의 민첩성 증가 등을 실험할 경우 유용하게 사용될 수는 있겠다.

중요한 경쟁적 상황에서 수행의 반응 속도에 관한 연구는 전형적으로 동작시간에 관한 것으로 동기, 동작의 복잡성과 같은 요인에 관계된 수행 결과를 고찰하는 것이다. 이는 일반적으로 반응속도의 측정이 학습의 결과나 성취 목표의 지표보다 동작수행의 다양한 요인적 영향을 탐구하는데 더 큰 가치를 갖고 있다.

3) 반응의 양

동작 수행능력과 학습의 진보 정도는 반응의 크기 정도가 감소하는 것으로 나타날 수 있다. 동작학습의 초기단계 수행은 외부로부터의 영향으로 불필요한 많은 움직임과 비경제적반응이 동작 실행의 목적과 관계없이 나타나게 되는데 무용 동작을 수행하는 학습자들을 관찰해 보면 동작기술은 연습이 진행되어짐에 의해 수행은 더 적합하고 능률적으로 되어 지며 동작수행의 개선은 수행 시 불필요한 동작들을 배제함으로 나타난다.

동작수행의 증진은 반응의 크기가 줄어듦으로 이루어진다. 반응의 크기는 동작수행에 사용되는 에너지, 시간 등으로 설명되어질 수 있으며 숙련자들은 동작의 실행에 최소의 에너지와 최적의 시간을 소비하게 된다. 이는 프로 무용수들은 어려운 무용동작기술도 쉽게 수행하는 것처럼 보여 지는 것과 같다.

반응의 크기와 그 감소의 정도가 동작수행의 개진에 미치는 연구가 Laycoe와 Marteniuk(1971)에 의해 진행되었다.

수행에 사용되는 힘의 증가에 관한 분석으로 연구 결과를 이끌어 냈는데 참여자의 동작수행 능력은 연습에 의해 변화가 일어났으며 신경계통의 협응 양상이 학습을 증진하는 최고의 요인임이 드러났다. 동일한 방법으로 Nelson (Clarke, 1966)은 팔꿈치 굴곡에 의한 기능증가를 위한 신체연습을 주제로 실험을 설계하였다.

이 실험에서 기능 수행의 동기 상태에 따르는 수행효과를 측정하였다. 기술의 난이도, 기술의 적합성, 그리고 동기 상태의 정도를 구분하여 측정되었다. 수행에서 나타나는 반응의 크기는 직접적 동작 수행에 관계없는 움직임이 제거되어질 때 그 크기가 감소되어지며 수행에 소요되는 시간이 길어질 때 반응의 크기가 증가되어지는데 이러한 과정을 통하여 동작 수행이 개진되어진다.

여기에서 다시 한 번 더 신중하게 고려해야 할 점은 반응의 크기에서 변화된 원인이 학습의 결과인지 동기나 그 이외의 환경적 요인인지 그 요인을 찾아내는 것에 있다. 무용동작수행의 경우에 연습장에서보다 공연실제에서 반응의 크기가 높게 나타날 수 있는 가능성이 있을 수 있다는 가설은 가능하다. 그러나 이에 관한 연구는 아직 없는 상태이다.

4) 반응의 잠복(Latency of Response)

동작학습에서 반응의 잠복 기간은 자극 제시로부터 반응시작 사이를 경과하는 시간을 말한다. 반응의 잠복을 보통 반응시간으로 한다. 반응시간은 기능의 복잡성(Blair, 1970; Henry & Roger, 1960), 동작 기능의 구성형태(Henry, 1960)와 자극(input)의 형태(Slater-Hammel, 1955; Wilson, 1959) 등에 영향을 받고 있는 것으로 관찰되어져 왔다.

무용동작 수행 시 초보 학습자들이 연결된 동작을 느린 속도로는 가능하나 빠른 속도에 그 수행을 완성하지 못하는 경우 반응의 잠복이 민첩하지 못했다고 할 수 있다. 그러나 무용동작의 경우 동작수행에 필요한 반응시간은 정해진 리듬과 시간에 나타나야 하는 것으로 스포츠 경쟁종목에서의 반응시간의 운용과는 적용이 다르다. 스포츠 종목의 경쟁상황에서 동료의 동작과 상대팀의 움직임에 반응해야 하는 동작수행은 개인의 민첩성과 관련이 있다.

반응시간이 동작학습과 수행에 중요한 지표가 되는 것은 사실이나 무용동작수행에서는 그것이 학습의 유리함을 증명하는 데는 적당하지 않다.

5) 실패(Error)

무용 동작에서 동작의 실패를 결정하는 것 역시 동작 수행의 정확한 모델을 제시해야 하는 어려운 점이 있다. 또한 숙련된 수행자에게서는 그 동작의 실패 여부를 찾아내기가 용이하지는 않다.

동작수행의 결과를 측정하는 동작은 성공여부가 확실하게 나타나지만 무용동작의 경우 수행 과정을 평가해야하므로 순간에 무용수행자의 신체 전부를 관찰하기는 매우 어렵다. 특히 동작의 정확성이나 동작수행의 성공 여부를 판단하기는 공력이 있는 전문가가 아니고는 거의 불가능하다.

아무리 잘 만들어진 표준 척도표를 사용한다 하더라도 실험연구에서 전문가로 구성된 평가자를 사용하는 것이 옳다. 무용동작수행의 실패 여부는 동작의 정확성과 관련되어 생각할 수 있다. 동작의 정확성에 관한 사항은 앞에서도 설명되어졌다.

동작을 처음 학습하는 초보 학습자에게는 정확한 수행의 목표가 제시되어야 하며, 동작의 수행 목표에 따르는 실패를 측정하여 학습의 척도로 사용되어질 수 있다. 동작학습 연구자들은 실시 횟수를 통하여 수행의 실패 정도를 관찰한다. 수행실패의 종류와 실시횟수에 따른 실패 횟수 그리고 실패의 지점 등을 연구한다. 수행실패는 연습의 증가로 감소되어지고 연습에서 동작 수행의 속도 변경에 의해 영향을 받는다는 것이 발견되었다.

동작과제 수행의 실패를 측정하는 또 다른 방법은 각각의 시도에서 나타나는 정확한 반응을 분석하여 수행과 연관시키는 것이다. 동작과제 수행의 실패는 개인 동작수행의 기본적 특질에 관한 정보를 제공하며 학습은 측정에서 나타난 실패의 요인-속도 등-을 분석하여 진행한다.

6) 시도

시도(trials)는 동작학습의 평가 방법에 자주 나타나는 용어이다. 연습 조건에 따라서 과제가 학습되는가를 측정할 것이라면 종종 시도 횟수에 따른 평가를 한다. A의 연습 조건으로 10회 시도한 경우 수행은 어떻게 되었고, B의 연습 조건으로 10회 시도한 경우 학습자의 수행은 어떻게 되었는가를 관찰하여 연습 조건을 판단하게 된다.

동작 실행의 시도 횟수와 그에 따른 수행의 완성 정도가 종종 수행의 다양한 특징을 분석하는 평가방법으로 사용되어진다. 각기 공통의 과제들이 주제를 완전하게 실시하여 개인적 수행 목표에 도달하는 것으로 완성되어져야 하며 실행 횟수에 따른 과제 수행 완성의 양을 요구하는 지시를 한다.

이때 수행의 수준은 규정된 실행의 수에 따른 학습자가 얻어낸 수행의 수준을 평가한다. 이러한 측정은 개인별로 동작의 종류에 의해 달라질 수 있으며 다양한 수행요인의 효과나 실행 횟수에 따른 변화를 비교할 수 있다.

무용 동작학습에서 측정에 사용되는 도구로 시도에 관한 적용방법의 다양함을 활용할 수 있겠다. 이런 경우 수행의 평가 포인트가 정확한 객관성 있는 동작을 사용함이 유익하다. 평가자의 모호한 평가 기준은 학습에 도움이 될 수 없으며 평가 자체에 대한 신뢰도를 낮게 한다. 여기에서 가장 중요한 점은 연구 상황에 따른 섬세한 측정도구의 적용이 중요함을 인지하고 측정 방법을 찾아내야 하는 일일 것이다.

7. 무용동작학습의 연구과제

동작학습의 실험연구는 어떠한 연습방법을 적용한 연습 후 그 효과가 긍정적으로 나타나는지에 대한 여부를 밝혀냄으로 이루어진다. 어떠한 학습방법을 사용한 연습효과가 동작 수행에 긍정적으로 나타나는가에 대한 것이 매우 중요한데 이때 수행의 결과를 평가하는 것과 학습을 진단하는 문제가 나타나게 된다.

Bloom은 완전학습이론(mastery learning)에서 평가를 진단, 형성, 총괄평가로 구분하여 지도자가 설정한 목표점에 학습자가 잘 도달할 수 있도록 하기 위해서는 형성평가가 가장 중요하다고 강조하였다(김상규, 2007).

학습은 비교적 영속적인 변화인 것으로 일시적인 수행의 긍정적인 변화가 학습일 수는 없는 것이다. 초기 연구에서는 수행곡선을 학습곡선이라 하여 학습의 지표로 이용되었으나 이 곡선이 영속성을 갖는가에 대한 불투명성으로 최근에는 파지검사와 전이검사 등을 이용하여 학습효과를 규명하고 있다. 파지나 전이에 관해서는 이 책의 여러 부분에서 논의되어졌다.

파지측정은 연습으로 향상된 수행의 결과가 얼마나 지속되어지는가를 검증하는 한 방법으로 학습이 이루어진 정도를 판단하기 위하여 실시한다. 파지검사는 절대파지점수, 상대파지점수, 저장점수로 학습된 정도를 판단한다.

절대파지점수는 연습단계에서 얻은 수행결과가 얼마나 유지되는가를 측정하여 판단하는 경우 사용된다. 이는 연습 종료 후 약간의 무 연습기간을 두었다가 동일한 동작과제의 수행능력을 측정하는 것으로 무용동작과제의 경우 과제의 복잡성 등을 고려하여 무연습 기간을 조정한다.

상대파지점수는 파지간격 간의 과제수행정도를 측정하여 판단한다. 이는 연습단계의 마지막 수행에서 얻은 점수와 파지단계의 처음시행에서의 수행점수간의 차이를 말하는 것이다.

저장점수는 얼마나 빠른 시간에 연습으로 얻은 수행점수를 회복해 낼 수 있는가를 측정하는 것으로 회복하는데 소용되는 실행 횟수로 평가한다.

전이측정은 과제로 선정된 동작이 잘 학습되었다면 그 동작기술들이 새로운 과제수행에 미치는 영향력이 있을 것이라는 추론으로 실시되어지는 학습평가이다. 과제 내 전이검사와 과제 간 전이검사가 있다. 무용동작학습의 실험연구에서는 전이검사를 사용하기보다 파지검사를 많이 사용하고 있다.

이는 무용동작의 대부분이 비연속성 동작의 연속적 구성이 대부분으로 과제 선정의 어려움이 원인인 것으로 보여 진다. '실제' 실험에서 한 독립 변인의 변수가 어떤 종속 변인에 미치는 영향은 모든 다른 변인들의 영향이 적절한 실험 순서에 의해 일괄적으로 실행됨으로써 찾아질 수 있다.

동작기술학습 방법을 연구하는 실험에서 한 독립 변수(KR을 부여하는 교수 방법)는 종속 변수(예 동작의 정확성)가 영향을 받게 된다. 이 실험에서 피험자들은 KR을 부여하는 교수 방법으로 동작과제를 학습함에 따라 정확도가 다르게 나타난다. KR을 부여하는 교수 방법의 유용함을 증명하기 위한 실험 연구를 가정해 보자.

실험자가 설계한 학습방법(KR을 부여하는 교수 방법)의 우수성을 입증하기 위하여 실험 설계시 100명의 피험자를 두 집단으로 각 50명씩 구분할 것이다.

한 집단(통제 집단)은 '기본적인' 조건에서 배우도록, 다른 집단(실험집단)은 특별한 KR을 제공하는 교수 방법에 따라 과제를 배우게 될 것이다. 두 집단이 서로 연습의 결과로 인해 향상되었지만 KR이 제공된 집단이 조금 더 향상되었다는 것을 볼 수 있다면 실험자의 가설 즉 KR을 부여하는 교수 방법의 우수성이 입증되는 것이다.

KR을 제공하는 교수방법이 동작과제를 배우는데 미치는 영향에 대해서 우리가 이끌어내야 하는 결론이 무엇인가? 아마도 명백한 하나의 결론은 KR을 제공하지 않은 피험자들보다 KR을 제공받은 집단의 피험자들이 더 많이 배웠다는 것일 것이다. 왜냐하면 두 집단은 같은 수행수준(같은 습관 수준)에서 시작했고 다른 수행 수준으로 향상되었기 때문이다. 그러나 수행의 변화가 습관적인 힘에 대한 점수에 기여될 수 있다는 것을 좀 더 확실하게 하기 위해서 우리는 반드시 이들이 '비교적 영구적'이라는 것을 보여주어야만 한다.

(1) KR을 제공하는 교수방법은 조금 더 많은 습관적인 힘을 산출했다.

(2) KR을 제공하는 교수방법은 수행에서의 일시적인(습관적이지 않은) 효과를 발휘했다(예; 동작의 정확성 등).

물론 변수가 동시에 두 가지 효과를 지니는 것은 가능할 것이다. 수행 수준에 즉각적으로 영향을 미치지만 습관적인 힘에 대한 점수에 영향을 주지 않는 독립 변수들은 수행변수라고 한다.

학습변수는 연습의 결과로 인한 습관적인 힘에 대한 점수에 영향을 미치는 독립 변수이며 이 효과들은 독립 변수가 없어질 때까지 남아있게 된다. 이러한 '비교적 영구적'인 학습효과를 검증하기 위하여 최근의 실험연구에서는 파지검사나 전이검사 등을 사용하는 것이다.

(1) 학습변수와 수행변수

과제 수행에서 KR을 제공하는 교수방법과 같은 변수들은 수행 변수나 학습 변수 중의 하나라는 사실을 어떻게 알 수 있을까? 이 의문의 대답으로 전이 설계(transfer design)라고 하는 매우 단순한 실험 설계를 이용한다.

이것은 그 집단이 다른 수준의 상당한 연습 후에 한 집단은 다시 보편적인 수준의 독립 변수로 변하여 측정을 실시한다. 주어진 과제에서 KR이 제공된 집단이 KR이 제공되지 않은 상태로 변화될 수 있거나 KR이 제공되지 않은 집단이 KR이 제공된 상태로 변할 수 있다.

만약 변수의 일시적인 효과(예; KR이 제공)가 사라지도록 너무 많은 시간이 주어진다면, 두 집단 사이의 어떤 차이점들은 반드시 변수의 '비교적 영구적인'(예; 습관) 효과들 때문이어야 한다. 이 변수가 학습 변수이다. 반대로, 만약 두 집단 사이의 모든 차이점이 일반적인 상태로 변화된 후 사라진다면, 이 차이는 일시적인 효과 때문이고 이 변수는 수행변수가 되는 것이다(Schmidt, 1975). 이때 'KR의 제공'이라는 변수는 학습을 변화시키는 변수가 아닌 수행을 변화시키는 변수인 것이다. 여기서 다시 한번 학습에 의한 수행능력의 변화와 단순한 수행의 변화를 기억해야 할 것이다.

(2) 학습 능력의 측정

이제까지의 서술은 개인적 수행능력이나 교수방법의 특징이 동작수행에 성공적이거나 실패로 기여하는 것을 다루었다. 같은 맥락으로 개인의 수행능력이나 다양한 능력간의 연관은 한 개인의 수행수준을 결정한다. 예를 들어 체력은 지구력과 근력 등으로 구성되어 수행의 양이나 수행횟수에 따라서 확실한 영향을 주는 것이 분명하다.

무용동작의 수행능력요인이 평형성, 유연성, 리듬감 그리고 협응성 등일 때 이들 능력이 수행의 질적 수준에 영향을 미칠 수 있으며, 수행의 장점으로 나타날 수도 있다. 다른 개인적 특질은 성격이나 지각력 등으로 개인의 수행수준에 기여하게 되어 수행점수를 떨어뜨리거나 올릴 수 있다.

동작수행에 기본이 되는 이 같은 일반적 능력들은 한 단계 더 향상된 특수요인의 집단인 것이다. 일반적으로 동작 수행에서 평형능력이 나타나는 경우 이는 평형기술과 그다지 밀접한 관계가 없는 하위기술의 유형에 의해서 결정되어지는 것이 보통이다. 이들 하위기술 각각은 특정한 동작기술의 수행에 기여하게 된다(Drowatzky and Zuccto, 1967).

동작학습에서 개인의 차이를 이해하는 문제는 학습자들의 초기기술 수준의 폭넓은 차이와 관련되어진다. 교수기법이 모든 학습자들에게 균등하게 적용되어 나타나는 것은 아니다. 동작학습에서 초기기술에 나타나는 많은 차이를 개인의 운동능력의 차이로 본다. 개인차의 연구는 개인의 능력이나 특성을 인정하고 측정하는 것으로 개발되어졌다. I.Q는 개인의 지능을 수량화하는 지표로 개념화되었다. 동작수행에서 개인차이에 관한 연구는 개인의 동작 수행능력의 확인과 측정이 중요한 것이었다.

'능력(ability)' 이라는 용어는 과제의 수행에 관련되는 개인의 '역량'을 의미한다(Fleishman, 1978, 장국진 등, 1995). 능력과 기술수행에 상호 관련을 이해하는 방법으로 좋은 것은 그 능력들을 확인하여 기술에 연결시키는 것이다. Fleishman은 지각-운동능력을 11가지로 분류하였다. 또한 Fleishman은 지각-운동능력에 이어서 신체 효율 능력이라는 9가지 능력을 확인하였다(Fleishman, 1978, 장국진 등, 1995). 그러나 Fleishman의 이러한 능력은 무용동작수행의 능력과는 다소 거리가 있다.

물론 일반적 운동능력이라는 점에 있어서 무용동작수행과 관련되는 것도 있겠으나 무용동작수행에서 특히 중요하게 사용되는 능력들이 포함되지 않았다. 즉, 근력, 유연성, 협응력, 평형성, 지구력 등이 그 목록으로 되어 있으나 그 이외에 무용수행에 중요한 리듬감, 예민성, 수행의 시간성 등이 포함되지 않았다.

무용동작수행을 연구함에 있어서 이러한 능력의 확인도 연구 과제로 중요한 부분이 될 것이다. 개인의 성격은 동작기술의 총체적 요인 안에 구성되는 것으로 설명되어질 수 있다. 이는 시간과 상황을 초월한 행동수행에 나타나는 일관성과 안전성을 유지하는 개인적 능력에 사용되어진다.

개인의 성격은 버릇, 습관, 경험 등과 같은 다양한 요인의 혼합으로 이루어지는데 이것은 또 다른 행동의 연합으로 사용되어지기도 한다. 행동을 연구하는 학자들은 행동에 영향을 주는 기본적 성격요인을 분류하여 개발하기도 하였다. 이러한 연구들은 다른 실험 도구들을 제작하기도 했는데 그것이 성격구성의 측정형태이다.

다른 연구자들은 운동수행능력의 요인분석을 시도하였는데 이는 수행의 질에 기여하는 요인들이었다. 운동수행능력에 관한 중요한 요인은 공통적으로 개인이 동작수행을 잘 수행하도록 기여한다. 이것은 또한 시간의 크기에 따른 행동의 유지와 실행에 작용한다.

1958년, J. P. Guilford는 정신운동능력과 발달요인의 모형을 연구하여 기술수행에 영향을 주는 중요 요인을 연구하였다(John N. Drowatzky, 1975). 이들은 능력의 종류에 따라 정신운동 요인과 신체운동 요인을 분류했는데 그가 말하는 운동능력의 중요 요인으로 제안한 것은 근력, 자극, 속력, 정밀도, 협응력, 유연성이다. 근력은 주어진 시간에 발휘 할 수 있는 힘의 크기에 적용된다.

자극에 대한 반응의 속도는 움직임이 시작된 후의 동작에 관련되어지며 반응의 크기는 자극에 의해 멈춰있는 위치에서 시작되는 동작시간의 크기로 나타난다. 이는 앞에서도 설명되어진바 있다. 실제적인 무용수행에서의 반응 속도는 음악과의 조화로 나타나므로 큰 의미는 없다. 다만 무용수의 민첩성 등의 평가는 가능하다.

동작수행의 정확성은 과제수행 시 자세가 유지되고 지시된 동작의 정확한 수행의 정도이다. 무용동작에서의 정확성은 시간의 정확성을 가장 중요하게 보며, 이때 자극은 음악으로 실시된다. 동작 수행 시 각 신체에 필요한 힘의 조절은 기술화된 기능과 신체 다른 부위의 유효한 통합을 통해서 성취되어진다. 신체의 관절부위의 다양한 움직임은 유연성으로 나타난다.

Guilford는 이 같은 운동능력의 중요 요인의 구성이 정신운동에 가능한 요인이 된다는 것에 의혹을 제기했다. 여기에서 기억해야 할 중요한 개념은 이미 기술화된 수행은 개체의 해부학적 구조, 정신 운동적 요인 그리고 다른 특성들 간의 상호 협력에 의존하여 수행에 기여한다는 것이다.

이밖에 능력에 관한 많은 요인분석 연구들은 독립적 동작수행능력이나 복합적 동작수행능력을 시도하는 일에 실시되어졌으며 이는 다소 복잡한 정신운동의 기술적 성공에 기여했다.

Jones는 동작기능 연습의 대표적인 형태가 수행의 단순화 과정으로 풀이할 수 있다고 설명한다. 연습은 한 번의 시도에서 이어지는 시도에 의해 수행이 단순화됨으로 동작의 수행이 변화된다. 연습 초기단계에서는 기능의 수행을 위해 특정하게 요구되어지는 동작들이 첨가되어짐으로 요인의 다양성을 포함하게 된다. 이것이 Jones가 인식해낸 연습의 정의인데 연습은 연속되는 학습의 한부분이며 정확한 가정의 형식을 따르게 된다.

또한, 연습의 특징은 Fitts의 학습모델 중 마지막단계와 중간단계에서 나타난다. 이 단계에서 우리는 동작 수행의 단일화 과정을 찾아볼 수 있다.

초보단계에서 학습자들은 많은 외향적 움직임을 만들어 내고 이런 외향적인 움직임은 연습이 거듭됨으로 해서 동작 수행기술수준이 높은 효과적인 움직임이 될 때까지 불필요한 동작들은 제거되어진다.

'동작수행의 단순화과정'을 예를 들어 보자. 무용동작 중 한국무용의 연풍대 동작은 발, 무릎, 허리, 팔, 손 그리고 시선의 특정한 위치와 회전 방법 등이 복합적 움직임을 만들어 낸다. 초보단계의 학습과정에서 이 동작은 매우 복잡하여 세부동작들의 연합이 조각적으로 만들어진다. 이 동작은 연습이 거듭됨으로 하나의 동작으로 형성되어 수행되어지게 된다. 즉, 연풍대 동작이 단일화로 되는 과정이 연습인 것이다.

이 관찰이 확인 되어진 것은 Humphrey(1963)의 연구가 보고된 이후부터이다. Humphrey의 연구는 손끝으로 움직이는 표적을 추적하는 기능을 사용하였는데 훈련 기간 동안 동작 수행 기록을 관찰하여 분석하였다. 연구는 결과적으로 훈련 경과 후 근육의 활동은 요구된 기능의 수행을 위해 필요한 만큼 축소되어 나타난다는 것이다.

우리는 숙련자들의 동작 수행이 초보자들에 비해 매우 부드럽고 쉬워 보이는 것을 느낀다. 이는 연습으로 불필요한 에너지사용이 감소되어 동작 수행에 필요한 최소한의 에너지만을 사용하는 것으로 볼 수 있다.

신체의 거의 모든 부분이 협응하여 만들어내는 무용동작의 경우 초보수행자와 숙련 수행자 사이의 수행능력은 특별한 실험과정 없이 육안으로도 분별이 가능할 만큼 차이가 나타난다. 앞에서 설명한 연풍대의 학습 과정을 상기해 보면 자연스럽게 단일화 되어진 연풍대 동작이 신체 각 부분의 협응작용에 의해 나타났음을 알 수 있을 것이다.

동작 수행에 사용되는 근육과 신경을 구분하여 적절하게 동작과제를 구사하는 능력은 학습으로 인한 결과로 보는 것이 타당하다. 모든 학습에 있어 중요한 것은 효율적인 학습법의 탐구와 그 학습법의 현장 적용에 있다는 것을 우리는 잘 알고 있다. 하나의 연습법이 그 가치를 인정받기 위해서는 동일한 방법의 적용이 실험실 결과와 연습실 결과가 일치되어야 할 것이다.

이것이 동작학습을 연구하는 첫 번째 자세라고 볼 때 그 다음은 학습방법의 적용에 의한 학습의 결과로 추정하는 동작수행능력 측정에 타당성과 신뢰성을 적용하는 자세라고 할 수 있다.

예외적인 상황을 제외하고 모든 동작은 연습에 의해 그 능력이 증가 되는 것은 사실이다. 그러나 우리가 간과할 수 없는 여러 요인들이 동작학습에 존재하고 있다. 연습실 현장에서 과학적인 증명이 필요 없이 지금까지 실행해온 연습법은 어떠한 문제를 갖고 있을까? 처음으로 무용을 시작하려는 무용지망자의 학습능력 예측은 가능할 것인가? 무용동작기술의 발전 속도로 고민하는 숙련자들에게 천정과 바닥 효과의 설명은 많은 도움을 줄 수 있을 것이다.

무용동작학습 현장에서 회상을 경험한 무용전공자는 쉽게 찾아 볼 수 있다. 아쉬운 것은 이에 관한 증거가 될 과학적인 측정을 이루지 못했다는 것이다. 동작 수행의 능력 요인을 살펴보면 분명히 스포츠 종목이나 단순한 동작 요인과 무용동작의 요인과는 다르다는 것을 알 수 있다. 물론 동일한 요인으로 나타나는 것이 없지는 않지만 무용동작의 수행목적에 미루어 적용할 경우 무용동작의 수행능력을 결정하는 요인은 좀 더 섬세하고 감성적인 부분이 있다. 그렇다면 무용동작에서 중요한 요인으로 인정되는 창작적 능력은 어떤 방법으로 측정 가능할까? 측정의 기본이 되는 객관성, 신뢰도, 타당성, 참신성을 고려한 많은 무용동작학습 관련 연구들이 필요하다.

8. 무용동작학습의 연구문제

우리는 이제까지 무용동작학습에 관한 여러 가지 이론을 공부했다. 지금 우리의 무용학습법을 생각할 때 당면하는 문제는 '왜 이렇게 가르치는가?' 과연 지금의 학습 방법이 최적인가? 라는 것이다.

교사는 자신이 가르치고 있는 방법에 관한 어떤 믿음을 갖고 있어야 할 것이다. 이때 교사는 전통적이거나 직관에 의한 방법보다는 좀 더 객관적인 근거를 갖추어야 할 것이다. 무용동작이 운동동작에 근거된 학습법을 적용하고 그 연습법을 과학적으로 입증해온 것도 사실이다. 그러나 무용동작학습과 운동(스포츠 종목)동작학습은 그 목적성에 있어서 서로 다른 양상을 띠고 있음을 부인할 수 없게 되었다.

최근 무용동작학습을 연구하는 학자들 간에 대두되고 있는 무용동작 수행능력의 요인분석은 이러한 관점에서 매우 의미 있는 작업이라 할 수 있겠다.

앞에서도 여러 차례 논의 되어진 바 있지만 무용동작이 신체를 운용하는 기본적 입장에서는 운동동작과 유사성을 갖고 있다. 그러나 수행능력의 요인이나 평가에서의 객관성 문제는 무용이 갖는 예술성의 문제와 직결되어 있어 이를 객관화하는 '표준척도제시'는 그리 단순한 문제는 아니다.

무용동작학습을 연구함에 있어서 우리가 고려해야 할 문제는 무용동작수행이 갖는 능력을 측정할 수 있는 요인을 적절하게 관찰해 내는 것이다. 과학적 방법은 교수법을 결정짓는 확고한 기반으로 사용이 가능한 정보를 획득하는데 강력한 수단을 제공해 줄 것이다.

과학적 방법은 객관적인 관찰을 기초로 하는데 과학적 수단에서 관찰의 주요 방법은 실험이다. 무용동작학습에서 사용되는 연구방법을 논의해 보는 것이 필요하겠다.

(1) 2차적 과제의 사용

2차적 과제의 사용이란 동작을 실행하는 동안에 2차 과제 또는 부수 과제라고 하는 본 과제가 아닌 다른 과제를 본 과제수행 시에 행하는 것을 말한다. 이는 무용동작을 수행하면서 동작 이외의 다른 것을 실행하는 것인데 이것은 동작을 수행하면서 노래를 할 수도 있고 이야기를 할 수도 있다. 즉, 본 과제 이외의 다른 과제를 함께 실행하는 것이다.

무용 동작과제의 수행에서 본 과제에 대한 수행의 측정만으로는 종종 그 사람의 학습수준이 얼마나 자동화에 이르렀는지 판단하기 어려울 경우가 있다. 무용동작은 비연속적인 동작(돌기동작 등)의 연속동작화로서 하나의 동작이 일반사람들의 걷기동작이나 달리기동작과 같이 또는 농구 선수나 축구선수들의 드리블동작과 같은 연속 동작으로 나타나야 함을 전제로 한다. 그러므로 단순한 돌기동작의 정확성이나 몇 회 시도의 몇 퍼센트 성공확률로만은 그 동작의 완성도를 가름하기가 어렵다는 말이다. 이러한 경우에 부가적인 과제의 연습은 한 단계 더 능숙한 수준으로 학습을 이끌어 낼 수 있다.

연구자들은 피험자들이 수행의 상한계나 하한계에 도달하였기 때문에 어떠한 연습의 효과를 알지 못하는 경우가 있다고 주장한다. 이러한 때 2차 과제 기법을 이용함으로써 학습의 변화들을 더욱 명확하게 알 수 있게 된다. 예를 들어 보자. 무용동작은 단순한 한 가지 동작, 즉 회전이나 점프만으로 구성되어 있는 것은 없다.

발레의 돌기동작은 팔을 사용하거나 다리 또는 발끝 등의 변화가 나타난다. 그러므로 무용동작수행은 동작 수행 과정 중에 신체 구성의 조화와 순서에 주의를 집중하게 된다. 초보단계의 학습자는 발레의 돌기동작을 수행하는 과정의 신체 사용에 집중하게 된다. 그러나 자동화가 이루어진 학습자에게 돌기동작은 주의집중이 필요 없는 하나의 동작으로 나타나게 되는데 이때 학습자는 그들의 주의를 다른 곳에 사용할 수 있게 된다는 것이다. 학습과제가 얼마나 완전하게 자동화되었는가를 관찰하기 위해서 2차적 과제를 제시하여 관찰할 수 있다.

1) 자동화와 학습

동작학습의 학습정도를 평가하는 방법에 많은 지지를 받는 하나의 가설은 동시에 수행해야 하는 2차 과제를 실행하는 과정에 있어서 점진적인 적용이 본 과제의 수행을 방해하지 않았을 때 학습이 더욱 자동화된다는 것이다.

Brown(1962)은 피험자들에게 청각으로 제시된 문자배열을 탐지하는 인지적인 과제를 2차 과제로 제시하였고, 이때 자동화 정도를 알아보는 실험이었다. 단지 이러한 실험의 결과로 자동화의 개념에 새로운 이론이 정립되는 것은 아니겠으나 무용동작학습을 실험하는 연구자들은 무용동작의 마지막단계인 자동화 단계의 실험에 적용하여 실시해 볼 여지가 있다.

일반적으로 무용동작학습의 실험연구에서는 초보학습자의 학습에 머무르는 것이 대부분이다. 이는 무용동작의 측정 평가의 난해함도 그 이유가 되고 있는데 2차과제의 적용으로 숙련학습자들의 학습 성과를 연구해 볼 수 있을 것이다. 예를 들어 숙련자들의 과제(돌기동작)수행에 2차 과제를 동시에 실시하도록 하여 본 과제 수행 시 그 성공 여부를 측정하여 평가할 수 있을 것이다.

2) 노력과 학습

무용동작기술을 학습할 때 수행자는 과제를 반복하여 수행함에 따라 점점 더 적은 힘을 들여서 수행할 수 있게 된다. 동작을 더 효율적으로 한다는 것은 다른 동작과제를 학습하거나 수행 중 발생할 수 있는 다른 수행 환경의 정보를 더 능률적으로 처리할 수 있다고 볼 수 있다.

노력은 연습에서 연습의 양에 관계되는 개념으로 무용수행 능력을 측정하는 요인으로 사용되어질 수 있겠다. 10만큼 노력해서 10만큼 수행할 수 있다거나 10만큼 노력해서 5만큼 수행할 수 있다는 형태의 측정 평가가 가능하겠다.

무용동작학습에서의 노력(연습의 양)은 지구력과 관련되는 개념으로 볼 수 있다. 연습의 양은 학습자가 동작과제를 연습하는데 얼마나 집중하여 실행할 수 있는가하는 문제로 연결되어 생각할 수 있다. 연습의 양과 관련하여 초과 학습 또는 과학습(overlearning)과 관련된 문제가 나타난다. 과제를 연습하는 동안 과제에 투여하는 노력은 학습이 진행됨에 따라 계속해서 감소하고 있다는 것을 확인하는데 이용될 수 있다.

3) 기억과 학습

학습은 기억의 개념에서 출발한다고 할 수 있다. 실험심리학자들은 사람이 어떠한 것을 기억할 때 그 어떠한 것을 학습했다고 하며 기억을 학습으로 정의하고 있다. 이런 의미에서 기억과 습관은 유사한 구조를 갖는데, 어떤 기술을 학습했다는 증거는 연습기간이 지난 후에도 그것을 다시 할 수 있다는 것을 뜻한다. 기억은 필요한 동작을 수행하기 위하여 중요한 역할을 한다. 일반적인 동작학습에서 나타나는 자극에 관한 정보처리 능력은 무용동작수행에서는 크게 작용하지는 않는다.

이는 무용동작과제 등 닫힌 동작기능의 수행이 대부분 그렇다고 볼 수 있겠다. 무용동작은 하나의 동작(비연속적인)이 여러 가지 연결되어 하나의 연속적인 수행으로 나타난다. 이러한 경우 하나의 무용동작의 수행은 또 다른 동작의 연결 기억을 요구한다. 무용동작은 수행에 동반되는 음악(또는 리듬)과의 협응에도 기억은 중요하다.

기억에 관한 이론은 Atkinson·Shiffrin의 주장으로 정리할 수 있다(김기웅, 1995). 그들에 의하면 기억의 작용은 컴퓨터에 비교하여 구조는 하드웨어, 제어과정은 소프트웨어에 해당한다고 보았다. 또한 감각 등록기, 단기 저장소, 장기 저장소로 구성되어진 요소가 있다고 하였다(그림 9-1 김기웅, 1995).

〈그림 9-1〉 Atkinson과 Shiffrin(1968)의 기억체계와 정보흐름(김기웅 등, 1995)

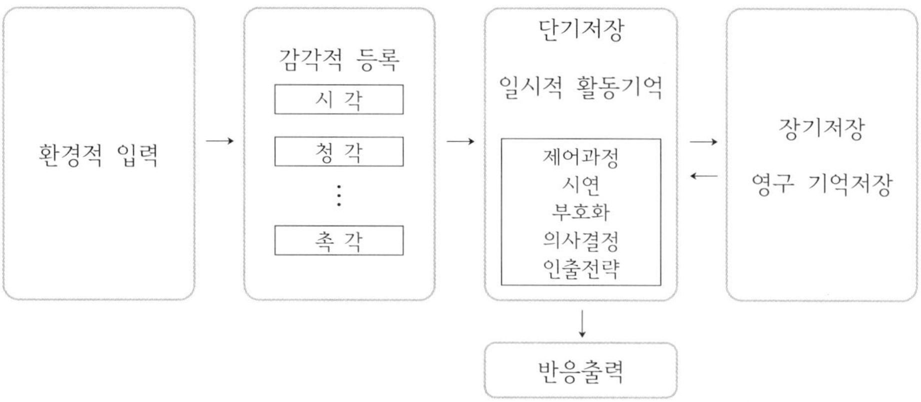

결론적으로 기억은 두 개의 기능적 요소, 즉 활동기억과 장기기억으로 구성된다는 것이다. 일반적으로 기억이라는 말의 의미는 이 장기기억을 의미한다.

무용동작학습에서 동작기능의 학습은 장기기억으로 저장되어야하며, 비연속적 동작의 연속적 연결동작은 단기기억이 될 수 있겠다. 동작의 기능은 비교적 영구적으로 기억고에 저장되어진다. 이는 한번 학습된 운동기능은 회복의 시간적 차이는 있으나 그 기능 수행이 기억되는 것과 같다. 그러나 무용동작수행의 순서는 숙련된 동작의 연결이며 여러 가지 불연속 동작의 연결로 이러한 불연속 동작의 연결 순서는 동작기능 학습에 소요되는 시간보다 짧은 시간에 습득되며 어느 정도의 시간이 흐르면 망각하게 되는 것으로 동작기능의 수행순서는 단기기억으로 봄이 옳다.

기억과 망각에 관한 문제는 다음 기회에 좀 더 심도 있는 논의를 해야 할 것이다. 무용동작학습을 평가하는 실험 연구에서 사용하는 파지테스트는 학습의 기억을 가름하는 것이다.

(2) 학습의 양에 관한 문제

학습이 발생하였다는 것을 말하기 위해서는 과제수행의 특성을 확인하는 과정이 필요하다. 관찰에 사용되는 과제의 수행 특성이 그 기술을 연습함에 의해 뚜렷하게 변화되어야 한다는 것이다. 동작과제를 수행하는 기능이 시간이 지남에 따라 향상을 보여주어야 한다.

학습자의 과제수행 능력이 향상하였다는 것은 학습의 양이 증가했다는 의미이다. 이는 동작기능의 수행수준이 관찰되어지는 동안에 처음보다 나중의 수행기능 수준이 더 높은 수준을 나타내야 한다는 것이다. 또한 학습의 양은 관찰된 과제수행의 결과가 관찰초기로부터 점층적이며, 보다 일관성 있게 나타나야 한다. 학습에 대한 실험을 기초로 하여 연구자들은 종종 연습에 의한 학습량을 설명하려 한다.

가령, 어떤 조건으로 연습한 집단의 피험자들이 다른 조건의 피험자보다 20% 적게 학습되었다고 하자. 이러한 학습의 양이 실제로 관찰되어 나타날 수 있을까?

문제는 습관(habits)은 직접 관찰할 수 없다는 것이다. 습관의 문제가 나타나는 것은 동작과제를 학습하는 학습자들은 이미 알고 있는 동작들을 새롭게 적용하여 새로운 과제로 학습하기 때문에 개인에게는 이미 습득되어진 능력이 있으며 그 위에 어떤 연습법이 작용되어진다는 것이기 때문이다.

그렇기 때문에 개인이 갖는 습득된 능력을 양적으로 설명할 근거는 없다. 왜냐하면 학습자의 수행능력에서 그들이 학습 전에 갖고 있는 습관을 추정할 수 없기 때문이다. 무용동작학습 연구에서는 집단 간의 비교나 개인 간 비교 등으로 학습을 관찰하는 경우에 항상 사전측정(pre-test)과 학습 과정 이후의 사후측정(post-test)을 하여 초기측정 후 말기 측정까지의 관찰을 평가한다. 이는 개인의 습관적 능력의 차이를 고려하여 학습 전 측정점수와 학습 후의 측정

점수간의 차이를 학습된 양으로 추정하려는 것이다.

1) 집단 간의 차이

앞에서 설명한 개인의 습관적 능력으로 인하여 동작과제를 수행하는 초기 수준의 차이를 균질화하기에는 어려움이 있다. 어떤 학습 방법의 유익함을 지지하기 위하여 실험을 하려 한다면 동일한 상황에서 서로 다른 연습법을 적용하여 그 우위를 가려야 할 것이다. 그러나 개인적 습관은 개인차를 갖는다.

이는 실험을 설계하는데 있어 본질적인 문제를 제시한다. 두 집단의 피험자가 연습을 시작할 때 같은 수준이었다면 연습 후 나타난 수행수준의 차이는 학습된 양의 변화에 의한 것이라 볼 수 있다. 이러한 경우 두 집단은 연습 전 과제 수행능력이 동일해야 가능할 것이다.

이는 학습할 과제를 사전에 테스트하여 가장 높은 점수부터 가장 낮은 점수까지 배열하여 한 집단은 홀수 번째의 피험자를, 다른 집단은 짝수 번째의 피험자를 할당하면 해결할 수 있다.

사전 검사를 이용하는데 몇 가지 제한점이 있다. 그 중 하나는 사전 검사가 실험 과제를 어느 정도 연습시켜 다른 독립변수 하에서 관찰한 변화의 크기가 줄어들게 된다는 것이다. 또 다른 제한점은 동작과제의 초기 연습이 일반적으로 마지막 연습과 전혀 연관되지 않는다는 것이다. 즉, 마지막 수행으로 상대적인 학습량을 평가한다는 것이다.

두 번째 방법은 대규모 집단에서 무선적으로 뽑은 대집단을 이용하는 것이다. 대집단을 이용하게 되면 집단 크기가 작을 때 일어나는 집단의 평균 차이에 대한 문제를 해결할 수 있다.

2) 학습의 개인차

일정기간에 학습된 학습량을 논할 때 개인 학습량의 차이 즉, 개인차에 대한 문제를 고려해 볼 수 있다. 학습량을 측정하는 일반적 방법은 피험자의 동작수행능력을 연습(학습) 시작 때 측정하고, 이후 연습(학습)을 마친 후에 동작수행능력을 측정한다. 이때 학습 시작 전 능력수준과 학습 후 능력의 차이만큼 학습된 것으로 한다. 이러한 방법은 수행의 단순한 차이로 학습의 양을 결정하기에는 문제가 있다. 문제는 처음과 마지막 간의 수행차이가 학습량을 나타내는 좋은 측정치가 되지 못한다는 것이다. 수행능력으로 학습자의 동작기능이 학습되었는가를 평가할 수는 없다는 것이다. 여기에서 파지측정과 전이측정의 필요성이 나타나게 된다.

학습은 무엇보다도 철학적 개념인데 교육적인 면에서 본다면 그 대부분은 얼마나 향상되었는가에 근거하기보다는 무엇을 할 수 있느냐에 따라 판단되어 진다.

3) 파지(Retention)

파지는 1장에서 개념적 설명을 한 바 있다. 이것은 학습의 모든 분야에서 사용되고 있는 개념인데 파지측정은 무용동작학습의 현장에서 학습의 양을 평가하는데 필요하다. 파지는 학습되어진 동작기능이 얼마동안 유지되는지를 말하는 것이다. 주어진 한 동작기능을 학습하기 위하여 학습자는 그 동작을 수차례 반복 수행하며 연습할 것이다. 첫 번째 수행한 결과와 수차례 연습 후의 수행능력은 분명히 차이가 있을 것이다. 그렇다면 학습자는 이 동작을 얼마나 학습하였을까? 동작학습 실험 연구에서는 학습자가 연습한 동작과제가 연습을 하지 않는 얼마동안의 기간을 보낸 후의 수행능력과 처음 수행시도와의 차이를 놓고 학습의 양을 결정한다. 이것이 동작학습의 파지측정이다.

이는 동작 수행능력의 보유력으로 학습된 동작 기능이 얼마나 오래 유지되어 나타나는지를 알아보는 것이다. 이전에 학습되어진 기능을 다시 수행할 때 필요한 시간과 시도의 양을 찾아내는 연구가 동작학습에 필요한 또 다른 측정 방법을 제시하고 있다.

파지측정은 기억능력이나 인식에 관계되는 많은 실험 연구에서 자주 언급되는 소재이며 일반적 학습연구에서도 여러 가지 방법으로 실험되고 있다. 파지 측정의 가장 특수한 개념은 절약이다. 적은 시간과 노력으로 얻을 수 있는 동작학습법이 있다고 가정하자. 그 학습법의 실제적 적용을 고려하는 지도자들은 파지측정의 결과를 중요하게 생각할 것이다. 파지측정에서 나타나는 동작수행능력이 학습자가 갖는 진정한 수행능력이라고 생각할 수 있다는 것이다. 학습된 동작기능은 동일한 과제가 아닌 다른 동작과제 수행에도 적용될 수 있게 되는데 이것이 동작기능의 전이이다.

보유력 연구에는 기능의 전이원칙이 적용되며 절약은 기능의 기본을 완전히 습득하고 그리고 두 번째 학습을 위해 필요한 시간과 기능의 시도회수 사이의 관계로 산정된다. 기술의 보유량, 망각의 양, 단축시킨 기록 등의 자료는 운동동작 학습연구에 아주 중요하고 적절한 소재가 된다. 동작기술 학습의 목적은 더 많은 보유력과 적은 망각 그리고 시간과 힘의 단축에 있다는 것으로 볼 때 이것은 매우 중요한 연구과제이다.

Wilberg(1969)는 그의 초기 연구에서 Short-term기억을 요구하는 기능에서 시각적 정보를 제공하였을 때 기능의 정보가 한정된 경우보다 수행의 결과가 더 좋게 나타났음을 보여주었다. Short-term기억이란 인체의 정보기능을 조정하는 정보기관인데 Long-term기억과 상반되는 개념이다. 동작을 수행하는 과정에서 오래 생각하지 않고 순간적으로 수행하는 것이다.

Chasey(1971)의 연구는 과잉 학습은 심리적으로 휴지기가 지난 후 학습자의 망각의 양이 줄어드는 것을 보여주었다. 이는 동작과제를 오랫동안 연습하여서 신체가 그 수행과정이나 수행에 필요한 것을 기억할 수 있는 능력이 형성되는 것이다. 여기에서 과잉 학습은 학습자가 동작과제를 수행할 수 있게 되었어도 계속 연습하는 것이라고 보면 된다.

보유력과 기억의 양을 평가하기 위해 Melnick(1971)은 두 가지 측정 방법을 사용하였다. 균형기술습득에서 나타나는 초과학습(과잉학습) 효과에 대한 평가가 연구되었는데 이 실험의 경우 과잉학습 후 한 달, 한 주 이후에 보유력의 양이 증가하는 것으로 나타났다(Richard A. Schmidt, Motor Skills, 1975).

백정희(1986)는 무용동작학습의 심리 연습효과를 연구한 논문에서 연습 후 1주후의 파지 측정을 실시했다. 무용동작의 경우 학습의 중점적 기능은 신체 여러 부분의 협응기능이며 다양한 동작들의 순차적인 조합과 시간의 정확성이다. 이러한 무용동작의 특성상 동작기능의 학습의 양을 측정하는 것에 휴지기간은 1주일 정도가 적당하다.

4) 학습의 속도

동작기능이 얼마나 빠르게 학습되는가를 평가하는 경우 학습량의 측정치를 계산하기 위하여 얻은 자료의 점수를 이용하는 것은 학습의 속도를 해석하는데 문제를 야기할 수 있다. 이미 앞에서 언급한 것과 같이 일시적 수행의 능력이 증가한 것이 학습 되었다고 할 수 없는 것과 같은 유사한 문제들이 학습의 속도 측정에서 발생한다.

학습의 습득속도를 측정하기 위한 시도는 종종 수행곡선의 기울기나 경사에 근거하고 있다. 즉, 곡선의 기울기가 크다면 이는 빨리 학습되었다는 것을 의미한다.

(3) 학습과 수행변인 이해의 중요성

많은 독립변인 중에서 어떤 것이 학습에 있어 가장 중요한가와 어떤 변수가 수행과 관련되는지를 확인하는 문제는 운동학습의 발달과 이론 검증과 무용동작학습 연구뿐만 아니라 실제 여러 무용동작 기능학습 상황의 응용에도 중요하다.

1) 이론적인 측면

어떤 변수가 얼마나 학습에 영향을 미칠 것인지를 예측하고 그 예측을 증명하는 연구는 동작학습의 주요 관심사 중 하나이다. 한 가지 변수를 살펴보자. 수행의 실수가 학습을 방해할 것이라는 예측을 할 수 있다.

연습의 목표는 가능한 빠른 실시횟수로 실수를 없애는 것이며 수행의 실패를 줄이는 것으로 동작학습의 양을 키울 수 있다고 보고 있으며, 연습 수행이 학습에 반영되고 수행상의 실수는 학습이 잘못되었다는 증거로 생각한다. 그러나 최근에는 단순하게 연습 중 수행 수준을 검증하는 방법에 대한 지적이 일어나고 있다.

최근 무용동작학습 연구에 많이 제시되고 있는 맥락간섭 효과 실험도 변수의 다양한 관찰로 나타난 결과이다. 동작간의 수행 마찰로 인한 맥락간섭이 순간적인 수행은 방해하였으나 학습을 측정하였더니 오히려 더 효과가 상승함으로 나타난 이론이 맥락간섭의 효과이다.

2) 교수 활용적 측면

어떠한 변수가 수행에 일시적인 영향을 미치고 또한 학습에 효과적인가에 대한 지식은 무용, 스포츠, 산업, 치료 등 여러 영역에서 동작과제를 가르치는데 더 효과적인 환경을 만들어 준다.

다음의 실례를 살펴보자. 전통적인 무용동작학습은 순차적인 방법을 사용한다. 무용동작은 각기 기본동작들이 있어서 그 동작들을 다 학습하고 난 후에 그 다음단계의 동작과제들을 학습한다. 그러나 최근의 맥락간섭의 효과가 실험실에서만이 아닌 실제에서도 나타난다면 무용동작 교수 방법에 새로운 무순연습(동작을 순서 없이 자유롭게 연습하는 방법)이 적용되어질 것이다.

다양한 동작수행은 신체사용에 있어서 맥락의 상이함을 이유로 이 같은 시범은 기본적으로 동작학습을 방해한다는 이론이 실제 무용동작학습에서 지지되어왔다. 이러한 이론적 관점은 물리치료, 교육, 그리고 다른 분야에서 연습과 훈련의 기초로 이용되었다. 즉, 순차적인 동작의 자동화를 이루어 내기 위하여 동작의 수행이 신체적으로 한계가 나타난다. 이것이 긍정적인 가치를 가질지라도 학습과 관련해서 더 영속적인 동작수행능력을 평가하기 위한 것이 아니라 단지 수행의 근거로서 중요한 것이 된다. 구체적으로 학습의 문제를 포함하는 이러한 이론과 실제 사이에 대한 문제는 무용동작학습의 실험연구에 중요한 것이다.

인류의 삶에 있어서 동작기술의 사용과 그 학습은 비단 스포츠나 무용과 같은 전문 동작기술 사용자에게 뿐 아니라 삶의 시작에서부터 필요한 것이라

할 수 있다. 동작기술 학습의 연구는 학습과정의 평가가 문제가 된다는 것을 우리는 잘 알고 있다. 동작학습에서 나타나는 수행의 결과를 어떻게 평가하여 그 결과를 어떠한 결론으로 유출할 것인가에 관한 문제는 얼마나 그 판단의 오류를 극소화하는가에 달려있다. 어떠한 요인이 학습을 유도하며, 그 요인은 학습에 어떻게 작용하는가를 판단하는 방법적인 문제가 해결되어야 하겠다.

무용동작을 지도하는 교수법에 과학적 판단을 적용한다는 일은 그리 간단한 일은 아닐 것이나 동작의 유형에 맞는 요인별 적용은 가능할 것이다. 집단학습에서의 고려사항, 과제유형에 따른 상-하한 고려, 종속변인의 변화를 이끄는 독립변인의 선별 등은 무용동작학습 연구에 지침이 될 것이다.

9. 무용동작학습 현장에서 측정의 다양성 문제

학습에 의해 변화되는 변화량은 다른 측면에서 보면 통계학적인 개념을 갖는다. 학습으로 변화가 일어난 학습의 측정은 통계적 처리가 불가피하지만 여기서 다루지 않는다. 변화량은 학습을 측정할 때 나타나는 변화의 크기이며 이 크기가 학습에 의한 변화인지 혹은 다른 요인에 의한 단순한 수행상의 변화인지를 판단해야 한다. 학습결과를 변화시키거나 그 결과를 정확하게 관찰하는 일을 방해할 수 있는 그래서 측정의 오류를 가져올 수 있는 요인과 그 처리과정과 방법을 살펴보자.

무용동작 등 신체적인 동작기술 교육에서 연구자들이 잊지 말아야 하는 가장 두드러진 특징 중 하나는 학습자 개인이 갖는 각각의 서로 다른 능력의 차이이다. 동작학습에 임하여 학습자의 다양하고 광범위한 능력 차이에 대한 대비는 교사가 직면하는 가장 해 볼만한 도전적 기능 중의 하나라고 할 수 있다. 이런 도전은 교사가 그의 수업 계획에 학습자 집단에서 펼쳐질 두 가지 양상을 고려해야하는 이유가 되고 있다.

학습 집단의 변화와 개인의 변화가 동시에 고려되어야 한다. 집단의 변화는 개인의 변화에 의해 나타난다. 학습자의 변화를 알 수 있는 방법은 여러 가지가 있겠으나 이를 수량화하는 것이 평가이고 측정이다.

여기에서 평가는 학습자의 수행을 측정하는 것인데 수행평가는·학습을 실시한 과제수행의 중심적 경향이나 학습자들의 일반적인 수행평가를 말한다. 이와 같은 평가는 교사가 학습자들의 수행수준에 대한 평균을 가름할 수 있게 하는데 이것이 학습 집단을 대표하는 수행이 되기도 한다.

평균스코어, 중앙값 등은 형태상으로 나타나는 학습자의 수행 측정량인데 학습 집단의 동작기술 수행정도를 제공한다. 평균스코어는 산술적 평균값과 관계하며, 중앙값은 스코어의 50% 지점의 위나 아래에 있다.

형태상으로 학습자들의 점수가 나타나는 반면 학습자 각각의 측정값은 수행의 일반적인 수준을 판가름하는데 도움을 준다. 완전한 표준분포에서 세 개의 값은 경사의 같은 곳에서 나타나지만 대부분의 상황은 세 가지가 다르게 나타나며 수행 집단의 상황은 변수나 분산편차로 나타난다.

변수는 측정방식에 따라 나타나며 측정 점수는 평균값 주위에 머무르게 된다. 수행값이 평균값 주위에 가깝게 군집되는 경향이 있거나 모든 수행이 평균에 가깝다면 그 학습 집단은 균질 되었다고 말할 수 있다. 반면에 균질학습이 갖는 점수가 넓게 분산되었다면 수행이 다르게 나타난 것으로 보는데 이 같은 경우 변수(variability)는 집단에서 개인차를 나타낸다.

학습자의 수행에서 나타나는 변화량으로 교사가 학습자의 수행 진행 상태를 관찰할 수 있다. 학습의 개인차는 집단의 구성원 사이에서 나타나며 각 학습자들의 개인차를 고려한 과제의 수행과정은 지도의 전략에 중요하게 작용한다(Drowatzky, 1975).

그림 9-2를 살펴보자. 학습자들의 수행분포는 동일한 변화를 나타내고 있으나 두 게의 곡선의 중심점은 다르게 나타난다(그림 9-2). 그림 9-3은 그림 9-2와는 다른 분포를 나타내고 있다. 둘의 분포는 중심점은 동일한 위치를 갖지만 변화량은 크게 다르다(그림 9-3). 학습자의 수행능력을 측정하여 나타낸 그래프의 분포는 중심점과 변화분포가 앞의 두 그림에서 나타나듯이 다르게 형성된다.

〈그림 9-2〉 동일한 수행 분포지만 중심은 다른 수행 곡선

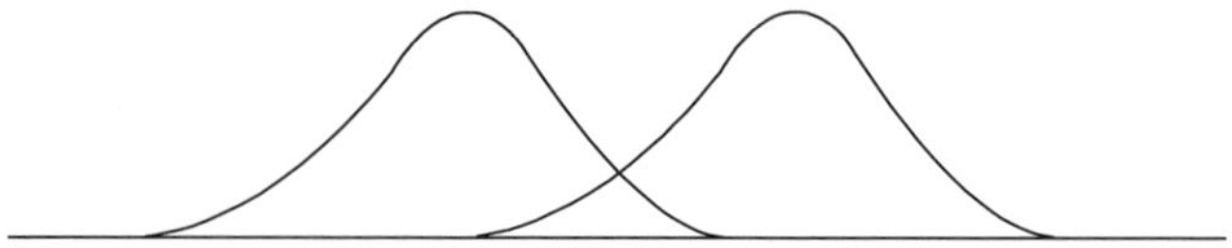

〈그림 9-3〉 중심점은 동일한 위치이나 변화량은 다른 수행 곡선

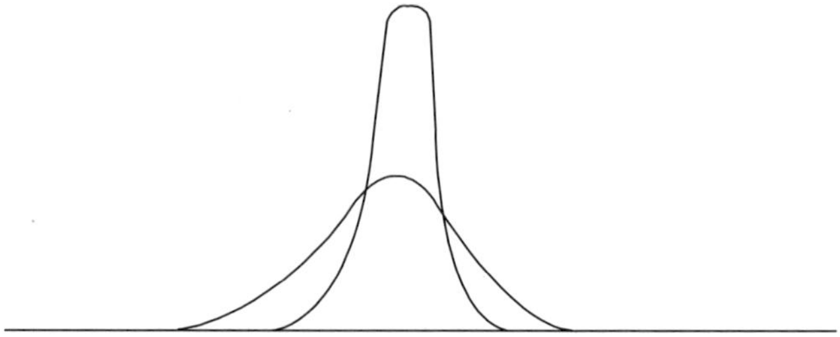

〈그림 9-4〉 수행변화와 중심점이 모두 다른 수행 곡선

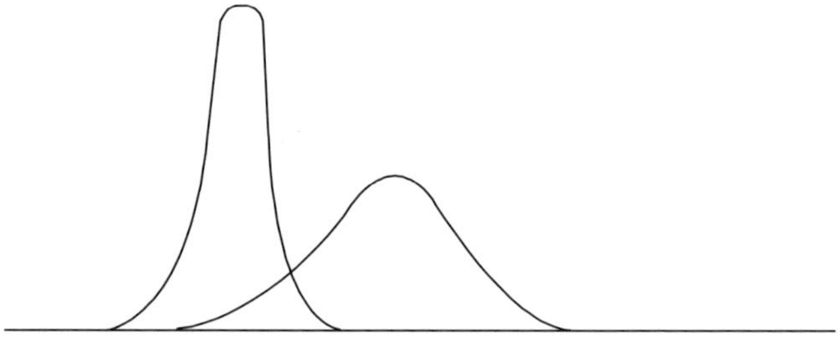

그림 9-4를 보면 수행의 변화 분포와 중심점 모두가 전혀 다르게 나타난다. 어들 세 가지 그림이 지시하는 수행을 이해하는 것은 교육과 수행평가를 위한 가치 있는 계획이다. 그림 9-2의 두 그래프가 나타내는 것이 동질 집단의 동일 과제로 실시한 학습 방법의 차이에서 나타나는 것이라면 그 학습법의 차이를 쉽게 판단할 수 있을 것이다. 그러나 이러한 그림이 형성될 수 있는 확률은 극히 드물다.

그림 9-3의 그래프는 집단을 구성하고 있는 학습자의 수행능력을 알 수 있겠다.

학습자 개인의 학습곡선은 평균값으로부터 어떻게 변화하는가를 알 수 있으며 수행의 향상은 보통 평균값을 상승시킨다. 대부분의 초보 교사들은 잘못

된 예측을 하는데 학습자들의 평균수행이 증가하면 변수 분포와 개인차가 감소될 것이라고 생각한다는 것이다. 이러한 초보 교사들의 예측이 잘못된 것이라면 학습자들의 수행능력이 증가하여도 개인차는 존재한다는 것이 되겠다. 학습을 통해 학습의 양이 증가되어 나타날 때 변수의 본질과 학습과의 관계는 교사들에게 중요한 것이다.

대부분의 전통적인 연구는 변수로 나타나지 않는 연습의 효과를 측정해내는 것이다. 동작학습의 실험연구결과에 의해서 교사는 학습지도 방법을 발전시키는데 이는 학습자들의 수행능력의 평균을 끌어 올리는데 기여하는 것을 목적으로 한다.

실험연구 결과로 나타난 새로운 학습 방법의 적용으로 학습 변화를 증진시키거나 학습자들 간의 개인차를 두드러지게 하기도 한다. Lersten(1968)은 회전자 추적을 사용하여 개인차와 연습효과를 측정했다.

Lersten은 이 연구에서 개인차이가 연습으로 인해 빠르게 증가되는 것을 찾아냈다. Lersten의 실험에서 실험 참여자간의 변화량은 안정되었고 개인차의 등급은 거의 변화하지 않았다. Lersten은 계속된 실험으로 연습일과 연습시간의 경과는 실험참여자 간의 능력 차이를 증대시킬 수 있다는 것을 밝혀냈다.

연습시간의 경과에 의한 학습자의 수행능력이 개인차에 미치는 영향은 Carron과 Marteniuk(1970)에 의해서도 연구되어졌다.

파지(retention)와 기억력에서 개인차는 학습자간의 변화를 크게 하는 원인이었다. 파지측정은 학습효과를 수행능력과 구분하여 규명하는 것이다. 그러므로 파지측정에서도 연습증가에 따른 개인차가 증가되어 나타나는 것은 연습시간의 경과는 수행능력뿐만 아니라 학습의 양에서도 개인차를 증가시킨다는 것이다.

Carron과 Marteniuk의 실험 연구에서 성과가 높은 집단에서 파지가 더 높게 나타났으며 능력이 높고 낮은 집단에 따라 연습의 영향은 다르게 나타났다. 유사한 방법으로 Alderman(1968)과 Noble(1970)은 회전자 추적을 사용하여 개인차에 따른 변화량의 증가를 연구해냈다. 이 연구의 결과는 성별의 차이에 변화량이 존재한다는 것이었다.

남성 참여자는 연습의 시작단계에서 여자 참여자보다 더 큰 양적변화가 나타났고 연습 마지막 단계에서 더 작은 변화가 관찰되었다. 여자 참여자는 많은 변화가 나타났고 학습의 끝에서 변화에 작은 감소가 나타났다. 도표로 정리된 그림 9-5를 살펴보면 잘 알 수 있다.

〈그림 9-5〉 블럭수행기능의 남녀차이(Noble, 1970)

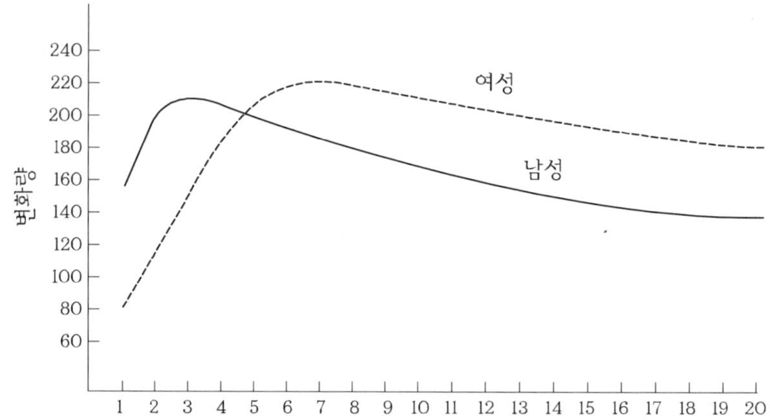

오랜 연습으로 학습자들의 개인적인 능력 차이가 좁혀질 수 있을 것이라는 초보 교사들의 예측은 앞에서 보여준 실험 연구 이외 다른 연구에서도 나타났다. 총체적 운동기능 역시 연습에 의한 개인차의 증가를 보여준다는 연구 결과가 제시되었다.

Meyers는 사다리 오르기(ladder-climb)를 동작기능과제로 하여 연습한 결과에서 개인차이가 점점 더 증가됨을 증명했다. 연습이 계속되어도 개인차가 여전히 나타난다는 것은 Lowe(1971)에 의해서도 증명되어졌다. Lowe의 실험에서 학습자들의 기능수행능력의 변화는 변수의 증가로 나타났다.

이 실험에서는 단순통로 추적과 복잡통로 추적 모두를 검토하였는데 결과적으로 연습은 수행의 개인차를 더욱 증가시킨다는 것이다. 지금까지 연습의 증가 즉 오랜 연습으로 수행의 개인차가 감소되지 않는다는 실험연구 결과들을 살펴보았다. 그렇다면 이것이 모든 동작과제에 적용되는 원칙인가 하는 의문이 있을 수 있겠다. 왜냐하면 무용동작학습 현장에서 오랜 연습 과정과 시기를 보낸 학습자들은 그들의 수행능력에 큰 차이가 없는 것처럼 보여지는 예가 많이 있다는 것이다. 연습으로 인하여 개인차가 증가되는 일반적 원칙을 예외로 하는 동작기능들이 있다. 자극에 반응하는 단순기능은 이 법칙에서 예외되어 진다. 이를 증명하는 실험 연구들을 살펴보자.

Meyer(1968) 등은 반응시간에 따른 격렬한 동작수행의 효과를 연구한 결과 단순한 반응시간의 조절을 요구하는 동작기술에서 학습자들의 개인차는 수행자들의 경험에 의해 감소되어질 수 있다는 것을 발견했다. 그러므로 단순기능과 복잡기능 사이, 분산 기술과 연속 기술 사이에서 나타나는 개인차는 연습으로 나타나는 변화 외의 또 다른 효과가 존재한다는 것이다.

동작과제를 학습하기 위해 실시하는 집단수행은 앞에서 설명한 일반적 수준의 개인차의 증가가 연습효과로 나타나는데 이때 유용한 학습을 위하여 학습지도에 관한 교사의 계획이 몇 가지 요구된다.

첫째, 학습 계획은 동작과제수행에 점진적이며 진보적 증가를 위해 설정되어야한다.

두 번째는 기능이 어려운 수행은 그 증가가 지속적으로 향상되는 것이 보증되어져야 한다.

학습계획은 학습자들 간의 능력적인 분류가 나타나도록 시간의 제공이 이루어져야 한다. 다시 말해 교사는 학습을 진행하기 위한 기본적 학습과정을 제공하는 일 외에 과제의 난이도를 학습자의 개인차에 맞게 조절할 수 있어야 한다.

동작과제를 연습하여 학습이 일어나기 시작하면 교사는 학습자들과 보다 적극적인 탄력적 교류가 이루어져야 한다. 무용동작학습 현장에서 학습자들의 개인차 고려는 수행능력 뿐만 아니라 성격적 측면에서도 매우 중요하다.

교사는 무용동작학습이 시작되는 단계부터 서로 다른 능력을 갖는 집단이나 구성원들을 고려해야만 한다. 교사들의 학습자에 관한 개인차의 고려는 동일한 일반적 원칙으로부터 서로 다른 능력의 집단에 대처할 원인을 제공받을 수 있다. 교사가 학습자들에게 훈련을 제공하면 집단은 개인차로 인해 더욱 이질적으로 되어 지고 교사는 더욱 다양한 훈련이 필요함을 느끼게 되며 교육의 효과는 거대한 개인차의 순열을 만나게 된다. 학습으로 나타나는 학습자 각자의 수행변화는 또 다른 방법의 연습으로 변화되어질 수 있다. 학습으로 나타나는 변화는 수행지수로 알 수 있는데 각개인의 내적 변화와 개인의 수행변화는 수행지수가 된다.

동작학습은 어떤 특정한 동작을 배우는 과정이다. 무용동작과제, 스포츠 종목의 운동과제, 악기를 연주하기 위한 특별한 동작과제 등은 모두가 학습과제가 될 수 있다. 사람들은 일반적 상태에서 연습을 통해 수행의 안정을 이룬다. 학습은 목적이 있는 행위라고 할 수 있다. 동작과제의 학습이유는 학습 결과에 영향을 미칠 수 있다.

동작과제수행의 학습 이유가 목적적이거나 주제적이거나 모두가 학습자의 수행능력은 동작기능수행에 연습을 통한 일관성 있는 증가가 나타난다. 동작기능 수행에 나타나는 증가는 과제수행기술과 수행을 지속할 수 있는 지구력 모두에 나타나며 이러한 수행의 증가는 법칙으로 적용되어진다.

동작학습의 모든 목표설정은 학습자들의 구성과 학습계획에 학습자들 간에 존재하는 개인적 능력의 상이함이 고려되어져야만 한다. 학습자의 개인차를 고려해야하는 교사에게 필요한 가장 첫 번째 인식은 학습자간 능력의 차이를 이해하는 것과 이들 개인차를 유도하는 요인을 탐색하는 일이다.

어떤 동작과제 수행에 필요한 요인의 역할과 학습자 개인이 갖고 요인을 파악한 후에 어떠한 연습방법이 상이한 능력을 소지하고 있는 학습자들이 학습 목표에 도달할 수 있도록 작용하여 주체들을 변화시킬 수 있는지 실제적인 연습 방법을 찾아내는 일이다.

이러한 연습방법은 연습 진행과정에서 적당한 적용의 교수법과 학습상태를 향상시키는 방법으로 사용되어질 수 있을 것이다. 또한 개별화된 지도는 학습자들의 훈련 기초가 되고 능력 발휘에 도움을 줄 수 있을 것이다.

학습결과의 변화성 논의는 교육을 계획할 때 집단 수행의 평균 수준보다 교사의 교육방법에 대한 검토의 필요가 더 강조되어진다. 학습자들의 개인차와 학습자 개인의 수행 일관성은 모두 학습의 조직적 구성과 실제적인 발전 과정에 처한 모든 집단에 고려되어야 한다. 연습과 학습으로 개인차는 더욱 명확해지므로 교사에게는 학습자들에게 여러 가지 학습 기회를 가질 수 있도록 학습과정을 설계하는 것이 필요하겠다.

교사는 학습자의 과제수행 능력의 증가뿐 아니라 폭넓은 능력을 발휘할 수 있도록 학습의 장을 제공해야만 한다. 동작기능훈련의 범위는 보다 크고 다양해야만 한다. 동작학습 현장에서 교사가 고려해야 할 점은 개인차의 증가에 관한 대비와 학습자 개인의 일관된 수행의 향상된 변화인 것이다. 이러한 교사들의 노력으로 학습자들의 능력은 변화되어지고 일관성 있게 발전되어질 것이다.

10. 능력의 예측(Predicting Abilities)

무용 훈련장이나 교사와 같은 동작기능 학습지도자들에게 뿐만 아니라 무용수들을 선발하는 프로 단체 등의 책임자들에게 가장 흥미로운 일은 수행자의 수행능력에 관하여 현재의 수행능력의 정도가 앞으로 연습을 진행하여 미래의 어느 정해진 시기의 수행상태를 예측하는 일일 것이다.

무용단 예술 감독의 경우 이 문제는 비교적 가까운 미래에 가장 큰 잠재력을 갖춘 집단의 구성원을 선정하는 데에 관련되어진다. 무용단이나 경기 종목 집단의 감독이 수행자의 수행능력 향상이 시기적 적점과 기능수행능력의 미래 예측을 판단할 수 있는 재능을 갖고 있다면 그는 기꺼이 수행자들의 현재 능력보다 잠재적 수행능력을 고려할 것이다.

동작학습을 진행하는 지도자들은 학습자들의 수행능력에 잠재력 수준을 고려하게 되는데 이때 중요한 것은 미래 어느 때 그 능력이 나타날 수 있는가 하는 것이다. 학습자들의 잠재된 수행수준은 교육과정 발전에 기여하는 중요한 요인이 될 것이다.

세계적인 스포츠 선수나 무용수 육성을 위해 학습자들의 능력을 예측할 수 있는 능력의 활용은 더 고급화된 학습 진단 과제를 선별하여 잠재능력을 갖고 있는 학습자를 찾아내는 일을 할 수 있을 것이다. 또한 학습자의 잠재된 능력을 미리 예측할 수 있다면 학습자의 능력수준에 맞는 동질 집단 구성을 시도하게 되고 이러한 시도는 학습 증진에 유용할 것이다.

학습자 집단의 동질성 문제는 집단 학습을 실시하는 무용동작학습 현장에서 매우 중요한 문제이다. 무용학습이 이루어지고 있는 학교나 그 밖의 교습장이나 단체에서 실시되는 무용학습은 집단학습이다.

Clarke(1967)는 학습자들의 동질집단 구성을 시도하는데 필요한 두 가지 중요한 절차를 제시하였다. 이 방법은 목적적 동작과제 수행을 위하여 학습자들을 구분하고 등급화하는 일이다. 지정된 과제의 수행 결과로 학습자들을 분류하는 일이다. 학습자의 능력은 각 학습자들의 과제수행을 평가하여 이루어지고 이 수행에 관한 학습자들의 능력 분류는 형식화된다.

일반적인 능력으로 구분되어진 학습자 집단은 동작수행 전반에 나타난 평가나 수행능력으로 분류되어진다. 일반적인 능력의 측정은 개인적 특성의 총체적인 수행을 말하는데 근력, 지구력, 협응작용, 반응시간, 속도, 힘, 민첩성과 평형성 등과 같은 개인적 특성 모두를 포함한다. 무용수행 능력 면에서는 앞에서 열거한 특성 외에 유연성과 표현력 음악적 분석력, 그리고 동작 구성의 창의력 등이 첨가 되어질 수 있다.

이러한 평가는 어떤 특정행동의 기술을 측정하지는 않는다. 다만 대부분의 행위는 좋은 수행에 대한 이론적인 잠재력으로 추정되어지는 것이다. 이렇게 구분된 학습자들은 유사한 등급으로 구성된 집단에 소속 되어 동질 집단을 구성한다. 동질집단으로 구성되어진 학습자들은 동작수행을 유사한 능력으로 수행하게 된다.

학습자 동작수행능력의 예측에 관한 실험 연구는 초기의 운동능력과 운동량 실험에서 좋은 수행에 대한 잠재력 예측 시도에 집중적으로 이루어졌다. McCloy의 근력색인, McCloy의 일반적 운동능력 실험과 운동수용 능력 실험, Larson의 실험, Newton운동능력 실험, Cozen의 경기능력 실험, Barrow운동능력 실험, Iowa-Brace실험, Metheny-Johnson실험과 그 외 실험들이 학습자의 동작수행에 관한 잠재력 예측을 시도했다.

이러한 각종 행동에 나타나는 잠재력 개발자들은 그들의 실험에서 수행과 수행사이에서 얻어낸 협응 작용과 동작기술의 다양한 선택적 수행을 0.97에서 0.51로 보고하고 있다. 실험 연구에서 설정한 예측이 완전하게 나타났을 때를 1로 하였을 때 0.97과 0.51은 예측을 지지할 수 있는 숫자이다.

이 같은 실험 결과는 학습자들의 수행수준이 다양한 상태에서 얻어낸 것이며 다양한 연령의 실험자들을 사용하였다(Clark, 1967). 이들 연구자의 실험 설계에서 나타나는 문제와 실험결과의 의문은 실험에 참여한 학습자들이 경험과 능력 면에서 상위 등급을 갖고 있는 학습자였고, 사용된 과제의 주제가 흥미가 있는 과제였다는 것이다. 이러한 이유로 이들 실험의 결과로는 다음의 질문을 만족할 수가 없었다.

그 질문은 바로 '동작기술 수행의 성공이 기술 초기 수행으로부터 그 결과를 예측할 수 있을까?'라는 것이며, 이 실험들은 이 질문에 대한 의미 있는 결론을 얻어 내지 못했다. 몇 몇 소수의 연구가 이 의문의 해법을 찾아냈으나 그 결과는 여전히 만족할 만한 결론을 얻을 수가 없었다.

Trussell(1965)은 40명의 여대생에게 볼-저글링을 가르쳤다. 참여 학습자들의 수행점수를 자료화하여 초기 점수로 이들의 학습을 예측할 수 있는가를 측정하였다. Trussell은 학습자들의 초기 점수와 마지막 수행 점수 간에 관련이 없음을 알아냈다. 학습의 예측은 한 사람의 초기 점수에 며칠 동안 축척되어진 학습점수가 더해져야 성취될 수 있다. 그러므로 연구자의 학습자 관찰은 이 같은 상황에서 미래의 수행을 예측하는 것인데 그러기 위해서는 유효하고 정확한 통계적 기술이 적용되어야한다.

어떠한 실험방법의 설계에서든지 적지 않은 실수를 범할 경우는 늘 열려있다고 본다. 학습의 결과를 예측할 수 있다는 가설을 어떠한 실험방법을 적용하여 결론을 이끌어 내고 있는가를 여러 실험을 살펴보아야 하는 이유도 여기에 있는 것이다.

Welch(1963)는 사다리 오르기 기능을 사용하여 같은 방법으로 실험하여 초기수행과 3일 후 얻은 수행사이에 아무런 관련이 없는 것을 찾아냈다. Welch는 만약 초기의 기술 수행평가가 연습 일수 동안 적어도 처음의 반 정도가 배합되어진 것이라면 정당한 예측이 성취되어질 수 있을 것이라는 결론을 내렸다. 훈련의 마지막 단계에 대한 예측점수는 아담스(Adams, 1953)에 의한 '복잡한 정신운동기능에서 마지막 수행에 관한 적정한 예언'으로 밝혀냈다. 아담스는 간단한 정신운동기능을 관찰했다. 아담스의 실험 결과는 훈련초기단계에서 얻어진 측정값은 마지막 수행에 관한 최소의 예측만을 가능하게 했다. 결과적으로 학습자들의 훈련초기단계의 평가 점수는 학습 후 성취되는 수행수준과 관련이 없거나 관계가 낮다는 것을 교사들이 기억해야 한다는 것이었다.

학습자들의 수행능력을 결정하는 요인에는 많은 것들이 있는데 이는 성장과 발달수준을 포함하여 지난 경험의 양과 질, 학습자 각자의 잠재력과 흥미, 지구력 등의 성격적 요인들과 동기 등이 포함된다. 미래의 수행을 예측하는 실험은 수행을 결정하는 매우 다양한 요인들에 대한 분석과 계산이 이루어진 후에 성공할 수 있을 것이다.

초기단계의 수행점수만으로는 마지막 수행점수를 예측하기에는 적합하지가 않다. 교사는 이러한 등급별 구조가 학습으로 인하여 발생한 것으로 보고 지속적인 수정을 실현하게 된다면 수행능력별 집단구성이 교사의 지도를 도울 수 있을 것이다. 결론적으로 동작기능 수행의 예측은 여전히 과학적이기보다는 감각적인 양상을 갖고 있다는 것이다. 경험에 의한 교사나 감독, 코치의 느낌으로 어떤 학습자의 미래 수행을 예측함이 더 적중할 가능성이 있다는 것이다(Schmidt, 1975).

11. 무용동작기능학습 실험연구에서 고려할 사항들

동작학습은 이 분야의 학자들에 의해 여러 방식으로 정의되어져 왔다. 학습이 경험의 결과로 나타나는 것이라고 보면 학습자의 행동(동작수행)에 있어 비교적 영구적인 변화가 이루어져야 한다. 이 변화는 분명 어떤 활동이나 과제에서의 경험이고 성장 또는 성숙과 같은 다른 과정을 나타내지 않는 변화들이다. 이러한 변화가 '비교적 영구적' 이라는 표현은 학습자의 행동변화가 다음과 같은 변화의 가능성이 있을 수 있다고 보는 것이다.

① 행동에 변화가 나타난 수행자는 아마도 단지 우연히 특별한 시도에서 수행능력 점수를 향상시켰을 수도 있다. 이때 나타난 학습자의 수행 변화는 비교적 영구적일 수 없다.

② 행동에 변화를 보인 학습자는 수행 당시 일시적인 요소들이 수행을 향상시켰을 수도 있다. 이러한 경우 학습자에게서 나타난 수행의 변화는 영구적 변화가 아니며 학습의 결과로 나타난 변화가 아닌 것이다.

동작학습에서 학습을 측정하는 일은 앞에서도 여러 번 강조한 적이 있는 선천적 능력, 성장이나 성숙으로 인한 수행능력을 배제해야하며 철저하게 학습으로 인한 연습 결과의 측정이라는 점을 유념해야 할 것이다.

(1) 습관의 힘(Habit Strength)

우리는 일반적으로 학습을 논할 때 학습이 얼마나 잘 이루어지는가를 이야기 하지만 무엇이 학습인지를 정확하게 정의하고 그 학습의 성과를 말하지 않는 것이 보통이다. 우리는 동작기술을 수행하는 사람의 내적인 상태에서 비교적 영구적인 변화가 나타나는 것을 동작학습의 결과라고 한다는 동작학습의 정의를 기억해야 한다. 그리고 내적 상태의 힘은 동작과제를 실행하는 과제수행 능력의 측정으로 나타난다.

이 내적 상태는 이론적 구조인데 기억 심상(engram), 연관적 힘(associative strength), 기억 흔적(memory trace), 또는 습관의 힘(habit strength)이라고 다양하게 표현된다. 동작학습에서 사용되는 습관이라는 용어는 학습에 의해서 나타나는 행동의 변화를 설명할 수 있는 가장 초기 용어였다(James, 1890).

학습은 '습관'이라고 하는 비교적 안정된 내적 상태(학습 중에 일어나는 상태)에서 나타나는 연습에 의한 변화인 것이다. 그러므로 동작학습의 결과는 어떠한 동작기술의 수행과정이 습관화되는 것이다.

우리는 무용가들의 걸음걸이나 일상적인 제스쳐가 일반인들의 그것과 비교하여서 특이함이 나타나는 것을 인정할 것이다. 이러한 현상을 습관으로 보아도 무방하다.

무용동작의 습관이 대화시 제스쳐나 일상적 걸음걸로 전이되어 나타난 것으로 해석될 수 있겠다. 습관으로 나타나는 상황이 학습에서 '필수적인' 상태라 할 수 있는 이유는 어떤 동작 행위에 습관이 이미 존재한다면 학습은 일어났으며 동일한 학습은 다시 일어날 수 없다는 것과 같다.

어떤 행동습관이 학습하려는 동작과제를 수행하기 위하여 '충분한' 상태가 아니며 만약 습관이 이미 존재하고 있을 지라도 동기부여 수준이 높고 다른 상황적 요소들이 적절하다면 학습이 일어날 것이라는 가설은 적절하다.

이것은 습관의 수정이거나 변화이다. 만약 그렇지 않다면 학습은 일어나지 않을 것이다. 무용동작과제는 이미 인체가 성장 과정에서 모두 이미 습득한 행동을 무용을 위한 새로운 습관으로 수정하는 과정이라고 할 수 있겠다. 학습이 일어나기 어려운 상황, 즉 학습이 잘 일어나지 않는다는 것은 습관이 수정되지 않는다는 것으로 바꾸어 말할 수 있겠다.

좋은 예로 습관이 학습으로 변화되지 않게 할 수 있는 것에는 피로나 지루함이 있을 수 있다. 습관의 형성은 신경학적이거나 생물학적인 기초에 관한 공식적 정의를 요구하지 않는다.

실험 연구에서 학습으로 인하여 습관의 변화가 나타났다는 증거는 피험자가 전에 하지 못했던 것을 연습 후에 그 과제를 수행할 수 있다는 것이다. 이것은 실험연구에서 어떤 가설에 대한 결과를 유출하기 위한 조작적 또는 조정적의미의 역할을 한다. 이 책의 10장에서 자세하게 설명될 것이다. 따라서 교사들은 학습과정에 있는 학습자의 행동에 변화를 줄 수 있는 요인들 즉 변수를 찾아내는 것이 동작학습을 성공적으로 이끌 수 있는 일이 될 것이다.

어떤 동작과제를 학습하여 그 결과로 학습자의 수행에 변화가 나타나고 이 변화가 습관화되었다면 이는 명백한 학습의 효과라고 할 수 있겠다. 그렇다면 학습을 어떻게 측정할 것인가가 지금의 문제로 나타난다.

동작과제에 대한 연습 실시 이후 습관적 힘, 즉 학습이 증가하는 것은(만약에 우리가 그것을 측정할 수 있다면) 수행이 증가하는 것(이것은 측정이 가능하다)과 동일할 수는 없다. 이는 본 장의 바로 앞에서 설명된 바 있다. 수행의 변화는 일시적일 수 있으며 또한 우연적인 결과일 수 있다는 것을 이야기했다. 학습은 동작과제의 수행수준이 비교적 영구적으로, 그리고 습관화되어 학습자에게 남아 있어야 한다. 물론 망각의 문제는 남아 있겠으나 이는 '비교적 영구적'이라는 말로 어느 정도는 해소되어진다.

동작과제를 학습하는 학습자의 수행과정을 살펴보자. 학습자의 수행 수준을 나타내는 수행점수는 초기단계에서 아마도 빠르게 증가할 것이고, 후에는 조금씩 느리게 증가하고, 많은 시도 후의 어느 시점에서는 최상의 수준에 도달할 것이다.

만약 우리가 직접 이 과제에 대한 습관적 힘을 수행 평가로 측정한다면 아마 습관이 연습 시도에 따라 선형적으로 증가했다는 것을 알 수 있을 것이다. (이러한 관계들이 수행곡선으로 좌표화 되어졌다) 그러나 사실상 우리는 실제 습관의 힘이 형성되었는지는 알 수 없다. 학습자의 수행점수는 일시적일 수도 있으며 우연적인 수행 성공이나 실패가 있을 수 있기 때문이다. 그리고 학습과정이 선형적으로 이루어질 것이라는 추측은 오직 수많은 가능성 중에 하나일 것이다.

(2) 천정과 바닥 효과

천정 효과는 수행의 점수가 어떤 값을 초과할 수 없다는 사실에 따른 최상의 점수가 존재한다는 것을 의미한다.

일반적인 동작과제의 이론으로 예를 들어 생각해 보자. 수행곡선(그림 9-6)에서 만약 학습자의 과제수행 결과가 점수화되어서 점층적 비율로 상승하게 되는 것이라면 학습자는 연습을 얼마나 많이 하든지 간에 그 수행의 최고값은 100 퍼센트라는 것이다. 예를 들어 무용의 돌기 과제를 수행하는데 100점을 받을 수 있는 시도 횟수가 10회라면 그 이상을 실시하여도 학습자가 얻을 수 있는 점수는 100점이라는 것이다.

상반되는 하한의 점수도 동일하게 설명되어진다. 즉 어떤 동작과제를 수행하는데 필요한 최소 시간이 10초라면 최소 시간 혹은 더 현실적으로 인간이 아무도 수행할 수 없는 시간에 따른 바닥 효과를 갖는다. 무용동작과제의 수행에서 시간이라는 개념은 음악과의 조화로 이루어지며 더 이상의 빠른 수행이나 더 이상의 느린 수행의 조건은 다른 동작에 비해 명확한 편이다.

동작과제의 수행 측정에 있어서 천정효과와 바닥효과의 개념은 의외로 단순하다. 그러나 실험 연구로 어떤 수행 변수나 학습이변을 알아내려는 연구자들에게는 중요한 제한이 될 수 있는 학습 변수이기도 하다. 동작과제에 대한 학습자의 수행능력을 측정하는 경우 최고 점수와 최하의 점수가 있다.

학습자의 수행능력을 측정하는데 10회의 연습으로 최고의 점수를 얻었다. 이후의 연습으로 그 학습자가 더 얻어 낼 수 있는 점수는 없다. 이는 최하의 점수 획득에도 동일하게 적용되는 일이다. 그러나 단순하게 그 점수가 변하지 않았기 때문에 학습자가 학습을 그만두었다는 증거는 없다. 왜냐하면 그러한 상황에서도 학습자들은 그들의 수행능력을 향상시키기 위한 연습은 계속된다.

이 책의 8장에서 주의력에 관한 설명이 있었듯이 이럴 때 그 과제에 대한 주의력이 떨어지기도 한다. 그리고 이러한 연습은 습관 형성에 더 많은 기여가 될 것이다. 그리고 유사 동작기능을 수행하는 경우 사전의 연습기간 없이도 더 나은 수행정보를 습관 속에서 찾아 낼 수 있게 될 수도 있다.

정확하게, 피험자가 100% 옳은 연습을 하였다면 연습한 과제의 수행능력이 연습한 만큼 변화되고 이것이 우리가 습관이라고 불리는 내적상태가 될

〈그림 9-6〉 습관적 힘의 이득이 연습시도와 관계된 이론적 기능과 과제 수행을 측정한 수행 곡선(Schmidt, 1975)

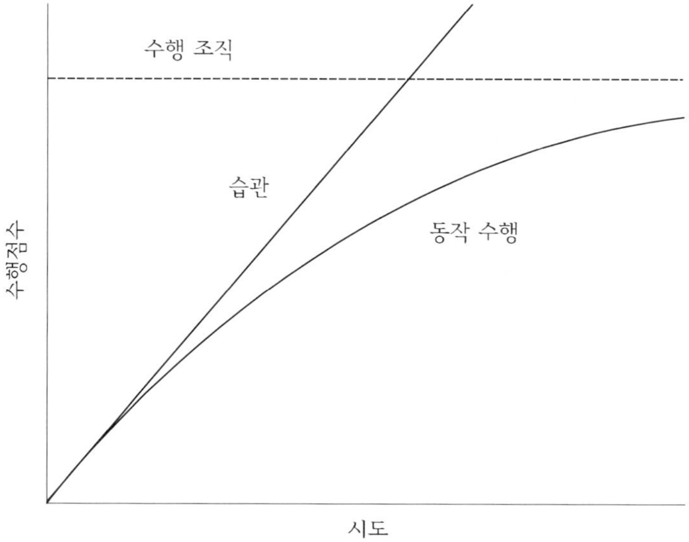

것이라는 가설이 설득력이 있다.

천정과 바닥의 효과를 무용동작과제에 적용한다면 수행자가 더 이상의 향상된 점수를 받을 수 없다고 할지라도 그 이상의 수행능력은 나타날 수 있다. 수행 평가 기준 지표에 의거한 몇몇 수행자가 같은 점수로 평가되어 나타난다 할지라도 그 수행자 사이의 차이를 가름해야 하는 경우가 있다.

무용경연대회에서 나타나는 상대적 평가가 필요한 경우이다. 이러한 경우 심사자들은 주 과제 이외의 다른 과제의 수행 정도를 측정하기도 하는데 그것이 제2과제의 수행 정도인 것이다. 분명한 것은 무용동작학습이나 수행의 평가에서는 분명하게 천정과 바닥의 효과를 인정해야 한다는 것이다.

(3) 일시적 요인

학습에 대한 비습관적인 다시 말하면 습관으로 연결되지 못하는 단순 수행에 관련하여 일시적 요인들(피로와 지루함 등)이 수행을 저하시킬 수 있다는 주장을 살펴보자.

그림 9-7을 보자. 이 그림은 가설 수행 곡선이다. 그림에서 나타난 학습자

들의 상태를 살펴서 학습의 일상적 정의에 근거하면 학습자들은 주어진 과제의 학습 기간이 오래 지속되었으며 그리고 나서 학습은 잠시 멈추었고 학습자들은 과제수행에 관한 기억을 잃기 시작했다는 설명을 가능하게 한다. 그러나 피험자들이 수행한 다음날이 되었을 때 곡선이 오른쪽으로 분리되는 것을 봄으로써 지루함의 영향이 일시적이었다는 것을 알게 된다. 확실하게 연습이 지루함에도 불구하고 피험자들은 연습시도 동안 어떠한 것을 배우고 있었다.

지루함이 휴식을 통해 없어지도록 허용될 때 까지 학습은 지속되지 못한다. 연습은 계속 되지만 수행의 변화가 나타나지 않거나 수행능력이 하향 된다는 것은 학습이 지속되지 않는다고 할 수 있다. 그러나 수행 측정값이 증가하지 못했다고 하여 학습이 중단되었다고 할 수 있는 것일까? 지금까지 우리가 논의한 학습과 수행의 관계를 생각해 볼 때 연습으로 학습이 중단될 수는 없다. 단지 수행 측정 요인에 포함되지 않은 다른 변수들이 작용되었음을 생각해 볼 수 있을 것이다.

그림 9-7 가설적인 수행 곡선, 본래의 학습에 대한 일시적인 억제 요소들을 보여준다. 피험자들에게 휴식을 허용했을 때, 이 억제 요소들은 분산되었고 수행이 향상된 증거는 그 과제에 대한 습관적인 힘으로 알 수 있다.

〈그림 9-7〉 가설 수행곡선(Schmidt, 1975 인용)

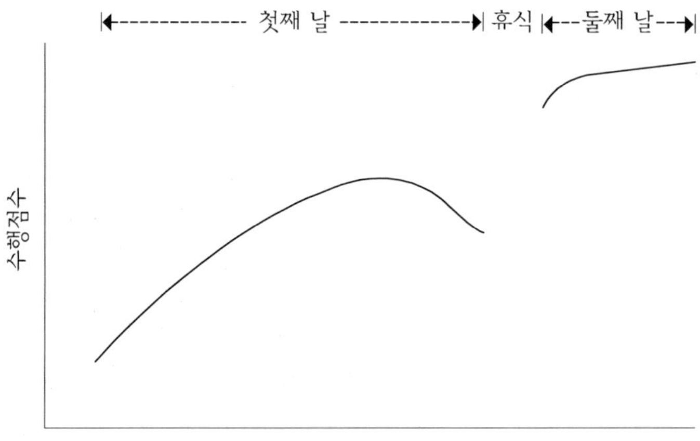

(4) 수행평가 방법의 실험적 적용

근로자들의 수행능력을 평가하는 실험에서 그림 9-7에서와 같이 곡선에 근거하여 '학습은 수확 체감의 법칙을 따른다'고 말하고 있다. 이것은 학습의 증가가 초기에는 크다가 연습을 계속함에 따라 점진적으로 작아진다는 것을 의미한다. 또는 연습 후기보다 초기 학습이 능률적이라는 것을 의미한다.

수행이 수확 체감의 법칙을 따르는 것처럼 보이는 것이 사실임에도 불구하고 학습이 이와 같이 이루어진다고 말하는 것은 수행의 변화가 정확히 습관적인 힘의 변화를 대표한다는 것을 의미한다(Schmidt, 1975).

수행의 변화와 학습에 관한 수확 체감의 법칙은 Bahric, Fitts, Briggs(1957)의 중요한 방법론적 논문에서 증거 되어졌다.

이들의 실험 연구에서 피험자는 90초간 9번의 시도를 수동 손잡이를 움직이는 과제를 수행하도록 하였는데 화면에서 한 점을 따라가는 것을 시도하도록 하였다. 연구자들은 이 과제의 수행결과를 세 방식으로 기록했다. 연구자는 좁은 지역 주위를 매우 좁은 부분이라고 정의했고 '정확한(correct)' 90초의 시도에서 몇 초의 시간이 소요되었는지에 따라 피험자들을 평가했다.

실험 참여자들의 수행은 넓이가 각기 다른 두 부분에서 실행되었고 그림 9-8과 같은 곡선이 산출되었다.

수행 곡선의 형태는 수행이 다른 방식으로 실행되었을 때 다르게 나타났다. 좁은 지역에서 수행한 경우 수행능력은 매 시도마다 증가하고, 양적으로 증가된다는 결론을 얻어냈다. 중간 크기의 공간에서는 그 능력의 증가가 선형적으로 이루어진다는 결론을 내리고 넓은 부분에서는 완만하게 증가된다는 결론을 내렸다. 그러나 수행값으로 형성된 세 개의 곡선들은 공간의 크기만 다른 환경조건을 제시하였을 뿐 동일한 기능을 수행하여 얻은 곡선이다.

여기서 중요한 관점은 만약 수행능력의 측정이 단순히 습관(학습)의 변화를 평가하는 것이 아니었고, 단순한 수행능력이 학습에 의한 습관의 변화가 아닐 수 있다는 것을 알고 있었다면 학습을 측정하고 평가하는 방법적 형식을 다르게 사용하였을 수 있었을 것이라는 결론지을 수 있다.

사실상 습관적인 힘을 측정할 수 있는 방법이 단 한 가지 형태뿐이라 할지라도 그것을 다르게 측정하였을 때는 다른 결론이 나올 수 있을 것이다. 무용동작학습 연구에서 연구자의 가설 설정과 가설에 따르는 실험방법의 설계는 매우 중요한 것이다.

〈그림 9-8〉 추적과제의 수행곡선(Bahrick, et, 1957)

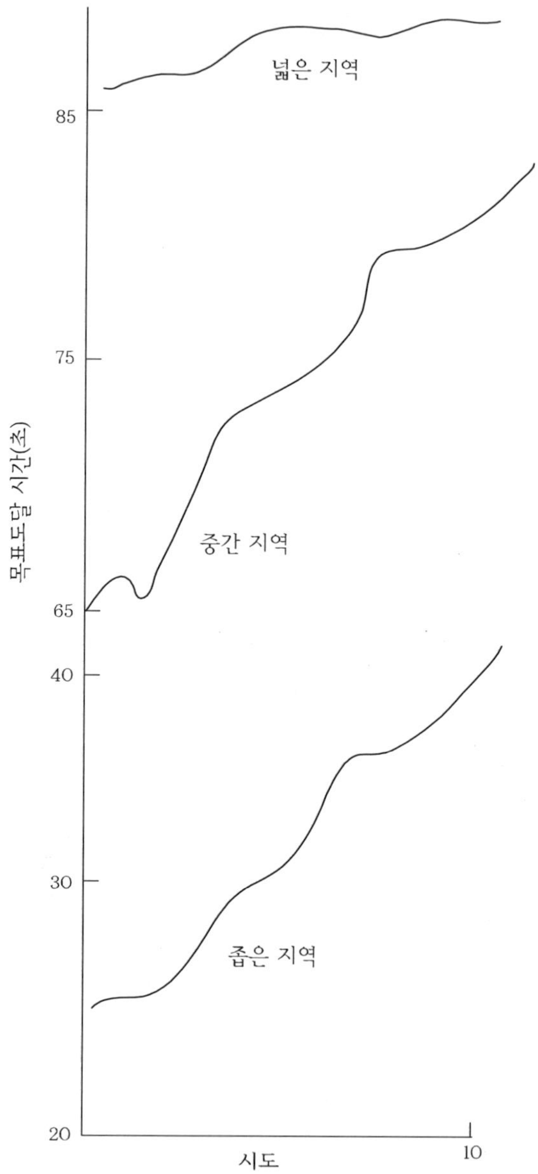

그림 9-8 추적 과제의 수행 곡선, 여기서 피험자들은 넓은, 중간, 좁은 크기의 정확성에 따라 점수가 평가 되어졌다. 습관적인 힘에서 같은 유리함에 대하여 다르게 형성된 곡선을 볼 수 있다(Bahrick, Fitts and Briggs, 1957).

(5) 학습에 따른 개인차

과제학습에서 나타나는 개인적인 차이에 관한 주요한 의문점은 연습의 결과가 어떻게 평가되어지는가 하는 것이다. 따라서 기초적인 수행력을 요구하는 동작과제의 학습인가 또는 높은 수준의 수행력 요구하는 과제인가 하는 것이다. 이러한 경우 과제의 난이도는 학습자의 수준과도 관련된다.

실험연구에서 실시되는 '학습평가'(Schmidt, 1972)는 보통 몇 차례의 시도 처음과 끝 사이에서 나타나는 수행의 차이로 한다. 이때 나타나는 수행능력의 차이는 연습의 결과로 과제수행 능력 향상의 정도를 반영한다. 그림 9-9에서 두 사람의 수행능력을 비교해보자. A의 수행점수는 70점에서 시작하고 100점에서 끝난다. 여기에서는 30점의 차이가 나타난다. 이 경우 30정도의 향상이 이루어졌다고 할 수 있겠다. B의 경우는 10점에서 시작해서 80점에 이른다. B는 70점의 향상을 이루었다.

아래 그림의 A와 B 중 누가 더 많이 배웠을까? 만약에 학습이 단순하게 수행의 변화라면 B가 더 많이 학습했다고 할 수 있을 것이다. 그러나 우리는 학습이 수행의 변화에서 측정된 습관적인 힘에서의 변화라는 것을 일찍부터 강조했다. 그림에서의 A와 B의 수행의 증가는 30과 70이다. 그러나 의문점은 어느 쪽이 더 많은 습관적인 힘을 얻었는가 이다.

우리가 수행의 결과와 습관의 결과 사이의 관계를 알지 못하므로 우리는 그 질문에 답변을 해야 한다. 왜냐하면 10에서 80까지의 점수를 향상시키는 것이 70에서 100까지 향상시키는 것 보다 습관적인 힘에서 더 많은 이득이 있다고 생각할 수 있다. 그러나 이러한 단순한 생각은 습관의 이득을 이해하면 오류일 수 있다는 것을 알게 될 것이다.

연습에 의한 수행수준의 천정 효과는 그림 9-9에서도 나타날 수 있는데 이것은 A가 획득한 100점의 점수가 천정의 점수였을 가능성도 배제할 수 없다. 그러므로 과제에서의 점수체계의 한계 때문에 습관적인 힘의 수준을 '입증할 수 없다'. 그러므로 A와 B 두 사람 중 어떤 사람이 많이 학습되었는지 알 수가 없다. 그러나 우리가 두 사람 중 어떤 사람이 더 많이 학습했는가를 말할 수 있는 상황이 있다.

만약 A와 B가 같은 수준 40에서 수행을 시작했고 그 수행이 다른 수준(A는 80, B는 100)으로 증가했다면 어떠하다고 할 수 있을까? 이 두 사람이 같은 습관적인 힘으로 시작했고 다른 양으로 끝났기 때문에 B가 A보다 더 많이 증가했고 그러므로 B가 A보다 더 많이 배웠다고 해석할 수 있다. 따라서 두 사람의 습관적인 힘에 대한 결과에서 상대적인 양에 대해 언급하는 것은 그들의 초기 수행이 동일하였을 때 의미가 있을 수 있다. 그리고 이러한 상황은 자주 일어나지는 않는다.

동작학습에서 수행이나 학습의 양을 측정하거나 수행능력에 따른 등급을 분류하는 경우 나타나는 주된 관심사는 학습자들에게 나타나는 변화를 어떻

〈그림 9-9〉 A와 B의 수행곡선

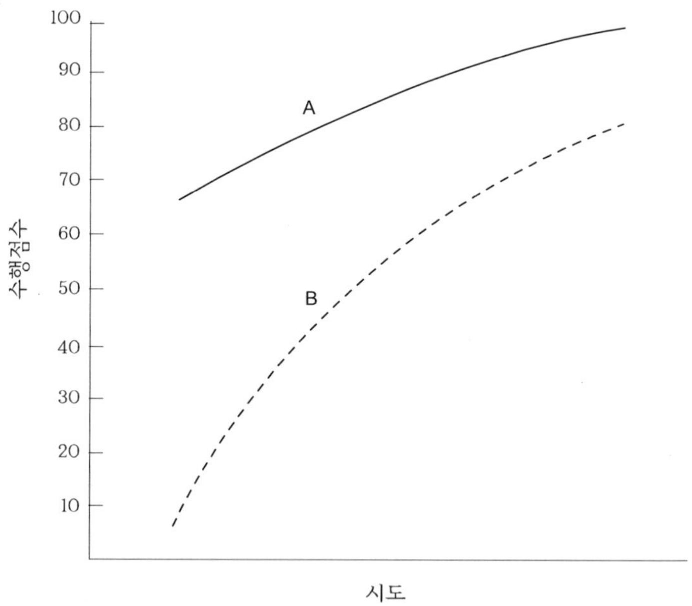

게 분류하느냐 하는 것이다. 동작기술에서 '향상에 관한 점수를 나타내는 것'에 대한 전형적인 방법은 시작과 끝 지점에서 측정을 하는 것이다.

이때 학습자는 수행능력이 가장 크게 향상되었을 때 높은 점수를 받는다. 동작과제의 수행향상을 점수로 나타내는 것은 적은 능력을 가진 사람뿐만 아니라 많은 능력을 가진 사람도 수행수준과 상관없이 적용된다.

이 같은 등급 분류를 위한 학습정도를 점수로 나타내는 방법은 몇 가지 이유로 인하여 긍정적인 지지를 받지 못한다. 가장 중요한 이유는 습관적인 힘에 대하여 연구자는 수행상태를 측정하여 평가 점수로 사용하기 때문이다.

이러한 경우 수행수준이 낮은 능력의 학생들을 위한 동기부여를 목적으로 '향상에 대해 점수를 나타내는 것'을 선호할 것이지만, 무용동작학습의 목적론적 입장이나 예술철학이 근거된 입장에서는 긍정적이지 못하다. 무용동작수행의 목적은 여러 번 반복적 설명이 있었지만 동작수행 능력만으로 학습자의 무용수준을 결정하는 것은 문제가 있다는 것이다. 물론 현재 무용수행평가는 적어도 실험연구에서는 표준척도를 사용한 신뢰 있는 평가 방법을 적용하고 있으나 좀 더 많은 수행 변인을 확보하는 일도 매우 중요한 일이다.

이는 아직까지도 표준척도 등을 사용하는 과학적이고 신뢰도 높은 평가 방법이 실험 연구 현장에 국한되어 사용되고 있다는 사실과 무관하지 않다. 초보 무용동작학습자에게 있어서는 동작의 정확도나 반응속도의 측정에서 높은 평가 점수가 수행자의 능력평가에 긍정적일 수 있겠으나 많은 능력을 갖는 숙련수행자의 경우는 수행평가의 기준에서 차이가 있어야 할 것이다. 이는 앞에서도 여러 번 언급한 바 있는 무용동작 수행의 목적이 어떤 경쟁 상태의 득점이 아닌 관객의 감동에 있기 때문이다.

무용동작학습의 중요한 목적은 여러 가지 무용동작으로 어떻게 관객의 감동을 이끌어내는 신체 언어적인 또는 표현적인 수행을 할 수 있느냐에 있는 것이다. 그러나 여기에서 중요한 점은 어떠한 목적의 동작과제이든 그 동작과제의 학습은 동작학습의 이론으로 설명되어져야 한다는 것이다.

12. 무용동작기능수행의 평가방법

모든 학습의 현장에서 평가는 필수라 할 수 있겠다. 어떠한 방법으로 어느 기간 동안 학습한 결과가 어떻게 나타나는가를 살펴보는 평가는 방법에 있어서 신뢰할 수 있어야 한다는 것은 당연하다.

무용동작학습의 학습 정도를 측정하는 방법으로 초기수행 점수와 마지막 수행점수의 차이를 사용하는 방법에 관해서 이미 논의한 바 있다. 지금까지 우리는 무용동작을 학습하는 방법과 그 방법의 선택에 있어서 관찰을 통한 결과에 비중을 두고 있다.

이때 무용 교사들은 동작학습에 유용한 연습 방법을 선택하여 실시하게 되는데 어떤 방법의 적용으로 학습자의 학습이 증가됨은 물론이며 기존의 학습 성과보다 효과적이어야 한다.

이때 학습의 성과를 측정하는 평가를 어떻게 할 것인가의 문제가 나타난다. 전통적인 무용동작학습의 장에서 이러한 문제는 평가자의 주관적인 판단으로 점수화되어졌다. 그러나 이와 같은 평가가 비과학적이며 신뢰할 수 없다는 것은 그러한 평가가 무용동작학습 실험에 사용되어서는 안 된다는 것으로 결론된다.

그렇다면 무용동작과제를 학습하고 그 학습의 정도를 측정하는 평가는 어떠한 방법이 과학적이며 신뢰할 수 있는 것일까? 무용동작수행의 표준척도란 그 적용에 무리함이 없을까? 그렇다면 실험연구에서 수행의 수준을 숫자화할 수 있는 표준척도는 어떻게 조성되어야할 것인가? 전통적인 방법을 사용할 수는 없는 것일까?

(1) 전통적 평가 방법

무용에 관한 평가가 획일적이지 못하다는 의견은 어제 오늘의 상황이 아니다. 무용동작의 수행에 있어서 동작의 정확성이나 시간성 등은 그 동작의 예술성과 종합적으로 평가되기 때문으로 사료된다.

앞에서도 여러 번 논의한 바 있지만 무용동작의 수행목적은 득점에 의한 경쟁 상황의 승리가 아닌 보는 사람(관객)의 정서적 심리적인 감동(또는 동화)이라는 극히 주관적 판단의 공감을 얻는 데에 있다. 무용공연에서 관객의 공감대 형성이 중요한 것은 작가가 관객에게 전하는 메시지가 잘 전달되었다고 보기 때문이다.

전통적인 무용수행 평가는 5인 이상의 전문가로 구성된 평가단의 점수를 가장 합리적인 방법으로 평균화한다는 것이다. 즉, 5인의 점수를 최고, 최저점수를 제거한 3인의 점수를 평균하여 수행자의 수행 점수화 하는 것으로 비교적 보편화 되어진 평가방법으로 사용되어진다. 무용동작과제 수행의 실험연구에서 이러한 전통적 방법을 적용하기 위해서는 5인의 평가자의 평가점수에 관한 통계상의 일관성을 입증할 수 있는 초보연구가 우선 되어야 할 것이다.

백정희(1987)는 5인의 평가자들이 실행한 한 수행자의 점수를 Kendall Coefficient of Concordence를 사용하여 평가자간의 일치성을 입증하여 진행하였다.

(2) 표준척도를 사용하는 방법

과제 수행결과를 점수화하는 일은 무용동작학습의 가장 어려운 문제로 실험 연구에서 언제나 나타나는 상황이다. 여러 차례 반복하여 논의한 무용동작 수행의 목적성의 문제이다.

무용공연은 지극히 예술적 현상이지만 학습은 과학적 분석이 이루어져야 한다. 동작학습을 추정할 수 있는 수행의 평가가 주관적인 것으로 이루어져서 모든 피험자에게 각각의 척도를 사용한다면 실험 설계가 아무리 과학적이고 신뢰할 수 있다 하여도 그 결과를 믿기는 어렵다. 그러나 실험실과 실제상황의 이질적인 평가도 문제가 없다고 할 수는 없다.

무용동작 기능을 학습하는 이유는 무대 위에서의 좋은 수행이며 실험연구의 목적은 좋은 연습 방법을 제시하여 학습을 능률적으로 하기 위함이다. 실험실에서의 효과 있는 학습 방법이 실제상황에서 효과적이지 않다면 그 연구결과는 무의미하다고 하겠다.

이러한 문제는 무용동작학습의 실험연구에서 채점표를 제시하여 평가하는 데 주의해야 할 중요한 이유가 된다. 무용동작학습은 동작수행의 결과가 아닌 수행 과정을 평가해야 한다는 점도 채점표의 적용에 한계를 준다. 무용동작 중에서도 비교적 동작 분석이 용이하고 분별이 가능한 발레동작의 경우에도 동작의 구성은 비연속적 동작의 연속성 있는 수행이다.

표 9-1의 채점표를 보면 동작의 정확성에 중점을 두고 있음을 알 수 있다.

〈표 9-1〉 에샤뻬 소떼 알 라 스콘 동작분석채점표(이승범, 김지수, 2010)

과제	내 용	점수
순서 1	시선의 위치가 정면에 있는가?	
	양팔이 골반 앞에 있는가?	
	오른발이 앞으로 와 있는가?	
	발은 5번 자세로 드미쁠리에를 하고 있는가?	
	몸통은 바르게 서 있는가?	
순서 2	시선의 위치가 정면에 있는가?	
	양팔이 골반 앞에 있는가?	
	공중에서 오른발이 앞으로 와 있는가?	
	양쪽 무릎이 공중에서 펴져 있는가?	
	양쪽 다리가 모아져 있는가?	
순서 3	시선의 위치가 정면에 있는가?	
	양팔이 옆으로 펴져 있는가?	
	양다리가 2번 드미쁠리에 자세로 있는가?	
	양발의 뒤꿈치가 바닥에 닿아있는가?	
	몸통이 바르게 서 있는가?	
순서 4	시선의 위치가 정면에 있는가?	
	양팔이 옆으로 펴져 있는가?	
	양쪽발이 옆으로 펴져 있는가?	
	양쪽 무릎이 공중에서 펴져 있는가?	
	양쪽 다리가 벌어진 간격이 일정한가?	
순서 5	시선의 위치가 정면에 있는가?	
	양팔이 골반 앞에 있는가?	
	오른발이 앞으로 와 있는가?	
	발은 5번 자세로 드미쁠리에를 하고 있는가?	
	몸통은 바르게 서 있는가?	

그러나 무용동작 수행의 요인은 정확성만으로 평가될 수 없다. 더욱이 숙련자의 경우 동작 수행에 있어 동작의 정확성은 유연성, 음악성, 표현성, 예술성, 신체의 조화 등이 고려되어야 함이 옳다. 또한 '에샤뻬 소떼 알 라 스콘'의 수행 과정을 수행자의 1회 실시로 채점표의 5항목을 정확히 판단할 수 있다는 것도 의심의 여지를 둔다. 물론 전문가의 평가라면 가능하겠으나 이 경우 채점표는 참고 정도로 해야 가능하다.

표 9-2의 채점표는 요인을 5가지로 하여 구성되었다. 순서, 동작의 특성(한국 무용적 특성, 평가자의 주관적 판단), 공간구성, 시간(리듬의 조화), 방향성 등으로 세부평가는 매우 단순하여 1분 정도의 수행 과정 중에 판단 가능하게 구성되었다. 또한 채점표를 사용한 평가자간의 일치성을 Kendall Coefficient of Concordence의 통계법을 사용하여 입증한 후 본 실험에 사용하였다.

〈표 9-2〉 굿거리 동작 평가표(백정희, 1987)

	평가 항목	평가점	점수	
1	순서	과제 전 과정	전부	
			두 부분 이하 틀림	
			두 부분 이상 틀림	
2	한국 무용적 특성(1장단~6장단)	어깨와 오른손 어깨사용, 오른손 직선	두 부분 모두 좋음	
			어깨만 좋음	
			손만 좋음	
			두 부분 모두 나쁨	
3	동작구성 7장단~8장단 공간	7장단째: 두손 사선 제8장단째: 중심 오른 다리	두 부분 모두 좋음	
			팔만 좋음	
			다리만 좋음	
			모두 나쁨	
4	장단에 맞추는 기술	순리적 적용	3점 척도 ○, △, ×	
5	동선 (9장단~12장단) 흐름	이동선 앞 사선 이동거리 3m±10cm	두 부분 모두 좋음	
			동선 방향 좋음	
			거리 이동 좋음	
			두 부분 모두 나쁨	
6	한국 무용의 특성 9장단~12장단	발뒤꿈치 사용 양팔 사선 90°	두 부분 모두 좋음	
			다리만 좋음	
			팔만 좋음	
			두 부분 모두 나쁨	

수행자: 평가자:

✻ 생각해 볼 문제

- 조작적 상황에 관해 이야기해 보자.
- 무용동작수행을 평가할 수 있는 방법과 득점 또는 감점 상황 등을 이야기해 보자.
- 동작의 정확성에 대하여 무용동작 수행에서 동작의 정확성이 갖는 중요성을 이야기해 보자.
- 습관의 변화에 대해 이야기해 보자.
- 능력의 개인차와 학습으로 나타나는 개인차에 관하여 논의해 보자.
- 동작학습을 연구한 많은 실험에 무용동작과제의 실험연구가 극히 적은 이유가 무엇인지 서로 논의해 보자.
- 무용동작의 수행은 그 관점이 예술성에 있으나 무용동작학습은 분석과 관찰이 선행되어야 하는 과학적 학문이다. 아름다운 무용의 수행을 위해서 지속적이며 경제성 있는 훈련이 필요하다. 무용동작기술의 효율적 학습을 위한 연습방법과 그 관찰방법을 논의해 보자.
- 현재 무용수행의 평가에 관한 정확성, 신뢰성 등의 문제점을 논의해 보자.

무용동작학습의
이론과 실제

사진 _ 최시내

제10장

무용동작학습 연구의 실제

학습목표

— 무용동작학습의 관찰 실험에서 과제 선택은 어떻게 할 것인가?

— 연습의 효과를 과학적 관찰 연구로 입증할 수 있을까?

— 연구 결과를 믿을 수 있을까? 설계의 어떠한 부분에서 오류가 나타날 수 있는 것일까?

— 연구의 신뢰를 위해 어떤 주의가 필요한 것일까?

— 연습의 효과를 증명하기 위하여 어떠한 실험이 가능한가?

— 실험집단은 어떻게 구성되어지는 것일까?

— 수행의 효과와 학습의 효과는 무엇으로 관찰 되어질 수 있는가?

— 수행의 평가를 어떻게 할 수 있는가?

— 심사위원들의 평가는 어떻게 적용되는가?

— 무용동작학습에 사용되는 통계기법은 어떠한 것들이 있을까?

1. 들어가면서

무용의 고유한 이미지란 신체의 동작으로 형성되거나 암시되는 그 '무엇'이다. 신체동작 자체는 물리적 현상이며 무용의 소재에 불과하므로 신체동작은 무엇보다도 몸짓으로 변형되어야 한다. 무용의 동작은 모두 몸짓인데 그 몸짓은 무용의 이미지를 형상화해서 이루어지는 기본적인 추상작용이다.

무용의 수행을 위하여 동작을 학습해야 하는 일은 무용의 정의를 논하거나 무용의 예술적 의미를 논하는 것 보다 더 실질적인 일이다. 무용동작의 어떤 기술적 과제를 학습하고 수행하는 과정에서 나타나는 일련의 상황들은 운동학습 연구자들의 이론과 크게 다르지 않다.

동작과제를 인지하고 습득하고 그 동작이 자연스럽게 수행되어 무용수행의 목적을 완성하는 과정이 무용동작학습이다. 학습의 효율적인 향상을 위하여 동작의 변화는 관찰되어지고 추론되어져서 보다 효과적인 학습 방법을 찾아내는 일에서 우선 고려되어야 하는 일이 학습에 저해가 되는 환경 등을 제거해야 하는 것이다.

이제까지 운동학습 연구에서 무용동작과제가 관찰되어진 예는 그리 많지 않다. 이러한 이유에 관한 분석도 거의 전무한 상황이나 무용이 갖는 수행의 평가가 난해하고 객관적이지 못한 것이 원인이 되기도 한다. 스포츠 종목의 동작기술은 대부분 시간의 단축이거나 득점(홀인)을 위한 한계의 도전이지만 무용동작의 수행은 동작으로 관람자를 감동시키는 일에 대한 도전이기 때문이다.

무용수행 능력의 요인은 스포츠 종목의 과제수행 능력의 요인과는 다르다는 명제하에 그 요인을 찾는 연구가 계속되고 있음도 이와 같은 이유에서 일 것이다. 우리는 무용동작을 연습하고 있으며 또한 학습자들에게 무용동작기술을 가르치고 있다. 이때 직관적이거나 전통적인 교수방법보다는 좀 더 발전적이며 과학적이고 효과적인 방법을 사용하려 할 것이다. 우리가 사용하는 방법의 효율성에 관한 과학적 증명은 객관적인 관찰법을 적용하여 이끌어 내야 할 것이다. 또한 과학적으로 증명된 연습방법의 사용은 교수자나 학습자 모두에게 의미 있는 일이 될 것이다. 여러 가지 이유에서 무용수행의 증진을 위해 유용한 학습 방법과 연습법을 찾아내어 적용하는 일은 매우 중요한 일이다.

이 장에서는 무용동작학습을 연구하려 할 때 고려해야 하는 실험관찰의 설계상의 기본 조건을 제시하여 연구를 시작하려는 초보연구자들에게 도움을 주고자 한다.

2. 무용동작학습의 과학적 연구방법

동작학습의 과학적 연구 방법은 관찰(observation)에 의한 추론이다. 어떤 현상에 관한 객관적인 이해는 수량화를 통하여 정확한 지식을 얻을 수 있으며 이는 과학적인 연구의 필수 조건이다. 움직임을 연구하는 경우 연구과정의 타당한 방법의 적용은 실험설계나 자료수집의 신뢰를 위해 우선되어야 할 것이다. 만약 연구과정이 타당하지 못할 경우 수량화된 자료의 분석 결과는 치명적인 오류에 빠져 연구의 목적에 이르지 못할 수가 있다.

본 장에서는 무용동작학습에 관련되는 실험의 설계와 실시 방법을 제시하고자 한다. 실험설계는 무용동작학습의 연습효과로 국한하여 백정희(1986)의 실험설계를 보기로 제시하고자 한다.

(1) 실험설계

연구자는 많은 선행연구와 이론을 바탕으로 어떤 가설을 갖고 그 가설을 검증하기 위하여 조작되어진 학습조건을 만들어서 대상을 관찰하여 결과를 이끌어 낸다. 이때 조작되는 학습조건과 실험 대상자들의 통제조건 등이 실험설계의 계획이 된다. 이러한 실험연구는 양적연구(quantitative research)로서 어떤 변인을 조작하고 통제함으로 나타나는 변화를 관찰한다. 연구자가 실험을 수행할 때 가장 중요한 것은 연구의 타당성이다. 연구문제에 따른 가설을 설정하고 변인을 가져와서 그 변인에 의한 대상자들의 변화를 관찰하는 과정을 어떻게 조작하고 통제하는가에 따라서 연구의 타당성이 결정되는 것이다.

타당성에는 내적 타당도와 외적 타당도가 있는데 내적 타당도는 실험의 과학적, 논리적 실행을 말하는 것으로 독립변인 이외의 실험조건에 형평성을 위한 통제 정도를 말한다.

내적타당도에 영향을 미치는 것으로 김기웅(1995)은 15가지 오염효과를 제시하였다. 피험자의 특성 차이로부터 나타나는 1) 선정(selection) 오염효과, 피험자간 경험의 차이로 나타나는 2) 역사(history) 오염효과, 연구가 진행되는 동안 피험자의 자연적 성숙으로부터 나타나는 3) 성숙(maturation)오염효과, 측정에 사용된 검사로 인한 연습, 적응, 피로 등으로부터 나타나는 4) 검사(testing) 오염효과, 측정도구의 신뢰도 결여에 의한 5) 도구(instrumentation) 오염효과, 측정의 신뢰부재로 인한 상하 극단점수가 평균치로 회귀되어 나타나는 6) 통계적 회귀(statistical regression) 오염효과, 실험대상의 탈락에 의한 종속변인 측정치의 왜곡에 의한 7) 실험도태(experimental mortality) 오염효과, 측정치의 신뢰롭지 못한 대표성으로 우연한 발생으로 나타날 수 있는 8) 안정성(stability) 오염효과, 연구자나 피험자의 예상이나 사전기대로부터 발생될 수 있는 9) 예상(expectancy or demand artifacts) 오염효과, 선정된 피험자간의 개인차와 동기 차이 등의 상호작용으로부터 나타나는 10) 선정(selection)과의 상호작용 오염효과, 변인간의 관계 불분명함으로 나타나는 11) 인과관계 추론 방향의 모호성 오염효과, 실험집단간 실험처치에 대한 정보가 차별적으로 제시되지 않음으로 나타나는 12) 실험처치 확산(diffusion) 또는 모방(imitation)오염효과, 실험처치가 평준화되어 나타나는 13) 실험처치의 보상적 평준화(compensatory equalization) 오염효과, 실험집단의 피험자가 차별적 실험처치를 의도적으로 극복하려 노력하여 나타나는 14)보상적 경쟁(compensatory rivalry) 오염효과, 실험집단간 차별적 보상지급으로 인하여 집단간의 반감으로 인한 사기저하로 나타나는 15) 피험자의 반감, 사기저하(demoralization) 오염효과 등이 그것이다.

외적 타당도는 연구의 결과가 실제에 적용되어지는 정도나 일반화되는 가능성의 정도이다. 앞에서도 논의된 바 있는 것으로 실험실에서 나타난 효과가 실제에서 동일하게 나타나는가 하는 것이다. 실험 연구의 타당성에 관계되는 것으로 가외변인(extraneous variable)의 통제가 있다. 독립변인이 종속변인에 미치는 영향을 관찰하는 것이 연구이다. 이때 독립변인 이외의 요인이 종속변인의 변화에 영향을 주게 되는 것을 통제해야 하는 문제가 나타난다. 독립변인이 아닌 다른 변인들의 작용을 가외변인의 작용으로 본다. 가외변인의 통제는 연구의 타당성에 오류를 줄 수 있다.

가외변인의 통제방법으로 실험대상자의 Random추출법이 있으며 사전경험자의 제외와 방해가능성이 있는 소음, 환경 등의 방해요인을 제거하는 방법이 있다. 또한 측정도구와 측정자를 동일하게 하는 것도 한 방법이 되겠다.

(2) 연습효과에 관한 연구의 실제

1) 실험설계의 도입 과정

백정희(1986)는 한국전통무용 굿거리, 자진모리 동작을 과제로 하여 정신연습이 과제학습에 미치는 영향을 실험연구 하였다. 이 연구의 가설은 다음과 같다.

- 신체연습집단과 정신연습집단간의 학습효과의 차이는 없을 것이다.
- 연습 종료 1주 후 각 집단간의 파지점수는 차이가 없을 것이다.

연구 범위는 실험대상을 한국 S시 소재 S여중 2학년으로 하고 동작과제는 한국전통무용 기본동작을 채택했다. 실험에 필요한 연습일 수는 모두 10일이며 정신연습과 종합연습의 파지학습효과를 탐색하는 것으로 하였다. 연구의 제한으로는 정신연습의 과정이 겉으로 나타나는 것이 아니어서 실험과정의 학습자의 상태를 통제할 수 없음을 명시하였다. 신체적 연습 집단에게는 어떠한 언어적 정보를 제공하지 않음으로 하여 완전한 신체적 연습을 추구하였다.

2) 실험 방법과 과정의 설계

실험기간은 12일간의 연습기간과 연습 종료 1주일 후의 파지측정으로 설정하였다. 집단 구분은 3개의 실험집단과 1개의 통제집단으로 하였다. 3개의 실험집단은 신체연습 집단, 정신연습 집단, 종합연습 집단이다. 집단의 구분 방식은 Simple Random Sampling방식을 사용하였다(林淸山, 民國72). 총 52명의 피험자는 각 집단에 13명씩 분배하였다. 실험 과정은 측정과 연습계획을 제시하였다. 연구의 측정은 사전측정, 사후측정, 파지측정으로 3회 실시하였다. 연습은 10일간 실시하였으며 표 10-1과 같다.

〈표 10-1〉 연습계획표(백정희, 1986)

실험처치 일수 / 집단	제1일	제2일	제3일	제4일	제5일	제6일	제7일	제8일	제9일	제10일
심리연습집단	심리연습	심리연습	심리연습	심리연습	심리연습	심리연습	심리연습	심리연습	심리연습	심리연습
신체연습집단	신체연습	신체연습	신체연습	신체연습	신체연습	신체연습	신체연습	신체연습	신체연습	신체연습
종합연습집단	심리연습	심리연습	신체연습	심리연습	심리연습	신체연습	신체연습	심리연습	신체연습	신체연습
통제집단	무연습	무연습	무연습	무연습	무연습	무연습	무연습	무연습	무연습	무연습

실험처치방식은 ① 정신연습집단; 안정된 상태에서 휴식 2분, 피험자는 눈을 감고 심호흡으로 긴장을 풀고, 실험자는 동작 수행과정을 언어로 전달한다. 피험자는 시범자의 구령으로 실시하는 동작과제를 1회 눈으로 보고 2분간 이미지 수행을 한다.

이상의 과정을 한 단위로 하여 하루에 모두 5회 반복 실시한다. 5일 경과 후에는 음악으로 실시한다. ② 신체연습집단; 시범자의 과제 수행실시 후 피험자 스스로 실시한다. 이상의 과정을 한 단위로 하여 하루에 5회 반복 실시한다. ③ 종합연습집단; 정신연습 집단과 동일한 연습을 5일, 신체연습 집단과 동일한 연습을 5일 실시한다. ④ 통제집단; 실험 참여 제1일 연습 전 평가와 연습 완료일의 연습 후 평가, 1주일 후의 파지 평가를 한다. 실험 기간 중 한국전통무용 동작에 관련되는 어떠한 동작도 하지 않는다.

3) 측정방법

백정희는 이 연구에서 Pilot Study를 통해 평가 방법과 표준척도에 관한 신뢰도를 검증하여 사용하였다. 이 표준척도는 앞장에서 제시되었다(표 9-2). 표준척도를 사용한 평가자간의 일치성을 검증하기 위하여 Kendall Coefficient of Concordence를 사용하였으며, 동작과제의 신뢰도를 증명하기 위하여 K. Pearson Product-moment Correlation을 사용하여 검증하였다.

결과는 동작과제의 신뢰도는 r. 05=.91(p<.05)로 통계상 유의하였다. 평가자간의 표준척도를 사용한 평가의 일치성은 W. 05=118(P<.05)로 통계상 일치성을 나타냈다. 평가점수는 동작과제 수행을 6개 세부항목으로 나누고 각 항목은 22점으로 다시 세분하여 평가되었다. 3명의 평가자가 점수로 평가한다.

평가는 예비측정(pretest)－실험 시작 첫째 날 모든 피험자에게 실시.

사후측정(postest)－실험개시 제12일 실시.

파지측정－사후측정 후 7일 경과 이후 실시.

4) 자료처리방법

신뢰도 검증; 재평가법(test-retest method)를 사용하여 얻은 동작과제의 수행점수를 피얼슨적차상관(K. pearson product-moment correlation)을 사용하여 사전측정, 사후측정, 파지측정의 평가 신뢰도를 검토하였다. 평가자 3명의 점수에 대한 신뢰도는 Kendall Coefficient of Concordence를 적용하여 검증하였다.

실험집단간의 균질성 검증; 독립변인(independent sample) 단인자변이수분석(one-way ANOVA)을 사용하여 각 집단 피험자 성적간의 차이와 연습 시작시 각 집단간의 균질성을 검증하였다.

학습효과 비교; 사후측정 자료로 독립변인(independent sample) 단인자변이수분석(one-way ANOVA)을 사용하여 검증하고 검증자료가 현저한 차이가 존재할 때 터키방법(tukey's method)으로 차이를, Studentized Range Test로 사후검증을 하였다.

파지효과 비교; 파지효과의 비교는 공변수분석(analysis of convariance)을 사용하였다. 각 집단의 사후측정 점수를 공변수(covariance)로 하고 작 집단의 파지측정

점수를 의변수(dependent variables)로 하였다. 두 변수 사이의 차이를 검사하였으며, 통계상 현저한 차이가 나타날 때 Tukey's Method로 사후비교를 검사하였다. 유의수준; 통계상의 유의수준은 α=.05로 하였다.

5) 성적처리

백정희는 3인의 평가원의 예비평가 점수와 사후평가 점수 그리고 파지평가 점수를 평균한 자료를 연구의 원자료(raw data)로 사용하였다. 원자료(raw data)로부터 얻어낸 각 집단의 예비평가 점수와 사후평가점수의 평균과 표준차로 각 집단의 점수의 차이에서 나타나는 차이가 통계적 현저한 차이가 나타나는 것을 검증하였다.

6) 결과처리와 분석

연구자의 어떤 학습방법의 효과에 관한 관심은 선행연구의 검토와 관련 이론들을 연구함으로써 점차 동작과제 선택과 피험자 선택 등 핵심적인 관찰연구의 설계에 가까워진다.

실험 설계는 연구자가 입증하고자하는 학습 형태나 연습 방법의 효과를 관찰하기 위한 타당하고 신뢰감 있는 학습 상황을 조작하는 일이다. 연구목적과 가설이 설정되었고, 실험 대상과 동작과제 그리고 표준척도와 평가방법, 원자료(raw data)와 원자료의 통계분석 방법까지 설계되었다면 그다음은 설계대로 실시하는 일이 남아 있다. 실험집단의 처치가 끝나고 얻어진 자료는 통계방법에 따라 처리되어 숫자화 되어 나타난다.

이제부터는 통계처리 후 나타난 결과를 해석하여 각 집단간의 학습 효과가 통계적으로 유의한 것인가를 통계결과표와 함께 제시하는 일이다.

7) 결론 도출방법

실험연구에서 결론은 지극히 과학적이다. 실험과 원자료의 통계분석으로 얻어낸 결과에 근거하여 연구자의 연구가설을 입증하면 되는 것이다. 다음은 백정희의 연구 결론이다. 본 연구는 분석 결과로 다음과 같은 결론을 얻었다.

① 한국전통무용기본동작의 굿거리동작기능과 자진모리동작기능 학습에 정신연습, 신체연습 종합연습은 모두 학습효과가 있다; 굿거리동작 기능의 서로 다른 3개 실험집단간의 학습효과는 통계적으로 현저한 차이가 없다; 자진모리동작 기능의 종합연습 집단의 학습 효과는 정신연습 집단의 학습효과보다 높으며 통계적으로 현저한 차이가 있다.

② 굿거리동작 기능과 자진모리동작기능의 정신연습, 신체연습, 종합연습 집단간의 1주일 후의 파지 효과는 통계적으로 현저한 차이가 없다.

8) 논의

실험연구 과정에서 연구자의 개인적인 의견이 나타나는 중요한 부분이 바로 논의이다. 연구자의 학문적 이해나 지식의 깊이가 나타나는 부분이 된다. 연구자는 연구의 가설로부터 시작된 연구 설계와 실험 절차 중에 연구 결과에 영향을 미친 부분을 논의하게 된다. 연구 설계와 실험처리는 선행연구를 기본으로 조작하는 것이 보통이다. 즉 연구의 신뢰를 위하여 이미 검증된 실험 절차를 기본으로 하여 실험을 설계하게 된다.

연구자가 선행연구 학자들의 연구 결과로부터 예측 가능한 가설을 설정하였으나 실험 결과 그 가설이 지지되어 나타날 수도 있으나 간혹 그렇지 않게 나타날 수도 있다. 연구자는 이러한 원인 등을 논의에서 그 가능성을 주장 할 수 있는 것이다. 예를 들어서 결론에 나타난 집단 간의 차이가 통계적 유의함을 나타내지 않았다는 것은 두 집단의 연습 방법의 학습효과가 유의한 차이가 없다고 말할 수 있는 것이다. 그러나 학습기간 중의 어느 부분에 그것이 지지될 만한 이유가 있다면 그것에 관한 주장을 피력 할 수 있는 것이다.

논의 부분에서 연구자는 선행연구자의 실험상의 오류와 선행연구자의 이론에 지지를 주장할 수 있다. 실험연구에서 연구자의 주장이 뚜렷하게 나타나는 부분이 보고서의 논의 부분이다.

어떤 연습방법을 적용한 효과가 긍정적으로 나타나는가에 관한 것은 무용동작학습 연구에서 뿐만 아니라 운동행동 연구에서도 아주 중요하다.

위에 제시된 무용동작학습의 실험연구 설계는 독자들에게 과학적 연구의 한 예로 서술한 것이다. 과학적 관찰 연구 방법은 직관적이거나 전통적인 교수법보다는 좀 더 객관적인 근거를 갖는 방법을 결정하는 확실한 근거가 되어 줄 것이다. 모든 실험은 변인간의 관련성을 규명하는 일이다. 즉 독립 변인과 종속 변인간의 관련성을 찾아내는 것이다.

위의 실험 연구에서는 연습방법이라는 독립변인이 동작을 수행하는 피험자들의 수행점수에 어떠한 관계가 있는가하는 것이다. 이러한 관련이 연구를 통하여 이끌어 낼 수 있는 결론을 형성하고 그 결론이 무용동작학습의 한 이론이 되는 것이다.

＊ 생각해 볼 문제

- 실험연구의 내적 타당도에 영향을 미치는 15가지 오염효과에 관한 실제 가능한 실험 설계를 예를 들어 논의해 보자.
- 실험 대상자 선정의 문제점과 어려움을 논의해 보자.
- 외적 타당성의 문제를 논의해 보자.
- 무용동작 수행의 평가자간의 평점 일치성문제를 논의해 보자.
- 무용동작 수행평가의 표준척도 작성에 나타나는 문제점을 논의해 보자.
- 무용동작 수행평가 요인에 정확성이 갖는 의미에 관해 생각해 보자.
- 동작학습 관련 실험 연구된 논문을 검색하고 타당성 문제를 논의해 보자.

참고문헌 & 찾아보기

참고문헌

Adams, J, A closed-loop theory of motor behavior, Journal, of Motor Behavior, 1971, 3.

Adams, J. A. and Hufford, L. E. 1962, Contributions of a part-task trainer to the learning and relearning of a time-shared flight maneuver. Human Factors 4, 159-170.

Adams, J. A.(1971). A closed-loop theory of motor learning. Journal of Motor Behavior, 3. 111-150.

Allen, J. R. 1980, Very long-term memory for tacit knowledge, Cognition, 8, 175-185, 재인용.

Anshel, M. H. & singer, R. N., Effect of Learner Strategies with Modular Versus Traditional Instruction on Motor Skill Learning and Retention, Research Quanterly for Exercise and Sport, 1980, Vol. 51, No. 3 51-462.

Bahrick, H. P.; Fitts, P. M.; and Briggs, G. E. 1957. Learning curves-facts or artifacts. Psychological Bulletin 54, 256-268.

Battig, W. F.(1966). Facilitation and interference. In E. A. Bilodeau(Ed), Acquisition of skill (pp.215-244). New York: Academic Press.

Baumeister, R. F., 1984, Choking under pressure: Journal of Personality and Social Psychology, 46, 610-620.

Beger, S. M. & Hadley, S. w., Some Effects of A model's Performance on An Observers' Electromyographic Activity, American Journal of Psychology, 1975, 88, No. 2, PP. 263-276.

Beilock, S. L., & Carr, T. H, 2001, On the fragility of skilled performance: What governs choking under pressure? Journal of Experimental Psychology: General, 130, 701-725.

Bernstein, N.(1967). The coordination and regulation of movement. New York: Pergamon.

Birch, D. and Veroff, J. Motivation: A study of action. Belmont, Calif. : Brooks/Cole, 1966, 재인용.

Blair, S. N. The effect of stimulus and movement complexity upon reaction time and movement time. In G. S. Kenyon(Ed.), Contemporary, Psychology of sport: Proceedings of the second international congress of sport psychology. Chicago; Athletic Institute, 1970, 재인용.

Blankenship, W. C., 1952, Transfer effects in neuro-muscular responses involving choice. M. A. disscrtation, University of California, 재인용.

Bourne, L. E., Jr., &Archer, E. J(1956). Time continuously on target as a fuction of distribution of practice. Journal of Experimental Psychology, 51.

Briggs, G. E. and Waters, L. K. 1958. Training and transfer as a fuction of component interaction. Journal of Experimental Psychology56, 492-500, 재인용.

Briggs, G. E., and Brogden, W. S. 1954, The effect of component practice on performance in a lever-positioning skill. Journal of Experimental Psychology, 48, 375-380, 재인용.

Brown, J. S. The motivation of behavior. New York; McGraw-Hill, 1961.

Bruner, 1951, John N. Drowatzky, 1975, Motor Learning, Burgess Publishing Company, Minneapolis, Minnesota, 재인용.

Chapman O. M., Movement Studies and Physical Education, Dance as An aspect of Physical Education, Great Britain, 1977, 171-180.

Chivia-cowsky & Wulf(2002). Self-controlled Feedback: does it enhance learning because perfomrs got feedback when they need it? Research Quarterly for Exercise and Sports, 73. 408-415.

Clark, L. V., Effect of Mental Practice on the Development of a Certain Motor Skill. Research Quarterly, 1960,12, Vol. 31, No, 4, 560-569.

Clarke, H. H. Muscular strength and endurance in man. Englewood Cliffs, N. J. : Prentice-Hall, 1966, 재인용.

Corbin, C. B., The Effect of Covert Rehearsal on the Development of A Compoex Motor Skill, The Journal of General Psychology, 1967, 76, 143-150.

Cratty, B. J, A three-factor level theory of perceptual-motor behavior, Quest, 1996, 6.

Croker, P. R. E. & Stortz, M., Covert Rehearsal and Motor Long-term Memory. Perceptual and Motor Skills, 1982, Vol. 55, 934.

Drowatzky, J. N. and Zuccato, F. C. Interrelationships between selected measures of static and dynamic balance. Research Quarterly, 38, 509-510, 1967, 재인용.

Drowatzky, J. N., Motor Learning, Burgess Publishing Company, Minneapolis, Minnesota, 1975, 294.

Durndellm A. J & Wetherich, N. E., Reported Imagery and two Spatial Tests, Perceptual and Motor Skills, 1976, Vol. 43, 1050.

Fitts, P. M., & Posner, M. I.,1967. Human performance. Belmont, CA: Brooks/Cole.

Fitts, P. M., and Posner, M. I.1967, John N. Drowatzky, 1975, Motor Learning, Burgess Publishing Company, Minneapolis, Minnesota, 재인용.

Fitts, P. M, 1964, Perceptual-motor skills learning. In A. W. Melton(Ed), Categories of human learning, 243-285.

Fleishman, and Rich, S. 1963, Role of kinesthetic and spacial-visual abilities in perceptual motor learning, Motor Skills, Richard A. Schmidt, Harper & Row, publishers, 1975, 재인용.

Fleishman, E. A. 1965, The description and prediction of perceptual-motor skill learning. Motpr Skills, Richard A. Schmidt, Harper & Row, publishers, 1975, 재인용.

Fox, M. G. and Lamb, E. Improvement during a non practice period in a selected physical education activity. Research Quarterly, 33, 381-385, 1962, 재인용.

Fox, M. G., and Young, V. P. Effect of reminiscence on learning selected badminton skills. Research Quarterly, 33, 386-394, 1962, 재인용.

Gentile, A. M. A working model of skill acquisition with application to teaching, Quest, 1972, 17.

Gibson, J. J.(1950). The perception of the visual world. Houghton Mifflin: Boston.

Gray, R., 2004. Attending to the execution of a complex sensorimotor skill: Expertise differences, choking, and slump. Journal of Experimental Psychology, 10, 42-54.

Guay, M., Long-term Retention of Temporal Information, Perceptual and Motor Skills, 1982, Vol. 54, 843-849.

Hebb, 1949, John N. Drowatzky, 1975, Motor Learning, Burgess Publishing Company, Minneapolis, Minnesota. 재인용.

Henry, F. M., and Rogers, D. X. Increased response latency for complicated movement and a "memory drum" theory of neuromotor reaction. Research Quarterly, 31, 448-458, 1960, 재인용.

Hird, J. S., Landers, D. M., Thomas, J. R, & Horan, J. J.(1991.). Physical practice is superior to mental practice in enhancing cognitive and motor task performance. Journal of Experimental Psychology, 13, 281-293.

Hodges, N. J., & Lee, T. D., 1999. The role of augmented information prior to learning a bimanual visual-motor coordination task, British Journal of Psychology, 90. 389-403.

Holding, 1965, John N. Drowatzky, 1975, Motor Learning, Burgess Publishing Company, Minneapolis, Minnesota, 재인용.

Humphrey, G. Thinking: An introduction to its experimental psychology. New York: Wiley and Sons, 1963, 재인용.

John N. Drowatzky, 1975, Motor Learning, Burgess Publishing Company, Minneapolis, Minnesota.

Jones, J, G., Motor Learning Without Demonstration of Physical Practice, Under Two Conditions of Mental Practice, Research Quarterly, 1963, Vol. 36, No. 3, 270-276.

Keller, F. S. The phantom plateau. 1958, John N. Drowatzky, 1975, Motor Learning, Burgess Publishing Company, Minneapolis, Minnesota, 재인용.

Kelso, J. A. S. & Scholz, J. P.(1985). Cooperative phenomena in biological motion. In H. Haken (Ed.), Complex systems : Operational approaches in neurobiology, Physical systems and computers (pp. 124-49). Berlin : Springer-Verlag.

Khatena, J., Autanomy of Imagery and Production of Orgigianl Verbal Images. Perceptual and Motor Skills, 1976, Vol. 43, 245-246.

Kleinman. M., Ability Factors in Motor Learning, Perceptual and Motor Skills, 1, 977, Vol. 44,

827-836.

Knapp, 1967, John N. Drowatzky, 1975, Motor Learning, Burgess Publishing Company, Minneapolis, Minnesota, 재인용.

Lai, Q., Shea C. H.(1999). The role of reduced frequency of knowledge or result during constant practice. Research Quarterly for Exercise and Sports, 70. 33-40.

Laycoe, R. R., and Marteniuk, R. G. Learning and tension as factors in static strength gains produced by static and eccentric training. Research Quarterly 42, 299-306, 1971, 재인용.

Leavitt, J. L., 1979. Cognitive dmands of skating and stickhanding in icehockey. Canadian Journal of Applied Sports Science, 4, 46-55.

Lewis, D. ; McAllister, D. E.; and Adams, J. A. 1951, Facilitation and interference in performance on the modified Mashburn apparatus, Journal of Experimental Psychology 41, 247-269, 재인용.

Lindeburg, F. A. 1949. A study of the degree of transfer between quickening exercises and other movements. Research Quarterly 20, 180-189, 재인용.

Lordahl, D. S., and Archer, J. E. 1958. Transfer effects on a rotary pursuit task as a function of frist task difficulty. Journal of Experimental Psychology 56, 421-426, 재인용.

Mackay, D. G., The Problem of Rehearsal or Mental Practice, Journal of Motor Behavior, 1981, Vol. 13, 4, 274-285.

Magill, R. A., & schoenfelder-Zohdi, B., 1996, A visual model and knowledge of performance as sources of information for learning a rhythmic gymnastics skill. International Journal of sport Psychology, 27, 7-22.

Magill, R. A., Motor Learning, Wm. C. Brown Company Publishers. 1980, 342.

Master, R. S. W. 1992, Knowledge, knerves and know-how: The role of explicit versus implicit knowledge in the breakdown of a complex motor skill under pressure. British Journal of Psychology, 83, 343-358, 재인용.

Masters, R. S. W., 1992, Knowledge, knerves and know-how: British Journal of Psychology, 83, 343-358.

Morgan, C. T., & King, R. A 1971, Introduction to psychology(4th ed.), New York: McGraw-Hill, 재인용.

Morgan, C. T., and King R. A. Introduction to psychology(3rd ed), New York; McGraw-Hill, 1966, 재인용.

Newell, K. M.(1991). Motor skill acquisition. Annual Review of psychology, 42. 213-237.

Oxendine, J. B., Effect of Mental and Physical Practice on the Learning of Three Motor Skills, Research Quarterly, 1969. Vol. 40, 755-763.

Part, J. H, Shea, C. H.. & Wright, D. L.(2000). Reduced-Frequence Concurrent and Terminal

Feedbac. Journal of Motor Behavior, 32. 287-296.

Part, J. H, Wilde, H., & Shea, C. H.(2004). Part-Whole Practice of Movement Sequence. Journal of Motor Behavior, 36. 51-61.

Pew, R. W, 1966, Acquisition of hierarchical control over the temporal organization of a skill. Motpr Skills, Richard A. Schmidt, Harper & Row, publishers, 1975, 재인용.

Phipps, S. J., Morehouse, C. A., Effects of Mental Practice on the Acquisition of Motor Skill of Varied difficulty, Research Quarterly, 1969, Vol. 40, 773-778.

Pollock, B. J., & Lee, T. D. (1997). Dissociative contextual interference effects in children and adults. Perceptual and Motor Skills, 84, 83-92.

Richard A. Schmidt, Motor Skills, Harper & Row, publishers, 1975.

Richard A. Schmidt, Timothy D. Lee, Motor control and learning, Human Kinetics, 1995, 2005.

Richardson, A., Mental Practice, A Review and Discussion, Research Quarterly, 1966, Vol. 38, No. 1, 95-107.

Schmidt, R. A, A schema theory of discrete motor skill learning. Psychological Bulletin. 1975, 82, 225-260.

Schmidt, R. A. 1966, Transfer of motor lesrning. Unpublished paper, University of Michigan, 재인용.

Schmidt, R. A.(1975). A schema theory of discrete motor skill learning. Psychological Review, 4. 225-260.

Schmidt, R. A.(1991b). Frequent augmented feedback can degrade learning. Evidence and interpretations(Eds.), Tutorias in motor neuroscinece. Dordrecht: Kluwer.

Schmidt, R. A.(2003). Motor schema theory after 27 years: reflections and implications for a new theory. Research Quarterly for Exercise and Sports, 74. 366-375.

Schmidt, R. A., Motor Skills, Haper and Row Inc., 1975, 158.

Servos, P.(2000). Distance estimation in the visual and visuomotor system. Experimental Brain Research, 130. 35-47

Seymour, W. D. 1954. Experiments on the acquisition of industrial skills. Occupational Psychology 28, 77-89, 재인용.

Shea, C. H., & Morgan, R. L.(1979). Contextual interference effects on the acquisition, retention, and the transfer of a motor skill. Journal of Experimental Psychology: Human Learning and Memory, 5(2), 179-187.

Shepard, R. N., The Mental Image, American Physchologist, 1978. Fed. 125-137.

Shultz, B. B., Making practice More Effective, The Physical Educator, 1983, Vol. 40, 127-139.

Singer, R. M., Motor Learning and Human Performance, 3rd Edition, New York, MacMillan,

1980.

Slater-Hammmel, A. T. Comparisons of reaction time measures to a visual stimulusand arm movement. Research Quarterly, 26, 470-479, 1955.

Smith, M. D., & Chamberlin, C. J. 1992, Effect of adding cognitively demanding tasks on soccer skill performance. Perceptual and motor Skills, 75, 955-961.

Snoddy, G. S. 1926, Motpr Skills, Richard A. Schmidt, Harper & Row, publishers, 1975, 재인용.

Start, K. B., Richardson, A., Imagery and Mental Practice, British Journal of Educational Psychology, 1964, Vol. 34, 280-284.

Stebbin, R. J., A Comparison of the Effects of Physical and Mental practice in learning a Motor Skill, Research Quarterly, 1968, Vol. 39, No. 3, 714-720.

Steller, E. Drive and motivation In J. Field(Ed), Handbook ofphysiology. Washingtion, D.C: American Physiological Society,1960, 재인용.

Szafran, J., and Welford, A. T. 1950, On the relation between transfer and difficulty of initial task. Quarterly Journal of Experimental Psychology 2, 88-96, 재인용.

Tuner, C. W., & Fischler, I. S. 1993, Speeded tests of implicit knowledge. Journal of Experimental Psychology: Learning, Memory and Cognition, 19, 1165-1177, 재인용.

Twining, W. E., Mental Practice and Physical Practice in Learning a Motor skill, Research Quarterly, 1949, Vol. 20, 432-435.

Ware, R. & Hesse, C. Effect of Mental Practice and Body Position on the Accuracy of Blind Visual-Kinesthetic Positioning. Perceptual and Motor Skills, 1982, Vol. 55, 1048.

Wichman, H. & Lizotte, Paul, Effect of Mental Practice and Locus of Control on the Performance of Dart Throwing. Perceptual and Motor Skills, 1983, Vol. 56, 807-812.

Wilson, D. J. Quickness of reaction and movement erlated to rhythmicity or nonrhythmicity of signal presentation. Research Quarterly, 30, 101-109, 1959, 재인용.

Woodward, P., 1943, An experimental study of transfer of training in motor learning. Journal of Applied Psychology 27, 12-20, 재인용.

Woodworth, R. S.(1899). The accuracy of voluntary movement. Psychologica Review Monographs, 3. 302.

Wulf, G., & Weiglt, C., 1997. Instruction about physical principles in learning a complex motor skill: Research Quarterly for Exercise and sport, 68, 362-367.

Wulf, Gabriele. Attention and motor skill learning, 2007, Human Kinetic.

Yamamoto, K. & Inomata, K. Effect of Mental Rehearsal with Part and Whole Demonstration Models on Acquisition of Back Troke Swimming Skills. Perceptual and Motor Skills, 1982, Vol. 54, 1067-1070.

김기웅, 1995, 연구법, 이화여대.

김기웅, 이효경(1999b). 자극의 시간적 공강적 불확실성이 자극탐지시간에 미치는 영향. 한국체육학회지. 38(4). 187-194.

김기웅, 장국진, 운동학습, 보경문화사, 1995년.

김상규, 2007, 운동행동의 연구방법, 한국스포츠심리학회 편, 도서출판레인보우북스.

김상규, 운동행동의 연구방법, 운동제어와 학습, 한국스포츠심리학회 편, 도서출판 레인보우북스, 2007.

김선진(2007). 운동학습과 제어. 서울: 대한미디어.

김선진, 박승하(2001). 동적 자세 조절 능력의 발달 단계적 분석. 한스포츠심리학회지. 12(2). 13-23.

김선진, 이승민, 박승하(2005). 축구 패널티킥에서 골키퍼의 숙련도, 에측 및 사전 시각 단서의 활용 능력. 한국체육학회지. 44(1). 91-101.

김선진, 한동욱, 박승하, 김용호(2003). 아동의 눈-사지 협응과 물체조작 기술의 관계. 한국스포츠심리학회지. 14(2). 15-31.

백정희, 1987,무용동작학습의 발전과 단계에 대한 考,한국체육철학회지, 5권, 2호.

백정희, 무용동작학습의 발전과 단계에 대한 考, 철학회지, 1996.

백정희, 心智練習對學習韓國傳統舞踊基本動作技能的影響, National Taiwan Normal University, 석사학위 논문. 1987.

백정희, A Study on The Burnout According to Experience of Professional Dancers(직업무용수의 경력에 따른 탈진에 관한 연구), 한국무용과학회지, 17권, 2008.

윤기운, 암묵적 운동학습, 운동제어와 학습, 한국스포츠심리학회편, 도서출판 레인보우북스, 2007.

윤용진, 연습의 다양성과 맥락간섭효과, 운동제어와 학습, 도서출판 레인보우북스, 2007.

이승범, 김지수, 무용동작학습의 맥락간섭효과, 한국무용과학회지, 22권, 2010, 93-108.

정인석(1983) Richard A. Schmidt And Timothy D. Lee, 2005, Motor Control And Learning, Human Kinetics.

정인석, 1983, 현대교육심리학, 재동문화사.

林清山, 民國69, 心理與教育統計學, 臺北市, 東華書局.

張至滿, 民國75, 體育測量與評價, 臺北市, 水牛出版社.

찾아보기

ㅇ

ㅈ

ㅊ

ㅌ

ㅍ

ㅎ

A

B

C

D